Lancelot

Der mittelhochdeutsche Roman im europäischen Kontext

Lancelot

Der mittelhochdeutsche Roman im europäischen Kontext

Herausgegeben von Klaus Ridder und Christoph Huber

Max Niemeyer Verlag
Tübingen 2007

Mit Unterstützung der

Stiftung
Landesbank Baden-Württemberg

LB≡BW

Bibliographische Information der Deutschen Bibliothek

Die Deutsche Bibliothek verzeichnet diese Publikation in der Deutschen Nationalbibliographie; detaillierte bibliographische Daten sind im Internet über *http://dnb.d-nb.de* abrufbar.

ISBN 13: 9783-484-64036-8
ISBN 10: 3-484-64036-7

Ein Imprint der Walter de Gruyter GmbH & Co. KG
http://www.niemeyer.de

Printed in Germany.
Druck: AZ Druck und Datentechnik GmbH, Kempten
Einband: Norbert Klotz, Jettingen-Scheppach

Inhalt

Einleitung

Die letzten internationalen Tagungen, die sich dem französischen und dem deutschen ›Prosa-Lancelot‹ widmeten, liegen über 20 Jahre zurück.[1] Inzwischen sind die Ausgabe mit Übersetzung und Kommentar von Hans-Hugo Steinhoff (†)[2] und eine ganze Reihe von gewichtigen Monographien und Aufsätzen erschienen, die unser Bild von diesem mittelhochdeutschen Roman in vielen Punkten gefestigt, in anderen auch wesentlich verändert haben. Nach wie vor stellt der ›Prosa-Lancelot‹ die Forschung jedoch vor eine Vielzahl ungelöster Rätsel.

Auf der Lancelot-Tagung der Wolfram-Gesellschaft von 1984 standen vor allem die Überlieferung und die Sprachform des Werkes im Mittelpunkt. Die germanistische Forschung der letzten Jahre hat sich insbesondere um die erzählanalytisch-interpretative Erschließung des Textes bemüht; die Überlieferungs- und Textgeschichte ist demgegenüber etwas in den Hintergrund gerückt. Beeindruckende Studien sind jedoch auch zu übersetzungs- und quellenkritischen Fragen, zu Sprache und Stil, zu kulturellen Kontexten sowie zur Rezeption des Lancelot-Stoffes in Deutschland und in den Niederlanden entstanden.[3] In Anbetracht dieser Forschungslage verfolgte das Kolloquium, das vom 20. bis 23. September im Fürstenzimmer des Tübinger Schlosses stattfand, das Ziel, Bilanz zu ziehen und Perspektiven zu entwickeln.

Da es sich bei dem mittelhochdeutschen Werk um die Übersetzung einer altfranzösischen Vorlage handelt, die z. T. über eine niederländische Zwischenstufe vermittelt sein könnte, ist der Roman im Kontext der französischen, niederländischen und deutschen Literaturgeschichte zu lesen. In Deutschland wird der ›Lancelot en prose‹

---

1 Schweinfurter Lancelot-Kolloquium 1984, hrsg. v. Werner Schröder, Berlin 1986 (Wolfram-Studien 9); Lancelot, hrsg. v. Danielle Buschinger, Göppingen 1984 (Göppinger Arbeiten zur Germanistik 415).

2 Lancelot und Ginover, hrsg. v. Hans-Hugo Steinhoff, 2 Bde., Frankfurt a. M. 1995 (Bibliothek des Mittelalters 14/15); Lancelot und der Gral, hrsg. v. Hans-Hugo Steinhoff, 2 Bde., Frankfurt a. M. 2003 (Bibliothek des Mittelalters 16/17); Die Suche nach dem Gral. Der Tod des Königs Artus, hrsg. v. Hans-Hugo Steinhoff, Frankfurt a. M. 2004 (Bibliothek des Mittelalters 18).

3 Vgl. z. B. die Monographien von Nikola von Merveldt, Translatio und Memoria: zur Poetik der Memoria des Prosa Lancelot, Frankfurt a. M. 2004 (Mikrokosmos 72); Thordis Hennings, Altfranzösischer und mittelhochdeutscher Prosa-Lancelot. Übersetzungs- und quellenkritische Studien, Heidelberg 2001 (Beiträge zur älteren Literaturgeschichte); Judith Klinger, Der mißratene Ritter. Konzeptionen von Identität im Prosa-Lancelot, München 2001 (Forschungen zur Geschichte der älteren deutschen Literatur 26); The Arthur of the Germans. The Arthurian Legend in Medieval German and Dutch Literature, edd. W. H. Jackson et al., Cardiff 2000; Valentina Sommer, Der deutsche Prosa-Lancelot als ein posthöfischer Roman des späten Mittelalters. Eine textlinguistisch-stilistische Untersuchung, Stuttgart 2000; Michael Waltenberger, Das große Herz der Erzählung. Studien zu Narration und Interdiskursivität im Prosa-Lancelot, Frankfurt a. M. 1999 (Mikrokosmos 51).

in der modernen Prosaform rezipiert, in den Niederlanden jedoch darüber hinaus auch in einer Bearbeitung als Versroman. Auch dieser Sachverhalt ist sinnvoll nur interdisziplinär anzugehen. Das Symposion wollte daher Interdisziplinarität in einer dem Gegenstand adäquaten Weise verwirklichen. Neben Germanisten wirkten Romanisten und Niederlandisten, neben Literaturwissenschaftlern auch Sprachhistoriker mit. Zudem wurden Beiträge der Auslandsgermanistik einbezogen, um die internationale Zusammenarbeit im Bereich der germanistischen Mediävistik zu fördern.

Friedrich Wolfzettel eröffnete die Tagung mit einem grundlegenden Vortrag zum Thema »Der Lancelot-Roman als Paradigma. Vom geschlossenen symbolischen Stil des Chrétienschen Versromans zur offenen Welterfassung der Prosa«. Hier wurde der stilistisch strukturelle Vergleich zwischen dem ›Chevalier de la Charette‹ Chrétiens und dem entsprechenden Mittelteil des ›Lancelot en prose‹ in eine grundsätzlichere Perspektive gestellt: Der Übergang vom Vers zu Prosa, der mit dem Anspruch der erhöhten Wahrheit einhergehe, erscheine als konsequente Antwort auf die neue Erfahrung der Vernetzung des Wissens und der Tendenz zur Totalität. Im Prosaroman würden Mehrstimmigkeit und Mehrsträngigkeit zum Prinzip einer neuen pluralen Weltsicht, die auf struktureller Ebene die Entdeckung eines nicht-symbolischen Erzählstils und der überschüssigen Vielfalt im Verhältnis von Ich und Welt zur Folge habe. Während der Versroman jedes Detail symbolisch überhöhe, könne man den Prosaroman als ein Modell des Überschusses charakterisieren, in dem der Held in einer unüberschaubar gewordenen Welt lange Umwege in Kauf nehmen müsse. Somit zeige der Prosaroman einen hermeneutisch ausgerichteten Helden, dessen Aufgabe zunächst darin bestehe, die Zeichen zu lesen und zu ordnen, bevor er adäquat handeln könne. Die weiteren Vorträge des Kolloquiums behandelten vor allem folgende drei Themenkomplexe:

I. Übersetzungspraxis, Sprachgestaltung und Stil

Ebenso wie der französische ist der deutsche ›Prosa-Lancelot‹ anonym überliefert. Die Vermutung, dass die mittelhochdeutschen Übersetzer Zisterzienser gewesen sein könnten, stützt sich auf vermeintlich zisterziensisches Gedankengut im Roman. Doch die These ist umstritten und bedürfte weiterer Diskussion und Absicherung. Der Überlieferungsbefund scheint dahin zu deuten, dass die deutsche Bearbeitung in weltlichen Adelskreisen entstanden ist. Doch auch hier fehlen Untersuchungen, die konkrete Anhaltspunkte für die Übersetzung und Rezeption des Werkes an einem bestimmten Hof oder in einem bestimmten Umfeld liefern könnten.

Der deutsche Lancelot-Roman ist weder ein Original noch die freie Bearbeitung einer französischen Vorlage wie beispielsweise die Artusromane Hartmanns von Aue oder Wolframs von Eschenbach. Es handelt sich um eine in der Tendenz wörtliche Übersetzung des altfranzösischen Textes. Im Vergleich zur höfischen Versepik gehen die Übersetzer in der Sprachgestaltung deutlich eigene Wege. Hier fehlt es vor allem an weiteren sprach- und stilvergleichenden sowie an übersetzungsanalytischen und quellenkritischen Untersuchungen. Die beeindruckende Monographie von Thordis

Hennings (Anm. 3) hat gezeigt, dass der erste Teil des deutschen Romans der bislang von der Germanistik und Romanistik kaum beachteten Handschrift der Pariser Nationalbibliothek BN fr. 751 am Nächsten steht. Die Arbeit hat der Forschung einen Weg gewiesen, auf dem man vorankommen könnte.

René Pérennec (»›Lancelot en Prose‹ / ›Prosa-Lancelot‹. Übersetzungsanalyse als Mittel des Lexikvergleichs«) legt daher auch sein Hauptaugenmerk auf die bemerkenswerte Nähe des ›Prosa-Lancelot‹ zum französischen Ausgangstext. Aufgrund einer vergleichenden übersetzungskritischen Untersuchung verschiedenster Beispiele von Satzpaaren des ›Prosa-Lancelot‹ und des ›Lancelot en prose‹ geht er von einer hohen Konvertibilität des Altfranzösischen und des Mittelhochdeutschen aus, was einen systematischen lexikologischen und phraseologischen Vergleich und damit zugleich den Zugang zu einem umfassenden mentalen afrz.-mhd. Wörterbuch ermögliche. Den deutschen ›Prosa-Lancelot‹ sieht er in der Arbeit an einem solchen Wörterbuch in der Rolle eines der Hauptzeugen.

Kari Keinästö (»*Da ist urlog in dem lande*. Zu Wörtern für 'Krieg' im deutschen ›Prosa-Lancelot‹«) sieht in der von Steinhoff besorgten Edition des überlieferungs- und textgeschichtlich heterogenen ›Prosa-Lancelot‹ ebenfalls neue Möglichkeiten der Untersuchung mittelhochdeutscher bzw. frühneuhochdeutscher Lexik und Syntax. Anhand des Wortfelds 'Krieg' versucht er daher, morphosyntaktische, lexikalisch-semantische und stilistisch-pragmatische Kriterien zu erarbeiten, die die sprachgeschichtliche Entwicklung und die spezifischen sprachlichen Eigenheiten des mit dem ›Prosa-Lancelot‹ vorliegenden Textkorpus im Prozess der historischen Ablösung und Neubestimmung dokumentieren. Anhand einer eingehenden Untersuchung der Verteilung der Lexeme *urloge*, *krieg* und *stryt*, weist er darüber hinaus sprachliche Divergenzen in den einzelnen Kompilationsteilen nach, von denen angenommen werden kann, dass sie dem historischen Entstehungsprozess geschuldet sind.

Auch Thordis Hennings (»Die Leitbegriffe in der Ritterlehre der Dame vom See im mittelhochdeutschen und altfranzösischen ›Prosa-Lancelot‹«) geht von der Annahme aus, dass der ›Prosa-Lancelot‹, wie er in der Heidelberger Handschrift (PL I) überliefert ist, eine wortgetreue Übersetzung der altfranzösischen Vorlage darstellt. Diese Beobachtung bildet den Ausgangspunkt für ihre weiterführende Annahme, dass der Übersetzer in der Wiedergabe der Ritterlehre der Dame vom See die Leitbegriffe höfisch-ritterlicher Kultur möglichst semantisch deckungsgleich wiederzugeben versuchte, sofern ihm ein geeigneter Ausdruck dafür zur Verfügung stand. Aus der Untersuchung der im ›Lancelot en prose‹ an dieser Stelle vorliegenden Aufzählung von Tugenden und ritterlich-höfischen Werten sowie deren Entsprechungen im deutschen ›Prosa-Lancelot‹ gewinnt sie Kriterien für konstruktive Seitenblicke auch auf andere zentrale Werke der höfischen Epik.

Auch die Arbeiten von Bart Besamusca, Ulrich Wyss und Elisabeth Schmid verhandeln Problematiken, die die Sprachgestaltung des ›Prosa-Lancelot‹ betreffen, widmen sich aber überwiegend der Frage nach dessen spezifischer Form sowie den möglichen Gründen, denen sie sich verdankt. Der Beitrag von Bart Besamusca (»Der Reiz der Versform«) geht der Frage nach, welche Gründe es für die flämischen Übersetzer des altfranzösischen Lancelot-Romans gegeben haben könnte, in ihren Bearbeitungen (›Lancelot van der Haghedochte‹ und ›Lanceloet‹) die Versform zu bevorzugen, während eine weitere niederländische Übersetzung (mndl. ›Prosa-Lancelot‹) der Prosaform den Vorrang gab. In der Diskussion unterschiedlicher Erklärungsansätze führt Besamusca weitere Fälle an, in denen Vers- und Prosafassungen in Konkurrenzverhältnissen standen. Aus dieser Perspektive versucht er Gründe für die nur geringe Rezeption des deutschen ›Prosa-Lancelot‹ zu finden.

Ulrich Wyss hingegen (»Ein neuer hoher Stil?«) sieht in der Prosaform des Lancelot-Romans ein erobertes Terrain für das fiktionale Erzählen: Indem der Prosaroman die Form traditionell als wahr verbürgten Erzählens, etwa der Chronik, der Legende oder des erbaulichen Traktats, nachahme, erhebe er Anspruch auf einen 'neuen Ernst', einen 'neuen hohen Stil', der das über ihn verhängte Verdikt als »chronikales Geschreibsel« Lügen strafe. Gerade in der Inszenierung einer unscheinbaren Prosa und »im Verzicht auf Zeichen der Erlesenheit« äußere sich die Exklusivität eines Romans, der in einer alternativen Konzeption neue, ernstzunehmende Ansprüche erhebe.

Von diesem Ansatz ausgehend versucht auch Elisabeth Schmid (»Vers und Prosa. Die Erzählmanier in der Karrenritterepisode«) in ihrem Beitrag, diejenigen ästhetischen Prinzipien zu erfassen, durch die sich die Erzählweise der Prosa gegenüber der der Versform behauptet. Indem sie stilistische Eigenheiten der Prosa denen des Versromans gegenüberstellt, arbeitet sie heraus, welche Formen der Symbolisierung die Prosa verwirft bzw. modifiziert. Die von ihr für den ›Prosa-Lancelot‹ konstatierte »Rhetorik der Entsagung«, die vor allem in einer Verkürzung der metaphorischen Dimension bestehe, ziele darauf ab, einer neuen Subtilität und damit einer Qualität anderer Ordnung Raum zu geben. Der kunstlose Diskurs der Prosa arbeite dabei nicht mit sprachlichen Mitteln, sondern mit einem syntagmatischen Erzählverfahren der kausalen Verknüpfung. Die entfaltete Eigendynamik des Erzählens könne dabei mitunter zu fantastischen Effekten führen.

II. Erzählstrategien, Figurenkonzeptionen und Sinnkonstitution

Die größten Fortschritte hat die Forschung in den letzten Jahren sicher im Bereich der Analyse der Romanpoetik gemacht. Die weitere Erhellung der komplexen und innovativen Erzählstruktur der Fassungen des Lancelot-Prosaromans ist hier ebenso zu nennen wie die Auseinandersetzung mit den textinternen expliziten Legitimationsstrategien (Chronikfiktion, Rolle der Schriftlichkeit u. a.). Die Frage nach der Einheit und Kohärenz des riesigen Werkes hat sich dabei teilweise verschoben zur Frage nach dem Nebeneinander divergenter Handlungs- und Erzählmuster im gesamten Roman. Der Zusammenhang zwischen Erzählmodellen und Formen der Sinnbildung wurde bisher aber nicht hinreichend reflektiert, ebensowenig wie die Frage nach dem literarischen Status des Werkes in der französischen, niederländischen und deutschen Literaturgeschichte des 13. bis 15. Jahrhunderts. Die Vorträge zu diesem Themenkomplex gruppieren sich unter drei Gesichtspunkten:

a) Erzählstrukturen und Strategien des Erzählens

Der Beitrag von Frank Brandsma (»*Conte* and *Avonture*. Narration and Communication with the Audience in the French, Dutch, and German ›Lancelot‹ Texts«) untersucht anhand einer Analyse der Erzählperspektive, welcher Verfahren sich die Übersetzer des ›Lancelot en prose‹ bedienen, um dessen spezifischer Erzählweise, für die das Fehlen des traditionellen Ich-Erzählers kennzeichnend ist, gerecht zu werden. Indem durch Formeln wie *Or dist li contes* der Text selbst die Position der Erzählinstanz einnehme und somit zugleich ein Netz von Orientierungspunkten über die verschlungene Struktur der Erzählung spanne, seien Ansatzpunkte vorgegeben, von denen aus ein Vergleich mit den mittelniederländischen und mittelhochdeutschen Fassungen erfolgen könne; aus der Art und Weise des Umgangs mit diesen Formeln seien Rückschlüsse auf die poetologischen Konzepte der Bearbeitungen möglich.

Auch Carol Dover (»Die ‘Dreier-Romanze’ in der ›Dolorose-Garde‹-Episode des französischen ›Prosa- Lancelot‹«) widmet sich dem Problem der Erzählperspektive: Sie legt den Schwerpunkt jedoch auf die Frage, inwieweit Identitätskonstitution und -findung im ›Prosa-Lancelot‹ über die Vermittlung des Wunderbaren erfolgen. Dabei geht sie davon aus, dass die Identitätsfindung Lancelots im Wesentlichen den Wunderschilden der Dame vom See geschuldet ist, indem über diese Schilde der Bezug zwischen Lancelots Ruhm und dessen Namen hergestellt wird.

Michael Waltenberger (»Schlangengift und Sündenschuld. Zur Konkurrenz der Sinnstiftungsmodi in der ›Préparation à la Queste‹«) sieht in den sich überlagernden Bewegungen des Abschließens und Öffnens im ›Prosa-Lancelot‹ ein spannungsvolles Nebeneinander unterschiedlicher Modi der Sinnstiftung: Während sich Rückbezüge einerseits zur Selbstreflexion der Erzählung verdichten, überschreite andererseits die allegorische Bedeutung einzelner Motive, Szenen und Bilder narrativ-prozessuale Sinnzusammenhänge. Mit Blick auf die Episode der Vergiftung Lancelots durch Quellwasser in der ›Préparation à la Queste‹ und durch die Rekonstruktion der intra- wie intertextuellen Verflechtungen untersucht er in seinem Beitrag die poetische Funktion entsprechender Sinnstrukturen zwischen *historie* und *bedútniß*.

b) Figurenkonzeptionen

Nikola von Merveldt (»Galahot als Grenzgänger. (Trans-)Texte rund um eine ambivalente Figur«) zeigt anhand ausgewählter Handschriftenbefunde, inwiefern die *variance* der Überlieferung in Text, Bild und weiteren Paratexten aufschlussreich und konstitutiv für die Poetik des ›Prosa-Lancelot‹ ist. Anhand einer Untersuchung der Figur Galahots, der als Grenzgänger zwischen höfischem Rittertum und Märchengestalt Irritationsmomente in den Text einführt, weist sie nach, wie Grenzziehungen und -überschreitungen den Roman konturieren und im Laufe der Überlieferung auch materielle Gestalt in Textvarianten, in wechselnden Miniaturen, in Rubriken, Kapitelüberschriften und Marginalia angenommen haben. Diese Beobachtungen setzt sie in Verbindung zu Überlegungen zu Strukturen, Erzählstil und Sinnkonstitution.

Elizabeth A. Andersens Referat (»Das Heilige des Artus-, Minne- und Gralshelden im ›Prosa-Lancelot‹«) wählt als Rahmen die Frage nach der Einheit und Kohärenz des Lancelot-Prosaromans. Mit besonderem Blick auf den Sitz der ›Gral-Queste‹ in der Trilogie hebt sie das enge und symbiotische Verhältnis zwischen Hagiographie und epischer Literatur im 12. und 13. Jahrhundert hervor, um den Zusammenhang zwischen den Erzählmodellen der religiösen Legende und des Artusromans in der Lancelot-Trilogie zu erhellen. Indem sie die Bedeutung der Geburt und Erziehung in außerordentlichen und eigenartigen Umständen als besondere Merkmale sowohl des Helden des höfischen Romans als auch des Heiligen in der religiösen Legende herausarbeitet, macht sie die Verflechtung gattungstypischer Handlungs- und Erzählmuster im ›Prosa-Lancelot‹ sichtbar.

c) Ästhetische Konzeption und religiöse Problematik

Judith Klinger (»Die Poetik der Träume. Zum Erzählen von und mit Traum-Bildern im ›Prosa-Lancelot‹«) analysiert die komplexen Traum-Inszenierungen und Deutungsprozesse im afrz. und mhd. ›Prosa-Lancelot‹ im Rahmen poetischer Strategien und impliziter poetologischer Reflexionen. Sie arbeitet heraus, wie Träume als Legitimierungsverfahren das romanhafte Erzählen in schriftlicher Tradition und gelehrter Exegese verankern sowie als Bildsprache ein Symbolisierungspotential eröffnen, das sich in die Bild-Text-Bezüge der illustrierten Handschriften hinein fortsetze und über differenzierte Formen der Bedeutungskonstitution auch Anleitungen zur Textrezeption liefere. An der Schnittstelle von Herrschaftstheorie und religiösem Diskurs situiert, würden Träume nicht nur wesentliche Konflikte in eine zunehmend autonome Bildsprache umsetzen, sondern auch eine Verflechtung verschiedener Zeitebenen leisten, die erheblich zur *historia*-Fiktion des Romans beitragen.

Fritz Peter Knapp führt diesen Gedankengang weiter (»Erzählen, als ob es Geschichte sei. Antifiktionalität und Geschichtstheologie im ›Prosa-Lancelot‹«), wenn er den ›Prosa-Lancelot‹ als konsequente Fortsetzung dessen versteht, was in Geoffreys von Monmouth pseudohistoriographischen Weg bereits angelegt ist, indem er sich zwar in Überfülle fiktionaler Erzählmuster bediene, ihnen aber ihr poetologisches Eigenrecht abspreche und Signale der Fiktion durch Signale der Historizität ersetze. Insofern der Sinn von *historia* in den Eckpunkten durch den christlichen Glauben vorgegeben, im konkreten rätselhaften Verlauf aber erst zu ergründen sei, erfolge im ›Prosa-Lancelot‹ eine narrative Geschichtsdeutung in Form einer frei ausfabulierenden Geschichtserzählung, die jedoch durch Wahrheitsbezeugungen und Legitimationsstrategien stets den Anspruch von Geschichtsschreibung erhebe.[4]

---

[4] Zu danken haben wir Fritz Peter Knapp auch dafür, dass er den Teilnehmern des Kolloquiums Lichtbilder der Lancelot-Fresken von Frugarolo zeigte und die Bilderreihe literarhistorisch kommentierte; vgl. Fritz Peter Knapp, Weltbild als Bildwelt. Die Lancelot-Fresken von Frugarolo bei Alessandria, in: Weltbilder, hrsg. v. Hans Gebhardt, Helmut Kiesel, Heidelberg 2004 (Heidelberger Jahrbücher 47), S. 459–481.

Einen weiteren Ansatz verfolgt Walter Haug in seinem Beitrag (»Das erotische und das religiöse Konzept des ›Prosa-Lancelot‹«). Er legt dar, dass die Argumentation der gängigen Annahme vom ›Prosa-Lancelot‹ als klerikaler Reaktion auf den höfischen Roman chrétienscher Prägung nicht ausreiche, um die hier erfolgende Neukonzeption des arthurischen Romans verständlich zu machen: Bisher wurde angenommen, dass man den ›Prosa-Lancelot‹ von kirchlicher Seite nicht mehr in der herkömmlichen Manier als weltliche Literatur schlechthin abgelehnt habe, sondern man versuchte, ihn zu usurpieren, d. h. ihn geistlich umzugestalten und moralisch zu deuten; dem hält Haug entgegen, dass, auch wenn solche Einflüsse eine gewisse Rolle gespielt haben können, vielmehr zu beachten sei, dass hier in radikaler Konsequenz jene Probleme weitergedacht worden sind, die Chrétien selbst schon im ›Chevalier de la Charette‹ und im ›Conte du Graal‹ aufgeworfen habe. Der kulturgeschichtliche Kontext und die innerliterarische Entwicklung müssten zumindest gleichermaßen im Blick behalten werden.

III. Überlieferung, Rezeption und Wirkung

Der ›Prosa-Lancelot‹ ist in Frankreich entstanden und somit in erster Linie Teil der französischen Literaturgeschichte. Aber er öffnet – als Einziger – auch der deutschen das poetologische Potential der neuen Romanform. Nennenswerte literarische Wirkung des deutschen ›Prosa-Lancelot‹ scheint indessen nur vom Heidelberger Hof und vom schwäbischen Rottenburg, dem Witwensitz von Mechthild, der Schwester Friedrichs I., ausgegangen zu sein. Die in diesem Umfeld nachweisbaren Bezugnahmen auf den mittelhochdeutschen Roman sind relativ gut untersucht. Dies gilt auch für die von Ulrich Füetrer für Herzog Albrecht IV. geschriebene Kurzfassung. Am Endpunkt des Bemühens um einen deutschen ›Lancelot‹ steht die Neuübersetzung des französischen Werkes im 16. Jahrhundert, deren Entstehungsumstände und funktionale Einbindungen noch weitgehend im Dunkeln liegen. In der Forschung ist darüber spekuliert worden, mit welchen Werken der Text im deutschen Sprachraum konkurrierte und welche ästhetischen oder ideologischen Hindernisse eine breitere Lancelot-Rezeption im deutschen Sprachraum verhindert haben.

Auch Jürgen Wolf (»Lancelot – kein Held für deutsche Höfe?«) wirft in seinem Beitrag die Frage auf, warum der ›Lancelot‹ an den deutschen Höfen keinen Einlass fand. Da Überlieferungszufälle ausscheiden, Vers- und Prosaversionen als Vorlagen vorhanden gewesen wären, blieben seiner Ansicht nach nur Charakterzüge des Helden und Charakteristika seiner Geschichte als geeignete Erklärungsmöglichkeiten denkbar. Neben einer Analyse der französischen und deutschen Situation nimmt Wolf daher auch Wales und den norwegischen Königshof Hákon Hákonarsons in den Blick, wo der Lancelot ebenfalls unübersetzt geblieben ist, um aus diesen Vergleichsmomenten heraus Rückschlüsse auch auf die deutsche Situation zu ermöglichen.

Die Überlieferung des Werkes setzt in der Mitte des 13. Jahrhunderts ein und erreicht im 15. Jahrhundert ihren Höhepunkt mit der für den Pfalzgrafen Friedrich I. von Heidelberg angefertigten Handschrift P (cpg 147). Die erste wirklich vollständige Fassung des Werkes entsteht aber erst 100 Jahre später und ist uns in der Pariser Handschrift a (Ms. allem. 8017–8020, Bibl. de l'Arsenal) erhalten. Die eingehende Untersuchung dieses Textzeugen hat eben erst begonnen. Wie der Überlieferungs- und Übersetzungsprozess im Einzelnen verläuft, wo der Text von wem bearbeitet wurde und zu welchem Zwecke, ist nach wie vor unklar.

Katja Rothstein (»Eine Entstehungsgeschichte der Lancelot-Handschrift Ms. allem. 8017 – 8020 (a)«) versucht in ihrem Beitrag, die Entstehungsumstände der in der Handschrift Ms. allem. 8017–8020 (a) vorliegenden Übersetzung zu erhellen. Sie untersucht dabei die Position der Handschrift im Gesamtgefüge der Überlieferung, wobei vor allem das Verhältnis der Handschrift zu *P, der sie stellenweise am Nächsten steht, wichtig wird. Den Befund des Handschriftenvergleichs erweitert sie darüber hinaus um die Ergebnisse ihrer Recherche nach einem Auftraggeber, was in der Zusammenschau der erarbeiteten Resultate zu einer Neuinterpretation der Überlieferungsverhältnisse und der Textgeschichte führt.

An allen Phasen der Konzeption und Vorbereitung der Tagung, deren Vorträge der vorliegende Band festhält, war Hans-Hugo Steinhoff beteiligt, der am ersten April 2004 in seinem 66. Lebensjahr gestorben ist (vgl. die Dokumentation der wissenschaftlichen Arbeit von H.-H. Steinhoff durch Andres Laubinger und Jens Schneider in diesem Band). Ohne sein Mitwirken hätte das Kolloquium so nicht stattfinden können. Das Erscheinen des nicht ganz fertigen letzten Bandes seiner Ausgabe hat er nicht mehr erlebt, darin seinem Vorgänger Reinhold Kluge gleich, der den Druck des letzen Bandes der großen Akademie-Ausgabe im Jahr 1974 ebenfalls nicht mehr gesehen hat. Walter Haug, der Herausgeber der Reihe, hat die Aufgabe übernommen, den fünften Band der Edition zum Druck zu bringen – er ist inzwischen verfügbar.

Hier ist nicht der Ort, Ausgabe, Kommentar und Übersetzung des ›Prosa-Lancelots‹ von Hans-Hugo Steinhoff zu würdigen; eines lässt sich jedoch in aller Klarheit erkennen: Die Edition von Reinhold Kluge hat dem Fach deutlich gemacht, dass der mhd. ›Prosa-Lancelot‹ das Interesse der Forschung verdient. Die Ausgabe von Hans-Hugo Steinhoff hat den Roman einem erweiterten Leserkreis näher gebracht, vielleicht zum ersten Mal in der deutschen Literaturgeschichte. Joachim Heinzle hat damit die Hoffnung verknüpft, dass der ›Prosa-Lancelot‹ endlich auch als ein Werk der deutschen Literatur richtig Fuß fasst (FAZ v. 2. 2. 2004 Nr. 27, S. 34). Diesem Ziel wollte sich auch unsere Tagung widmen, allerdings in der Weise, dass der mhd. ›Prosa-Lancelot‹ im Kontext der französischen, niederländischen und der deutschen Literaturgeschichte gelesen und verstanden werden sollte.

Gerne danken möchten wir zum Schluss denjenigen, die unsere Tagung finanziell gefördert haben: Die Deutsche Forschungsgemeinschaft hat die Hauptlast getragen; die Stiftung Landesbank Baden-Württemberg hat einen ansehnlichen Druckkostenzuschuss beigesteuert, und schließlich haben der Attempto- und der Reichert-Verlag sowie die Neuphilologische Fakultät der Universität Tübingen dieses Kolloquium großzügig unterstützt.

Unser Dank gilt schließlich den Mitarbeiterinnen und Mitarbeitern, Dr. des. Christiane Ackermann, Philipp Hirth, Diana Lemke und Slavica Stevanović, die den Band redigiert, das Personen- und Werkregister sowie das Siglenverzeichnis der in den Aufsätzen häufiger zitierten Ausgaben der altfranzösischen, mittelniederländischen und deutschen Lancelot-Texte zusammengestellt haben. Nicht zuletzt bedanken wir uns herzlich bei unserem Kollegen Paul Sappler, der den Satz des Buches mit Tustep erstellt hat und überall dort mit Rat und Tat eingesprungen ist, wo die Arbeit ins Stocken zu geraten drohte.

Tübingen, im Frühjahr 2006 Klaus Ridder Christoph Huber

ERÖFFNUNG

Friedrich Wolfzettel

Der Lancelot-Roman als Paradigma

Vom geschlossenen symbolischen Stil des Chrétienschen Versromans zur offenen Welterfassung der Prosa

Jede vergleichende Überlegung zum Verhältnis von ›Prosa-Lancelot‹ und ›Charrette‹ wird mit der – scheinbar banalen – Feststellung der Unvergleichbarkeit der beiden Werke beginnen müssen. Tatsächlich bezeichnet das von Walter Haug einmal – in thematischer Sicht – als »Endspiel des arthurischen Romans«[1] bezeichnete Abenteuer des Prosaromans eine diskursgeschichtliche Revolution, die weit über den üblicherweise genannten Aspekt des gattungsgeschichtlichen Paradigmenwechsels, der Klerikalisierung der *matière de Bretagne* und die damit verbundene Krise des fiktionalen Erzählens hinausreicht. Rückblickend erscheint das Missverständnis der ersten Generation der Artusforschung, Paulin Paris u. a., wonach nicht der Prosaroman auf Chrétien antworte, sondern umgekehrt Chrétien sich vereinzelte Episoden aus dem riesigen Geschichtenverbund des Prosaromans herausgeschnitten habe, daher gar nicht so unplausibel.[2] Zu groß ist die Diskrepanz zwischen den immer episodischen Versromanen und der arthurischen Summe, die man nicht ohne Grund mit dem Zeitalter der Kathedralen oder dem Werk eines Thomas von Aquin in Verbindung gebracht hat.[3]

Bezeichnet die Prosa im Verhältnis zu dem als lügenhaft empfundenen Vers das Bedürfnis nach Wahrheit,[4] so impliziert diese Wahrheit zugleich ein neues Bewusstsein von Totalität, das mit den bisherigen Beschränkungen des »âge du symbole«, wie Daniel Poirion[5] das 12. Jahrhundert nannte, offenbar unvereinbar war und ein neues – totalisierendes – Verhältnis zur Wirklichkeit erzwang. »Before the act of writing, then, lies the myth«, schreibt Douglas Kelly[6] in Bezug auf die Entstehung des mittelalterlichen Romans, die Poirion u. a. auf den Subtext des Ödipus-Mythos zurückgeführt

1 Walter Haug, Das Endspiel des arthurischen Romans im ›Prosa-Lancelot‹, in: ders., Brechungen auf dem Weg zur Individualität. Kleine Schriften zur Literatur des Mittelalters, Tübingen 1995, S. 288–300.

2 Vgl. Ferdinand Lot, Etude sur le ›Lancelot en prose‹, Paris 1954, S. 2, erwähnt die heute fast vergessene Debatte der Artusforschung mit Paulin Paris, Willem Jozef Andries Jonckbloet, C. Hofmann; sie wurde bekanntlich erst von Gaston Paris zugunsten der heutigen Sehweise entschieden. Vgl. Paulin Paris, Les Romans de la Table Ronde mis en nouveau langage et accompagné de recherches sur l'origine et le caractère de ces grandes compositions, Paris 1868–1877, 5 Bde.

3 Vgl. Jean Frappier, Etude sur la ›Mort le Roi Artu‹, Genève 1961, S. 142–144.

4 Noch immer grundlegend Peter M. Schon, Studien zum Stil der frühen französischen Prosa, Frankfurt a. M., Klostermann 1960 (Analectica Romanica, 8).

5 Daniel Poirion, Résurgences. Mythe et littérature à l'âge du symbole (XIIe siècle), Paris 1986 (coll. Ecriture).

6 Douglas Kelly, The Art of Medieval French Romance, Madison, Wisconsin 1972, S. 314.

haben.[7] Die Rationalisierung des Mythos im 13. Jh., die Erich Köhler[8] seinerzeit in literatursoziologischer Perspektive mit einer Gewichtsverlagerung vom Feudaladel zum Klein- bzw. Ritteradel in Verbindung gebracht hat und deren kennzeichnender Ausdruck die euhemeristische Tendenz des Prosaromans ist, negiert den Mythos – mit Kelly – »by the invention of its *surplus de san.*«[9] Die Anonymisierung, Kollektivierung und »völlige Entpersonalisierung des Erzählens«, die Gerhard Wild einmal – vielleicht etwas zu schroff – dem »eitlen Maskenspiel Chrétiens« entgegensetzt,[10] verweisen nicht allein auf die radikale Veränderung des Erzählstatus und die Zurücknahme der eben erst literarästhetisch legitimierten Fiktionalität, sie begründen auch einen neuen Anspruch auf Verbindlichkeit. Die Ernsthaftigkeit der Prosa antwortet auf den ironischen Gestus des höfischen Erzählens von Versromanen.[11] Michel Zink spricht von einem neuen Typus der »narration objective.«[12]

Dass wir es nicht mit tastenden Neuorientierungen zu tun haben, sondern mit einem epochalen Bedürfnis nach Reorganisation des Wissens, nach Mehrstimmigkeit und Vernetzung, zeigt die rasche Aufeinanderfolge der Prosaversionen am Anfang des 13. Jh.s. So vermutet etwa Ulrich Mölk, »dass in der Zeitspanne von 1220 bis 1235 nicht einmal, sondern viermal der Versuch unternommen worden ist, einen Prosa-Lancelot-Gral-Zyklus zu gestalten«.[13] Eine solche ungeheure Anstrengung entspringt nicht einer ideologischen Laune; sie verweist auf eine innere Notwendigkeit und indiziert zugleich die außerordentliche historische Beschleunigung der höfisch-klerikalen Kultursymbiose zwischen 1100 und 1250, zugleich aber auch der Krise dieser von Stephen Jaeger[14] nachgezeichneten Symbiose und des Wiedererstarkens der kleri-

[7] Daniel Poirion, Edyppus et l'énigme du roman médiéval, Senefiance 9 (1980), S. 287–298.

[8] Erich Köhler, Ideal und Wirklichkeit in der höfischen Epik, Tübingen 1970, S. 20, 30.

[9] Kelly [Anm. 6], S. 314.

[10] Gerhard Wild, Merlinus Poeta – der schreibende Zauberer auf dem Weg in die Mancha und nach Macondo: das Abenteuer der Fiktionalität in den ›Libros de Caballerías‹, im ›Don Quijote‹ und in ›Cien años de soledad‹, in: Brigitte Schlieben-Lange, Axel Schönberger (Hgg.), Polyglotte Romania. Homenage a Tilbert Dídac Stegmann, Frankfurt a. M. 1991, Bd. 1, S. 559–626, hier S. 568.

[11] Bekanntlich hat Peter Haidu mit dieser These der Nachkriegsforschung 1968 einen neuen Weg gewiesen: Aesthetic Distance in Chrétien de Troyes. Irony and Comedy in ›Cligés‹ and ›Perceval‹, Genève 1968. Haidus Definition des Versromans, »a universe of structural fantasy offered to his [the reader's] delight« (S. 263), wäre für den Prosaroman unannehmbar.

[12] Michel Zink, La subjectivité littéraire. Autour du siècle de saint Louis, Paris 1985, S. 44. In seinem Buch The Half-Way House of Fiction. ›Don Quixote‹ and Arthurian Romance, Oxford 1984, S. 204, spricht Edwin Williamson diesbezüglich von einer Wertminderung der Fiktion und »the decline in the authority of the imagination.«

[13] Ulrich Mölk, Der Prosa-Lancelot-Gral-Zyklus, in: ders., Irmgard Fischer (Hgg.), Lancelot en prose. Farbmikrofiche-Edition der Handschrift Bonn, Universitätsbibliothek, Hs. S 526. Literarhistorische Einführung von Ulrich Mölk. Kodikologische Beschreibung von Irmgard Fischer, München 1992 (Codices illuminati medii aevi 28), S. 7–25, hier S. 14.

[14] C. Stephen Jaeger, The Origins of Courtliness. Civilizing Trends and the Formation of Courtly Ideals 939–1210, Philadelphia 1985. Vgl. hierzu auch Walter Haug, Curialitas und höfischer Weltentwurf, in: Christoph Huber, Henrike Lähnemann (Hgg.), Courtly Literature and Clerical Culture, Tübingen 2002, S. 57–76.

kalen Position. Der von Ferdinand Lot seinerzeit eingeführte Titel ›Lancelot-Graal‹ trägt eben diesem Bedürfnis nach einer beinahe gewaltsamen Inbezugsetzung der ursprünglichen *matière de Bretagne* mit der aus der Gralsidee geborenen Geschichtskonstruktion Rechnung, wo Oskar Sommer noch schlicht von der ›Vulgate Version of the Arthurian Romances‹ (Washington 1909–1916) gesprochen hatte. Wozu also das Unvergleichbare vergleichen? – Um eben diese Unvergleichbarkeit herauszuarbeiten.

In der ersten großen Phase der in der volkssprachlichen Literatur im Wesentlichen anonymen, epischen Überlieferung verkörpert der höfische Versroman ein tendenziell emanzipatorisches Projekt. Ein personaler Erzähler zeichnet verantwortlich für die Geschichte einer individuellen Bewährung, die zugleich von kollektiver Relevanz ist, weil das je Besondere symbolisch für das Ganze steht. In seinem Buch von 1953, »The Making of the Middle Ages«, brachte Donald William Southern[15] seinerzeit die Geburt der Individualität und das Motiv des auf Abenteuer ziehenden jungen Ritters bzw. Ritteranwärters mit der Krise des monastischen Weltbilds in Verbindung. Nicht die Gemeinschaft rechtfertigt jetzt das Individuum, vielmehr wird jede einzelne, gelungene Emanzipationsbewegung für die Gemeinschaft fruchtbar gemacht – einer Gemeinschaft, die, wie es das Ideal der *Table Ronde* zeigt, aus gleichberechtigten Einzelnen zusammengesetzt ist. Es zeugt von einer objektiven Ironie der Geschichte, dass die Krise dieses Säkularisierungsmodells, wie es in dem experimentellen Rahmen des Artusromans zum Ausdruck kommt, ausgerechnet erneut unter klerikal-monastischen Vorzeichen ratifiziert wird und zu einem neuen, pluralen Romanmodell führt, das streng genommen keine Autonomie des Einzelhelden mehr kennt. Die arthurischen Helden, Erec, Yvain, Lancelot, bei Chrétien de Troyes noch Protagonisten fast ohne Vorgeschichte, erhalten dadurch – entsprechend dem »genealogic turn« des frühen 13. Jh.s – eine in die Nacht der Zeit zurückreichende Vorgeschichte,[16] deren Ziel die umfassende »élucidation des mystères«[17] ist. Eben um die Ausblendung einer solchen Vorgeschichte, die bewusst exemplarische Enthistorisierung geht es dagegen im frühen Artusroman, der am Beispiel der *coutume*, wie Donald Maddox[18] gezeigt hat, den dämonischen Restbeständen der Geschichte den Kampf ansagt und den mythischen Formen des Bösen einen Mythos der Aufklärung und Erlösung entgegensetzt.

Diese optimistische Befreiung von der Geschichte wird in der obsessiven Rehistorisierung des Prosaromans konsequent zurückgenommen. An die Stelle einer nur ausschnitthaft nachgezeichneten, archetypischen Regeln folgenden Phase der *enfances* des ritterlichen Helden tritt, wie besonders Gerhard Wild[19] und Michelle

---

[15] Donald William Southern, The Making of the Middle Ages, New Haven 1953.

[16] Vgl. Gabrielle M. Spiegel, Romancing the Past. The Rise of Vernacular Prose. Historiography in Thirteenth-Century France, Berkeley, Los Angeles u. a. 1993.

[17] Michel Stanesco, Michel Zink, Histoire européenne du roman médiéval. Esquisse et perspectives, Paris 1992 (PUF écriture), S. 59.

[18] Donald Maddox, The Arthurian Romances of Chrétien de Troyes. Once and Future Fictions, Cambridge u. a. 1991.

[19] Gerhard Wild, Erzählen als Weltverneinung. Transformation von Erzählstrukturen im Ritterroman des 13. Jahrhunderts, Essen 1993 (Fora 1).

Szkilnik[20] gezeigt haben, das geistliche Vitenmodell, mit dem der symbolisch konstruierte, individuelle Bewährungsweg in die Unübersichtlichkeit und Beliebigkeit der Biographie überführt wird. Doch nicht nur das. In einem programmatischen Vortrag über das Problem der »Invention dans les romans en prose« hat Douglas Kelly von der Öffnung der *conjointure* des Versromans zu einer Poetik der *disjointure*, der *expansion* und der *diversité*[21] gesprochen, einer Poetik, die nicht nur die traditionellen Inhalte, sondern auch das traditionelle Gleichgewicht des höfischen Versromans obsolet machen sollte. François Suard geht in seinem wichtigen Beitrag über die »conception de l'aventure« im ›Prosa-Lancelot‹ noch weiter; er sieht die Proliferation der Abenteuer, ausgehend von denen des Hauptthelden, auch in qualitativer Hinsicht im Zeichen eines Wertverfalls und der Ambiguität: »Dans une histoire où les règles du jeu entrent en conflit les unes avec les autres, où le juste et l'injuste, le héros luimême n'est pas à l'abri des incertitudes et des erreurs.«[22] Die Öffnung des Kernbegriffs des ritterlichen Abenteuers für Täuschung und Ambiguität gefährdet demnach »la substance même de l'action romanesque«,[23] während die Öffnung des symbolischen Raums des Versromans zum rehistorisierten Raum des Prosaromans Hand in Hand mit der Entdeckung des pluralen, kollektiven Abenteuers geht, für das es keine orientierende Vorgaben mehr gibt. Nicht eine einzelne Vita wird konsequent verfolgt; vielmehr überkreuzen sich verschiedene Viten, und diejenige des zentralen Helden Lancelot besitzt nurmehr eine Leitfunktion, aber keinen Ausschließlichkeitsanspruch mehr. Monastische Pluralität kreiert so ein Modell erzählerischer Pluralität und Unübersichtlichkeit, das natürlich weit über den klösterlichen Rahmen hinausgeht und das angehende 13. Jahrhundert als Zeitalter sündhafter Kollektivität ausweist. Die Pluralisierung der Handlungskonstellation der ›Queste del Saint Graal‹ vor dem tragischen Endpunkt der ›Mort le Roi Artu‹ ist der sinnfälligste Ausdruck dieser neuen Tendenz, die das Individualabenteuer nur als Teil eines Gruppen- oder Kollektivabenteuers denkbar erscheinen und zugleich eine neue Dialektik von Gemeinsamkeit und Einsamkeit, Angepasstheit und Andersheit hervortreten lässt.

Es ist zugleich eine neue Dialektik von Ich und Geschichte, in der die hochgemute Autonomie des Helden zugunsten mythischer Züge eines komplexen Systems der Vorherbestimmung, Erwählung, Bestrafung, Beratung, Führung oder Fehlsteuerung in Frage gestellt wird. Ganz abgesehen davon, dass die Proliferation der Einzelabenteuer keine klare Richtung des Lebensweges erkennen lässt und die Verschlingung der Wege einschließlich der eingeschobenen Berichte (*récit de …*) bereits an die *tiroir-*

---

[20] Michelle Szkilnik, Vies des pères et romans en prose, une filiation?, in: Danielle Buschinger (Hg.), La littérature d'inspiration religieuse. Théâtre et vies de saints, Göppingen 1988 (GAG 493), S. 214–224.

[21] Douglas Kelly, L'Invention dans les romans en prose, in: Leigh A. Arrathoon (Hg.), The Craft of Fiction: Essays in Medieval Poetics, Rochester/Mich. 1984, S. 119–142, hier S. 125.

[22] François Suard, La conception de l'aventure dans le ›Lancelot en prose‹, Romania 108 (1987), S. 230–253, hier S. 240.

[23] Ebd., S. 253.

Technik des Barockromans erinnert.[24] Der Bewährungsheld des arthurischen Versromans ist ein handelnder Held, der in einer Reihe klar abgestufter Abenteuer und im Sieg über das Widerständige und Fremde zugleich sich selbst findet. Erecs Double Maboagrain steht fast emblematisch für diese Poetik der Integration und Bemächtigung, die immer wieder mit dem archetypischen Muster des Bewährungsmärchens verglichen worden ist. Die dergestalt vorgegebene Ereigniskette ist daher stets in sich vollständig; auf jede Herausforderung findet der ritterliche Held die ihm gemäße Antwort, und jede Herausforderung fügt sich in die übergeordnete Architektur der *conjointure* ein. Von daher die geringe Rolle des Zufalls und der Fortune, deren Rolle bereits durch die funktional providentielle *Zufälligkeit* des Abenteuers ausgefüllt wird. So klagt erst der im Turm gefangene, zur Untätigkeit verurteilte Lancelot in der ›Charrette‹ über Fortuna, deren *roe/ m'est ore leidemant tornee* (Roques, 6468 f.). Dagegen wird *Fortune, chose contrere et diverse, la plus desloial chose qui soit el monde* (Frappier, 172,45–47)[25] , nicht nur eine widrige Episode im Leben Lancelots, sondern das gesamte Schicksal Arthurs bestimmen.[26] Zufall und »imprévu« übernehmen nach François Suard[27] im ›Lancelot en prose‹ eine bestimmende Rolle innerhalb eines »système très subtil d'explications et d'occultations«.[28] Die von E. Jane Burns[29] untersuchte, plurale Ästhetik des Prosaromans impliziert daher eine grundsätzliche Veränderung der erzählerischen Ordnung und einen fundamentalen Wandel der Protagonistenkonzeption. Burns hat z. B. darauf hingewiesen, dass der Proppsche Begriff der Märchenfunktionen angesichts eines mangelnden »sequential ordering«[30] sinnlos wird, während umgekehrt die fast obsessive Suche nach Vollständigkeit, »a search for completion«,[31] eine kreisende, fundamental repetitive und immer lückenhafte Bewegung erzeugt, die den Text ständig überfrachtet und überfordert. Symbolisches Erzählen dagegen kennt Tiefenschichten, aber keine Lücken. Zwar hat Victoria Guerin in ihrer psychoanalytischen Studie des Katastrophenmotivs kürzlich eine Filiation zwischen dem Prosaroman, der ›Charrette‹ und dem ›Conte du Graal‹ nahegelegt, doch wird man »Chrétien's flirtation with disaster, with the destruction of his literary locus and therefore with self-annihilation as an artist«,[32] wie Guerin meint, sinnvollerweise doch auf den krisenhaften Sonderfall des letzten Romans beschränken und

---

[24] Diese durch die traditionelle Wissenschaftsgliederung und Singularisierung der Mediävistik bisher kaum gesehene Dimension wird jetzt zumindest ansatzweise in dem Sammelband von Emmanuel Bury und Francine Mora (Hgg.), Du roman courtois au roman baroque, Paris 2004, deutlich.

[25] Vgl. auch Frappier, 192,21–24.

[26] Vgl. Victoria Guerin, The Fall of Kings and Princes. Structure and Destruction in Arthurian Tragedy, Stanford/Cal. 1995, S. 78–83.

[27] Suard [Anm. 22], S. 253.

[28] Ders., Lancelot et le chevalier enferré (XXII sq.), in: Jean Dufournet (Hg.), Approches du ›Lancelot en prose‹, Genève ua. 1984, S. 178–196, hier S. 181.

[29] E. Jane Burns, Arthurian Fictions. Rereading the Vulgate Cycle, Columbus 1985.

[30] Ebd., S. 91 f.

[31] Ebd., S. 148.

[32] Guerin [Anm. 26], S. 194.

die ›Charrette‹ als Versuch des Autors ansehen müssen, einen wie immer fragwürdigen und enigmatischen, doch in sich stimmigen Plot zu konstruieren. Die Suche nach einer solchen Ordnung, so zeigt vor allem Charles Méla, ist in der »masse d'allure désordonnée ou extravagante des aventures« des Prosaromans obsolet; »jeux d'écho et non d'intrigue« – diese Formel entspricht einem dezentrierten Erzählen ohne Mitte.[33] »Textual idolatry« im Sinne von Jane Burns[34] ist die Antwort; das von Burns konstatierte »general malaise plaguing the entire Arthurian World«[35] scheint sein Pendant in der Hypertrophie und tendenziellen Unabschließbarkeit des Erzählers zu finden.

Der handelnde Held hat in dieser auf Selbstrechtfertigung bedachten Form der Textualität nur eine geringe Chance. Er soll ja nicht nur eine vorgegebene Überlieferung des vorgeblich anonymen *conte* einlösen; er fungiert auch selbst als Werkzeug der Suche nach Sinn und Kohärenz. Der *conte,* auf den die Prosafassung immer wieder Bezug nimmt, um sich selbst und ihren gleichsam anonymen Status des bloßen Nacherzählens zu rechtfertigen, hat daher längst die ursprüngliche Funktion verloren und verweist auf eine Vielzahl sich überkreuzender *contes*, die mit dem Anspruch des Textes auf Historizität in Widerspruch geraten. In einer überdeterminierten und unübersichtlich gewordenen Welt, in der der Umweg den geraden Weg ersetzt hat, hat der Held zunächst die Aufgabe, die Zeichen zu deuten und sich zu orientieren. Als Suchender nach der eigenen Identität ist der Lancelot des Prosaromans der Prototyp einer neuen hermeneutisierenden Tendenz, die wohl auch in dem häufigen Motiv der geistigen Abwesenheit und Verwirrung *per negationem* deutlich wird. In einem Vergleich der Friedhofsszene in der ›Charrette‹ mit der entsprechenden Szene der ›Douloureuse Garde‹ und ähnlichen Szenen im ›Lancelot en prose‹ hat z.B. Marc Le Person[36] gezeigt, wie eben die Szene, die im Versroman zur einmaligen Beglaubigung der Identität des Helden als zukünftiger Erlöser dient und die Befreiung der Königin vorbereitet, im Prosaroman den Helden selbst über seine Identität aufklärt und ihn umständlich über Vergangenheit und Zukunft unterrichtet, ohne dass die Episode für den Fortgang der Handlung von entscheidender Bedeutung wäre. Der junge Held, dem Gauvain am Anfang der ›Charrette‹ auf der Heide begegnet, ist der typische *Bel Inconnu* des höfischen Romans (Roques, 268–297); der junge Erlöserheld des Prosaromans dagegen ist nicht nur unbekannt, sondern auch auf der Suche nach sich selbst. Zwischen Erzähler und Leser übernimmt der arthurische Held damit eine vermittelnde Aufgabe der virtuell endlosen Sinnsuche, die sich in der ›Queste‹ zu dem obsessiven Motiv der Befragung der Einsiedler verdichtet und durch die Katastrophe

---

[33] Charles Méla, La Reine et le Graal. La conjointure dans les romans du Graal, de Chrétien de Troyes au Livre de Lancelot, Paris 1984, S. 330.

[34] Burns [Anm. 29], S. 148.

[35] Ebd., S. 145.

[36] Marc Le Person, Les métamorphoses du cimetière: de la tombe prophétique au terrain d'aventure (comparaison entre ›Le Chevalier de la Charrette‹ et ›Le Lancelot propre‹), in: Claude Lachet (Hg.), L'Oeuvre de Chrétien de Troyes dans la littérature française. Réminiscences, résurgences et réécritures, Lyon 1997, S. 107–125.

in ›La Mort le Roi Artu‹ nicht überholt wird. Jacques Ribard hat den Chrétienschen Roman – vielleicht etwas einseitig – als »allégorie du salut«[37] interpretiert, deren offener Schluss als ein Innehalten vor dem göttlichen Geheimnis begriffen werden könne; immerhin wird die symbolische Deutung der klaren Zielgerichtetheit des Versromans gerecht. Der ›Lancelot en prose‹ setzt dieser klaren Symbolstruktur ein labyrinthisches Muster entgegen, an dessen Anfang der Zweifel und an dessen Ende das tragische Scheitern des Helden eine grundsätzliche Unangemessenheit zwischen Ich und Welt – um mit Georg Lukács zu sprechen – indizieren. Der sich selbst suchende Held, von dem es einmal heißt, er liebe die Königin mehr als sich selbst und jeden anderen (Kennedy/Mosès, 564), lebt gewissermaßen in einem Zustand permanenter Selbstentfremdung; »Lancelot sera d'une autre nature que celle des compagnons de la Table Ronde«, bemerkt François Suard[38] mit Blick auf die symbolische Bedeutung der Szene mit dem *chevalier enferré*, dem »Urabenteuer des Helden.«[39] Wesentliche Begriffe wie *pensif* oder *folie* verändern ihren Stellenwert, wenn sie zu Merkmalen der Wiederholung und des Charakters werden, denn – wie die Dame du Lac an die Königin gewendet, betont – *mout a grant raison de sa folie qui raison i trove et amor* (Kennedy/Chênerie, 546).

Zeitliche Unbestimmtheit verbunden mit interner Dramatizität ist das Zeichen mythischen Erzählens. Das gilt auch für die ›Charrette‹, deren geschlossener Handlungsrahmen durch eine klare und konzise, beinahe dramatische Zeitstruktur unterstrichen wird. Douglas Kelly erklärt diese Eigenart u. a. mit dem Zeitmangel des Helden: »Lancelot«[40] In nur sechs Nächten ist die Schwertbrücke erreicht, und erst nach der Befreiung Guenièvres entspannt sich der zeitliche Rahmen. Der Prosaroman verfährt nun gerade umgekehrt. Dem genauen historischen Rahmen entspricht eine eher lose Chronologie der Einzelhandlungen. In seinem umfangreichen Werk über Zeitstrukturen und Zeitsymbolik in der altfranzösischen Epik hat Philippe Walter die »chronologie continue« der Prosaromane mit der apotheotischen, auf einen Höhepunkt hin ausgerichteten Struktur des sogenannten »roman curial« verglichen.[41] Dessen temporale Steigerung, die erst zu dem Eindruck einer mythischen Zeit beiträgt, steht nach Walter in offensichtlichem Gegensatz nicht nur zu der offenen, episodischen Zeitstruktur der Prosa, sondern besonders auch zu dem sogenannten 'autonomen' Zeitangaben (eines Abends, eines Morgens ...), die die Zeitstruktur des Prosaromans relativieren. Freilich hat Ferdinand Lot[42] ungeachtet solcher Unschärfen doch eine relativ präzise chronologische Gliederung des ›Lancelot en prose‹ herauszuarbeiten

37 Jacques Ribard, Chrétien de Troyes, ›Le Chevalier de la Charrette‹. Essai d'interprétation symbolique, Paris 1972, S. 173.
38 Suard [Anm. 28], S. 184.
39 Ebd., S. 185.
40 Douglas Kelly, Sens et Conjointure in the ›Chevalier de la Charrette‹, The Hague u. a. 1966, S. 193: »Lancelot must reach the goal of his quest in the shortest possible time because the fate of Guenevere depends on it [...]«.
41 Philippe Walter, La Mémoire du Temps, Fêtes et calendriers de Chrétien de Troyes à ›La Mort Artu‹, Paris u. a. 1989 (Nouvelle Bibliothèque du Moyen Age 13), S. 97 und 201–237.
42 Lot [Anm. 2], Kap. III, S. 29–62: Du procédé chronologique.

versucht. Es ist jedoch eine Präzision, die sich durch die Episodenhäufung und die gleichsam flache chronologische Gliederung in gewisser Weise selbst in Frage stellt. Aus der Summe der sich häufenden, nur selten dramatisch relevanten Zeitangaben resultiert eine plane kalendarische Wirklichkeit, die der Chronik angemessener ist als der Gattung Roman. Vor dem Hintergrund der lückenlosen heilsgeschichtlichen Konstruktion des ›Lancelot-Graal‹ ergibt sich der paradoxe Sachverhalt, dass die phantasmatisch entgrenzte historische Zeit – Alexandre Micha spricht einmal von einem »espace temporel dilaté«[43] – ihr interstrukturelles Pendant in dem Verlust einer kohärenten, nachzeichenbaren Zeitstruktur hat. Aus der Sicht Walters bedingt so die Krise des klassischen, »kurialen« Romantypus die Öffnung der Prosa auf eine »dynamique romanesque plus large«[44] eschatologischer Prägung.

Auf Einzelheiten der Handlung in vergleichender Perspektive will ich noch zu sprechen kommen. Was aber hier bereits angedeutet sein soll, ist das Stichwort 'Verlust des Mythischen', mit dem ich zugleich den Bogen von den Thesen Philippe Walters zu Walter Haugs Überlegungen über »Das Land, von welchem niemand wiederkehrt«[45] schlagen möchte. Trotz der unterschiedlichen Ansätze ist in beiden Fällen die geschlossene Sinnstruktur die Voraussetzung für die Entstehung mythischer Konnotationen. Die Überführung des einsträngig symbolischen Erzählens in die plurale heilsgeschichtliche Welt des Prosaromans kann so von vornherein als bewusste Strategie der Verhinderung mythischer Strukturen und mythischer Bedeutungen begriffen werden. Man möchte von einer Strategie der Banalisierung sprechen. Die offene Welterfassung der Prosa hat ihren Preis im Verlust der Tiefendimension, der sich aus der konsequenten Klerikalisierung eines nach scholastischem Vorbild pseudorational verfahrenden Summa-Projekts ergibt. Die rationalisierende und antimythische Tendenz zeigt sich auch in der eingangs genannten Eigenart, auf die schon Ferdinand Lot aufmerksam gemacht hat: die Zurückdrängung des »merveilleux breton« durch betont euhemeristische Ansätze. Die Reste des folkloristisch geprägten Wunderbaren stehen so in umgekehrtem Verhältnis zu der auffälligen Proliferation des religiösen Wunders bzw. des teuflischen Blendwerks im Kontext der Heilsgeschichte des Grals. Das Leben Lancelots, des Enkels des ersten Lancelot der ›Estoire del Saint Graal‹, wird genealogisch und heilsgeschichtlich zur exemplarischen Funktion 'entschärft' und verliert eben dadurch jene Absolutheit und Fortsetzungslosigkeit, die für Haug die Voraussetzung des mythischen Geschehens darstellen.

Tatsächlich bildet das von Chrétien verarbeitete Geschehen bekanntlich nur einen Bruchteil des ›Lancelot propre‹, eingelagert zwischen den Tod Galehauts und den breiten ›Agravain‹-Teil, der die ›Queste del Saint Graal‹ vorbereiten soll. Nach der alten Sommer-Ausgabe hat Lot vorgerechnet, dass nur etwa siebzig Seiten von über

[43] Alexandre Micha, Sur un procédé de composition de ›Lancelot‹, in: Dufournet [Anm. 28], S. 7–23, hier S. 21.

[44] Philippe Walter [Anm. 41], S. 236.

[45] Walter Haug, »Das Land, von welchem niemand wiederkehrt.« Mythos, Fiktion und Wahrheit in Chrétiens ›Chevalier de la Charrette‹, im ›Lanzelet‹ Urichs von Zatzikhoven und im ›Lancelot‹-Prosaroman, Tübingen 1978.

1100 den 7000 Versen Chrétiens und der Fortsetzung entsprechen. Dass die ›Charrette en prose‹ rezeptionsgeschichtlich den Chrétienschen Text buchstäblich vergessen lassen konnte, obwohl dieser vom Verfasser zweimal explizit (Mosès, 181; Lepage/Ollier II, 67) genannt wird, spricht für die Geschicklichkeit des Prosa-Redakteurs, kann aber doch eine gewisse Willkür nicht ganz verdecken. Man kann daher die neueste und genaueste Interpretin des ›Lancelot en prose‹, Annie Combes, auch so verstehen, dass die ›Charrette‹ zugleich unvermeidlich und störend, ja überflüssig war,[46] auch wenn, wie schon Ferdinand Lot betont, die ›Charrette‹ so »au centre du roman biographique, au coeur de sa partie courtoise«[47] steht. Denn diese zentrale Stellung ist in Wahrheit prekär, wenn nicht gar funktionslos. Als End- und Höhepunkt der bisherigen Laufbahn des Helden bezeichnet die Episode, in der Lancelot in der Lüftung des Grabdeckels Aufschluss über sich selbst erhält und in der die Liebesnacht mit Gueniëvre im Gefängnis Meleagants stattfindet, den eigentlichen Endpunkt der unendlich in die Länge gezogenen *enfances* des Helden.[48] Dazu kommt, dass die ›Suite de la Charrette‹, mit Ferdinand Lot, nicht nur »une des parties les plus insipides de l'ouvrage«[49] darstellt; Lancelot entfernt sich tatsächlich – real und symbolisch – immer mehr aus dem Zentrum der Handlung und aus dem Umkreis der Königin, die nach den großen Herausforderungen durch die Zauberin Camille, die falsche Gueniëvre und die Entführung durch Meleagant ebenfalls keinen wesentlichen Anteil an der Handlung mehr nimmt. Der Fluch, den sie über Lancelot nach dessen ungewollter Liebesnacht mit der Tochter des Pellès ausspricht, erklärt die längere Trennung der Liebenden, deren erneute Begegnung am Ende ein Auslöser der Katastrophe sein wird. Andererseits wird die ›Charrette‹-Episode eben durch die tragische Geschichte mit der falschen Gueniëvre von der vorangehenden Handlung getrennt und kann nach dem drohenden Feuertod für die Königin kaum mehr als wirklicher Höhepunkt der chronologischen Ereignisse betrachtet werden: Hatte Lancelot die Königin zuvor gegen ihren eigenen Hof verteidigt und gerettet, so rettet er sie jetzt vor dem fremden Zugriff, dessen skandalöser Charakter nach dem vorausgegangenen Skandal beinahe verblasst. Die von Elspeth Kennedy herausgegebene, angeblich nicht-zyklische Version des ›Lancelot do Lac‹ endet denn auch mit der Hinrichtung der falschen Braut und der – scheinbar – endgültigen Integration Lancelots in den arthurischen Hof. Die ›Charrette‹-Episode scheint hier weder notwendig noch vorgesehen zu sein.

Auch die Vorstellung, dass die Liebesnacht den absoluten Höhepunkt des Geschehens darstelle, bringt gewisse Schwierigkeiten mit sich. Auffällig ist bereits die knappe Schilderung der Episode – eine Seite – im Vergleich mit den über 280 Versen der ›Charrette‹, in der die wechselseitige Sehnsucht, das lange Gespräch der Liebenden, das hymnisch geschilderte Glück der Vereinigung und die Mystik der *amors [...]*

---

[46] Annie Combes, Les voies de l'aventure. Réécriture et composition romanesque dans le ›Lancelot en prose‹, Paris 2001, S. 201–220.

[47] Lot [Anm. 2], S. 383.

[48] Zu diesem Aspekt siehe Friedrich Wolfzettel, Les enfances de ›Lancelot du Lac‹. Pour une approche générique du thème, PRIS-MA XII, 23 (1996), S. 105–116.

[49] Lot [Anm. 2], S. 70.

anterine (V. 4667) einen breiten Raum einnehmen. Der genauen Beschreibung der mühsamen und schmerzhaften Entfernung der Gitterstäbe des Fensters bei Chrétien entspricht in der Prosa der lakonische Hinweis, dass Lancelot *sace les fiers hors des piertruis si souef ke noise ne fait ne nul n'en brise* (Lepage/Ollier II, 206). Aus den überschwänglichen Versen Chrétiens *que il lor avoit sans mantir/ une joie et une mervoille/ tel c'onques ancor sa paroille/ ne fu oïe ne seüe* (Roques, 4676–4679), einschließlich des Unsagbarkeitstopos macht der Prosa-Autor den einen, fast lakonischen Kommentar: *grant fu la joie k'il s'entrefisent.* (Lepage/Ollier II, 206) Vielleicht sollte man noch hinzufügen, das Gueniëvre Lancelot mit der Nachricht vom Tode Galehauts empfängt, obwohl der Held naturgemäß in diesem Augenblick für die Nachricht wenig empfänglich ist und sie kaum zur Kenntnis nimmt: *si en eust fait assés grant deul, mais le lieus n'i estoit pas* (Lepage/Ollier II, 206). Tatsächlich scheint der berühmten Szene in dem episodischen Romantypus Chrétiens eine wesentlich andere, absolutere Rolle zuzukommen, als dies in der durch vielfache Echos und Querverweise gestützten, chronologischen Konzeption des Prosaromans möglich ist. Nicht die mythische Transgression des aus den Normen der Gesellschaft entlassenen, notwendig einmaligen Ereignisses *qua* Ereignis steht im Vordergrund, sondern ein ganzes, der *folie* der *amour anterine* gewidmetes Lebensprojekt, das bekanntlich den Einfluss des Tristanromans zeigt.

Denn auch diese Liebe unterliegt dem für die Prosa typischen Strukturprinzip der Wiederholung und Variation. Die Episode ratifiziert so, völlig anders als im Chrétienschen Roman, der die Epiphanie der Liebe an das Auftauchen des jungen Unbekannten knüpft, eine langsam gewachsene Beziehung, deren Einzigartigkeit durch den digressiven Charakter der immer wieder dazwischentretenden Abenteuer noch unterstrichen wird. Es geht nicht, wie bei Chrétien, um die mythische Begegnung, den *hieros gamos* zwischen Lancelot und der Königin, sondern um den verschlungenen Lebensweg des Helden, in dem die Königin immer wieder – nach dem rhythmischen Muster von Absenz und Präsenz – auftaucht, bis der Held schließlich gleich zweimal auch als Retter der Königin fungiert. Drei Begegnungen mit der Königin an der ›Douloureuse Garde‹ hatten das privilegierte Verhältnis seit der ersten Bekanntschaft an einem Johannistag am Artushof bestätigt, wo Lancelot beglückt die »nackte« Hand Gueniëvres in der seinen gespürt hatte (Kennedy/Mosès, 458). Als Befreier der Königin bestätigte er sich bereits in der ›Douloureuse Garde‹, wo er einen regelrechten Gang durch die Unterwelt unternimmt und den bösen Zauber löst. Das Motiv des verzückten Betrachters finden wir dreimal (Kennedy/Mosès, 696, 706, 876), zuletzt im Kontext der Kämpfe Arthurs gegen Galehaut, der zum Ritter dieser Liebe wird: *Ainsi fu li premiers acointenanz faiz de la reine et de Lancelot do Lac par Galehot* (Kennedy/Mosès, 896). Aussprache und Liebesgeständnis besiegeln schon hier das Bündnis der Liebenden, das bald auch die erotische Zuwendung einschließt. Auf der Ile Perdue umarmt die Königin Lancelot *tot armé* (Kennedy/Chênerie, 516), und nach dem lächerlichen Ehebruch Arthurs heißt es, dass die beiden Liebenden *orent totes les joies que amant puent avoir* (Kennedy/Chênerie, 520). Wie das Abenteuer des *Val sans retour*, auch das Tal der falschen Liebenden, zeigt, geht es letztlich um eine – in den Augen der Welt – beinahe närrische Absolutheit und Treue der Liebe. Die ärgste Prüfung wird daher nicht die Rettung der Königin auf dem Höhepunkt der arthurischen Krise sein, sondern die Gefangenschaft Lancelots durch die eifersüchtige Morgane, die den Helden am Hof verleumdet und des Treuebruchs bezichtigt. Erst die äußerste Entfremdung im Wahnsinn bildet sodann die Voraussetzung für den Beweis der Treue in der ›Charrette‹- Episode. Die hier nur knapp resümierten Begegnungs- und Rettungsszenen knüpfen so ein breites psychologisches Netz, das in absolutem Gegensatz zum Versroman auf einem bipolaren Schema von ständig variierter Annäherung und Entfremdung beruht und die Artuswelt, wie ja auch den König selbst, in einen permanenten Gegensatz zu dämonischen und feenhaften Gegenwelten stellt.[50] Dem äußersten Zustand der Entfremdung im doppelten Motiv des Wahnsinns entspricht die innigste Form der Zuwendung. Das Kontinuum dieser schicksalhaften Liebe, die unter dem ausdrücklichen Schutz der Dame du Lac steht, ist von der ›Charrette‹ Chrétiens, trotz der inhaltlichen Übereinstimmungen, grundlegend unterschieden.

Das sichtliche Bemühen um psychologische Plausibilität steht in Verbindung mit der genannten entmythisierenden Tendenz, die dazu führt, dass das arthurische Wunderbare – wie etwa im Zusammenhang mit der Fee Morgane – nur eine geringe Rolle spielt. In den großen Gräberszenen z. B. mutiert das Wunderbare zum phantastisch diabolischen *merveilleux* im Dienste der heilsgeschichtlichen Konstruktion. Ein besonders deutliches Beispiel hierfür ist das mythische ‘andere’ Land Gorre, das lange vor der ›Charrette‹-Handlung vorgestellt wird, wobei sich der Autor übrigens wieder auf *li droiz contes de la charete* (Mosès, 180) beruft. Aber auch dies ist natürlich ein Aspekt, der den mythischen Kontext der beiden Welten, wie ihn der Chrétiensche Roman andeutet, zerstört. Nur das Motiv des dunklen Flusses, *une altre eve qui a non Tiniebre* (Mosès, 180), eng, tief und schlammig, ist quasi als mythisches Versatzstück unter allegorischen Vorzeichen geblieben. Auch die Bezeichnung ‘Land ohne Wiederkehr’ hat das sumpfige und entvölkerte Grenzland des Artusreiches verloren, allerdings ist noch von der *costume malveise* (Mosès, 180) die Rede, wonach kein Artusritter, der die Grenze überschreitet, zurückkehren kann. Schließlich erinnern die beiden von Baudemagu eigens gebauten und mit dieser Erklärung zugleich um ihr Geheimnis gebrachten Brücken, ein überfluteter Steg und eine Schwertbrücke, noch an die ursprünglichen Vorgaben. Eine historische Erklärung tritt auch an die Stelle der Anderwelt-Konnotationen: Es geht um den ausführlich begründeten Konflikt zwischen dem machthungrigen Uterpendragon und dem frommen König Urien und den vergeblichen Versuch Arthurs, das Geschehen wiedergutzumachen. Denn obwohl auch Baudemagu, der Neffe Uriens, als gütiger Herrscher und zweiter Artus geschildert wird, scheitert alle Vermittlung an dem hoffärtigen und bösartigen Sohn Uriens, Me-

[50] Hierzu auch Friedrich Wolfzettel, Lancelot et les fées: essai d’une lecture psychanalytique du ›Lancelot en prose‹, Marche romane XXXII, 82 (1982), S. 25–42, sowie Friedrich Wolfzettel, L’autre dans le ›Lancelot do Lac‹, in: Trude Ehlert (Hg.), Chevaliers errants, demoiselles et l’Autre, höfische und nachhöfische Literatur im europäischen Mittelalter (Fs. Xenja von Ertzdorff), Göppingen 1998, S. 327–338.

leagant. In gewisser Weise reduziert sich so die eigentliche Handlung auf ein Vater-Sohn-Problem. Strukturell gesehen, erscheint Meleagant, der zunächst nur als tückischer Rivale Lancelots hervortritt, als der typische Störer aus einem fremden Land, ähnlich wie die falsche Guenièvre aus Carmélide kurz darauf der echten Guenièvre ihre Rolle streitig macht und sie in die Schande stürzt, das heißt, Meleagant ist nur ein weiterer 'Störer' von draußen, den Lancelot nicht, wie seinerzeit Galehaut, zur Umkehr bringen kann. Die beiden Hauptfiguren des Romanzyklus werden so von dritter Seite herausgefordert, und Lancelot kann, wie gesagt, schon vor der zentralen ›Charrette‹-Episode als Retter der Königin auftreten.

Diese Doppelung verweist somit auf eine ebenfalls schon angedeutete Eigenart: das Spiel der Wiederholungen, Variationen und Echos, das die Handlung paradigmatisiert und den einzelnen Motiven ihre Einzigartigkeit raubt. Die Geschichte der falschen, zweiten Guenièvre ist ja nur das deutlichste Beispiel einer bis zur Identitätsproblematik gehenden Doppelungstendenz, die wohl letztlich mit dem Wiederholungszwang einer falsch verstandenen Totalität in Verbindung zu bringen ist, die keine Einmaligkeit anzuerkennen scheint. Die Wiederholung stärkt die Bedeutung nicht, sondern schwächt sie, so dass auch in diesem Fall von mythischer Tiefe keine Rede mehr sein kann. Betrachten wir abschließend nur die Vervielfältigung des zentralen Symbols des Schandkarrens, den Rey-Flaud in seiner Psychoanalyse des ›Conte du Graal‹ als »la figure d'une loi dégradée et avilie«[51] gedeutet hat. Eine solche Deutung legt der Chrétiensche Text aber höchstens nahe; erst der Verfasser dieses Teils des ›Prosa-Lancelot‹ ergeht sich in einer ausführlichen kulturhistorischen Erklärung der *coustume* (Lepage/Ollier II, 88) und nimmt dem Objekt so die für Chrétien typische mythische Aura des Geheimnisvollen. Von letzterem ist denn auch hier nichts übrig geblieben. Der Chrétiensche Zwerg hält z. B. *une longue verge an sa main* (Roques, 349) und scheint mit diesem phallischen Attribut seine Funktion als gesunkene Vaterfigur anzudeuten; ähnlich wie der junge Erec in der Eingangsszene von ›Erec et Enide‹ kämpft der Held mithin gegen die von den Vätern überkommene und längst pervertierte *coutume*,[52] die ihm bei der versuchten Rettung der Mutter-Geliebten und Königin – ähnlich wie im ›Erec‹ – dennoch in Form eines überlegenen Wissens, buchstäblich in die Quere kommt und ihn zur Selbsterniedrigung zwingt. Seine Identität ist mit dieser Kernszene verbunden, die ihm die Züge eines gedemütigten Erlösers verleiht. Der Zwerg des Prosaromans entspricht dagegen lediglich dem Typus des »nain disharmonieux«;[53] er ist bucklig, aber weitgehend funktionslos. Den Sprung in den Karren, den Rey-Flaud bei Chrétien als Sieg des Begehrens (im Gegensatz zur Haltung Percevals in der Gralsszene) interpretiert[54] und dem bei Chrétien daher ein

[51] Henri Rey-Flaud, Le chevalier, l'autre et la mort: Les aventures de Gauvain dans le conte du Graal, Paris 1999, S. 124.

[52] Zu diesem Aspekt siehe Donald Maddox, The Arthurian Romances of Chrétien de Troyes. Once and Future Fictions, Cambridge u. a. 1991.

[53] Anne Martineau, Le nain et le chevalier. Essai sur les nains français du Moyen Age, Paris 2004, ch. I, type 2.

[54] Rey-Flaud [Anm. 51], S. 123: »Lancelot passe outre à la mise en garde surmoïque de Raison.«

allegorisch gewendeter Kampf des Helden mit sich selbst vorausgeht, vollzieht Lancelot im Prosaroman kommentarlos; er wird letztlich bedeutungslos sein. Das Motiv der Schande bleibt zunächst: So weigert sich Gauvain, der dem Karren mit Lancelot begegnet, anfangs, dessen Beispiel nachzuahmen, und reitet neben dem *chevalier hounis* (Lepage/Ollier II, 92) her. Lancelot selbst steht wegen dieser Schande wenig später zweimal kurz vor dem Selbstmord, bevor die weiteren Abenteuer dazwischen kommen. Doch all das bleibt nur Episode. Im Lichte der späteren Grabepisode scheint der Karren denn auch vor allem als Sinnbild des durch die Sünde gefallenen Menschen zu fungieren und wird schließlich buchstäblich zum Ehrenzeichen aufgewertet. Lancelots Cousin Boort wird später vor aller Augen im Artushof aufspringen und kann nur durch einen anderen Ritter befreit werden, der die Schande auf sich nimmt; denn *nus ne doit mais avoir honte de monter en karete puis ke Lancelos i monta* (Lepage/Ollier II, 226). Aus dem quasi mythischen Symbol des Karrens ist ein moralisches 'Markenzeichen' geworden, und Gauvain zögert am Ende nicht – *pour le boin chevalier ki i monta* (Lepage/Ollier II, 232) –, ebenfalls aufzusteigen. In dem Augenblick verkündet eine *demoiselle* das baldige Ende des Artusreiches und sagt zum König gewendet, auch er hätte den Karren besteigen sollen, denn: um Lancelots willen *devroient iestre karetes hounerees a tous jours mais* (Lepage/Ollier II, 232). Der Schandkarren hat als Symbol ritterlicher Demut eine eigene symbolische Logik erzeugt, die nurmehr wenig mit der Haupthandlung zu tun hat, wohl aber das Ende des Artusreiches präfiguriert.

Schon im Versroman bezeichnen Schandkarren und Grabplatte die beiden sichtbaren und konträren Symbole der Auserwählung des Helden. Wie schon erwähnt, erhält die Grabepisode im Prosaroman aber die Breite einer heilsgeschichtlichen Offenbarung, in der die Berufung Lancelots zugleich dessen 'Sünde' und dessen Versagen einschließt; aus der quasi-mythischen Erlöserrolle ist im Zeichen des Grals der fragwürdige Erlöser geworden, der ohne Zweifel gegenüber dem in Galaad verkörperten absoluten Reinheitsideal für das Rittertum an sich, wenn nicht für die ganze Menschheit steht. In der Rede des Symeu, des Neffen von Joseph von Arimathäa, heißt es, Lancelot habe *la prouece et la valeur ki poet iestre en homme corronpu* (Lepage/Ollier II, 136). Offensichtlich fungiert er als der weltliche Erlöserheld, der unterhalb der geistlichen Erlöserfiguren steht. So sagt Symeu auch zu ihm, er sei der Cousin dessen, der ihn, Symeu, dereinst erlösen solle und – nach der Probe des Siège Périlleux – *les aventures de Bretaingne metra a fin* (Lepage/Ollier II, 136). In einem solchen Netz von Bezügen präzisiert und relativiert sich zugleich die Rolle des geheimnisvollen Helfers der ›Charrette‹. Als heilsgeschichtliches oder genauer moraltheologisches Symbol steht die Karre, deren Merkwürdigkeit aus einer historisch ableitbaren *coutume* heraus erklärt wird, zugleich für ein neues, seiner Unzulänglichkeit bewusstes Rittertum. Jeder echte Ritter muss einmal die Schanderfahrung der Karre auf sich genommen haben, und die Schwäche des Königs, der mehr als andere versagt hat, besteht auch darin, dass er eben diese Probe gescheut hat. Die Allegorisierung des Karrens hebt die geheimnisvollen Umstände, die das unerwartete Auftreten des wissenden Zwergs im Versroman umgeben, auf eine allgemeine, providentielle Ebene. Während die Handlung als solche in einem Geflecht von Liebe, Treue, Treulosigkeit und Verrat psychologisiert und moralisiert wird, werden die beiden zentralen symbolischen Szenen allegorisch entgrenzt.

Das je Einmalige, mythisch Überhöhte des Versromans wird so zum exemplarischen Ausdruck einer über das Besondere hinausgehenden, allgemeinen Bedeutung. Mittelalterlich gesprochen: Die *senefiance* liegt jenseits des spezifischen Geschehens. In dem Kontinuum der ritterlichen Vita wird das Herausragende überdies zu einem Glied der langen Kette exemplarischer Episoden und verliert auch dergestalt an Eigenwert. Anders etwa als die Geschichte Alexanders, des berühmtesten Beispiels einer weltlichen Vita im 12. Jh., tendiert die Lancelot-Vita in diesem Netz der Bezüge, Echos und Analogien dazu, nur Teil eines größeren Ganzen zu sein und insgesamt eine exemplarische Bedeutung anzunehmen. Das zeigt auch das Ende. Während der Untergang des Artusreiches in ›La Mort le Roi Artu‹ noch einmal mythische Erzählmuster bemüht, kann der erbauliche Tod Lancelots als Flucht vor dem Mythos interpretiert werden.[55] Die Stationen seines Lebensweges repräsentieren nicht mehr das Faszinosum des Einmaligen, Außerordentlichen; sie weisen beständig über sich hinaus. In einer neuen Arbeit über die allegoretische Tendenz zeitgenössischer Literatur schreibt Susanne Knaller: »Allegorisch nenne ich ein Verfahren, das eine erzählte Geschichte zu einem semiotischen Zeichen werden lässt und damit eine weitere bzw. weitere Geschichten eröffnet, ohne dass die erste Geschichte irrelevant wird.«[56] ‘Allegorisch’ heißt in dieser – nicht figural bestimmten – Perspektive Mehrstöckigkeit und »Interferenzstruktur mehrerer Texte/Narrationen.«[57] Vielleicht ließe sich behaupten, dass der ›Lancelot en prose‹ in diesem Sinn bereits ‘modern’ ist, indem er sich von den mythischen Konnotationen symbolischen Erzählens und auch von dem früheren Anspruch auf *senefiance* verabschiedet hat bzw. indem es diese von Fall zu Fall explizit nachliefert. In einem pluralen, beinahe synchronen Textgebilde, dessen eigentliches Kennzeichen das *entrelacement* ist, dient jede der Einzelhandlungen, auch die des Hauptthelden, als *exemple*, das nach einer weitergehenderen Deutung ruft, die entsprechenden Koordinaten aber werden schon mitgeliefert. Die mannigfachen hermeneutischen Hilfsinstanzen – Dame du Lac, Gräbervisionen, Träume und ihre Entschlüsselung, Befragung von Eremiten usw. – tragen zu dem Eindruck bei, dass jede Handlung zugleich für etwas anderes steht, in der Verschlingung – *entrelacement* – mit anderen Handlungen aber auch keine Geschlossenheit im herkömmlichen Sinne mehr verbürgt, sondern lediglich noch auf eine übergeordnete moralische Sinnschicht verweist. Der umherwandernde Schandkarren, auf den man gleichsam aus wechselnden Lebenssituationen unverhofft aufspringt, wird so fast zum Symbol dieses neuen problematischen Erzählens, das die Einsinnigkeit des Mythos nicht mehr einzuholen vermag und das die Ambivalenz des Mythischen zugleich als unvereinbar mit allegorisch-exemplarischem Erzählen zurückweisen muss.

---

[55] Vgl. Virginie Greene, Le sujet et la mort dans ›La Mort Artu‹, Paris 2002, S. 341–345.

[56] Susanne Knaller, Zeitgenössische Allegorien – Literatur, Kunst, Theorie, München 2002, S. 11.

[57] Ebd.

Übersetzungspraxis, Sprachgestaltung und Stil

René Pérennec

›Lancelot en prose‹ / ›Prosa-Lancelot‹

Übersetzungsanalyse als Mittel des Lexikvergleichs. Einige Bemerkungen

Die Erkenntnis, dass der deutsche ›Prosa-Lancelot‹ eine Übersetzung ist, hat sich durchgesetzt.[1] Das besagt aber noch nichts über die Modalisierungsformen, welche diese Erkenntnis dann annimmt: Es ist nur eine Übersetzung, also lieber gleich zum Original greifen. Oder: Immerhin eine Übersetzung – auf der Basis der deutschen Fassung lässt sich die literarhistorische Bedeutung des Lancelot-Komplexes im europäischen Großzusammenhang doch *grosso modo* erfassen. Wenn man sich jetzt für die sprachlichen Aspekte des französisch-deutschen Kulturkontakts im Mittelalter interessiert und fragt, wie affin das Altfranzösische und das Mittelhochdeutsche waren, um – bei aller Einseitigkeit der literarischen Folgen dieses Kontakts – solche Begegnungen möglich zu machen, denen man den Gottfriedschen ›Tristan‹ oder den ›Parzival‹ verdankt, dann wird man eher geneigt sein, trotz der komplizierten Genese und des Umstands, dass die einzig erhaltene vollständige deutsche Fassung eine frühneuhochdeutsche Fassung ist, die Entstehung des ›Prosa-Lancelot‹ als Ereignis zu feiern: Hier hat man einen Text, der – besonders im ersten Drittel – eine Handhabe bietet, vergleichende lexikalische Analysen, die in der Beschäftigung mit französischen Verserzählungen und deren deutschen Adaptationen ihren Ausgangspunkt hatten, auf breiter Basis fortzuführen. Endlich eine Übersetzung!

Beim Umgang mit hochmittelalterlichen französischen Verserzählungen und den entsprechenden deutschen Nachdichtungen formieren sich mental Elemente eines afrz.-mhd. Wörterbuches. Produktiv ist vor allem ein Antizipationsreflex, den jeder kennt, obwohl diese Reaktion bei Fremdsprachen- oder Altsprachenphilologen, welche die Hinübersetzung als Mittel des intensiven Lernens praktiziert haben, schneller auftreten mag. Ein Beispiel: Man liest in der ›Vie du pape saint Grégoire‹[2] den Passus, in dem Grégoire als Befreier der Landesherrin/Mutter agiert, und fragt sich, wie folgende Verse (ohne Entsprechung bei Hartmann, worauf noch zu kommen sein wird) ins Mittelhochdeutsche zu übersetzen wären: *Molt resemble bien chevalier* (1387); *Esperonant vient al gravier* (1403); *La sue genz molt bien le fait* (1407). Die

[1] Monika Unzeitig-Herzog, Zu Fragen der Wirkungsäquivalenz zwischen der altfranzösischen ›Queste del Saint Graal‹ und den deutschen Fassungen der ›Gral-Queste‹ des ›Prosa-Lancelot‹, in: Joachim Heinzle, L. Peter Johnson, Gisela Vollmann-Profe (Hgg.), Übersetzen im Mittelalter. Cambridger Kolloquium 1994, Berlin 1996 (Wolfram-Studien 14), S. 149–170.

[2] La Vie du pape saint Grégoire ou La légende du bon pécheur/Das Leben des heiligen Papstes Gregorius oder Die Legende vom guten Sünder. Text nach der Ausgabe von Hendrik Bastiaan Sol [A1–Fassung] mit Übersetzung und Vorwort von Ingrid Kasten, München 1991 (Klassische Texte des Romanischen Mittelalters in zweisprachigen Ausgaben).

Suche nach Entsprechendem dauert hier nicht lange, wenn man sich damit abfindet, dass das historische Präsens des afrz. Textes wohl kaum herüberzuretten ist: **er was einem rîter wol gelîch*; **daz ros nam er mit den sporn/ unde kam ûf daz (den) griez*; **sîn gesinde tete ez vil wol.* Bei anderen Stellen wird man sich etwas Bedenkzeit gönnen wollen, z. B. bei der Übersetzung von V. 1376: *Destrier a bon e bien corant.* **sîn ors was guot unde snel* wäre gewiss nicht falsch, aber man könnte sich eine genauere Wiedergabe vorstellen. Und so setzt sich das Suchen und Raten fort – auch in die andere Richtung (Übersetzung aus dem Mhd. ins Afrz.), obwohl die Poeten der hochmittelalterlichen Romania es versäumt haben, Letzteres vorzuexerzieren. Der Prozess ist so banal, dass niemand auf den Gedanken kommt, darüber zu berichten. Die Folge ist aber, dass man sich auch nicht über die Ergebnisse austauscht, obwohl es sich doch lohnen könnte, der 'Fachöffentlichkeit' die Frage vorzulegen, ob und wozu ein in welcher Form auch immer zur Verfügung gestelltes afrz./mhd. Wörterbuch nützlich wäre. Das soll hier in einem ersten Schritt und im praktischen, illustrativen Modus geschehen.

Man wird sofort an einen bestimmten Benutzerkreis denken, nämlich an die Romanisten. Die Zusammenarbeit zwischen germanistischen und romanistischen Mediävisten geht nicht so recht vonstatten, weil auf Grund der Einseitigkeit des romanisch-deutschen Kulturaustausches im Hoch- und Spätmittelalter die meisten Romanisten, auch innerhalb des deutschsprachigen Kulturraums, eine begleitende Erforschung germanistischer Gegenstände seitens der Romanistik, gemessen an dem zu erwartenden Direktertrag für das eigene Fach, spontan für zu aufwändig halten. Nun kann man aber den Aufwand verringern, indem man die Zugangswege abkürzt, d. h. auf afrz./mhd. Äquivalenzen hinweist. Ein Beispiel aus dem ›Lanzelet‹ Ulrichs von Zatzikhoven (um 1200) – einem mittelhochdeutschen Text, der als Stellvertreter einer verloren gegangenen französischen oder anglonormannischen Erzählung die Aufmerksamkeit der Romanistik immer wieder auf sich gezogen hat: *der gevangen künec* [Richard Löwenherz] *im* [Leopold V., Herzog von Österreich] *satzte/ ze gîseln edel herren,/ von vremden landen verren* (9330–332). *[...] dô twanc in lieber vriunde bete,/ daz dise nôt nam an sich/ von Zatzikhoven Uolrich/ daz er tihten begunde/ in tiusche, als er kunde,/ diz lange vremde mære/ durch niht wan daz er wære in der frumen hulde dester baz* (9342–49). Die nicht-deutschsprachigen Romanisten werden wohl einige Zeit brauchen, um das Bedeutungsspektrum von mhd. *vremde* abzumessen und zu entdecken, dass das *lange vremde mære* entweder eine Geschichte fremdländischer Herkunft ist oder eine bizarre Geschichte. Der bloße Eintrag *vremde/ estrange* im mhd./afrz. Teil des hier anvisierten Wörterbuchs wird die Interpretationsschwierigkeit zwar nicht beseitigen, aber der geschulte Romanist und Benutzer eines solchen Wörterbuchs wird sofort wissen, dass er vor einer Alternative steht.

vremde und *estrange* weisen das gleiche Doppelprofil auf. Ähnliches gilt für *urloup/congié*, wie schon aus den jeweiligen Einträgen in Lexers »Mittelhochdeutschem Handwörterbuch« und Greimas' »Dictionnaire de l'ancien français« (Paris 1969) hervorgeht: »erlaubnis, bes. die erlaubnis zu gehen, verabschiedung, abschied« – »1) permission, autorisation 2) permission de s'en aller.« Man braucht nur diese parallele

Bisemie zu erwähnen, um Romanisten klar zu machen, worin das Paradoxon besteht, das bestimmt eines der Hauptcharakteristika der Tagelieder Wolframs ist: Der eine *urloup* lebt von der Dringlicheit des anderen *urloup* und verzögert gleichzeitig diesen. Wolfram spielt die Grundbedeutung des Wortes gegen die engere Bedeutung aus und verwandelt damit die wichtigste Rahmenbedingung der *alba*, das Abschiednehmen-Müssen bei heranbrechendem Tag und herannahender Gefahr, in eine erogene Kraft, statt sie als diskursauslösendes Moment zu behandeln.

Für Romanisten und Germanisten gleichermaßen interessant dürften des Weiteren lexikalische Elemente der einen oder der anderen Sprache sein, bei denen eine eklatante, beredte Nicht-Konvertibilität anzunehmen ist, sowie Wörter, die aus dem Französischen entlehnt bzw. rückentlehnt wurden. Zur ersten Kategorie gehört z. B. *clergie*, nicht in der Bedeutung von 'Klerus' (dem entspricht durchaus das mhd. Wort *pfafheit*), sondern als Fahnenwort, wie im ›Cligès‹-Prolog, in der stolzen Parallelisierung von *clergie* und *chevalerie*.[3] Bei Entlehnungen aus dem Altfranzösischen kann man sich auf die Verzeichnisse Suolahtis und anderer skandinavischer Philologen weitgehend verlassen. Was Suolahti interessierte, war die katalogisierbare Entsprechung. Es würde sich lohnen, den Faden wieder aufzugreifen und weiterzuspinnen, wobei das Prozessuale, die eventuell zugrunde liegende Kombination im Vordergrund stehen könnte (denn wo verläuft eigentlich die Grenze zwischen Wortentlehnung und Wortbildung?).

In *amesier(e)* vermutete Suolahti eine Substantivbildung aus dem Verbum *amesieren*, das aus der Form *gamesieret* erschlossenen wurde.[4] Zu letzterer Form[5] ist in Suolahtis Verzeichnis zu lesen: »offenbar ein romanisches Lehnwort. Das Etymon ist im Afrz. nicht belegt. Möglicherweise liegt es vor in ital. *ammazzare* 'prügeln'. Diese Bedeutung kann auch dem deutschen Worte beigelegt werden.«[6] Man wird sich in Wirklichkeit die Entlehnung so vorstellen können: Das Etymon fehlt in der Tat im Französischen; der Ausgangspunkt dürfte das frz. Verb *camoissier/quamoissier* sein, das in der Regel als Partizip Präteritum mit zwei Bedeutungsvarianten erscheint:

---

[3] Ulrich Wyss, Auf der Suche nach dem Arthurischen Prosaroman im deutschen Hochmittelalter, in: Ingrid Kasten, Werner Paravicini, René Pérennec (Hgg.), Kultureller Austausch und Literaturgeschichte im Mittelalter/Transferts culturels et histoire littéraire au Moyen Âge, Sigmaringen 1998, S. 215–227, hier S. 227 [zur Untransferierbarkeit »einer klerikalen Intellektualität, mit der man sich im deutschen Sprachbereich nicht anfreunden mochte«]: »Was heißt eigentlich *clergie* auf Mittelhochdeutsch? (Ein mhd.-afrz. Wörterbuch, das es auch nicht gibt, würde uns in solchen Situationen gute Dienste leisten.)«

[4] Zuerst ›Parzival‹, V. 164,24–26: *von einer quaschiuren / bluotige amesiere / kôs ich an im* [Parzival] *schiere*; siehe auch gleich danach 167,6; Wolfram von Eschenbach, Parzival. Studienausgabe, 6. Ausgabe v. Karl Lachmann, Einführung v. Bernd Schirok, Berlin, New York 1998.

[5] ›Parzival‹, V. 88,17–19 und nur dort: *dô was im* [Kaylet] *gamesieret / und sêre gequaschieret / hiufel, kinne und an der nase.*

[6] Hugo Suolahti, Der französische Einfluss auf die deutsche Sprache im 13. Jahrhundert, Helsinki, Helsingfors 1929 (Mémoires de la Société Néo-Philologique de Helsingfors IX), S. 49f.

'Flecken aufweisend' als Folge von Stichen oder Schlägen oder des bloßen Kontakts mit rostiger Rüstung. Nicht selten wird das (in der ersten Bedeutungsvariante) sinnverwandte und alliterierende *cass(i)er/quass(i)er* damit assoziiert.[7] Wolfram (und/oder irgendjemand in seiner 'Werkstatt') kennt diese Assoziation (daher die Kollokationen *quaschiure* und *gequaschieret*) und die erste Bedeutung von *camoissié*. Er übernimmt dieses Wort, vielleicht mit der *–ier*-Endung, die zu einer eindeutschenden Suffigierung auf *–ieren* geradezu einlädt, gibt also die drei ersten Silben mit der üblichen g/k-Indifferenz nur leicht verändert wieder, tut dann in der ihm eigenen Manier, als würde immer ein Substantiv zu einem Verbum gehören und umgekehrt[8] und leitet aus *gamesieret* ein *amesiere* ab. Keine Frage, dass der Germanist hier die Hilfe eines romanistischen Mediävisten bräuchte, um weitere nicht offen liegende Fälle spielerisch-kreativen Umgangs mit der afrz. Lexik aufzudecken.

Ein dritter Grund, lexikologisch-lexikographisch 'transversal' zu arbeiten, hat mit der alles überwölbenden Frage zu tun: Warum ist im Hochmittelalter der literarische Kontakt zwischen der Romania und der Germania so einseitig geblieben? Könnte es z. T. daran liegen, dass der Zugang zur anderen Sprache für den deutschsprachigen Dichter leichter war als umgekehrt? Wenn ja, wären zwei Wege gangbar.

Einerseits könnte man in den deutschen Texten Indizien dafür suchen, dass die deutschen Autoren in ihren Vorlagen 'anheimelnde' sprachliche Elemente, will sagen Spuren des germanischen Superstrats im Altfranzösischen, wiedererkannt haben. Es ist wohl erlaubt, Autoren, von denen man nicht behaupten kann, sie verstünden nichts von Sprache, eine gewisse intuitive philologische Kompetenz zuzutrauen. Wolfram erkennt ja in *camoissié* ein Partizip Präteritum und transkribiert diese Form entsprechend. In den Versadaptationen der 'Blütezeit' ist unseres Wissens ein solches Gefühl für sprachliche Verwandtschaft bisher nicht beobachtet worden. Aber man sollte vielleicht genauer hinschauen und aufmerksamer hinhören, z. B. beim Vergleich der Orléans-Episode in ›Aliscans‹ und im ›Willehalm‹. Der Burggraf von Orléans bedrängt den vorbeireitenden Guillelmes; dieser befreit sich mit einem vernichtenden Schlag: *Mort le trebuche. La ville est estormie; / As armes corent, la bancloche est bondie*[9] [Er lässt ihn tot vom Pferde fallen. Die Stadt gerät in Aufruhr. Sie eilen zu den Waffen, die Sturmglocke wird mit vollem Schwung geläutet]. Wolfram übersetzt *bancloche* mit *sturmglocke* (wie später auch Tobler/Lommatzsch): *die sturmglocke man do zoch*;[10] man kann sich aber fragen, ob diese genaue Übersetzung sich nicht an das

---

7 Z. B. Erec et Enide, hrsg. v. Wendelin Foerster, Halle 1890, V. 3240f.: *quassez / Et quamoissiez et debatuz.*

8 Vgl. ›Parzival‹, V. 313,21: *genaset*, V. 484,16: *gedriakelt* [Theriak enthaltend], ›Titurel‹, V. 147,2: *gehundet;* Wolfram von Eschenbach, Titurel, hrsg. v. Helmut Brackert, Stephan Fuchs-Jolie, Berlin, New York 2002.

9 Aliscans, hrsg. v. Claude Régnier, Paris 1990, Bd. 1, V. 2526f.; dagegen Günter Holtus: *Mort le trabuce. La ville est estormie, / As armes clament e la bancloce crie* [Sie rufen zu den Waffen und die Sturmglocke ertönt]; Aliscans, hrsg. v. Günter Holtus, Tübingen 1985, V. 2353f.; weitere Ausgabe: Aliscans, kritischer Text, hrsg. v. Erich Wienbeck, Wilhelm Hartnacke, Paul Rasch, Halle a. d. S. 1903.

10 Willehalm, hrsg. v. Werner Schröder, Berlin, New York 1978, V. 114,8.

vorhergehende *estormi* angelehnt hat, in dem das Germanische noch durchschlägt. Auf der anderen Seite ist zu bedenken, dass eine solche phonetische und semantische Nähe für nicht wenige frz. Lexeme gilt, und an der Stelle im ›Willehalm‹, in der es um einen lexikalischen Vergleich geht, ist nicht zu lesen: * »Stellt euch das vor, *herbergen* heißt auf Französisch *herbergier*« sondern: *herbergen ist loyschiern genant* (237,3). Das bedeutet in keiner Weise, dass Wolfram das Verb *(h)erberg(i)er* nicht kannte oder nicht verstand.[11] Es bedeutet vielmehr, dass das Nachdichten hier nicht im Zeichen der Aneignung erfolgt, sondern (‘Hinübersetzung’!) im Gestus der konkurrierenden Darstellung; und es bedeutet für unsere Fragestellung: Opazität.

Die Dinge liegen vielleicht offener, wenn man in dem Bereich ‘Wiedererkennen als Weg zum Verstehen’ an eine zweite Möglichkeit denkt, nämlich an die Hilfe, die Lateinkenntnisse beim Herausklauben des Sinnes einzelner frz. Wörter bringen konnten. Für wechselseitiges literarisches Befruchten fehlte hier (während die sicherlich begründete Annahme eines ‘Kulturgefälles’ auf diffuseren Vorstellungen beruht) eine Symmetrie in der sprachlichen Konstellation. Um deutschsprachige Gedichte ins Französische zu adaptieren, hätte man richtig Deutsch können – oder lernen – müssen. Beim Nachdichten aus dem Französischen konnte ein *litteratus* sich schon einiges auf Grund seiner Lateinkompetenz zurechtlegen. Eine solche Hypothese kann übrigens über das Lexikologische hinausführen. Im Laufe der Arbeit am Wortlaut der frz. Vorlage konnte sich der Zugang zu einem begrifflichen Potential öffnen, welches das abgeklopfte Wort nicht besaß, zu dem es aber qua Abstammung als Verbindungsbrücke dienen konnte. Nimmt man z. B. an, dass der ›Iwein‹-Prolog in den Zusammenhang moralphilosophischer Diskussionen zum Thema *verum bonum*, *bonitas* zu stellen ist,[12] so könnte man sich fragen, inwieweit die Nähe von *buens* zu lat. *bonus* das Aufkommen solcher Assoziationen zu fördern imstande war. Philosophiert Hartmann spontan, von der Tendenz eines Proömiums zu allgemeingültigen Aussagen getragen, oder weil er beim Aufspulen eines etymologischen Fadens auf ein Stichwort stößt, das ihm einen Kontext erschließt, den er kennt und verwerten kann? Die

---

[11] Vgl. im Bericht über die Fahrt von Monlaon/Munleun nach Orliens/Orlens: Holtus [Anm. 9], Laisse 79, V. 3934: *A droite none tote* [das Heer] *se herberça* (Regnier [Anm. 9], V. 4088; Wienbeck, Hartnacke, Rasch [Anm. 9], Laisse 83, V. 3923). – ›Willehalm‹: *dem here was herberge genomen* (202, 19). Im Textabschnitt, der dem ›Willehalm‹-Passus entspricht, in dem die oben besprochene Stelle steht, werden nach Ausweis der drei zugänglichen ›Aliscans‹-Ausgaben *herberger* und *log(i)er* gleich nacheinander synonymisch verwendet: Holtus [Anm. 9], Laisse 61, V. 4101: *Guillelmes mande qe l'ost* [das französische Heer, dessen Anführer er ist] / *se vet logant*; V. 4104: *Mult bellement s'alerent arbergant* (Régnier [Anm. 9], V. 4252/4255; Wienbeck, Hartnacke, Rasch [Anm. 9], Laisse 85, V. 4086/4088). Unter den möglichen Erklärungen für das Aufkommen des ‘lexikologischen’ Einschubs: *Herbergen ist loyschieren genant* wäre demnach folgende denkbar: Wolfram findet beide Verben an dieser Stelle in seiner Vorlage und reagiert auf diese Synonymie, in dem er auf das von ihm als spezifisch französisch empfundene Wort *logier* hinweist.

[12] Wiebke Freytag, *rehte güete* als wahrscheinlich *gewisse lêre*: Topische Argumente für eine Schulmaxime in Hartmanns ›Iwein‹, in: Martin H. Jones, Roy Wisbey (Hgg.),Chrétien de Troyes and the German Middle Ages, Cambridge, London 1993 (Arthurian Studies 26), S. 165–217.

romanische Herkunft der Vorlage als Katalysator einer 'Populärtheologisierung' der Erzählung? Man müsste nach weiteren möglichen Indizien suchen.

Es geht hier vor allem darum, sich Denkmöglichkeiten offen zu halten. Eine solche weitere Möglichkeit würde sich aus dem Vergleich eines afrz.-mhd. transversalen 'geographischen' Wörterbuchs mit parallelen transhistorischen Wörterbüchern wie Godefroy, Tobler/Lommatzsch einerseits, BMZ und Lexer andererseits ergeben. Wo Altfranzösisch und Mittelhochdeutsch wechselseitig konvertibel sind und wo dagegen eine Konvertibilität Altfranzösisch / modernes Französisch und Mittelhochdeutsch / modernes Deutsch nicht gegeben ist, wäre zu erwägen, ob nicht ein spezifischer mittelalterlicher Zug vorliegt – dies erst recht, wenn die afrz.-mhd. Parallelität durch die mittellateinische Lexik gestützt wird. Als Resultat der Suche nach dem »mittelalterlichen Menschen« (Jacques Le Goff) wird sich kaum mehr als ein Phantombild ergeben, aber das Zeugnis eines afrz.-mhd. Wörterbuchs wäre dabei nicht zu verachten.

Wenn man sich nun, von den deutschen Versadaptationen der 'Blütezeit' herkommend, sich dem Textpaar ›Lancelot en prose‹ – ›Prosa-Lancelot‹ zuwendet, nehmen die oben genannten Möglichkeiten deutlichere Konturen an; dies schon deshalb, weil das mentale afrz.-mhd. Wörterbuch in beträchtlichem Umfang erweitert werden kann. Zum einen erlaubt es die gewaltige Textmasse, die Anzahl der Lücken links oder rechts in diesem Wörterbuch zu schließen. So findet sich für das noch im Raume ('linke Seite', afrz.) stehende *(destrier) bien corant* (›Grégoire‹, V. 1376): *sere lauffend(e)*.[13] Zum anderen werden 'Seitenteile' gleichzeitig links und rechts ausgefüllt, weil die Parallellektüre viele Äquivalenzen liefert. So wird z. B. das Adjektiv *naïf* in der (in Burgbeschreibungen öfter vorkommenden) Wendung *roche naïve* mit *selbwahsen* wiedergegeben.[14] Eine bemerkenswerte Reaktion: Inhaltlich entspricht der deutsche Text haargenau dem französischen Text (der Felsen bietet einen natürlichen Schutz), das Kompositum *selbwahsen* wurde aber weder *ad hoc* geschmiedet[15] noch

[13] Steinhoff I, 344,31–33: *Sie* [die Frau vom See] *hett im ein roß bereit,* [...] *es was groß und starck, bekerig und sere lauffende, es was licht und von großen sprungen* – Micha VII, 21a,23: [...] *cheval grant et fort et isnel et bien esprové de grant visteche et de hardement.* – Thordis Hennings, Altfranzösischer und mittelhochdeutscher ›Prosa-Lancelot‹. Übersetzungs- und quellenkritische Studien, Heidelberg 2001, S. 89, Z. 34–36: *und ir* [Meleagants und Lancelots] *roß waren groß und starck und sere lauffende*, ohne direkte Entsprechung in der von Thordis Hennings transkribierten frz. Handschrift B. N. 751. Es könnte aber sein, dass *lauffende* hier ein *corant* übersetzt, das im selben Kontext erschien; vgl. Micha I, 6,3: *li chevals sur quoi il* [Lancelot] *sist ert un poi trop courans et n'estoit pas bien enfrenés, si le portoit outre sa volenté maintes fois, mais il estoit si vistes et de tel force qu'il ne hurtast a nului qu'il ne portast a terre.* Text von B. N. 751 an der entsprechenden Stelle, nach Hennings, S. 88: *Et lanceloz seoit sur un cheval Gal. qui moult estoit forz et hardis, mais il estoit tirans et annuieus a tous homes fors qu'a Galehot qui sor toz homes estoit fors. Li chevaus fu vistes et ignias a grant merveilles.*

[14] Steinhoff II, 18,27 f.: *Die stat und die burg* [die Hohfertig Garde] *warn hoch gelegen off einer selbwahsen leyen*; Micha I, 2,13: *si seoit li chastials* [l'Orgueillose Garde] *en une roche naïve, en haut.*

[15] Vgl. Lexer, Sp. 87 f., *selpwahsen* 'von selbst gewachsen, entstanden'. Hat der Übersetzer lat. *nativus* hinter *naïve/naie* entdeckt? Zu dem möglichen etymologischen Instinkt der Übersetzer: s. die Schlussbemerkungen.

dem Grundstock der Burgschilderungen in mhd. Epen entnommen.[16] Ein weiteres Beispiel wäre die Wiedergabe von *enfumé* als Kennzeichnung der lange ausrangierten Waffe, die auf einmal reaktiviert wird. *Schwarcz von rauch* sagt dazu ganz exakt und sparsam der ›Prosa-Lancelot‹.[17] Dies muss nicht breit ausgeführt werden: Gerade eine solche Hilfe erwartet man beim Erwerb einer Fremdsprache, wenn man zweisprachige Textausgaben oder untertitelte Filme in fremdsprachiger Originalfassung als Material benutzt. Eine Parallellektüre von ›Lancelot en prose‹ und ›Prosa-Lancelot‹ kann im Prinzip mit dem gleichen Lerninteresse unternommen werden. Sie macht einen systematischen Lexikvergleich möglich. Dass bis heute unseres Wissens ein solcher Vergleich unterblieb, mag verschiedene Gründe haben. Als der ›Prosa-Lancelot‹ in der Edition von Kluge zugänglich wurde, hatte der lexikographische Elan, den man BMZ und Lexer verdankte, längst nachgelassen. Das Argument, der Vergleich würde immer daran hinken, dass »keine direkte frz. (eventuell ndl.) Vorlage bekannt ist,«[18] mag eine Rolle gespielt haben; im praktischen Umgang mit beiden Werken relativiert sich aber dieser Vorbehalt von unanfechtbarer Wissenschaftlichkeit in nicht unerheblicher Weise. Außerdem haben weder das Altfranzösische noch das Mittelhochdeutsche den ‘Fixpunkt’-Charakter, der dem Lateinischen oder dem Mittellateinischen zuerkannt oder unterstellt wird. Im »Glossarium Latino-Germanicum« von Diefenbach sowie im rezenten »Lateinisch-althochdeutsch-neuhochdeutschen Wörterbuch« von Heinrich Götz[19] liefert das Lateinische die feste Grundlage und daher die Einträge, denen die variablen, flexiblen deutschen Entsprechungen zugeordnet werden. Beim afrz./mhd. Lexikvergleich ist dieses Verhältnis von ‘Gold- und Landeswährung’ nicht gegeben. In nicht wenigen Fällen wird man das Gefühl haben, die Gleichung a=b stimmt, aber was genau bedeuten a oder b? Bei transhistorischen nationalphilologischen Wörter-

[16] Als Übersetzungsstütze bot sich vielleicht damals ein Ausdruck an, welcher der heutigen Wendung ‘ein gewachsener Felsen’ nahe stand (Hinweis von Paul Sappler in der Diskussion). Der Beleg im »Deutschen Wörterbuch« der sowohl ausdrucks- und inhaltsseitig der *selbwahsenen leien* des ›Prosa-Lancelot‹ am nächsten kommt (ein Weinkeller *in einem selbs gewaxszenen holen fölsen*) ist allerdings viel jüngeren Datums; Jacob Grimm, Wilhelm Grimm, Deutsches Wörterbuch, 16 Bde., Leipzig 1854ff., hier Bd. 6, 1911, Sp. 4732.

[17] Steinhoff I, 618, 35–37: *Er* [Lancelot] *hett den schilt gelaßen zu des ritters huß dem er da volget, und het eynen alten genomen, der úber al schwarcz was von rauch*; Micha VII, 47a,6: *mais il l'avoit laissié en la maison au chevalier que il sievoit, si en avoit prins .I. qui estoit viex et enfumés.* Zum Vergleich: Guillaume le Clerc, Fergus, hrsg. v. Ernst Martin, Halle 1872, V. 612 f.: *Es un garcon qui li* [dem jungen Fergus] *aporte / Lance enfumee et vies escu*; außerdem: Ferguut, hrsg. v. David F. Johnson, Geert H. M. Claassens, Cambridge 2000 (Dutch Romances 2), V. 480–482: *.i. ouden scilt heftmen hem brocht / Ende .i. spere, die inden roec / Gehangen hadde .vij. jaer.*

[18] Valentina Sommer, Der deutsche ›Prosa-Lancelot‹ als ein ‘posthöfischer’ Roman des späten Mittelalters. Eine textlinguistische Untersuchung, Stuttgart 2000, S. 18. Vgl. dagegen die (kurz danach erschienene) Arbeit von Thordis Hennings [Anm. 13].

[19] Lorenz Diefenbach, Glossarium Latino-Germanicum mediae et infimae aetatis. Supplementum Lexici mediae et infimae Latinitatis. Conditi a Carolo Dufresne Domino Du Cange [Charles Dufresne Du Cange], unveränd. reprogr. Nachdr. der Ausgabe Frankfurt a. M. 1857, Darmstadt 1973. Heinrich Götz, Lateinisch-Althochdeutsch-neuhochdeutsches Wörterbuch, Berlin 1999 (Althochdeutsches Wörterbuch, Beiband).

büchern (BMZ, Lexer, Godefroy) hat man das Problem nicht: Man geht davon aus, dass man weiß, was b bedeutet. Bei lateinisch-altdeutschen Wörterbüchern meint man zu wissen, was a bedeutet. Bei den beiden folgenden einfachen Sätzen ist man sich dagegen nur der Gültigkeit des Gleichheitszeichens hundertprozentig sicher: *il* [der junge Lancelot] *ot le neis par mesure lonc* (Micha VII, 9a,4) – *Sin nase was im zu maßen lang* (Steinhoff I, 104,12). Liegt hier eine Variante des im selben Kontext verwendeten Beschreibungsmusters *ne fust ne* [...] *ne* [...]/ *was wedder* [...] *noch* Satzmusters vor (also: **sin nase was im wedder ze kurz noch ze lang*)?[20] Oder soll man verstehen, dass die Nase, wie es sich gehörte, eher lang war, aber doch nicht zu lang?[21]

Was das Maß war, wird man nicht unbedingt erfahren können, wenn man das rein linguistische Terrain verlässt und die Grenze überschreitet, die das Sprachwörterbuch vom enzyklopädischen Lexikon trennt (Stichwort: ‘männliches Schönheitsideal im Mittelalter’). Die zeitgenössischen normativen Texte neigen selbst dazu, auf die Norm zu verweisen, statt sie zu definieren (es bleiben aber dann die ikonographischen Zeugnisse). Die Arbeit an diesen nicht-mathematischen Gleichungen mit zwei Unbekannten wird wohl nie durchgehend zu völlig einwandfreien Ergebnissen führen. Dennoch glauben wir, festhalten zu dürfen: Bei allen Differenzen verschiedener Art, die auf unterschiedliche Ursachen zurückzuführen sind (Vorlagenproblem, aber auch Kürzungen, Verständnisfehler gelegentlich sogar im ersten Drittel des ›Prosa-Lancelot‹, Unübersetzbarkeit afrz. Lexeme) soll für die Diskussion richtunggebend bleiben, dass zwischen ›Lancelot en prose‹ und ›Prosa-Lancelot‹ ein Äquivalenzgrad möglich ist, der – stellenweise mit Ausnahme von Veldekes Eneas-Roman – in den vorhergehenden deutschen Adaptationen französischer Gedichte von einigem Umfang überhaupt nicht feststellbar ist. Das Novum will erklärt werden. Zweierlei wäre hier zu bedenken.

Der Name Veldeke weist in eine erste Richtung, in die weiterzugehen die Tatsache ermutigt, dass niederländische Versadaptationen von frz. Romanen, etwa der relativ frühe ›Ferguut‹ in seinem ersten Teil[22] und der wahrscheinlich ungefähr um dieselbe Zeit wie der erste Teil des ›Prosa-Lancelot‹ (ca. 1250) entstandene, fragmentarisch erhaltene brabantische ›Perchevael‹,[23] auf Grund einer geokulturell bedingten Bi-

[20] Micha (1983) I, 43, entscheidet sich an dieser Stelle für ein solches Verständnis des *par mesure*: [Il avait] le nez moyennement long; vgl. aber auf S. 44 die Übersetzung des Satzes Micha VII, 9a,6: *et li brac furent long et droit et bien furent furni par le tor des os, si furent de ners et d'os moult bien garni et de char i ot a mesure*: »Ses bras étaient longs et droits, bien garnis de chair et de nerfs autour du squelette, mais sans excès.«

[21] Steinhoff I, 105,12: »Die Nase war nicht zu lang.« Vgl. aber auf derselben Seite die anderen Übersetzungsvorschläge: *Die stirn was im hoch zu guter maß*: »Die Stirn war von der richtigen Höhe« (25f.); *Sin lichnam was im wol geschaffen, zu guter maß lang*: »der Körper wohlgestalt, von angemessener Größe« (30f.).

[22] Ferguut [Anm. 17], S. 6f.; Datierung: 1. Viertel des 13. Jh.s.

[23] Soetje Ida Oppenhuis de Jong, De Middelnederlands Percevaltraditie, Hilversum 2003 (Middelnederlandse Lancelotromans 9); Johan H. Winkelman, Chrétien de Troyes, Perceval und die Niederlande. Adaptation als didaktisches Verfahren, in: Kultureller Austausch [Anm. 3], S. 245–258.

kulturalität ihren Vorlagen viel näher bleiben, als dies bei den deutschen Versadaptationen der Fall ist. Die festgestellte außerordentliche Nähe des ›Prosa-Lancelot‹ zum ›Lancelot en prose‹ verträgt sich also sehr gut mit der Hypothese einer niederländischen Vermittlung – gleich, ob man sich diese Vermittlung als Abfassung einer Zwischenstufe vorzustellen hat oder als eine, in der Person eines Niederländers in der deutschsprachigen Fremde[24] verkörperte, interlinguale Versatilität (frz./ndl.) und quasi intralinguale Anpassungsfähigkeit (mndl./mhd.).

Der zweite zu berücksichtigende Faktor ist selbstverständlich der Gebrauch der Prosa. Aber wie soll man sich – über das damalige Dictum hinaus, dass der Vers lügt und dass die Prosa es mit der Wahrheit genauer nimmt – den Konnex von Prosa und Übersetzungscharakter des Transfer-Prozesses denken? Was hinderte um 1200 den deutschen Vers der transferierten französischen erzählenden Werke generell daran, ein übersetzter Vers zu sein? An den Zwängen des *rîmens* und der Metrik liegt es nur sehr bedingt, denn sie haben nur punktuelle Konsequenzen. Die mittelniederländische Rezeption französischer Romane zeigt es auf doppelte Weise: Versbearbeitungen von Verserzählungen können durchaus dem Wortlaut der Vorlage treu bleiben, und es sieht andererseits nicht so aus, als hätte ein Umgießen der französischen Prosa in die Versform (›Lancelot-Compilatie‹) *per se* die Treue zur Originalerzählung gravierend tangiert. Im hochdeutschen Sprachgebiet beweist der ›Nüwe Parzifal‹ von Wisse und Colin,[25] dass zumindest um 1330 Vers und Übersetzung kompatibel waren. Der ›Nüwe Parzifal‹ gibt die ›Continuations‹ noch genauer wieder als der ›Prosa-Lancelot‹ den ›Lancelot en prose‹ – in dem Sinne, dass er das Original weniger kürzt. Abweichungen nehmen hauptsächlich die Form von Detailänderungen an, die auf die schon erwähnten nur punktuell wirkenden Zwänge der gebundenen Rede und auf einen musealen Umgang mit der 'großen' Versepik der 'Blütezeit' zurückzuführen sind. Zum Vergleich seien folgende Beispiele angeführt, die für die Routinearbeit stehen mögen, welche sowohl in den Originaltexten (›Lancelot en prose‹, ›Continuations‹) wie in den Übersetzungen (›Prosa-Lancelot‹, ›Nüwe Parzifal‹) geleistet wird. ›Lancelot en prose‹: *Car ele* [sc. die Botin der falschen Ginover] *fu vestue d'un moult riche sorcote et mantel. Et fu le mantiax forres d'ermines*[26] – ›Prosa-Lancelot‹: *Si was gecleidet mit eim herlichen balkine* (Steinhoff II, 33, 13f.: »aus orientalischer Seide«) *mantel und rock, und des mantels feder was hermin (Steinhoff II, 32, 11–13).*

›Deuxième Continuation‹ (nach dem Zweikampf am Gué Amoros):[27] *Ez vos atant deus escuiers,/ Qui recoillirent leur destriers/ Et les chevaliers* [Perceval und den

---

[24] Fritz Peter Knapp, Rezension zu Steinhoff, Prosa-Lancelot I–II, Literaturwissenschaftliches Jahrbuch 38 (1997), S. 332–336, hier S. 332; Hennings [Anm. 13], S. 267.

[25] Parzifal (1331–1336). Eine Ergänzung der Dichtung Wolframs von Eschenbach von Claus Wisse und Philipp Colin, hrsg. v. Karl Schorbach, Strassburg, London 1888, Nachdr. Berlin, New York 1974.

[26] Hennings [Anm. 13], 40f.; vgl. dagegen Mosès, 86: *et ot cote et mantel d'un mult riche drap de soie a penne d'ermine*; Micha I, 3,1: *et ot cote et mantel de molt riche drap de soie.*

[27] The Continuations of the French ›Perceval‹ of Chrétien de Troyes, Vol. IV, The Second Continuation, hrsg. v. William Roach, Philadelphia 1971, V. 22661–66.

Weißen Ritter] *desarmerent,/ Deus cors mantiaux* [Var.: *Et deus mantiaux*] *lor afublerent/ De dras de soie a panes grises;/ Ne vos i faz autre devises.* – ›Nüwe Parzifal‹ (363,8–13): *do koment zwene juncherren schon,/ enphiengent die ros wol geton/ und entwefentent die ritter gar/ und brohtent in zwene mentel dar/ gefuetert mit edelme vehe gro./ die rede los ich sin also.* – ›Deuxième Continuation‹ (22660f.): *Et un mantel li* [Perceval] *afublerent/ De drap de soie a pane hermine* [Var.: *de soie teint en graine*]. – ›Nüwe Parzifal‹ (374, 23): *einen mantel totent sü im an ieso/von sydimme tuoche gegrent rein.*

Wenn man die verschiedenen Satzpaare miteinander vergleicht und dabei die Varianten berücksichtigt, stellt man fest, dass trotz der Reimfüllsel (*gar, rein*) und der Stilisierung auf 'hyperhöfisch' (Zusätze: *wol geton, edel*) der ›Nüwe Parzifal‹ einen dem ›Prosa-Lancelot‹ vergleichbaren Grad der Vorlagentreue erreicht. Offenkundig ist zugleich, dass, abgesehen vielleicht von der in den mhd. Wörterbüchern und im Grimmschen Wörterbuch nicht belegten Partizipialbildung *gegrent/teint en graine* (dafür gab es aber schon eine Entsprechung: *von gran/von der (dem) gran*),[28] der ›Nüwe Parzifal‹ nichts bietet, was nicht in einer um 1200 entstandenen Verserzählung hätte stehen können. Das heißt also, dass eine Versübersetzung von französischen Versvorlagen zu Hartmanns oder Wolframs Zeiten 'technisch' durchaus möglich war. Dass solche Übersetzungen nicht zustande kamen, lag nicht an der gebundenen Rede. Oder vielmehr: Gebunden war auch die vulgärsprachliche poetische Rede an die verinnerlichte Auflage, 'dasselbe zu sagen', aber doch eben anders. Womöglich verfügte Hartmann bei der Ausgestaltung der Schlachtszene in seiner Adaptation des ›Grégoire‹ über eine Vorlage, die A 1 sehr ähnlich war; womöglich verfügte er (oder eine kleine 'Werkstatt' um ihn) über eine fremdsprachliche Kompetenz, die der von Samson Pine innerhalb des ›Nüwe Parzifal‹-Redaktionsteams gleichkam. Selbst dann hätte er vielleicht die Schlachtschilderung genau so abgefasst, wie sie im ›Gregorius‹ vorliegt, also ohne direkten Bezug auf das Wortmaterial der Vorlage. Um 1200 bleibt die Relation zwischen fremdsprachlicher Kompetenz und Nachdichten undurchsichtig. Es ist beobachtet worden, dass die Fremdwörter französischer Herkunft, die Hartmann im ›Erec‹ benutzt, nicht aus Chrétiens Erec et Enide-Roman kommen.[29] So, als wollte Hartmann selbstbewusst zeigen, dass er über seine eigenen Quellen verfügt. Man wird geneigt sein, Hartmann eine bessere Beherrschung des Französischen zuzutrauen als Wolfram. Im ›Parzival‹ sind einige Fehldeutungen der Vorlage unverkennbar, darunter solche, die zu Recht als »produktive Missverständnisse« bezeichnet wurden. Aber in vielen Fällen wird man nicht wissen, ob Wolfram seine Quelle falsch versteht oder ob er sie als Rohstoff betrachtet, den es mit diversen Zutaten zu verarbeiten gilt. So kann eine Legierung wie der Name 'Herzeloyde'

---

28 Vgl. Iwein, Text der 7. Ausg. von G. F. Benecke, K. Lachmann, L. Wolff, hrsg. v. Thomas Cramer, Berlin 1968, V. 3453f.: *ouch sante sî bî ir dan / vrischiu kleider, seit von gran – Robe veire, cote et mantel / Li fet porter de soie en grainne*; ›Yvain‹, V. 2974f.

29 Vgl. Kurt Gärtner, Stammen die französischen Lehnwörter in Hartmanns ›Erec‹ aus Chrétiens ›Erec et Enide‹?, LiLi 83 (1991), S. 76–88.

entstehen.[30] Wolfram schöpft wohl aus seinem frz. Namenrepertoire (Antigone, Anfelice, Richeut, Arselot/Herselot[31] in diesem Fall); der zündende Funke wird aber eine Stelle im ›Conte du Graal‹ gewesen sein: *La sont li herceor ma mere, / Qui ses terres sement et erent.*[32] Wolfram versteht das Wort *herceor* (Feldarbeiter beim Eggen) oder zumindest das zugrundeliegende Verb *hercer.*[33] Er benutzt aber dieses Wortmaterial als Knetmasse und bildet daraus den Namen 'Herzeloyde', der die Abtönung von 'Veuve Dame' behält, zugleich aber 'Aussaat' und also wohl auch 'künftige Ernte' assoziiert. Der Name ist kein 'generischer' Name mehr, sondern ein individualisierender Eigenname. Wolfram *niuwet* den ›Conte du Graal‹ in diesem Wettbewerbsgeist. Dem ›Nüwen Parzifal‹ ist dieser Geist fremd geworden. In dem elsässischen Unternehmen ist die Auffassung implizit enthalten, dass kunstgerechtes, versifiziertes Nachdichten sich prinzipiell sehr wohl mit dem Dienst am Buchstaben der Vorlage verträgt. Die Frage, die sich aus dem Vergleich der Versadaptationen von frz. Romanen um 1200 in ihrem Verhältnis zu ihren Vorlagen (›Lancelot en Prose‹ / ›Prosa-Lancelot‹ und ›Continuations‹ / ›Nüwe Parzifal‹) ergibt, würde demnach folgendermaßen lauten: Braucht der Umstand, dass ein frz. Prosa-Roman in Prosa wiedergegeben wird, nicht besonders reflektiert zu werden, oder sollte man sich nicht – auch angesichts der im niederländischen Raum nach Ausweis der erhaltenen Fassungen dominanten Tendenz, den ›Prosa-Lancelot‹ in Versform wiederzugeben[34] – eher vorstellen, dass von Anfang an, also schon um 1250, die der Intention nach genaue, von Wettbewerbsdenken freie Wiedergabe der Prosa des französischen Romans in deutscher Prosa einen Verzicht auf den Anspruch auf poetische Qualität implizierte? Sollte Letzteres zutreffen, wäre die Prosa des ›Prosa-Lancelot‹ als eine dem Geschmack der Zeit nach nicht-poetische Sprache einzustufen und als solche zu beurteilen.

Eine solche Einordnung könnte heuristisch produktiv sein. Wenn poetische Prosa als ein Widerspruch in sich empfunden wurde, werden die langen Arbeitspausen an der Baustelle ›Prosa-Lancelot‹ (und überhaupt die verspätete Entstehung des Prosaromans in deutscher Sprache) besser verständlich. Andererseits wird dadurch das Bewusstsein dafür geschärft, dass der ›Prosa-Lancelot‹ zwar kein künstlerisch überwältigender Text ist, aber sich gleichsam kompensatorisch durch eine beträchtliche analytische Kompetenz im Übersetzensprozess auszeichnet (auch gegenüber dem späteren, ebenfalls vorlagengetreuen ›Nüwen Parzifal‹). Wie weit diese Kompetenz reicht, könnte Gegenstand ausgedehnter übersetzungskritischer Parallel-Lektüren sein.

---

30 Zusammenstellung des Materials und Zusammenfassung der Diskussion: Joachim Heinzle, Stellenkommentar zu Wolframs Titurel, Tübingen 1972, S. 22f.; siehe auch Elisabeth Schmid, Zu einigen Namen bei Wolfram von Eschenbach, GRM N.F. 28 (1978), S. 291–309, hier S. 300–302.

31 Fritz Peter Knapp erinnert mich freundlicherweise an diese positive Grundlage der Namensprägung.

32 Chrétien de Troyes, Le Roman de Perceval ou le Conte du Graal. Édition critique d'après tous les manuscrits par Keith Busby, Tübingen 1993, V. 300f.

33 Die Vokabeln aus der Sachgruppe 'Feldarbeit', ›Conte du Graal‹, V. 309f. werden in ›Parzival‹, V. 124,28f. exakt wiedergegeben: *arer/eren; semer/sæn; hercer/egen.*

34 S. den Beitrag von Bart Besamusca in diesem Band.

Es würde sich unter anderen Operationen insbesondere lohnen, von Fall zu Fall einzuschätzen, inwiefern die Übersetzer imstande waren, den Faden einer lexikalischen Ableitung zurückzuspulen und dann diese Ableitung zu kopieren.

Abschließend sei ganz punktuell ein solcher Versuch gewagt. Wir geben zuerst ein Textbeispiel, das stellvertretend für viele eine solche analytische Fähigkeit zeigt, und wir zitieren dann zwei Stellen, die – wenn sie sich nicht dem bloßen Zufall verdanken – dieselbe Fähigkeit in gesteigerter Form, in erstaunlich gesteigerter Form, dokumentieren könnten. Der erste Beleg: Bei einem Waffenspiel am Artushof (›Zweite Reise nach Sorelois‹) prallt Lancelot, der ein ungestümes Pferd reitet, *outre son gre / undanckes* so hart gegen einen Gegner, den König mit den hundert Rittern, dass dieser mitsamt seinem Pferd umgestoßen wird. Der König wird dabei verletzt. Daraufhin reitet Lionel auf Lancelot zu und warnt ihn davor (›Lancelot en prose‹: direkte Rede, ›Prosa-Lancelot‹: indirekte Rede), weiterhin auf seinem Pferd zu reiten: *car il blesera et vous et autrui ne il na home si aluec a cui il ne fust mesaaisiez* (denn es wird Euch und andere verletzen, und es gibt hier nun einmal niemanden, dem es gehorchen würde.) – *das were zu ungemechlich und solt alzu viel lút qwetschen.*[35] Die Art, wie das frz. Wort *mes-aais-iez* mental zerlegt wird und wie dann die Übersetzung die entsprechenden deutschen Bausteine zusammenfügt, kann das Gerüst für einen Artikel des afrz.-mhd. Wörterbuchs liefern: Eintrag *(a)aise/gemach* mit den Nestern *(a)aisié/gemechlich* und *mes(a)aisié/ungemechlich.*

Die beiden anderen Beispiele: Afrz. *mar* lässt sich etymologisch auf lateinisch *mala hora* zurückführen. Im 13. Jh. aber fungierte es längst (wie viele Belege schon in der ›Chanson de Roland‹ zeigen) als »grammatische oder grammatikalisierte Partikel.«[36] In *mar* soll man »nicht ein Etymon suchen, sondern eine Syntax und deren Stringenz«;[37] »über das Subjekt wird zugleich ausgesagt, dass es der Urheber eines Prozesses ist und dass dieser Prozess ihm gegen seine eigenen Erwartungen abträglich sein wird.«[38] So wird *mar* auch im ›Lancelot en prose‹ verwendet. Seinem erzürnten Lehrmeister gegenüber vertritt der junge Lancelot den Standpunkt, dass die zwei Windhunde, die ihm ein *vavasor* geschenkt hat, mehr wert sind als das Pferd, das er gegen ein erschöpftes *roncin* eingetauscht hat: *Par Sainte croiz, fait li maistres, mar lo pensastes.*[39] François Mosès übersetzt: »Par la Sainte Croix, dit le maître, vous vous repentirez de cette pensée.«[40] [Beim Heiligen Kreuz, sprach der Meister, Ihr werdet es bereuen, das gedacht zu haben], dies wohl ohne Kenntnis der ›Prosa-Lancelot‹-Fassung: *Da sprach der meister: 'Ir arnet es, samir all heiligen!'* (Steinhoff I, 118,4). Ein festes deutsches Äquivalent für *mar* gibt es nicht. So entspricht ›Prosa-Lancelot‹ [Triquans zu Hector]: *Herre rytter, ich verbút uch den brůnnen. Uff myn truw, ir hant*

---

[35] Hennings [Anm. 13], S. 89. Steinhoff II, 90,14f., Übers. S. 91: »dies [das Pferd] sei zu ungebärdig und würde allzu viele Leute verletzen.«

[36] Bernard Cerquiglini, La Parole médiévale. Discours, syntaxe, texte, Paris 1981, S. 129.

[37] Cerquiglini [Anm. 36], S. 233.

[38] Cerquiglini [Anm. 36], S. 230.

[39] Kennedy/Mosès, 154; Micha VII, 9a,16.

[40] Übers. Micha [Anm. 20] S. 51 dagegen: »Par la Sainte Croix, quelle erreur!«

ubel gethan das ir uwer pfert darinn getrenckt hant ! (Steinhoff III, 490,24f.) dem Text des ›Lancelot en Prose‹: *Danz chevaliers, je la vos desfant, la fontainne. Par mon chief mar i abuvrastes vostre cheval!* (Micha IV, 77,4). Dass Hector für diese Initiative büßen soll, geht eindeutig aus dem Folgenden hervor. Sollte man sich wieder in afrz./mhd.-Hinübersetzung üben, könnte *mar fui né(e)* mit *unheiles wart ich geborn* wiedergegeben werden (vgl. ›Erec‹, V. 5940). Bei *mar fus né* liefert das von Ulrich Mölk edierte ›Lohier et Malart‹-Fragment eine Worterklärung und die deutsche Fassung eine durch zeitgenössische und muttersprachliche Autorität gedeckte Übersetzung: *Marfunés* [Lohiers Sohn] *ot a non, si vous dirai comment: / Car si grant vint sur terre, se l'istoire ne ment, / Que se il eust eü deux ans; par forcement / Ouverte en fut la mere, s'en morut a tourment. Par cestui Marfuné morrurent tant de gent / C'on ne le vous pourroit recorder poissamment.*[41] – *Und wart genant Marphone nach welscher sprach / Das bedutet zů dutsche / Als wee Als du geborn bist.*[42] Das Unglück betrifft hier nicht nur oder nicht zuerst das Subjekt und *mar* bezieht sich (in Differenz zu der 'syntaktischen' Interpretation von Bernard Cerquiglini) tatsächlich auf eine in der Vergangenheit liegende unselige Stunde, aber nichts deutet darauf, dass der deutsche Übersetzer die etymologische Bedeutung von *mar* durchschaut hat. Er kennt das Wort als Klage-Signal (und tatsächlich kommt *mar* oft in *planctus*-Kontexten vor, wie B. Cerquiglini ausführt).

Um so bemerkenswerter erscheinen dann die folgenden ›Prosa-Lancelot‹- Übersetzungen für *mar* und für das genau so wenig transparente *buer* (‹lat. *bona hora*). Lionel teilt Lancelot mit, weshalb er gegen Marabron im Zweikampf antreten sollte; die ganze Geschichte nahm ihren Anfang, als er ein Minneangebot der Frau von Marabrons Bruder abwies: *si me respondi et dist que je mar l'avoie refusee, car je n'am partiroie ja sanz mort* (Micha V, 88,22). – *Und sie sprach, das ich ir zu bösen stunden versagt hett, ich solt nit scheyden sunder sterben* (Steinhoff IV, 80,14f.). Gewiss gehörte *de male (h)ore* zu den »Varianten der *mar*-Operation«,[43] und wenn an dieser Stelle nicht *mar*, sondern *de male hore* in einer als Vorlage in Frage kommenden Handschrift stehen würde, wäre *zu bösen stunden* eine genaue Übersetzung, aber mehr nicht. In der Micha-Ausgabe deutet dennoch nichts darauf, dass dies der Fall sein könnte. Es empfiehlt sich also durch intensiven Textvergleich (inklusive Hand-

---

41 Ute von Bloh, Kurt Gärtner und Michael Heintze, Lohier et Malart – Loher und Maller: Vorschläge zu einer Edition des Epos, in: Wolfgang Haubrichs, Hans-Walter Herrmann (Hgg.), Zwischen Deutschland und Frankreich. Elisabeth von Lothringen, Gräfin von Nassau-Saarbrücken, St. Ingbert 2002, S. 436, V. 34–39. Übers. Michael Heintze, ebd.: »Er bekam den Namen Marfuné, und ich werde euch sagen, aus welchem Grund: denn so groß kam er zur Welt, wenn die Geschichte nicht lügt, als wenn er zwei Jahre alt gewesen wäre; gewaltsam wurde deshalb die Mutter aufgeschnitten, und sie starb daran qualvoll. Durch diesen Marfuné starben so viele Menschen, dass man es euch nicht vollständig berichten könnte.«

42 Bloh, Gärtner, Heintze [Anm. 41], S. 441.

43 Cerquiglini [Anm. 36], S. 229; vgl. ›Conte du Graal‹ [Anm. 32], V. 3434f.: *Lasse, fait el* [Percevals *cousine*], *maleürouse! / Con de pute heure je fui nee!*; Hs-Varianten zu V. 3435: *de male ore, hore, eure, heure.*

schriftenvergleich) alle ›Prosa-Lancelot‹-Entsprechungen für *mar*-Stellen im ›Lancelot en prose‹ kritisch zu sichten und darüber hinaus nach weiteren möglichen Beweisen für den philologischen Spürsinn der Übersetzer zu suchen. Vorerst wird man vor der eben besprochenen Wiedergabe von *mar* großen Respekt haben dürfen, wie vor der nachstehenden Übersetzung des symmetrischen *buer*:

Bohort zu Galaad: *Sire, buer fussiez vos onques nez, car je quit que vos serois encore chiés et estandarz de vostre lignage* (Micha V, 98,23). – *Lieber nefe, in guten stunden sint ir geborn, dann ich hoff, ir sollent noch das heubt und baner under unserm geschlecht werden* (Steinhoff IV, 322,8–10).

Kari Keinästö

Da ist urlog in dem lande

Zu Wörtern für 'Krieg' im deutschen ›Prosa-Lancelot‹.

Als Auftakt zu meiner Wortstudie mögen die folgenden 'aphoristischen Sätze' von Wilhelm Grimm dienen:[1]

> Die Sprache hat in der ältesten Zeit für die verschiedenen Abstufungen eines Begriffs fast immer einen besonderen Ausdruck; in der Folge ändert sich der Begriff, oder die feinen Schattierungen verschwinden oder rinnen zusammen, dann ändern die Worte ihre Bedeutung und gehen oft zum grossen Theil ein, weil sie weiter keine Dienste leisten. Beobachtung des Wechsels, Naturgeschichte des Worts. Ein Beispiel oder ein Begriff, der nie fehlte und von dem jedesmaligen geistigen Zustand eines Volks Zeugnis ablegt, ist bellum.

Die mittelhochdeutschen Wörter für 'Krieg', insbesondere die Wörter *urliuge* und *kriec* sind nach wie vor Gegenstand eines regen Interesses der germanistischen Forschung.[2] Norbert Richard Wolf[3] hat 1995 im Zusammenhang mit dem Würzburger Projekt »Das Bild des Krieges im Wandel vom späten Mittelalter zur frühen Neuzeit« die sprachgeschichtliche Problematik von Belegbreite, Bedeutungsspektrum und Textsortenspezifik sehr klar umrissen. Wolf weist nach, dass die gängigen Forschungs-

---

[1] Wilhelm Grimm, Deutsche Wörter für Krieg, in: Kleinere Schriften von Wilhelm Grimm, hrsg. v. Gustav Hinrichs, Bd. 3, Berlin 1883, S. 516–567, hier S. 517.

[2] Vgl. u.a. Paul Abel, Veraltende Bestandteile des mittelhochdeutschen Wortschatzes, Erlangen 1902, S. 13–15; Edmund Wießner u. Harald Burger, Die höfische Blütezeit, in: Friedrich Maurer, Heinz Rupp (Hgg.), Deutsche Wortgeschichte, 3., neubearb. Aufl., Bd. 1, Berlin, New York 1974 (Grundriß der Germanischen Philologie 17/1), S. 235f.; Gisela Zimmermann, Kommentar zum VII. Buch von Wolfram von Eschenbachs ›Parzival‹, Göppingen 1974 (GAG 133), S. 154f. [zu 363,3]; Wilhelm Janssen, Krieg, in: Geschichtliche Grundbegriffe. Historisches Lexikon zur politisch-sozialen Sprache in Deutschland, Bd. 3, Stuttgart 1982, S. 567–573; Deutsches Rechtswörterbuch [Internet-Online-Version: www.rzuser.uni-heidelberg.de/~cd2/drw]; Peter Thorau, Krieg, in: Lexikon des Mittelalters, Bd. 5, München, Zürich 1991, Sp. 1525–1527; Albrecht Hagenlocher, Der *guote vride*. Idealer Friede in deutscher Literatur bis ins frühe 14. Jahrhundert, Berlin, New York 1992 (Historische Wortforschung 2), S. 324; Christa-Maria Kordt, Parzival in Munsalvaesche. Kommentar zu Buch V/1 von Wolframs ›Parzival‹ (224,1–248,30), Herne 1997, S. 186 [zu 246,11]; Antje Holzhauer, Rache und Fehde in der mittelhochdeutschen Literatur des 12. und 13. Jahrhunderts, Göppingen 1997 (GAG 639), S. 15–18; Brigitte Bulitta, Kriegswesen. I. Philologisches. § 1. Sprachliches. Zum Begriff *Krieg*, in: Reallexikon der Germanischen Altertumskunde, 2., völlig neu bearb. u. stark erw. Aufl., Bd. 17, Berlin, New York 2001, S. 333–336.

[3] Norbert Richard Wolf, Zu einigen Krieg-Wörtern des Mittelhochdeutschen. Hinweis auf ein Projekt, in: Carla Dauven-van Knippenberg, Helmut Birkhan (Hgg.), *Sô wold ich in fröiden singen*. Festgabe für Anthonius H. Touber zum 65. Geburtstag, Amsterdam 1995 (ABäG 43–44), S. 561–570.

meinungen zu den betreffenden mhd. Lexemen dringend überprüft werden müssen. Seine Hinweise geben nun wichtige Auskünfte über die begriffliche und semantische Entwicklung der Wörter *urliuge*, *kriec*, *werre* bzw. *werren* und *strît* in den von ihm ausgewählten neun Texten: ›Kaiserchronik‹, ›Rolandslied‹, ›Parzival‹, ›Willehalm‹, ›Tristan‹ ›Eneit‹, ›Nibelungenlied‹, Wittenwilers ›Der Ring‹ sowie Leonhard Heffs ›Regensburger Prosa-Chronik‹. Wolf[4] betont, dass gravierende Differenzen zwischen Handbuchwissen und Textbefunden zu verzeichnen sind, und stellt fast programmatisch Folgendes fest:

> Es erweist sich als notwendig, den mittelhochdeutschen Wortschatz endlich einmal genauer zu beschreiben. Erst dann werden wir genauer wissen, wovon die alten Texte handeln. Bislang sind wir mehr oder weniger auf Intuition und Ahnungen verwiesen. Dies ist keine Kritik an den Wörterbüchern des Mittelhochdeutschen, auch wenn sie aus dem 19. Jh. stammen. Wörterbücher können dies nicht leisten, sie können nur das Material für semantische Untersuchungen zur Verfügung stellen.

Aus der Werkstatt des Regensburger Projekts »Sprachliche Rituale in feindlichen Auseinandersetzungen des späten Mittelalters« der dortigen DFG-Forschergruppe »Formen und Funktionen des Krieges im Mittelalter« (2000–2004) sind vor kurzem zwei für uns zentrale Aufsätze erschienen. Besonders wichtig für meine Recherchen ist die umfassende Bestandsaufnahme der alt-, mittel- und frühneuhochdeutschen sowie mittelniederdeutschen Lexikographie für die Wörter *strît*, *urliuge*, *kriec* und *vêhede* in dem Aufsatz von Susanna Sophia Neri.[5] Auch der Aufsatz von Nina Janich und Eckhard Weber über die historische Pragmatik am Beispiel der spätmittelalterlichen Fehde hilft mir weiter.[6]

Angesichts der aktuellen Forschungssituation in Bezug auf die Wörter für ‘Krieg’ lässt sich nun fragen, wieweit der dt. ›Prosa-Lancelot‹[7] hier neue textempirische Perspektiven eröffnen kann. Die diskontinuierliche Textüberlieferung und auch die Übersetzungsschichtung (insbesondere im Bereich der Kompilationsteile Kluge I und II) machen den ›Prosa-Lancelot‹ zu einem besonders geeigneten Text für sprachge-

---

[4] Wolf [Anm. 3], S. 569f.

[5] Susanna Sophia Neri, *strît – urliuge – kriec – vêhede* in den Wörterbüchern. Ein Werkstattbericht, Sprachwissenschaft 30 (2005), S. 127–160.

[6] Nina Janich, Eckhard Weber, *So wollen wir von dir schriben, sagen und clagen dun.* Möglichkeiten und Grenzen der historischen Pragmatik am Beispiel der spätmittelalterlichen Fehde, Muttersprache 114 (2004), S. 163–176.

[7] Neuere Beiträge zur sprachwissenschaftlichen Erforschung des deutschen ›Prosa-Lancelot‹ sind u. a.: Valentina Sommer, Der deutsche ›Prosa-Lancelot‹ als ein 'posthöfischer Roman' des späten Mittelalters, Stuttgart 2000; Reimar Müller, Modalverben, Infinitheit und Negation im ›Prosa-Lancelot‹, in: Linguistische Berichte. Sonderheft 9: Modalität und Modalverben im Deutschen, Hamburg 2001, S. 237–262; Katrin Axel, Zur diachronen Entwicklung der syntaktischen Integration linksperipherer Adverbialsätze im Deutschen: Ein Beispiel für syntaktischen Wandel?, PBB 124 (2002), S. 1–43. Zum mediävistischen Forschungsstand des ›Prosa-Lancelot‹ allgemein: Hans-Hugo Steinhoff, Lancelot in Germany, in: Carol Dover (Hg.), A companion to the ›Lancelot-Grail Cycle‹, Cambridge 2003 (Arthurian Studies 54), S. 173–184.

schichtlich fundierte Recherchen.[8] Hier schließe ich mich gerne Fritz Peter Knapp[9] an, der die Bedeutung des ersten Teils des dt. ›Prosa-Lancelot‹ für eine neue mittelhochdeutsche Grammatik hervorgehoben hat – trotz textbedingter Probleme korpuslinguistischer Art. Knapp meint angesichts der Richtlinien der Korpusgestaltung der neuen mittelhochdeutschen Grammatik,

> dass ein Verstoß gegen jene Richtlinien weniger schwer wiegen würde als die Beschreibung der mhd. Syntax unter Verzicht auf den einzigen großen, vom Latein völlig unabhängigen, nicht dem geistlichen oder rechtlichen Bereich angehörenden, weltlichen Prosatext aus der ersten Hälfte des 13. Jahrhunderts.

Auch lexikologisch/lexikographisch gilt sicher – mutatis mutandis – die gleiche Einsicht. Für eine Analyse der Wörter für 'Krieg' und 'Kampf' bietet sich der dt. ›Prosa-Lancelot‹ somit durchaus an.

Als Rahmen meiner Lexikbeschreibung dienen hier die Gesamtfrequenzen im ›Prosa-Lancelot‹, die anhand der »Mittelhochdeutschen Begriffsdatenbank«[10] zu ermitteln sind. Im Vordergrund stehen im Folgenden die Wörter *urlage* bzw. *urloge* und *krieg* – so sehen die prototypischen Wortformen im ›Prosa-Lancelot‹ aus. Die Untersuchung wird wortfeldspezifisch durch die drei Vergleichslexeme *strit, fechten* und *kampf* ergänzt.

---

[8] Vgl. Kari Keinästö, Studien zu Infinitivkonstruktionen im mittelhochdeutschen ›Prosa-Lancelot‹, Frankfurt a. M. u. a. 1986a (Regensburger Beiträge zur deutschen Sprach- und Literaturwissenschaft B 30); ders., Zu Infinitivkonstruktionen und Übersetzungsschichten im mittelhochdeutschen ›Prosa-Lancelot‹, in: Werner Schröder (Hg.), Schweinfurter ›Lancelot‹-Kolloquium 1984, Berlin 1986 (Wolfram-Studien 9), S. 90–101; ders., *Was hand ir myn zu thunde?* Zu einer Textstelle in der ›Gral-Queste‹ des mhd. ›Prosa-Lancelot‹, NphM 87 (1986c), S. 382–389; ders., Die Nahtstellen der Handlungsabschnitte im mittelhochdeutschen ›Prosa-Lancelot‹. Ihre Lexik und Syntax, in: Leena Kahlas-Tarkka (Hg.), Neophilologica Fennica. Société Néophilologique 100 ans, Helsinki 1987 (Mémoires de la Société Néophilologique de Helsinki 45), S. 143–175; ders., Über ingressive und egressive Infinitivkonstruktionen im mittelhochdeutschen ›Prosa-Lancelot‹, in: Anne Betten (Hg.), Neuere Forschungen zur historischen Syntax des Deutschen. Referate der Internationalen Fachkonferenz Eichstätt 1989, Tübingen 1990a (RGL 103), S. 56–70; ders., Die Verben *wenen* und *meynen* im mittelhochdeutschen ›Prosa-Lancelot‹, ZfdPh 109 (1990b), S. 393–401; ders., Die Antwortpartikeln *Ja* und *Neyn* im mittelhochdeutschen ›Prosa-Lancelot‹. Historische Syntax und Textgeschichte, in: John Ole Askedal (Hg.), Historische germanische und deutsche Syntax. Akten des internationalen Symposiums anläßlich des 100. Geburtstages von Ingerid Dal [...] 1995, Frankfurt a. M. u. a. 1998 (Osloer Beiträge zur Germanistik 21), S. 207–229; ders., *... er macht yn allen groß hercze.* Über einige *Herz*-Phraseologismen im deutschen ›Prosa-Lancelot‹, in: Irma Hyvärinen, Petri Kallio, Jarmo Korhonen (Hgg.), Etymologie, Entlehnungen und Entwicklungen. Festschrift für Jorma Koivulehto zum 70. Geburtstag, Helsinki 2004 (Mémoires de la Société Néophilologique de Helsinki 63), S. 149–161.

[9] Fritz Peter Knapp, Anforderungen eines Philologen an die neue Mittelhochdeutsche Grammatik, in: Anja Lobenstein-Reichmann, Oskar Reichmann (Hgg.), Neue historische Grammatiken. Zum Stand der Grammatikschreibung historischer Sprachstufen des Deutschen und anderer Sprachen, Tübingen 2003 (RGL 243), S. 217–230, hier S. 222f.

[10] MHDBDB. Internet-Online-Adresse: mhdbdb.sbg.ac.at.

Der ›Prosa-Lancelot‹ bietet im Textbereich der Heidelberger Handschrift insgesamt knapp 1600 Belege für den genannten Wortfeldausschnitt. Ich mache jetzt noch keine Unterschiede zwischen Wortarten und Wortbildungstypen. Von der Gesamtfrequenz her steht das Lexem *strit* mit der Hälfte der Belege an erster Stelle, gefolgt von *fechten* mit einem Viertel. Die restlichen Wörter, *kampf*, *krieg* sowie *urlage* teilen sich die letzten fünfundzwanzig Prozent.[11]

Von den fünf Basiswörtern verteilen sich die zwei teilsynomymen Lexeme *urlage* und *krieg* recht frappierend auf die Werkteile Kluge I bis Kluge III/2. Das Lexem *urlage* wird durch das Wort *krieg* ab Kluge II praktisch abgelöst. Auf die drei Ausnahmen kommen wir später noch zurück.[12] Bei *strit*, *fechten* und *kampf* ist das Verb *fechten* distributionell besonders auffallend. Nach einer Dominanz in Kluge I fallen hier die Frequenzen drastisch ab und bleiben auf einem niedrigen Niveau.[13]

Unser nächster Punkt sind distributionelle Fragen der Wortarten und Wortbildung. Die Lexeme *urlage* und *krieg* zeigen in ihrer Wortartenzugehörigkeit deutlich unterschiedliche Profile.[14] Bei *urlage* halten sich das Basissubstantiv und dessen implizite Verbableitung *urlagen* – gelegentlich auch in präfigierter Form *geurlagen* – die Waage; bei *krieg* dominiert das Basissubstantiv. Bei beiden Wörtern findet sich jeweils nur eine weitere eigentliche Ableitung. Bei *urlage* ist es das Adjektiv *unverurlaget* mit der Bedeutung 'vom Krieg verschont' und bei *krieg* das Adjektiv *kriegig* mit der Bedeutung 'streitbar', belegt in einer Aussage eines Zwergs über eine Frau:

(1) hatt sie Claudas dann lieb und hat er truw, so solt es im leyt syn das man sie vor synen augen döt. So muß er off uns verzyhen und můß uns schwern den friede úmmer me zu halten. Also blibet unser lant **unverurlaget** (Steinhoff I, 270,8).

wenn Claudas sie liebt und Treue besitzt, müßte es ihm unerträglich sein, daß sie vor seinen Augen getötet werden sollen. Dann muß er von uns ablassen und uns schwören, auf ewig Frieden zu halten. So bleibt unser Land vom Krieg verschont (Steinhoff I, 271,9).

et se Claudas les aime tant com l'en quide, anchois nous pardonra il son maltalent qu'il les nous laist destruire devant ses iex (Micha VII, 16a,3).

And if Claudas is as much a friend of theirs as seems to be the case, he will put an end to his hostility rather than have us destroy them all before his very eyes (Lacy II, 47).

(2) Sie sol es aber kum thůn, sie ist so schalckecht und so **kriegig** (Steinhoff I, 918,30).[15]

Sie wird aber kaum einwilligen, so boshaft und streitbar, wie sie ist (Steinhoff I, 919,33).

mais jel sai a si felenesse que a paines le fera ele, puis qu'ele si est ahurtee (Micha VIII, 58a,9).

---

[11] *strit*: 784; *fechten* 389; *kampf* 152; *krieg* 126; *urlage* 115.

[12] Kluge I: *urlage* 114 – *krieg* 2; Kluge II: *urlage* 1 – *krieg* 45; Kluge III/1: *urlage* 0 – *krieg* 24; Kluge III/2: *urlage* 0 – *krieg* 55.

[13] Kluge I: *strit* 285 – *fechten* 366 – *kampf* 46; Kluge II: *strit* 315 – *fechten* 12 – *kampf* 9; Kluge III/1: *strit* 41 – *fechten* 10 – *kampf* 30; Kluge III/2: *strit* 143 – *fechten* 1 – *kampf* 67.

[14] *urlage*: Subst. 56 – Verb 58 – Adj. 1; *krieg*: Subst. 96 – Verb 29 – Adj. 1.

[15] Vgl. Kluge I, 341,3 App.: *kriegig* P, *kriegtig* p, *knegig in ir selbs* d.

but I know her to be so wicked that she's unlikely to do it, since she is so obstinate (Lacy II, 167).

Bei den drei Wörtern des erweiterten Wortfeldes zeigt sich folgendes Resultat:[16] Bei *strit* überwiegen die Substantiva, *fechten* ist von Natur aus ein Verb einschließlich seiner substantivierten Infinitive. *Ungestritten* und *ungefochten* sind die wenigen partizipial-adjektivischen Ableitungen. Bei *kampf* fällt das geringe Auftreten von dem Verb *kempffen* auf; in Kluge I z. B. fehlt dieses Verb völlig.

Unsere fünf Lexeme für Krieg und Kampf lassen sich auch in Bezug auf ihre typischen lexikalisch-syntaktischen Kollokationen[17] betrachten, hier allerdings noch ohne genauere semantische Unterscheidungen. Kriege, Schlachten und Kämpfe realisieren in unterschiedlicher aspektual-aktionaler Ausprägung ihren Beginn, ihre Dauer und Intensität sowie ihr Ende. Insbesondere die Ingressivität dieser Zustände und Handlungen kann gut veranschaulicht werden, wie sie primär durch ausgewählte ingressive Verben sprachlich realisiert wird. Allerdings wird hier bei den fünf Lexemen von *urlage* bis *kampf* nicht weiter zwischen Wortarten, Satzgliedrollen und Polysemievarianz differenziert. Im Vordergrund stehen bei den insgesamt gut 100 Belegen die drei Verben *beginnen*, *anfangen* und *anheben*, die ja auch sonst als Modalitätsverben im Dienste der ingressiven Infinitivkonstruktionen stehen. Als besonders werkteilspezifisch erweist sich hier das Verb *anfangen*, das seinem jüngeren diachronen Charakter entsprechend nicht in Kluge I, sondern erst ab Kluge II zu finden ist:[18]

(3) In allsolcher wyse wart der **krieg** angefangen, davon konig Claudas enterbt und uß dem land verjagt *ward* (Steinhoff IV, 436,6).

In dieser Weise wurde der Krieg begonnen, durch den König Claudas vertrieben und aus dem Land gejagt wurde (Steinhoff IV, 437,5).

En tel manniere fu la guerre conmanciee dont li rois Claudas fu puis desheritez et chaciez de la terre (Micha VI, 100,60).

In such a way was the war begun, by which King Claudas was later dispossessed and driven from his land (Lacy III, 287).

Für Beendigungen kriegerischer Auseinandersetzungen steht ein buntes aspektual-egressives Lexik-Arsenal zur Verfügung. Für weitere Aktionaltypen von 'Krieg' sei nur noch auf die Verb+Substantiv-Kollokation *den krieg füren* hingewiesen. Sie mutet recht modern an: Von der Werkteilspezifik her ist sie auch ausschließlich in dem Kompilationsteil Kluge II, und zwar zweimal (Steinhoff III, 378,4 und Beispiel 4 unten), belegt:

---

[16] *strit*: Subst. 550 – Verb 229 – Adj. 5; *fechten*: Subst. 11 – Verb 370 – Adj. 8; *kampf*: Subst. 127 – Verb 24 – Adj. 1.

[17] Der Terminus Kollokation in Anlehnung an: Harald Burger, Phraseologie. Eine Einführung am Beispiel des Deutschen, 2., überarb. Aufl., Berlin 2003 (Grundlagen der Germanistik 36), hier S. 51–53.

[18] Vgl. Keinästö 1990a [Anm. 8]; *anfangen*: Kluge I – 0; Kluge II – 8 (*strit*) – 6 (*krieg*); Kluge III/1 – 1 (*strit*); Kluge III/2 – 4 (*krieg*).

(4) [...] schloß da die funff gebruder inn waren die den **krieg** gegen dem herczogen yrem vatter **furten** (Steinhoff III, 476,4).

[...] Burg, auf der die fünf Brüder saßen, die den Krieg gegen ihren Vater, den Herzog, führten (Steinhoff III, 477,4).

[...] chastel que li .V. frere tenoient que li dus Karles lor peres guerreoit (Micha IV, 76,39).

[...] castle held by the five brothers who were fighting their father, Duke Calles (Lacy III, 152).

Einige Kollokationstypen können auch mehr oder weniger phraseologisch-idiomatisch geprägt sein, so etwa in den drei somatisch geprägten Wortverbindungen:

(5) [...] dwil die nacht an geet, so ensint sie nicht schuldig me zu fechten, wann morn fru hant ir den **stritt** aber an der hant vil gewiß (Steinhoff I, 434,29).

[...] da die Nacht anbricht, brauchen sie nicht mehr zu kämpfen, aber morgen früh ist Euch der Kampf wieder sicher (Steinhoff I, 435,29).

[...] car la bataille ne doit durer, puis qu'il est nuis, mais le matin l'avrés autresi com ore l'avés (Micha VII, 24a,13).

[...] that the battle cannot go on once night has come, but in the morning you'll start all over again (Lacy II, 76).

(6) Und da sie hatten geschwurn dießen **krieg** zu hanthaben, da sante der konig syn botten wyt ferre und auch nahe in alle syn lant (Steinhoff V, 774,8).[19]

Als alle geschworen hatten, diesen Krieg zu führen, schickte der König seine Boten fern und nah in seine Länder (Steinhoff V, 775,9).

et quant il orent tout juré cel sairement de maintenir ceste guerre, li rois manda par ses messages pres et loing a touz ceus qui de lui tenoient terre (Frappier, 105,5).

and all [...] swore an oath to continue the war. When they had done so, the king sent messengers to all those, far or near, who held land from him (Lacy IV, 126).

(7) Wann es möcht nit gesyn, keme uns dheyn **krieg** off den halß, es múst uns mißelingen (Steinhoff V, 856,3).

Denn es könnte nicht ausbleiben, käme uns ein Krieg auf den Hals, daß wir den kürzeren zögen [...] (Steinhoff V, 857,4).

car il ne porroit estre qu'il ne nos en mescheïst, se guerre nos sordoit d'aucune part (Frappier, 139,7).

If we did, then we couldn't fail to suffer for it, should a war break out somewhere (Lacy IV, 136).

Das zentrale Problem bei den fünf Vertretern unseres Wortfeldkomplexes ist nun ihre interne semantische Abgrenzung. Im Vordergrund stehen dabei die beiden Wörter *urlage* und *krieg* im Kontrast zu der Wortgruppe *strit*, *fechten* und *kampf*. Das Problem der diachronen Polysemie wird hier mit Hilfe der Übersetzungsäquivalente bei

[19] Vgl. Kluge III/2, 576,17 App.: *zu hanthaben* Ppw, *zůůoln-*| *fůehren zů hellffenn* a, *de* (*a* D) *maintenir* QZMD.

Steinhoff in aller Vorsicht angegangen. Diese Äquivalenzen werden benutzt, um ein provisorisches Kategoriensystem für die semantische Lexikbeschreibung zu erhalten, das textspezifisch ist. Eine solche Vorgehensweise gibt natürlich nur erste indirekte Hinweise auf polyseme lexikalische Komplexitäten.[20] Stichprobenweise werden afrz. Wortentsprechungen bei Micha, Pauphilet und Frappier – unterstützt durch die englische Übersetzung – berücksichtigt, wobei allerdings eine vollständige Kollation nicht angestrebt wurde.

Vorerst sei aber auf die Bedeutungsinterpretamente in Matthias Lexers »Mittelhochdeutschem Handwörterbuch«[21] hingewiesen. Das Substantiv *kriec* hat eine mehrstufige semantische Breite, die von 'anstrengung' und 'streben' über 'streit mit worten' und 'zwietracht' bis hin zu 'streit mit waffen', 'kampf' und 'krieg' angelegt ist. Ähnlich ist die Situation bei dem Verb *kriegen*. Dagegen sind die Bedeutungen der Wörter *urliuge* bzw. *urliugen* nur auf die Bereiche 'krieg', 'kampf', 'streit' und 'fehde' eingegrenzt.

Die beiden Werkteile Kluge I und Kluge II zeigen für *urlage* und *krieg* unterschiedliche semantische Akzentuierungen auf. Die Übersetzung der Lexeme *urlage* und *krieg* im ›Prosa-Lancelot‹ weist darauf hin, dass diese zwei Lexeme jeweils eine unterschiedliche Bedeutungsbreite besitzen.[22] *Urlage* scheint im ›Prosa-Lancelot‹ mehr Bedeutungsvarianz zu haben als *krieg*. Häufiger für *urlage* belegt sind die Äquivalente 'Krieg', 'Kampf', 'Schlacht' und 'Angriff'. In der Gruppe 'sonstige', die relativ groß erscheint, verbergen sich Einzelübersetzungen wie 'Aufstände', 'sich erheben', 'herausfordern' oder 'sich befehden' sowie dreimal fehlende Äquivalenz. Bei *krieg* dagegen treten neben dem dominanten Äquivalent 'Krieg' nur vereinzelt die Entsprechungen 'Schlacht' bzw. 'Streit' auf.

Anhand ausgewählter Textbeispiele können Fragen des Bedeutungsspektrums von *urlage* und *krieg* im ›Prosa-Lancelot‹ – hier vorerst anhand der Werkteile Kluge I und Kluge II – genauer erörtert werden. Zuerst das Schlüsselwort *urlage*. Die Beispiele 8 und 9 zeigen für dieses Wort die allgemeine Bedeutung 'Krieg zwischen Herrschenden':

(8) Da ist **urlog** in dem lande zwuschen dem konig von Norgales und dem herczogen von Kambenig (Steinhoff I, 1182,28).

Es herrscht Krieg dort im Land zwischen dem König Norgales und dem Herzog von Cambenic (Steinhoff I, 1183,30).

et si i a guerre trop grant (Micha VIII, 65a,21).

There's a great war going on there (Lacy II, 218).

---

[20] Zu Analyseaspekten des mhd. Wortschatzes allgemein vgl. Eckhard Meineke, »Die ergiebigkeit des feldes ist noch von solcher art, daß es nie versagt«. Überlegungen zur Erforschung des Mittelhochdeutschen, ZDL 66 (1999), S. 147–184, hier bes. S. 166–177.

[21] Lexer [Internet-Online-Version: germa83.uni-trier.de/MWV-online], hier Bd. 1, Sp. 1726f. u. Bd. 2, Sp. 2007–2009; vgl. BMZ [Internet-Online-Version: germa83.uni-trier.de/MWV-online], hier Bd. 1, S. 879f. u. S. 994.

[22] Kluge I und Kluge II – *urlage*: 'Krieg' 77, 'Kampf' 16, 'Schlacht' 9, 'Streit' 1, 'Angriff' 5, sonstige 7; *krieg*: 'Krieg' 42, 'Kampf' 0, 'Schlacht' 1, 'Streit' 3, 'Angriff' 0, sonstige 0.

(9) In denselben ziten **urlaget** der konig Artus und der konig Yon von Mynren Irlande wiedder einander (Steinhoff I, 86,23).

Damals führten König Artus und der König Ion von Kleinirland Krieg gegeneinander (Steinhoff I, 87,23).

A cel tans avoit li rois Artus guerre au roi Yon d'Ierlande la Menor (Micha VII, 8a,9).

At that time, King Arthur was at war with King Yon of Lesser Ireland (Lacy II, 16).

Eine einzelne konkrete Kampfhandlung – eine Schlacht – wird in Beispiel 10 mit *urlage* bezeichnet:

(10) Desselben abendes das des koniges lúte in die porten gejagt wurden kam der frauwen ritter ein teil wiedder von dem **urlage**. Die frau von Maloant fragt ir ritter wer es da allerbest gethan hett. Sie sprachen das myn herre Gawan das meist wunder begangen hett, das ie kein ritter getet (Steinhoff I, 644,31).

An dem Abend, da die Leute des Königs durch das Tor getrieben worden waren, kamen einige Ritter der Stadtherrin von der Schlacht zurück. Die Frau von Maloaut fragte sie, wer da seine Sache am besten gemacht habe. Sie sagten, daß Gawan größere Wunder vollbracht habe als je ein Ritter (Steinhoff I, 645,32).

Et la nuit que chele assamblee ot esté, s'en vinrent li chevalier del païs en la chité a la dame et conterent les noveles de cele assamblee a la dame. Et ele demande qui l'avoit miex fait et il dient que mesire Gauvain et que onques nus chevaliers nel fist miex, che lor est vis (Micha VIII, 49a,8).

At that night, following the battle, the knights of the land came to the lady and told her news of the battle. And she asked who had fought best, and they said it had been Sir Gawain, and that no knight had ever fought better, in their opinion (Lacy II, 118).

In Beispiel 11 ist in der deutschen Übersetzung der Ausdruck 'Kampf' verwendet worden, es handelt sich hier jedoch ebenfalls um ein konkretes Kampfgeschehen, nicht um einen allgemeinen Zustand des Unfriedens:

(11) Da sahen wir off derselben stat (da der ritter yczunt heltet und gedencket) einen ritter halten mit roten wapen [...]. Derselb ritter het da den prise beidenthalb von dem **urlage** (Steinhoff I, 716,20).

Da haben wir an derselben Stelle, an der der Ritter jetzt in Gedanken versunken ist und wartet, einen Ritter in roter Rüstung halten sehen [...]. Jener Ritter hat dann den Preis im Kampf davongetragen (Steinhoff I, 717,21).

[...] que uns chevaliers pensoit autresi sor chele riviere, ou cist ou uns autres? Mais il portoit unes armes vermeilles et che fu chil qui l'assamblee venqui (Micha VIII, 52a,26).

[...] and that a knight, either this one or another, was thus lost in thought beside that river? But he wore red armor, and it was he who carried the day in the battle (Lacy II, 131).

Wie sieht nun die Situation für das ›Prosa-Lancelot‹-Lexem *krieg* aus? Den Beispielen 12 und 13 ist – ähnlich wie bei *urlage* – die generelle Bedeutung 'Krieg zwischen Herrschenden' zu entnehmen:

(12) [...] schloß da die funff gebruder inn waren die den **krieg** gegen dem herczogen yrem vatter furten (Steinhoff III, 476,4).

[...] Burg, auf der die fünf Brüder saßen, die den Krieg gegen ihren Vater, den Herzog, führten (Steinhoff III, 477,4).

[...] chastel que li .V. frere tenoient que li duc Karles lor peres guerreoit (Micha IV, 76,39).

[...] castle held by the five brothers who were fighting their father, Duke Calles (Lacy III, 152).

(13) Der herczog was sere verhaßt von allen synen nachburen, wann er alle zitt **kriegt** und det yne vil boßheit (Steinhoff III, 640,1).

Der Herzog wurde von seinen Nachbarn gehaßt, weil er dauernd Krieg gegen sie führte und ihnen viel Übles antat (Steinhoff III, 641,1).

li dus Galenins fu haïz de ses voisins tant com il vesqui, car il les guerroia a toz jorz et fist mal tant com il pot (Micha IV, 81,3).

Duke Galenin was hated by his neighbors as long as he lived, because he was always making war on them and doing them whatever harm he could (Lacy III, 178).

In Beispiel 14 geht es dagegen um eine konkrete Schlacht:

(14) Und darnach enwards nit lang das den Romern kam uß dem wald ein ander **strytt**. Und da sie dem **stryt** nachten, da kam konig Brangore gegen sie mit syner gesellschafft. Er reyt nit zum ersten **stryt**, dann er reyt vor hien an zwen **stryt** die hinden nach kamen. Und also ward der **krieg** grúlich angefangen, darumb gar viel lut sturben (Steinhoff IV, 570,3).

Doch dann dauerte es nicht lange, bis eine weitere Schar aus dem Wald zu den Römern stieß. Als sie sich dem Kampfgeschehen näherten, wandte sich König Bangorre mit seinem Gefolge gegen sie. Er ritt aber nicht zu der ersten Schar, sondern an ihr vorbei zu zwei anderen, die hinterherkamen. Da begann eine blutige Schlacht, in der viele Menschen starben (Steinhoff IV, 571,4).

et ne demoura gueres que .II. autres batailles des Rommains issirent fors del bois; et quant il aprochierent de la mellee, si s'esmut contre els li rois Brangorre a toute sa gent et ne feri mie en la bataille, ainz s'an ala par defors a assembler as .II. batailles qui derriennement estoient venues. Et ainsi fu li estors conmanciez an .II. leus fors et perilleus, car assez i ot mort preudomes et bons chevaliers (Micha VI, 104,62).

It was not long before the other battalions of Romans came out of the woods; when they drew near the melee, King Brandegorre set out against them with all his men, but instead of dashing into the fray, he went around the outside to do battle with the two battalions that had just arrived. Thus the fighting had begun in two places, intense and perilous, for many good and worthy knights were killed (Lacy III, 310).

Bei diesem Textbeispiel sei noch eine Nebenbemerkung erlaubt: Der metonymischen Bedeutung 'Schar' für *strit* begegnet man im ›Prosa-Lancelot‹ recht häufig, aber sie ist deutlich werkteilspezifisch, sie ist in Kluge I nur einmal (Steinhoff I, 214,31) belegt, ab Kluge II aber weit über 80–mal.

In Beispiel 15 wird die Reinigung von einem Mordvorwurf durch Gerichtskampf thematisiert. Lancelot will für den beschuldigten Lionel eintreten, wovor der König warnt. Der Ausdruck *krieg* scheint hier nicht allein für den Gerichtskampf sondern für den ganzen Streitfall verwendet zu werden:

(15) da gingen sie inn den pallast, da sie vil ritter und frauwen, auch gemeyn volck funden, die dar komen waren den stryt zu besehen. [...] »Und umb das er nit gestryten kan, so bin ich here komen fur yn zu fechten, des ich yczu all bereyt bin zu thun.« »Lieber herre«, sprach der konig, »sehent uch vorhin wol fur, inn was **kriegs** ir uch seczent!« (Steinhoff IV, 82,30).

[...] gingen sie [= Leonel und Lancelot] in den Palas, wo sie viele Ritter und Damen und auch einfache Leute vorfanden, die dort hingekommen waren, um dem Kampf zuzusehen. [...] »Und weil er [= Lionel] nicht kämpfen kann, bin ich [= Lancelot] gekommen, um für ihn einzutreten, und ich bin jetzt bereit, das zu tun.« »Überlegt Euch zuerst genau, lieber Herr«, sagte der König, »auf was für einen Streit Ihr Euch einlaßt« (Steinhoff IV, 83,34).

puis entrerent ou palais ou il trouverent grant compaingnie de chevaliers et de dames qui estoient venu por veoir la bataille. [...] »Et por ce que il androit soi ne porroit la bataille faire, sui je ça venuz et sui prez que je entre en la bataille por lui. – Biaux sire, fait li rois, gardez bien en quel querelle vos vos metez« (Micha V, 88,26).

Lionel and Lancelot [...] entered the palace where they found a great company of knights and ladies who had come to see the battle. »[...] And because he himself could not fight, I've come here and am ready to do battle on his behalf.« »Good sir,« said the king, »take care in what quarrel you involve yourself« (Lacy III, 228).

Aber wir haben noch drei werkteilspezifische Belege, die sozusagen aus der Reihe tanzen. Nehmen wir also den ›Prosa-Lancelot‹-Text beim Wort! Das Adjektiv *kriegig*, das schon besprochen worden ist, und das Substantiv *krieg* treten völlig vereinzelt in Kluge I auf, das Substantiv *urloge* findet sich einmal in Kluge II. Die beiden Substantiv-Belege verdienen hier noch näher betrachtet zu werden. Den einzigen *krieg*-Beleg aus Kluge I haben wir unten als Beispiel 16. In der Textstelle geht es um eine Auseinandersetzung zwischen zwei Eheleuten, in der der Artusritter Hector die Ehefrau später aus dem Gefängnis befreit. Die hier in Kluge I realisierte Bedeutung von *krieg* als 'Wettstreit' ist interessanterweise in Kluge II nicht belegt.

(16) Sie sprach alsus zu sim öheim: »[...] Ich bin auch werlich schöner frau und beßer dann er gut ritter sy oder schöne, man hat auch dicker von myner schön gesagt dann von syner ritterschafft.« Diß was irm manne so zorn das er sprach, sie enkeme nymer ußer gefengniß, ir eintwedders behielt dann den **krieg** (Steinhoff I, 1172,14).

Dies hat sie seinem Onkel geantwortet: »[...] Und meine Schönheit und Vollkommenheit als Frau ist wahrlich größer als die seinige als Ritter, und man hat häufiger von meiner Schönheit gesprochen als von seinen Rittertaten.« Das hat ihren Mann so erzürnt, daß er sagte, sie werde eingesperrt bleiben, bis der Streit zwischen ihnen entschieden sei (Steinhoff I, 1173,15).

Quant ses sires l'entent, si le tint a despit et jura son sarement que jamais n'isteroit de sa grant tor a nul jor devant che que li uns en avroit l'onor, ou que ele seroit plus bele dame ou que il seroit mieudres chevalier (Micha VIII, 65a,10).

When her lord heard this, he grew angry and swore that she would never leave his great tower until one of them was proven right, either that she was a more beautiful lady or he was a better knight (Lacy II, 216).

Nun zu dem Lexem *urloge* in Kluge II, wo das Wort, wie gesagt, nur einmal belegt ist. Und seine Semantik ist auch spezifisch. Dazu Beispiel 17. Hier geht es um eine Auseinandersetzung zwischen einem seinen Bruder rächenden Ritter und Lancelot. Es handelt sich bei diesem *urloge* um einen Zweikampf als Ernstkampf. In Kluge II stellt *urloge* also keine synonymische Konkurrenz zu *krieg* als ‘bewaffnete Auseinandersetzung zwischen Herrschenden’ dar.

(17) Und leyt die hant an syn schwert. Da Lancelot gesach das er das **urloge** anheben wolt, da enbiet er nit so lang biß er yne zum ersten an schlug als der jhener der synnerich was und wol stryten kund (Steinhoff IV, 350,34).

Damit legte er die Hand an sein Schwert. Als Lancelot sah, daß er losschlagen wollte, wartete er nicht so lange, bis jener ihn als erster träfe, denn er war klug, verstand sich aufs Kämpfen (Steinhoff IV, 351,34).

Lors met cil la main a l’espee. Et quant Lanceloz voit qu’il velt la mellee reconmancier, si n’atant mie que cil le fiere [...] ainz hauce l’espee et le fiert par mi la teste (Micha V, 99,6).

Then he drew his sword. When Lancelot saw that the other knight wanted to begin the fighting anew, he did not wait for this man, [...], to strike the first blow, but rather raised his sword and stuck him on the head (Lacy III, 273).

Die Übersetzungsäquivalente für die drei weiteren Lexeme *strit*, *fechten* und *kampf* sind sehr zahlreich, etwa bei *strit* und *striten* finden sich weit über 50 verschiedene Varianten. Mich interessiert in diesem Zusammenhang primär die Frage, ob und inwieweit für das Lexem *strit* im ›Prosa-Lancelot‹ das heutige Wort ‘Krieg’ als Übersetzungsäquivalent herangezogen worden ist. Ergebnis: Die Wahl dieses Wortes als Reflex einer semantischen Überschneidung lässt sich – im Bereich der Werkteile Kluge I und Kluge II – nur dreimal bei Steinhoff finden. In den Beispielen 18 und 19 geht es um eine länger dauernde Auseinandersetzung zwischen Herrschenden, also um einen Krieg.

In Textbeispiel 18 entsprechen die Kollokationen *stritt machen*, *Krieg führen* und *mettre contens* einander:

(18) »Herre Lambegus« sprach sie, »ir solt mir uwerm öheim sagen das er kum und sin herren gesehe so er erst möge, und saget im das er nit me **stritt** mach umb das lant wedder zu gewinnen, und das er on sorg sy und mit gemach lebe, die kint sollen ir lant wol wiedder gewinnen und anders gutes gnůng!« (Steinhoff I, 262,19).

»Sagt Eurem Onkel«, sagte sie zu Lambegus, »er solle kommen und seine Herren sehen, sobald er kann, und richtet ihm aus, er solle keinen Krieg mehr führen, um ihr Land zurückzugewinnen. Er soll ohne Sorgen und in Frieden leben, die Kinder werden ihr Land zurückbekommen und viel anderes dazu« (Steinhoff I, 263,20).

»Et vous, fait ele a Lambegue, dites moi a vostre oncle qu’il viegne ses signors veoir et que ja en lor terre por euls desfendre ne mete contens, car il avront a honor lor terre, s’il vivent, et de l’autrui assés« (Micha VII, 15a,31).

»And you«, she said to Lambegue, »tell your uncle for me that he should come see his young overlords and that he should not take up arms in their land to champion their cause: if they live, they will recover their land honorably, and much more besides« (Lacy II, 46).

In Beispiel 19 geht es um die durch einen Relativsatz erschließbare Kollokation *einen stritt han – einen Krieg führen – avoir une guerre*:

(19) [...] eins myns bruder tochter [...] der ein hoch man was und richer; er was alter dann ich und bleib in eim **strytt** dot, den ein frau von dißem land hett wiedder einen den besten ritter den man in der cristenheit lebendig wúst (Steinhoff I, 856,20).

[...] die Tochter meines Bruders, der ein vornehmer, mächtiger Mann war. Er war älter als ich und ist in einem Krieg gefallen, den die Herrin dieses Landes gegen einen der besten Ritter der Christenheit geführt hat (Steinhoff I, 857,20).

[...] fille d'un mien frere asseis haut homme et gentil, et s'estoit aisnés de moi. Si avint chose que mes freres s'acoucha el lit de la mort, que il avoit esté navrés en une guerre que la damoisele de cest païs a vers .I. des millors chevaliers qui orendroit vive (Micha VIII, 56a,5).

[...] the daughter of my brother, a very highborn nobleman who was my elder. It happened that my brother lay down in death's bed, for he had been wounded in a war between the lady of this land and one of the best knights now alive (Lacy II, 156).

Beispiel 20 lässt in der Auslegung Fragen offen. Für das Lexem *strit* hat der moderne Übersetzer die allgemeine Bedeutung 'Krieg' verwendet; im Altfranzösischen ist dagegen spezifischer von einer letzten Schlacht die Rede. Dies zeigt nach Reinhold Kluges Apparat auch die jüngere bairische Handschrift *a* texttypisch innerhalb einer Doppelformel:

(20) Er ging zum herczogen, den er in syner kamern fand und syn arczat by im, der sin wůnden gesach die er in dem **strytt** gewůnnen hett (Steinhoff III, 380,24).[23]

Er ging zum Herzog und fand ihn in seinem Zimmer; sein Arzt war bei ihm und sah nach den Wunden, die er in dem Krieg erhalten hatte (Steinhoff III, 381,26).

Atant s'en vet cil au duc et le trove en sa chambre et son mire o lui qui resgardoit sa plaie qu'il avoit eue en la derrienne bataille (Micha IV, 72,47).

Immediately he went to the duke and found him in his room with his doctor, who was examining the wound he had received in the latest skirmish (Lacy III, 136).

Und nun noch einige Beobachtungen zu den Werkteilen Kluge III/1 und Kluge III/2. In dem Teil ›Die Suche nach dem Gral‹ finden sich für *krieg* neben der üblichen Entsprechung 'Krieg' (insg. 17–mal) weitere kontextuell-inhaltlich bedingte, werkteilspezifische Übersetzungsäquivalente: Viermal[24] ist für das Verb *kriegen* das Verbäquivalent '(be)kämpfen' sowie einmal[25] die Verbentsprechung 'streiten' belegt. Das

---

[23] Vgl. Kluge II, 210,05 App.: *in dem strytt*] *inn d' leztenn versamblůng od' Schlacht* a, *en la daerraine bataille* Q.

[24] Steinhoff V, 225,6; 245,29; 365,16; 427,22.

[25] Steinhoff V, 365,18.

folgende Beispiel (es geht um die Leute des Joseph von Arimathia) zeigt die Doppelformel *zorn und krieg* 'Zank und Streit':

(21) [...] und funden ein alt wip, die bracht yn zwölff brott ußer einem offen, und sie kaufften sie. Und da sie sie solten teylen, da huben sie ein **zorn** und **krieg** under yn ane, wann einer wolt nit als der ander (Steinhoff V, 150,17).[26]

[...] und stießen auf eine alte Frau, die zog ihnen zwölf Brote aus einem Ofen, und die kauften sie. Als sie sie verteilen wollten, brachen Zank und Streit unter ihnen aus, denn keiner wollte wie der andere (Steinhoff V, 151,18).

[...] et trouverent une vielle fame qui aportoit douze pains dou for. Et il les achaterent. Et quant il les voldrent departir, si monta ire et mautalenz entr'ax, car li un ne se voloient acorder a ce que li autre voloient fere (Pauphilet, 75,15).

[...] they found an old woman who was taking twelve loaves of bread out of the oven. They bought the loaves. But when they attempted to divide them, anger and ill-will broke out. They could not agree on how to proceed (Lacy IV, 25).

In dem Werkteil ›Der Tod des Königs Artus‹ sind bei den 55 Belegen für *krieg*[27] nur zwei Textstellen zu finden, die andere Übersetzungsäquivalente als 'Krieg' aufweisen: Inhaltlich drücken sie beide konkrete Kampfhandlungssituationen aus und enthalten die Äquivalente 'Schlacht' bzw. 'Hauen (und Stechen)':

(22) er spielt yn von einander biß off die schultern; da viel er zu der erden und lag dot. Und da die andern das gesahen, da war ir keyner, er trede hindersich, also das er alleyn bleib stan off der tören. Da Lanczlot das gesah, da sprach er zu der kónigin: »Frauwe, dißer **krieg** hat ein ende; ob ir wöllent, so mag ich hinweg gan« (Steinhoff V, 736,26).

er [= Lancelot] spaltete ihn [= Ritter Taradius] bis zu den Schultern in zwei Teile. Er stürzte zu Boden und war tot. Als die anderen das sahen, wichen sie alle zurück, so daß Lancelot allein in der Tür stand. Als Lancelot das sah, sagte er zur Königin: »Diese Schlacht ist zu Ende. Wenn Ihr wollt, kann ich jetzt gehen« (Steinhoff V, 737,26).

il estort son cop, si l'abat mort a terre. Et quant li autre le voient si atorné, si n'i ot celui qui ne se traie arrieres en tel maniere que l'entree remest toute vuide. Quant Lancelos vit ce, si dist a la reïne: »Dame, ceste guerre est finee; quant vos plera, ge m'en irai« (Frappier, 90,51).

Lancelot pulled out the sword and struck him dead. When the others saw what had happened to him, they all drew back so that the doorway was left empty. When Lancelot saw that, he said to the queen, »Lady, this battle is finished; I'll leave when it pleases you« (Lacy IV, 121).

(23) Da sie alle bereyt waren, da furen sie zu Lanczlots herbergen wert. Und da sie dahin kamen, da funden sie sin nit. Da was ir keyner von allen den rittern, er wer sin fro, wann sie wústen wol, hetten sie yne funden, *und hetten yn mit gewalt fahen wollen,* das sich ein groß **krieg** und ein groß **geschlege** gehaben hette (Steinhoff V, 742,31).

---

[26] Vgl. Kluge III/1, 99,3–4 App.: *ein zorn vnd krieg* Pp(w), *ire* Q, *ire et courours* Z, *ire et mautalenz* G, nicht a.

[27] Steinhoff V, 878,9 hat statt *kriege* (so bei Kluge III/2, 660,11) sich für das Subst. *kreiß* 'Kampfkreis' entschieden, s. Kommentar Steinhoff V, S. 1059.

Als sie fertig waren, zogen sie zu Lancelots Unterkunft. Aber als sie hinkamen, fanden sie ihn nicht. Da gab es keinen unter diesen Rittern, der darüber nicht erleichtert gewesen wäre, denn sie wußten sehr gut, daß es nicht ohne Hauen und Stechen abgegangen wäre, wenn sie ihn angetroffen und mit Gewalt hätten festnehmen wollen (Steinhoff V, 743,30).

Et quant il furent venu a l'ostel Lancelot, si nel trouverent pas leanz; si n'i ot celui des chevaliers qui n'en fust moult liez, car il savoient bien que, se il fust trovez et il le vossissent prendre a force, il ne falsissent pas a mellee grant et cruel (Frappier, 92,32).

When they came to Lancelot's lodging, he was not to be found. They were all overjoyed at that, because they knew that if they had found him and wanted to take him by force, they could not have avoided a great and terrible battle (Lacy IV, 122).

In Kluge III/1 kommt eine Überlappung zwischen mhd. *strit* und nhd. 'Krieg' nur einmal (Steinhoff V, 238,21) vor, in Kluge III/2 dagegen findet sich (wohl aus inhaltlichen Gründen, die im heutigen Deutsch lexikalische Varianz hervorrufen) wiederholt[28] der Fall, dass mhd. *strit* mit nhd. 'Krieg' wiedergegeben wird. Besonders eindringlich ist die folgende Passage:

(24) Da es darzu was komen das da nÿmans zu leben was verliben dann die zwen, da lagen die andern da dot und dotwunt, da begunden die zwen schryen sere betrúblichen und daten ir helm uß und sprachen: »[...] Ach du **stryt**, was machest du weysen und wydwen in dißem lande und auch in andern landen und frauwen und jungfrauwen ungetröstet und unberaden!« (Steinhoff V, 998,22).

Als es nun dazu gekommen war, daß außer diesen beiden [= Lucan der Mundschenk und Giflet] niemand mehr lebte, sondern alle tot oder tödlich verwundet waren, weinten sie bitterlich. Sie nahmen den Helm ab und sagten: »[...] Ach, Krieg, wie viele Waisen und Witwen schaffst du in diesem und in anderen Ländern, wie viele Frauen und Kinder ohne Trost und Schutz!« (Steinhoff V, 999,22).

Quant cist qui estoient remés virent que einsint estoit avenu de la bataille, si commencierent a plorer trop durement et distrent: »[...] Ha ! bataille, tant avez fet en cest païs et en autres d'orfelins et de veves fames!« (Frappier, 191,14).

When those who were left saw how the battle had ended, they began to weep bitterly, and they said, »[...] Oh, cursed be this battle, which has created so many orphans and widows in this country and others!« (Lacy IV, 154).

Interne semantische Abgrenzungen zwischen den hier besprochenen Lexemen lassen sich noch anhand weiterer texttypischer lexikalischer Kontrastsyntagmen oder Doppelformeln fassen. Das Lexem *krieg* wird in mehreren Belegen antonymisch mit *friede* kombiniert, so etwa im nächsten Beispiel, wo zwei mit Kriegsvorbereitungen beschäftigten Rittergruppen charakterisiert werden:

(25) Da wurden fro und guts mů̊ts die kune und gut rittere, wann sie zu viel beducht das sie so lang fried gehabt hetten. Aber es beschwert gar sere die verzagten und die bösen, die

[28] Steinhoff V, 780,14; 916,7; 952,21; 952,22; in 770,16f. steht für mhd. *gestriten oder gekriegen* 'Krieg führen'; 960,9 ist eine emendierte Stelle [...] *ist es das es uns missegee in dißem stryt* – [...] 'wenn wir denn in diesem Krieg Mißerfolg haben werden', vgl. Kluge III/2, 729,9 App.: [...] *in dyſem kriege* | *Vnde in dyſem ſtride* w(DVO).

lieber **frieden** hetten dann den **krieg**, darzu sie sich allsampt rusten und daten nit anders *dann* wapen und roß zu suchen und zu bestellen, in den **krieg** zu ryten (Steinhoff IV, 444,30).

Da freuten sich die mutigen und edlen Ritter, denen es zuviel schien, daß sie so lange Frieden gehabt hatten, und sie waren guter Dinge. Es bedrückte aber die feigen und schlechten, die lieber Frieden als Krieg gehabt hätten. Auf ihn bereiteten sich nun alle vor, und man tat nichts anderes mehr, als Rüstungen und Pferde zu suchen und bereit zu machen, um in den Krieg zu ziehen (Steinhoff IV, 445,31).

Si an sont lié et joiant li bon chevalier et li hardi, car trop longuement avoient esté em pes, ce lor est avis. Mais moult am poise as mauvés et as couarz qui mielz amassent la pais que la guerre. Si est a ce menee la chose d'ambe .II. parz qu'il s'apareillent si qu'il n'entendent mes fors a querre armes et chevaux (Micha VI, 100,67).

The good and bold knights were happy and joyful at this, for they felt they had been at peace too long. But it grieved the mean-spirited and the cowardly, who preferred peace to war. And so things reached the point on both sides where they were making ready, intent only on seeking arms and horses (Lacy III, 288).

Antonymisch ist das Verhältnis auch zwischen *urlogen* und *gemach haben* im folgenden Beispiel:

(26) Alsus kamen sie redende biß fur ir pavilune, und Galahot det ruffen in das here das der fried gemacht were und wie er gemacht wart. Des was maniger unfro der lieber **geurloget** hett dann **gemach gehabet** (Steinhoff I, 760,1).

So kamen sie im Gespräch zu ihren Zelten. Galahot ließ im Heer ausrufen, daß Friede geschlossen sei und welches die Bedingungen waren. Da waren viele ungehalten, die lieber weiter Krieg geführt als der Ruhe gepflegt hätten (Steinhoff I, 761,1).

Ensi s'en vienent parlant jusc'a lor tres, si fu crié par toute l'ost que faite est la pais et comment, si en sont dolant li plusor, qui miex amassent la guere (Micha VIII, 52a,71).

Speaking in this way, they reached their tents, and it was proclaimed through all the camp that peace had been made, and how this had been done. Many, who preferred war, were saddened by this (Lacy II, 138).

In Kluge III/2 findet sich eine Textstelle, in der Hector die bevorstehende Katastrophe des Artus-Reiches als Folge der Lancelot-Ginover-Liebe mit der synonymischen Doppelformulierung *der gröst unfried und der gröst krieg* rhetorisch hervorhebt:

(27) »Vermaledyt sy die stund da die lieb ward angehaben, wann ich forchten das uns noch gar viel úbels da von geschehe.« »Sicherlich«, sprach Hector, »zwuschen uns und unsern frúnden und konig Artus wirt noch der gröst **unfried** und der gröst **krieg** den ir ye gesahent, und das sol alles herumb syn« (Steinhoff V, 680,15).

»Die Stunde soll verflucht sein, da diese Liebe begonnen hat, denn ich fürchte, daß sie uns noch viel Unheil bringen wird.« »Ja«, sagte Hector, »zwischen uns und unseren Freunden und König Artus wird es noch den größten Streit und den schrecklichsten Krieg geben, den Ihr je erlebt habt, und zwar alles nur deswegen« (Steinhoff V, 681,15).

»Maleoite soit l'eure que onques ceste amor fu commenciee; car ge ai doutance que il ne nos en soit encore moult de pis.« – »Certes«, fet Hestors, »se ge onques connui riens, vos verroiz encore entre nostre parenté et le roi Artu la greigneur guerre que vos onques veïssiez et tout por ceste chose« (Frappier, 66,53).

»Cursed be the hour when this love was born, for I [= Bors] fear that things will take yet another turn for the worst.« »Certainly,« said Hector, »I'm as sure as I have ever been about anything that you will yet see between our kinsmen and King Arthur the most terrible war you've ever seen, and all because of this matter« (Lacy IV, 112).

In unserem letzten Textbeispiel wird der Krieg zwischen König Artus und Kaiser Maxencius und seine konkrete Austragung als Kampf kontrastiert:

(28) »Umb **strydens** willen kamen wir herre«, sprach der keyser, »und mit dißem **stryde** sol dißer **krieg** ein ende gewinnen« (Steinhoff V, 916,11).[29]

»Wir sind gekommen, um zu kämpfen«, sagte der Kaiser, »und dieser Kampf soll den Krieg beenden« (Steinhoff V, 917,12).

»Je ne sai«, fait li empereres, »qu'il en avendra, mais pour la bataille venismes nous ça, et par bataille avrons nous ou perdrons ceste terre« (Frappier, 160,71).

The emperor said, »I don't know what the result will be, but we came here for battle, and by battle we'll win or lose this land« (Lacy IV, 144).

Zusammenfassend möchte ich noch einige mir besonders wichtig erscheinende Aspekte meines Beitrags kurz ansprechen. Im Zentrum meines Interesses standen die zwei Lexeme *urlage* und *krieg*. Ihr distributioneller Status innerhalb des Heidelberger ›Prosa-Lancelot‹-Gesamttextes lässt sich nun mit Wolfs [Anm. 3] bzw. Neris [Anm. 5] Aussagen näher vergleichen.

Bei dem mhd. Wort *urliuge* geht es generell um die Frage, wieweit das Lexem im Mittelhochdeutschen überhaupt vertreten ist und wieweit es sich um ein archaisches Wort handelt, insbesondere in Relation zu dem Konkurrenten *kriec* und anderen Vertretern des Wortfeldes (z. B. *werre*, *strît* und *vêhede*). Das Lexem *urlage* zeigt im ›Prosa-Lancelot‹ durch seine textuale Werkteilspezifik und seine Bedeutungsbreite ältere, mittelhochdeutsche Eigenschaften an. Ob und wieweit diesem Wort *urlage* des ersten ›Prosa-Lancelot‹-Teils auch dialektale oder gar durch eine mittelniederländische Interferenz bedingte Charakteristika zuzuschreiben sind, kann ich aufgrund meiner deskriptiven Inventarmethode nicht weiter einschätzen. Laut Handbuchaussagen[30] beginnt dieses Wort in seiner deutschen Diachronie im 15. Jh. »abzusterben«, um im 16. Jh. »völlig auszusterben«. Im heutigen Deutsch findet es sich höchstens als archaische Wörterbuchrarität vor allem im Kompositum 'Orlogschiff'.[31] Aus einer all-

[29] Vgl. Kluge III/2, 693,6 App.: *sol* bis *gewinnen* Pp(w), *ſo werdenn wir das Lanndt behallten od' verliehrenn* a(QZMD).

[30] Zusammenfassend Neri [Anm. 5], S. 149.

[31] Jacob Grimm, Wilhelm Grimm, Deutsches Wörterbuch, 16. Bde., Leipzig 1854 ff. [Internet-Online-Version: www.dwb.uni-trier.de], hier Bd. 24, Sp. 2482 f., s. v. *urlog*, u. Bd. 13, Sp. 1349 f., s. v. *orlog*; Duden – Das große Wörterbuch der deutschen Sprache in zehn Bänden, 3., völlig neu bearb. und erw. Aufl., hrsg. vom Wissenschaftlichen Rat der Dudenredaktion. Studienausgabe, Mannheim u. a. 1999, hier Bd. 6, s. v. *Orlog* u. *Orlogschiff*; vgl. auch Undine Kramer, *Abhold*, *Hirn* und *urlauben*, *Abkömmling* und *Kegel*. Archaismen im (lexikographischen) Wandel, in: Undine Kramer (Hg.), Archaismen – Archaisierungsprozesse – Sprachdynamik. Klaus-Dieter Ludwig zum 65. Geburtstag, Frankfurt a. M. 2002 (Leipziger Arbeiten zur Sprach- und Kommunikationsgeschichte 9), S. 91–107, hier S. 103.

gemeinen areallinguistischen Sicht ist weiterhin bedeutsam, dass dieses germanische Lexem in vielen Nachbarsprachen bzw. Nachbardialekten des Hochdeutschen, d.h. im Niederländischen, Friesischen, Niederdeutschen und teilweise in skandinavischen Sprachen auch heute noch weiterlebt.[32]

Das Wort *krieg* sieht im ›Prosa-Lancelot‹ dagegen schon recht frühneuhochdeutsch[33] aus – dies wird untermauert durch seine Werkteilaffinität, sein Bedeutungs- und Kollokationsprofil.

Bei unseren drei Vergleichslexemen *strit*, *fechten* und *kampf* wirft das hohe werkteilspezifische Frequenzprofil des Lexems *fechten* in Kluge I die meisten Fragen auf, die aber hier nicht zu beantworten sind. Auch das Lexem *kampf* und sein Wortart- und Wortbildungscharakter lassen viele Fragen offen.

Weitere Anregungen für vertiefende Studien bieten unter anderem die folgenden vier Punkte:

1. Das Fehlen einiger klassischer Wörter für 'Krieg', 'Schlacht' und 'Kampf' kann eventuell Hinweise über die sprachliche Eigenart des ›Prosa-Lancelot‹ geben. Zum Beispiel: Das Lexem *werre* kommt im ›Prosa-Lancelot‹ vor, aber nicht in der Bedeutung 'Krieg', sondern fast nur in Kluge I als Verb *(ge)werren/wirren* in der psychologischen Bedeutung 'beunruhigen', 'bedrücken' odgl.[34] Besonders markant ist weiterhin, dass das begrifflich und lexikalisch gewichtige Wort *vêhede, fede* im ›Prosa-Lancelot‹ fast völlig fehlt.[35] Die einzige Ausnahme in Form des Kompositums *todfede* – in Kluge II einmal (Steinhoff III, 374,32) belegt – kann hier den negativen Korpusbefund nur bestätigen.

2. Auffallend selten – von den Basiswortbildungen abgesehen – sind bei unseren Lexemen verschiedenartige weitere Wortbildungsmöglichkeiten sowohl für Ableitung als auch für Zusammensetzung verwirklicht. Trotzdem bin ich der Meinung, dass die historische deutsche Wortbildung anhand des ›Prosa-Lancelot‹ ertragreich erforscht werden könnte. Arbeitsökonomisch möglich ist dies ja in unseren Tagen mit den heutigen digitalen textual-lexikographischen Online-Recherchemethoden, durch die die ›Prosa-Lancelot‹-Philologie überhaupt früher kaum erahnte neue Analysechancen, und zwar anhand des Gesamttextes, bekommen hat.[36]

3. Der historischen deutschen Phraseologie und Idiomatik steht im ›Prosa-Lancelot‹ ein äußerst wertvoller Sprachschatz zur Verfügung, dafür gaben auch einige Kollokationstypen unserer Lexeme erste Hinweise. Den hohen sprachgeschichtlichen Stel-

---

[32] Grimm [Anm. 31], Bd. 24, Sp. 2482, s.v. urlog.

[33] Vgl. Hermann Paul, Deutsches Wörterbuch. Bedeutungsgeschichte und Aufbau unseres Wortschatzes, 10., überarb. u. erw. Aufl. von Helmut Henne, Heidrun Kämper, Georg Objartel, Tübingen 2002, s.v. *Krieg*.

[34] Z.B. Steinhoff I, 154,17; I 238,20; I 1172,28; Steinhoff II, 54,32–34; II 304,21; Steinhoff V, 672,37; vgl. Wolf [Anm. 3], S. 565–569; Neri [Anm. 5], S. 155.

[35] Vgl. Neri [Anm. 5], S. 140f., 147f., 153f.

[36] Zur Erforschung der Wortbildung im Mhd. vgl. Birgit Herbers, Verbale Präfigierung im Mittelhochdeutschen. Eine semantisch-funktionale Korpusanalyse, Tübingen 2002 (Studien zur Mittelhochdeutschen Grammatik 1), bes. S. 3–16.

lenwert der Phraseologismen und Idiome des ›Prosa-Lancelot‹ konnte ich vor kurzem[37] auch anhand der Idiomatik um das Substantiv *hercze* feststellen, semantisch eingeengt auf den Bereich 'Mut', also 'Courage', und syntaktisch auf den Typ transitives Verb + *hercze* im Akkusativ. Kein Wunder, dass schon Pentti Tilvis[38] seinerzeit sehr stark an der Sprachidiomatik des ›Prosa-Lancelot‹ interessiert war. Dank ihrer hohen Aussagequalitäten in Bezug auf zwischensprachliche Übersetzungsinterferenzen konnte Tilvis seine Hypothesen argumentativ damit zentral unterstützen.

4. Die Steinhoffsche Edition und Übersetzung des deutschen ›Prosa-Lancelot‹ bietet ausgezeichnete intralinguale Textkorpora für primär sprachhistorisch orientierte, kontrastiv angelegte Untersuchungen zwischen einem mittelalterlichen und einem heutigen Textvertreter der arthurianischen epischen Prosa. Auch die sprachgeschichtliche Bedeutung der frühneuhochdeutschen bairischen Pariser Handschrift *a* ist in diesem Zusammenhang mit Nachdruck hervorzuheben.

---

[37] Keinästö 2004 [Anm. 8].

[38] Vgl. Pentti Tilvis, ›Prosa-Lancelot‹-Studien I–II. Helsinki, Wiesbaden 1957 (Annales Academiae Scientiarum Fennicae B 110), bes. S. 25–32 u. 60–64; Pentti Tilvis, Ist der mhd. ›Prosa-Lancelot‹ II (= Kluge II) direkt aus dem Afrz. übersetzt?, NphM 73 (1972), S. 629–641, hier S. 641 [Auch in: Frits P. van Oostrom (Hg.), Arturistiek in artikelen, Utrecht 1978, S. 165–177].

Thordis Hennings

Die Leitbegriffe in der Ritterlehre der Dame vom See im mittelhochdeutschen und altfranzösischen ›Prosa-Lancelot‹

In Band VII, Kapitel 21, der Ausgabe des ›Lancelot en prose‹ von Alexandre Micha findet sich die Ritterlehre der Dame vom See, abgedruckt nach der Hs. S [London, British Museum Additional 10293] aus dem Anfang des 14. Jh.s. Sie bildet den Abschluss der Erziehung des inzwischen achtzehnjährigen Lancelot, der seit frühester Kindheit im Reich der Fee Ninienne, der Dame von See, aufgewachsen und dort seiner edlen Abstammung gemäß erzogen worden ist. Strukturell steht die Ritterlehre an der Stelle, an der beispielsweise Gurnemanz dem jungen Parzival oder Marke seinem Neffen Tristan bei dessen Schwertleite eine Unterweisung in ritterlich-höfischem Benehmen erteilen. Im weiteren Verlauf werden wir hin und wieder einen vergleichenden Blick auf diese sowie auch auf andere Werke der mhd. Blütezeit werfen. Zunächst aber zum Inhalt der Ritterlehre im französischen Text.

Lancelot ist im Laufe der Jahre zum schönsten Edelknappen der Welt herangewachsen. In Kapitel 9a wurde seine außerordentliche Schönheit bereits detailliert beschrieben. Mit 18 Jahren ist er nun so weise (*sage*), dass sein Verhalten allzeit frei von Tadel ist. Überdies ist er staunenswert groß und gut gebaut (*grans et corsus*) und hat bemerkenswerte Jagderfolge vorzuweisen. Kurzum: Für ihn ist der Zeitpunkt gekommen, die Ritterwürde zu empfangen. So kann ihm seine Ziehmutter, die Dame vom See, zu ihrem großen Leidwesen den Wunsch, Ritter zu werden, nicht abschlagen, ohne eine Todsünde auf sich zu laden. Doch zuvor informiert sie ihn über die Aufgaben, die ein Ritter zu erfüllen hat, sowie über das Wesen der Ritterschaft. Mit ausgesprochen provokanten Worten warnt sie ihn, allerdings nur scheinbar, davor, die mit dem Rittertum notwendigerweise verbundene große Bürde (*grant fais*) auf sich zu nehmen.[1] Gott habe, so die Dame vom See weiter, einige Menschen trefflicher, edler und wohlgefälliger gemacht als andere, und nur jene verfügten über die für das Ritteramt notwendigen Eigenschaften. Doch Lancelot zeigt sich von diesen Ausführungen völlig unbeeindruckt und hält es für absolut selbstverständlich, nach ständiger Vervollkommnung zu streben.

Im Weiteren werden die Tugenden (nach heutigem Sprachgebrauch besser Vorzüge) des Herzens und des Leibes aufgelistet. Jene, also die Tugenden des Herzens, seien – so Lancelot – im Unterschied zu denen des Leibes nicht angeboren, sondern erlernbar und somit hundertmal leichter zu erwerben als diese. Ein jeder Mensch könne bei entsprechendem Bemühen höfisch (*cortois*), weise (*sages*), edel (*deboinaires*), treu (*loiaus*), wacker (*preus*), freigebig (*larges*) und kühn (*hardis*) sein. Aber

[1] So behauptet die Dame vom See, Lancelot werde am ganzen Leib vor lauter Angst zu zittern beginnen (*ja n'avrés si hardi le cuer que tout ne vous en tramblast*, Micha VII, 21a,8).

niemand könne groß (*grans*), gut gebaut (*corsus*), schnell (*isniax*), schön (*biax*) oder wohlgefällig (*plaisans*) sein, wenn ihm die Geburt derartige körperliche Vorzüge versagt habe. Den edlen Mann (*preudome*) aber mache einzig und allein das Herz aus (*riens ne fait le preudome se li cuers non*, Micha VII, 21a,9).

Im weiteren Verlauf des Gesprächs berichtet Ninienne von der Herkunft des Ritterstandes (und damit des Adels überhaupt) aus der Notwendigkeit, die Schwachen und die Friedliebenden (*les foibles et les paisibles*) vor den ungerechten Übergriffen der Starken zu schützen. Für diese Aufgabe wurden nur die Großen und Starken (*li grant et li fors*), die Schönen (*li bel*), die Beweglichen (*li legier*), die Treuen (*li loial*), die Edlen und die Kühnen (*li preu et li hardi*) auserkoren, also diejenigen, die über alle zuvor genannten Tugenden verfügten. Überdies müsse ein Ritter höfisch sein ohne Niedrigkeit, edelmütig ohne Falschheit, barmherzig und freigebig gegenüber den Notleidenden und allzeit bereit sein, den Bedürftigen zu helfen sowie Räuber und Mörder unschädlich zu machen. Zudem müsse er stets gerecht richten und Schande mehr fürchten als den Tod. Als eine der wichtigsten Aufgaben eines Ritters nennt die Dame vom See den Schutz der heiligen Kirche und die Verteidigung des waffenunfähigen Klerus. Ein Ritter, der gegenüber Gott meineidig geworden ist und sich als unfähig erweist, die schwere Bürde des Rittertums zu tragen, habe sämtliche Ehre verloren und müsse fortan in größter Schande leben. Einstmals habe – so sei es in der Heiligen Schrift bezeugt – nur ein Ritter soviel Kühnheit besessen, ein Pferd zu besteigen, daher rühre auch die Bezeichnung 'Ritter' (*por che furent il chevalier clamé*, Micha VII, 21a,11). Anschließend beschreibt die Dame vom See die ritterliche Ausrüstung und deutet deren einzelne Teile allegorisch (vor allem in Hinblick auf den Schutz der Kirche). Nachfolgend gibt sie einen kurzen Abriss über die Geschichte des Rittertums seit dem Alten Testament und nennt eine Reihe vorwiegend alttestamentlicher Vorbildfiguren.

All diese Informationen bestärken Lancelot in seinem Wunsch, Ritter zu werden. Angesichts seiner festen Entschlossenheit trifft die Dame vom See schließlich alle notwendigen Vorbereitungen zur Reise an den Artushof, wo ihr über alles geliebter Ziehsohn am Johannisfest von der Hand des edelsten Mannes der Welt, König Artus, den Ritterschlag empfangen soll. Das Kapitel 21a endet mit Lancelots Einkleidung zum Ritter und der Reise zum Artushof nach Camelot.

Der Vergleich mit dem entsprechenden Abschnitt aus dem dt. ›Prosa-Lancelot‹[2] zeigt, dass es sich um eine überwiegend wortgetreue Übersetzung der nicht erhaltenen afrz. Vorlage handelt, die durch den Text der Hs. S gut repräsentiert wird. Die Ritterlehre ist in insgesamt 41 frz. Handschriften aus dem 13. bis zum 15. Jh. überliefert. Im gesamten ersten Drittel des ›Lancelot propre‹ werden noch keine grundsätzlich divergierenden Redaktionen unterschieden, aber 23 Hss., darunter auch S, bieten einen besonders konstanten Text.[3]

---

[2] Kluge I, 119–125; Steinhoff I, 324,21–346,26.

[3] Zur Überlieferung der Ritterlehre siehe Thordis Hennings, Altfranzösischer und mittelhochdeutscher Prosa-Lancelot. Übersetzungs- und quellenkritische Studien, Heidelberg 2001,

Steinhoff hat die Ritterlehre insgesamt in fünf Abschnitte unterteilt.[4] Da sich aber die meisten ritterlich-höfischen Leitbegriffe zu Beginn der Ritterlehre finden, und zwar insbesondere in der Auflistung der Tugenden des Herzens und des Leibes, haben wir im Wesentlichen nur diese kurze Passage herausgegriffen.[5] Hier wird ohne Zweifel so etwas wie ein ritterlich-höfisches 'Tugendsystem' vorgestellt. Der Begriff stammt bekanntlich von Gustav Ehrismann[6] und hat, ebenso wie Ehrismanns Thesen dazu, für eine große Kontroverse in der Forschung gesorgt. Die Problematik und die Geschichte dieses viel umstrittenen Begriffs sollen hier aber nicht thematisiert werden, ebensowenig die Entwicklung des ritterlich-höfischen 'Tugendsystems' im französischen und deutschen Sprachraum seit dem 12. Jh. bis zur Entstehungszeit des ›Lancelot en prose‹ um 1215/30 bzw. des ersten Teils der dt. Übersetzung (›Prosa-Lancelot I‹) vor 1250. Mit 'Tugenden' ist hier die umfassende mhd. Bedeutung, also die Gesamtheit aller äußeren und inneren menschlichen, hier speziell ritterlichen Vorzüge, gemeint.[7] Der Begriff 'System' zielt nur auf eine gewisse Vollständigkeit der genannten Eigenschaften, nicht auf eine wie auch immer geartete philosophische Grundlegung. Das Wort 'Tugendsystem' ist also stets in Anführungszeichen zu denken.[8]

In dem untersuchten Textstück wird, wie gesagt, explizit unterschieden zwischen den Tugenden des Herzens und den angeborenen körperlichen Vorzügen. Im frz. Text finden sich hierfür die Ausdrücke *vertus* (bzw. *bontés*) *del cuer* und *vertus* (bzw. *bontés*) *del cors*.[9] *Vertus* und *bontés* werden hier völlig synonym verwendet. Interessant ist nun zu sehen, welche entsprechenden Ausdrücke die dt. Übersetzung bietet und ob sich hier möglicherweise semantische Unterschiede zeigen. Generell hält der Übersetzer *vertus* und *bontés* offenbar für ebenso austauschbar wie der Franzose und gibt sie völlig willkürlich entweder mit *des herczen* bzw. *des libes tugent* (Steinhoff I, 330,27 u. 330,29), mit *des herczen* bzw. *des libes byderbkeit* (Steinhoff I, 330,20f.) oder mit den verbalen Umschreibungen *byderbe wesen mit dem herczen* bzw. *byderbe wesen mit dem lip* (Steinhoff I, 330,24) wieder. Auffällig ist daher, dass er in 330,26f. und 330,29 dann doch beide Tugendreihen unter ein und demselben Oberbegriff,

---

S. 290–293. Zu Beginn des untersuchten Textabschnitts weicht der ›Prosa-Lancelot‹ allerdings beträchtlich vom frz. Vergleichstext ab. Zum einen fehlt hier ein ganzer Satz und zum anderen liegt ein völlig unmotivierter Wechsel der Personen vor (statt Lancelot wie im ›Lancelot en prose‹ spricht hier die Dame vom See). Diese Abweichung beruht ganz offenkundig auf einem Zeilensprung und wird im Weiteren nicht berücksichtigt.

4 Steinhoff II, 855.

5 Die hier untersuchte Passage entspricht in etwa Abschnitt 1 bei Steinhoff und umfasst in seiner ›Lancelot‹-Ausgabe: Steinhoff I, 328,28–332,32. In Michas Ausgabe des ›Lancelot en prose‹ umfasst sie: Micha VII, 21a,7–11.

6 Gustav Ehrismann, Die Grundlagen des ritterlichen Tugendsystems (1919), in: Günther Eifler (Hg.), Ritterliches Tugendsystem, Darmstadt 1970, S. 1–84.

7 Siehe z.B. Matthias Lexer, Mittelhochdeutsches Handwörterbuch, 3 Bde., Leipzig 1872–1878 (Neudruck Stuttgart 1974), hier Bd. 2, Sp. 1560f.

8 Gegen Ende dieser Untersuchung werden wir sehen, welche der genannten ritterlich-höfischen Tugenden sich mit denen anderer Tugendkataloge decken.

9 *vertus del cors* (Micha VII, 21a,8), *bontés del cors* (Micha VII, 21a,9), *vertus del cuer* (Micha VII, 21a,8), *bontés del cuer* (Micha VII, 21a,9).

nämlich *tugent*, zusammenfasst.[10] Der frz. Text hat hier hingegen einmal *bontés del cors* und einmal *vertus del cuer* (Micha VII, 21a,9). Auf diese Weise entsteht also im ›Prosa-Lancelot‹ ein schöner Parallelismus. Ob diese stilistische Finesse vom Übersetzer tatsächlich intendiert war oder auf bloßem Zufall beruht, muss jedoch offen bleiben.[11]

In 330,26 wird mit dem Adjektiv *byderbe* aber auch frz. *preus* (Micha VII, 21a,9) wiedergegeben. Hier bleibt der Übersetzer der klassischen mhd. Tradition verbunden. Denn, so vermerken Benecke und Lachmann zu ihrer ›Iwein‹-Ausgabe von 1843, »*biderbe, tiure, vrum* von rittern gebraucht, sind gleichbedeutend.«[12] Das Mittelhochdeutsche Wörterbuch von Benecke/Müller/Zarncke (kurz: BMZ) bestätigt dies natürlich, belegt aber *biderbe* auch in seiner ursprünglichen Bedeutung als 'nützlich', dann in seiner erweiterten Bedeutung als 'vornehm' im Gegensatz zu *boese* ('niedrig') sowie als 'edeldenkend'. Hierfür geben BMZ u. a. Belege aus dem ›Armen Heinrich‹ und dem ›Tristan‹ an.[13] Daneben heißt *biderbe* um 1200 und später auch, und sogar vorwiegend 'tapfer'. Diese Bedeutung kommt hier aber nicht in Frage. Auch bei afrz. *preu* erweist sich schon angesichts der etymologischen Herkunft aus vulgärlateinisch *prode* ('Nutzen, Vorteil') die Bedeutung 'tüchtig im Kampf'[14] als sekundär. Foerster gibt für Chrétien als Bedeutung von *preu* 'trefflich, hervorragend, wacker', aber auch 'vornehm' und 'edel' an.[15] Das Wort kann sich daher auch auf Frauen beziehen, wie folgendes Beispiel aus Chrétiens ›Erec et Enide‹ zeigt. Dort heißt es in V. 1040f.: *une pucele* [...] *Tant bele et tant sage et tant preu* ('eine Jungfrau so schön, weise und edel').[16] Dem entspricht das etymologisch zu *(be-)dürfen* (und nicht wie BMZ annehmen, zu mhd. *derben*)[17] gehörige Adjektiv *byderbe* erstaunlich genau. So wird beispielsweise an früherer Stelle, in 86,20, auch über Ginover gesagt, sie sei *byderb*.[18]

Im Unterschied zu *preu* ist das wenig später im frz. Text verwendete Adjektiv *hardi* ausschließlich auf rein kämpferische Eigenschaften beschränkt. Als Bedeutungen geben Tobler/Lommatzsch daher nur 'kühn' und 'verwegen' an.[19] Auch hier folgt die dt.

---

[10] Siehe Steinhoff I, 330,26f.: *des herczen tugent,* 330,29: *des libes tugent.*

[11] Auf jeden Fall liegt hier ein schlagender Beweis dafür vor, dass *bontés* und *vertus* zumindest in dem betreffenden Textstück und nach Meinung des Übersetzers tatsächlich semantisch gleichwertig sind, und mhd. *tugent* hier noch nicht auf die spätere moralisch-ethische Bedeutung eingeschränkt ist.

[12] Georg Benecke, Karl Lachmann, Wörterbuch zu Hartmanns ›Iwein‹, Berlin 1833, S. 286.

[13] Georg Benecke, Wilhelm Müller und Friedrich Zarncke, Mittelhochdeutsches Wörterbuch, 3 Bde., Leipzig 1854–1866 (Neudruck Hildesheim 1963), hier Bd. 1, S. 361b–362a.

[14] Siehe z. B. Ernst Gamillscheg, Etymologisches Wörterbuch der französischen Sprache, 2. Aufl., Heidelberg 1969, S. 718.

[15] Wendelin Foerster, Wörterbuch zu Kristian von Troyes' sämtlichen Werken, 5. Aufl., Tübingen 1973, S. 203.

[16] Chrétien de Troyes, Erec und Enide (Text nach Wendelin Foerster), übersetzt v. Ingrid Kasten, München 1979.

[17] BMZ [Anm. 13].

[18] Das gegen Ende des untersuchten Textabschnitts im frz. Text vorkommende substantivierte Adjektiv *li preu* (Micha VII, 21a,11) bleibt im ›Prosa-Lancelot‹ unübersetzt.

[19] Adolf Tobler, Erhard Lommatzsch, Altfranzösisches Wörterbuch, 11 Bde., Berlin (ab Bd. 3: Wiesbaden, ab Bd. 11: Stuttgart) 1925ff., hier Bd. 4, Sp. 905–907.

Übersetzung *kune* (Steinhoff I, 330,26) der frz. Vorlage bemerkenswert getreu. Denn *kune* (bzw. *küene*) ist kein bevorzugtes Wort der höfischen, sondern der heroischen Epik. Es findet sich sehr häufig im ›Nibelungenlied‹, aber nur einmal im ›Tristan‹, dreimal im ›Erec‹ und zweimal im ›Iwein‹. Wießner zählt es zu denjenigen Wörtern, die zunehmend aus dem Sprachschatz der höfischen Epik ausscheiden.[20] Der Gebrauch von *kune* bzw. dem Superlativ *die könsten* (in Steinhoff I, 332,22f.) könnte seinen Grund vor allem in der Absicht haben, die frz. Vorlage so getreu wie möglich zu übersetzen und die Unterscheidung von *preu* und *hardi* auch im Deutschen nachzuahmen.

Besonders interessant erscheint, dass im Gegensatz zum Adjektiv *byderbe* das Substantiv *byderbkeit* für die klassisch mhd. Zeit nicht belegt ist. Sowohl Lexer als auch BMZ geben nur Belege aus dem 14. Jh. an und übersetzen *byderbkeit* mit ‘Tüchtigkeit, Herrentugend’.[21] Das Findebuch zum Mittelhochdeutschen Wortschatz weist die Abstraktbildung allerdings schon bei Williram im 11. Jh. nach.[22] Der negative Befund der Wörterbücher für den Gebrauch dieses Wortes im 13. Jh. beweist natürlich nicht, dass es exklusiv nur im ›Prosa-Lancelot‹ vorkommt, aber es scheint doch, als ginge unser Übersetzer hier ungewöhnliche Wege abseits der klassischen Tradition – natürlich immer vorausgesetzt, dass die Hs. P (Pal. germ. 147) tatsächlich den Text des über 200 Jahre älteren Originals getreu repräsentiert. Auch an anderen Stellen im ›Prosa-Lancelot‹ kommt das Wort vor.[23] In 330,31 dient *des herczen byderbkeit* aber nicht zur Übersetzung von *vertus* oder *bontés del cuer*, sondern von *les teches del cuer* (Micha VII, 21a,9), also den ‘Eigenschaften des Herzens’, und von *les biens qui del cuer muevent* (Micha VII, 21a,9), was sich in etwa wiedergeben ließe mit ‘den guten Dingen, die vom Herzen herrühren’. Der dt. Übersetzer gebraucht hier also ein und denselben Ausdruck, der Franzose hingegen gleich drei! Man könnte versucht sein, hieraus im ›Prosa-Lancelot‹ eine Tendenz zur Vereinfachung durch die Tilgung von vorrangig stilistischen Variationen herauszulesen. Doch damit ist noch nicht erklärt, wieso der Übersetzer ausgerechnet den – nach Ausweis der großen mhd. Wörterbücher – so ausgesprochen ungewöhnlichen Ausdruck *byderbkeit* gewählt hat. Als ein typisches Beispiel von Übersetzerdeutsch können wir ihn wohl kaum verbuchen.

Überdies: Selbst wenn sich der Übersetzer aufgrund seiner engen Verbundenheit mit der frz. Vorlage dazu gezwungen gesehen haben sollte, generell völlig unnötigerweise ebenfalls zwei Ausdrücke für *bontés* und *vertus* zu wählen, so würde man doch erwarten, dass er für die Übersetzung von *bontés* (lat. *bonitates*), ebenso wie für *les biens del cuer*, statt *byderbkeit* eher eine entsprechende Form von *guot* gewählt hätte. Dass diese Annahme durchaus naheliegend ist, zeigt sich in 330,19. Hier über-

---

20 Edmund Wießner, Wortschatzbewegungen in höfischer Zeit, in: Friedrich Maurer, Heinz Rupp (Hgg.), Deutsche Wortgeschichte, 3. Aufl., Bd. 1, Berlin, New York 1974, S. 205–247, hier S. 230.

21 Lexer [Anm. 7], Bd. 1, Sp. 265; BMZ [Anm. 13], Bd. 1, S. 362a.

22 Findebuch zum Mittelhochdeutschen Wortschatz, hrsg. v. Kurt Gärtner u. a., Stuttgart 1992, S. 46.

23 Siehe z. B. Steinhoff I, 44,11f.; 80,23; 208,22f.; 342,2 und 356,11.

setzt er nämlich *boines teches* (Micha VII, 21a,8) doppelt, und zwar mit *byderbkeit* und mit *gutes*. Dies demonstriert wiederum das eifrige Bemühen des dt. Übersetzers, die frz. Vorlage semantisch so getreu wie möglich wiederzugeben. Die semantische Überschneidung von *biderbe* und *guot* kommt auch an anderer Stelle zum Ausdruck. In 330,7 wird nämlich der Komparativ *plus preus* (Micha VII, 21a,8) nicht, wie eigentlich zu erwarten gewesen wäre, mit *byderber* übersetzt, sondern mit *beßser*, also der Steigerung von *guot*.[24]

Eine ähnliche Inkonsequenz stellt die Übersetzung von *preudome* (Micha VII, 21a,9) mit *guten man* (Steinhoff I, 330,34) dar. Micha umschreibt in seiner neufranzösischen Übersetzung die allgemeine Bedeutung von afrz. *preudome* mit »homme sage et droit, homme de bien, homme de mérite.«[25] Für den Ausdruck *gut man* finden sich in der klassischen mhd. Epik zahlreiche Belege, so beispielsweise im ›Tristan‹ (V. 5)[26] oder im ›Parzival‹ (457,2).[27] Die Übersetzung bleibt hier also durchaus im begrifflichen Rahmen, aber *byderben man* hätte die Sache noch genauer getroffen. An anderen Stellen außerhalb des untersuchten Textabschnitts wird afrz. *preudom* denn auch mit *byderbe man*[28] oder mit *byderman* übersetzt.[29] An der betreffenden Textstelle ist allerdings an der deutschen Übersetzung positiv hervorzuheben, dass hier wiederum ein schöner Parallelismus entsteht, und zwar von *gut man* und dem unmittelbar nachfolgenden *gut hercz* (Steinhoff I, 330,34f.: *nicht den* ***guten*** *man mecht dann sin* ***gut*** *hercz*). Dieses stilistische Detail scheint auf das Konto unseres Übersetzers zu gehen, da die französischen Handschriften an dieser Stelle übereinstimmend *riens ne fait le preudome se li cuers non* (Micha VII, 21a, 9) überliefern.

Bevor wir uns den genannten körperlichen Vorzügen zuwenden, möchte ich noch kurz darauf hinweisen, dass in 332,8–10 sowohl ein krasser Verstoß gegen die Logik des deutschen Textes als auch ein deutlicher Widerspruch zum französischen Text vorliegt. An der entsprechenden Stelle im ›Lancelot en prose‹ betont die Dame vom See ausdrücklich, dass zu Beginn der Ritterschaft alle Menschen hinsichtlich ihrer Abstammung ebenbürtig gewesen seien: *chevaliers ne fu mie fais a gas ne establis, et*

---

[24] Allerdings weicht der deutsche Text hier auch sonst stärker vom französischen ab als gewöhnlich. Dort heißt es nämlich: *Dame Diex a fait les uns plus vaillans que les autres et plus preus* (‘Der Herrgott hat die einen trefflicher und edler gemacht als die anderen’, Micha VII, 21a,8). Dem entspricht im ›Prosa-Lancelot‹: *unser herre gott hatt ein ritter werder gemacht dann den andern und beßsern ritter* (Steinhoff I, 330,6f.). Während der frz. Text also hier den Menschen ganz generell meint, bezieht sich der deutsche mit der zweimaligen Standesbezeichnung *ritter* explizit ausschließlich auf Angehörige des Ritterstandes.

[25] Micha (1983) I, 428. In Ermangelung eines bedeutungsgleichen nfrz. Ausdrucks behält Micha übrigens das nfrz. Wort *prudhomme* als bewussten Archaismus bei, obwohl es sonst nur noch als juristischer Ausdruck überlebt hat.

[26] Gottfried von Straßburg, Tristan, hrsg. v. Karl Marold, 3. Abdruck hrsg. v. Werner Schröder, Berlin 1969.

[27] Wolfram von Eschenbach, Parzival, hrsg. v. Karl Lachmann, übers. v. Peter Knecht, Berlin, New York 1998.

[28] Siehe z. B. Steinhoff I, 126,8 u. 126,10.

[29] Siehe z. B. Steinhoff I, 120,32; 202,7 u. 254,13.

non pas por che qu'il fuissent au commenchement plus gentil homme ne plus haut de lignage li un de l'autre ('Ritter wurden nicht aus Spaß gemacht oder eingesetzt, und nicht deswegen, weil sie zu Beginn entweder edlere Menschen gewesen wären oder einem höheren Geschlecht entstammten als die anderen', Micha VII, 21a,10). Dem widerspricht die entsprechende Passage aus dem ›Prosa-Lancelot‹ diametral – trotz zahlreicher wortgetreuer Entsprechungen. Denn dort heißt es gerade umgekehrt: *Sie* [die Ritterschaft] *wart gemacht und offgeleit also das nymant ritter solt werden dann edellút und von hohem geschlecht.* Hier werden also explizit die nichtadligen Menschen bei der Herausbildung des Ritterstandes ausgeschlossen. Dass hier jedoch keine bewusste Uminterpretation vorliegt, zeigt der nachfolgende Satz. Denn hier wird in Übereinstimmung mit dem frz. Text gerade umgekehrt die Gleichrangigkeit aller Menschen behauptet: *zu den zyten waren alle lút glich herre und glich edel* (Steinhoff I, 332,12f.). Möglicherweise beruht der Grund für die betreffende Abweichung auf einer bloßen Verlesung. Der Übersetzer oder aber auch der Schreiber der Hs. P könnten hier eine vorhandene Negation schlichtweg überlesen haben. Allerdings kommen angesichts derartiger logischer Schwächen gewisse Zweifel an der Qualität der mhd. Übersetzung auf, welche auch die Gültigkeit der hier festgestellten Befunde beeinträchtigen könnten.

Kommen wir nun zu den in beiden Texten genannten körperlichen Tugenden, welche ein Ritter notwendigerweise besitzen muss. Diese zählen nach der Moralphilosophie Ciceros zu den *bona corporis*. Weder die französische noch die deutsche Epik des Hochmittelalters hat einen fixen Kanon der zu einem Ritter gehörenden körperlichen Vorzüge entwickelt. Aber wie ein Blick auf die entsprechenden Werke zeigt, kehren dieselben oder ganz ähnliche Attribute fast überall wieder. So heißt es beispielsweise bei Gottfried in der Beschreibung des jungen Tristan *sîn lîp sî ze guoter mâze lanc* (V. 3338), und über Gregorius wird gesagt, *er was schœne unde starc* (V. 1238).[30] Auch Parzival ist ungeachtet seiner *tumpheit* von außerordentlicher Schönheit und verfügt über weitere bemerkenswerte körperliche Qualitäten.

In dem untersuchten Ausschnitt aus der Ritterlehre heißt es, ein Ritter müsse vor allen Dingen *groß* (*grans*), *starck des libes* (*corsus*) und *schön* (*biax*) sein (Steinhoff I, 330,27f.; Micha VII, 21a,9). Diese Attribute kommen, wie gesagt, in fast jedem höfischen Roman vor und bedürften eigentlich keiner Diskussion. Aber bei der Übersetzung von *corsus* mit *starck des libes* zeigt sich ein leichter semantischer Unterschied. Abgeleitet vom Substantiv *cors*, hat *corsus* nach Tobler/Lommatzsch im 12. und 13. Jh. die Bedeutungen 'stark, kräftig' und wird vielfach (so auch hier) in Verbindung mit *grant* gebraucht. Daneben kann es auch 'beleibt' und 'korpulent' bedeuten,[31] was hier jedoch mit Sicherheit auszuschließen ist. Micha übersetzt die betreffende Textstelle mit »bien bâti«.[32] Der entsprechende mhd. Ausdruck *starck des*

30 Hartmann von Aue, Gregorius, hrsg. v. Hermann Paul, 15. Aufl. neu bearbeitet v. Burghart Wachinger, Tübingen 2004.

31 Tobler/Lommatzsch [Anm. 19], Bd. 2, Sp. 913.

32 Micha (1983) I, 88.

libes, der beispielsweise auch im ›Nibelungenlied‹ (Str. 2327) vorkommt,[33] bezieht sich hingegen weniger auf den Körperbau als auf die Körperkraft und entspricht somit eher frz. *fort*. In 332,21f. und 328,36 übersetzt unser Übersetzer *li fors* (Micha VII, 21a,11) dementsprechend tatsächlich mit *die stercksten* und *de grignor force de cors* (Micha VII, 21a,8) mit *stercker*. Die Übersetzung von *corsus* mit *starck des libes* bleibt aber durchaus noch im begrifflichen Rahmen. Denn ein trefflicher männlicher Körperbau schließt ja durchaus Stärke mit ein, wenngleich nicht nur diese. Warum nun der Übersetzer gerade diese Bedeutung herausgegriffen und so eine leichte semantische Unschärfe riskiert hat, muß offenbleiben, ebenso die Frage, ob bereits seine frz. Vorlage hier möglicherweise von den erhaltenen frz. Hss. des ›Lancelot propre‹ abgewichen ist.

In 330,28f., wird zudem gesagt, ein Ritter müsse nicht nur *schön*, sondern auch *mynniclich* sein. Dieses Attribut hat laut Lexer in erster Linie die Bedeutung 'zur minne gehörend'[34] und gehört dem klassischen mhd. Sprachschatz an. Es wird überwiegend für Angehörige des weiblichen Geschlechts verwendet, kommt aber hin und wieder, beispielsweise im ›Parzival‹ oder im ›Tristan‹, auch auf Ritter bezogen vor.[35] Lexer gibt als weitere Bedeutungen 'lieblich, liebenswert' an.[36] Die etymologische Herkunft vom Substantiv *minne*, einem zentralen Leitwort der mhd. Dichtung, verleiht dem Adjektiv *minneclich* in dem vorliegenden Kontext eine gewisse erotische Note. Es übersetzt hier das weitaus neutralere ursprüngliche Partizip Präsens *plaisans* (Micha VII, 21a,9), das Tobler/Lommatzsch mit 'gefällig, unterhaltend, angenehm' und auf Personen bezogen mit 'freundlich' wiedergeben.[37] Diese leichte semantische Abweichung scheint auf das Konto des Übersetzers zu gehen. Möglicherweise könnte er hier bereits auf die zentrale Bedeutung der Minne in Lancelots Leben anspielen wollen.

Ebenfalls eine semantische Abweichung vom französischen Vergleichstext zeigt sich in der Übersetzung von afrz. *isniax* (Micha VII, 21a,9). Hierfür wählt der Übersetzer, so scheint es zumindest, offenbar gleich zwei Ausdrücke, nämlich *bekerig* und *behende* (Steinhoff I, 330,27f.). Für *behende* geben BMZ folgende Grundbedeutungen an: Erstens 'was sich gut handhaben lässt, bequem, passend' und zweitens 'fertig, geschickt'.[38] Lexer verzeichnet zusätzlich noch »schnell von leibl. gefügigkeit u. geistigen eigenschaften.«[39] Zweifellos zielt *behende* also eher auf die Gewandtheit der Bewegung als auf die Schnelligkeit wie afrz. *isnel*. Daher hat es Steinhoff hier mit

---

[33] Das Nibelungenlied, nach der Ausg. v. Karl Bartsch, hrsg. v. Helmut de Boor, 21. Aufl., Wiesbaden 1979.

[34] Lexer [Anm. 7], Bd. 1, Sp. 2147.

[35] So bezeichnet z. B. Sigune Parzivals Antlitz als *minneclîch* (›Parzival‹, 139,27). Gottfried umschreibt den Ausdruck und sagt über Tristan: *dar zuo was im der lîp getân, / als ez diu Minne gebôt* (›Tristan‹, V. 3332f.).

[36] Lexer [Anm. 34].

[37] Tobler/Lommatzsch [Anm. 19], Bd. 7, Sp. 1047f.

[38] BMZ [Anm. 13], Bd. 1, S. 632a.

[39] Lexer [Anm. 7], Bd. 1, Sp. 154. In Steinhoff I, 60,22f., wird der Ausdruck *behendikeyt* auch in Bezug auf Niniennes zauberische Fähigkeiten verwendet.

'geschickt' übersetzt (Steinhoff I, 331,26f.). Tobler/Lommatzsch geben für *isnel* die Bedeutungen 'schnell, rasch' an,[40] und somit erweist sich dieses Wort als direkte Entsprechung der schon bei Cicero zu den *bona corporis* zählenden *velocitas*. Für die Gewandtheit im Kampf verwenden die frz. Texte in der Regel ein anderes Wort, und zwar *legier*.[41] Hierfür geben Tobler/Lommatzsch als Bedeutungen (auf Personen bezogen) u. a. 'beweglich, flink' und 'gewandt' an.[42] Mhd. *behende* ist also eher die Übersetzung von afrz. *legier* als von *isniax*. Das dazugehörige Substantiv *li legier* kommt sogar in unserem untersuchten Textabschnitt vor (Micha VII, 21a,11), bleibt aber im ›Prosa-Lancelot‹ unübersetzt. Weshalb der Übersetzer hier vom französischen Text abweicht und das übrigens aus dem Germanischen stammende Wort *isnel* nicht einfach mit mhd. *snel* übersetzt hat, ist unklar. Ursprünglich war *snel* gleichbedeutend mit *balt*, hat aber diese alte Bedeutung rasch abgelegt[43] und bezeichnet in der klassischen höfischen mhd. Epik in der Regel 'schnell, rasch', ist also bedeutungsgleich mit afrz. *isnel*. In dieser Bedeutung kommt es an anderer Stelle, z. B. in Steinhoff I, 102,20, auch durchaus vor. Dort heißt es: *ein schön pfert schnel*. Dass es an der betreffenden Stelle jedoch ersetzt wird, hat zur Folge, dass hier die Schnelligkeit (vor allem im Lauf) keine explizite Berücksichtigung findet, obwohl sie zweifellos, wie entsprechende Passagen aus anderen mhd. Werken (z. B. ›Tristan‹, V. 2112) belegen, ein wichtiger Bestandteil der ritterlichen Ausbildung war.

Kommen wir nun zu dem Adjektiv *bekerig* zurück. Dass der Übersetzer überhaupt neben *behende* einen weiteren Ausdruck für die Übersetzung von *isniax* wählt, befremdet. Dieser Eindruck verstärkt sich noch dadurch, dass es sich bei *bekerig* um ein absolut ungewöhnliches Adjektiv handelt, das in dieser Bedeutung sonst nirgends belegt ist. BMZ verzeichnen lediglich einen einzigen Beleg aus dem ›Parzival‹ (36,15).[44] Dort ist es aber auf ein Pferd bezogen (*ein ors* [...] *bekêric swâ manz wider zôch*) und mit 'leicht zu wenden' zu übersetzen. Auch in Steinhoff I, 344,32 wird über Lancelots Pferd gesagt, es sei *bekerig*.[45] Lexer weist das Wort auch im ›Jüngeren Titurel‹ (Str. 497,3) und im ›Zweiten Büchlein‹ (V. 687) nach.[46] Hier wird es zwar, wie an der betreffenden Stelle im ›Prosa-Lancelot‹, auf Personen bezogen, aber der Kontext ist ein völlig anderer. Denn hier wird den Frauen ein *bekêriger muot*, also eine gewisse Wankelmütigkeit, zugesprochen. Ähnlich sagt schon Hartmann über Laudine, sie habe einen *unbekêrigen muot* (›Iwein‹, V. 1996f.).[47] Im Mittelniederlän-

---

40 Tobler/Lommatzsch [Anm. 19], Bd. 4, Sp. 1471f.

41 Man beachte den formelhaften Ausdruck *isnels e legers* z. B. in der ›Chanson de Roland‹ (V. 1312).

42 Tobler/Lommatzsch [Anm. 19], Bd. 5, Sp. 309–314.

43 Wiessner [Anm. 20], S. 240.

44 BMZ [Anm. 13], Bd. 1, S. 800a.

45 Dementsprechend übersetzt Steinhoff beide Textstellen aus dem ›Prosa-Lancelot‹ mit 'wendig' (siehe Steinhoff I, 330,26 u. 344,35).

46 Lexer [Anm. 7], Bd. 1, Sp. 164.

47 Hartmann von Aue, Iwein, hrsg. v. Georg Friedrich Benecke, Karl Lachmann, 7. Ausg. v. Ludwig Wolff, 2 Bde., Berlin 1969 (hier V. 1996f.: *daz ir vrouwe waere / unbekêriges muotes*).

dischen begegnet dieses Adjektiv (*bekerich*) ebenfalls, aber nur in der auf Pferde bezogenen Bedeutung 'leicht zu wenden'.[48] Das Wort *bekêric* hat nicht überlebt. Weder Grimm[49] noch Goebel/Reichmann[50] verzeichnen es. Wir halten also Folgendes fest:

1. Die mhd. Übersetzung weicht hier offenbar völlig unmotiviert sowohl stilistisch als auch inhaltlich vom französischen Text ab.
2. Mit der Verwendungsweise von *bekerig* bewegt sich der Übersetzer außerhalb der Bahnen des nachweisbaren mhd. Sprachgebrauchs.

Bemerkenswert ist, dass Thomasin von Zerklaere in seiner Tugendlehre unter den fünf Dingen, die er zu *bona corporis* zählt, neben Stärke, Lebensfreude und Schönheit auch Schnelligkeit (*snelle*) und körperliche Gewandtheit (*behendekeit*) nennt.[51] Sollte der ›Prosa-Lancelot‹-Übersetzer davon Kenntnis gehabt haben, erschiene es noch merkwürdiger, weshalb er die naheliegende Übersetzung von *isnel* mit *snel* meidet. Andererseits könnte dies aber erklären, wieso er zwei Ausdrücke statt nur einen gewählt hat. In diesem Falle wäre *bekerig* die eigentliche, allerdings für uns nicht recht nachvollziehbare Übersetzung von *isniax* und *behende* ein eventuell von Thomasin inspirierter Zusatz.

Gegen Ende des untersuchten Textabschnitts berichtet die Dame vom See, dass als Bewahrer der Gerechtigkeit ursprünglich nur *die stercksten, die meysten, die schönsten, die könsten* und *die getruwesten* auserkoren wurden (Steinhoff I, 332,21 f.).[52] Hier werden also die meisten der zuvor genannten körperlichen Vorzüge wieder aufgegriffen. Im Vergleich mit der entsprechenden Passage aus dem ›Lancelot en prose‹ fallen drei Punkte auf:

1. Im ›Prosa-Lancelot‹ werden alle genannten Substantive konsequent im Superlativ verwendet, im französischen Text hingegen im Positiv. Dort heißt es *li grans et li fors, li bel* und *li hardi* (Micha VII, 21a,11).
2. *die stercksten* übersetzt hier, wie ja bereits zuvor erwähnt, nicht afrz. *corsus* (wie in Steinhoff I, 330,28), sondern *li fors*. Hier liegt also, abgesehen von der superlativischen Verwendungsweise, eine ganz wortgetreue Übersetzung vor.
3. *li grans* wird nicht wie zuvor (in Steinhoff I, 330,27) mit einer Form von *groß* übersetzt, sondern mit *die meysten.* Im klassischen Mhd. ist *die meysten*, wie entsprechende Belege etwa aus dem ›Iwein‹ (V. 4492), dem ›Tristan‹ (V.1081) oder dem ›Nibelungenlied‹ (Str. 2138) zeigen, nicht nur der Superlativ von *vil*,

---

48 Eelco Verwijs, Jakob Verdam, Middelnederlandsch Woordenboek, 9 Bde., Den Haag 1885–1929, hier Bd. 1 (1885), Sp. 791 f.

49 Jacob Grimm, Wilhelm Grimm, Deutsches Wörterbuch, 16 Bde., Leipzig 1854 ff. (Neudruck München 1984), Neubearbeitung, Leipzig 1983 ff.

50 Frühneuhochdeutsches Wörterbuch, hrsg. v. Ulrich Goebel, Oskar Reichmann, Bd. 3, Berlin, New York 2002.

51 Thomasin von Zirclaria, Der wälsche Gast, hrsg. v. Heinrich Rückert, Quedlinburg, Leipzig 1852 (Neudruck, Berlin 1965), V. 9738.

52 Die *triuwe* wird an früherer Stelle, in Steinhoff I, 330,26, explizit zu den *tugenden des herczens* gerechnet.

sondern auch von *michel* und kann daher neben 'die meisten' auch 'die Größten' bedeuten. Diese Übersetzung hat auch Steinhoff gewählt (Steinhoff I, 333,23f.).[53] Nun wenden wir uns den einzelnen *tugenden des herczen* zu, soweit sie nicht bereits besprochen wurden. Angeführt wird die Liste von dem zentralen Leitbegriff der höfischen Epik schlechthin: *hubsch* (Steinhoff I, 330,25) (bzw. *hübesch, hübisch*), einer alten Ableitung vom Substantiv mhd. *hof.* Nach diesem wurde im 12. Jh. nochmals ein Derivat, nämlich *hövesch, hövisch* gebildet, vermutlich als direkte Lehnübersetzung von afrz. *cortois*, einer Ableitung von *cort.* Gleichwohl blieb daneben die ältere Form *hübesch* in Gebrauch, ohne dass sich ein semantischer, gattungsmäßiger oder dialektaler Unterschied feststellen ließe. Das Adjektiv bezeichnet ursprünglich, seit der ›Kaiserchronik‹, alles, was 'dem Hofe gemäß' ist, umfasst also sowohl die äußere Erscheinung, das gewandte Auftreten und entsprechende Benehmen als auch körperliche Schönheit, edle Gesinnung und kultivierte Bildung, ja das gesamte Feld vorbildlich höfischen Verhaltens.[54] Als Gegenbegriff zu *hubsch* dient in 332,31 *dorperkeyt*, die mhd. Entsprechung zu afrz. *vilonie.* Dieses aus dem flämischen Sprachgebiet stammende Wort ist in der mhd. Literatur seit dem ›Graf Rudolf‹ gut belegt. Die deutsche Übersetzung *hubsch on dorperkeyt* (Steinhoff I, 332,31) gibt exakt die Bedeutung von afrz. *cortois sans vilonie* (Micha VII, 21a,11) wieder. Hier wäre höchstens anzumerken, dass unser Übersetzer nicht den französischen Ausdruck *cortois* beibehält, obwohl er spätestens seit Wolfram auch dem deutschen Publikum bekannt gewesen sein dürfte. Ja, Wolfram hat sogar die Form *kurtois/kurteis* der deutschen Übersetzung *hövesch* vorgezogen.[55]

Im weiteren Verlauf beider Vergleichstexte wird gesagt, dass derjenige, der über die *tugenden des herczen* verfügt, *wise* (*sage*), *guot* (*deboinaire*), *getruwe* (*loiaus*), *milt* (*larges*), *byderbe* (*preu*) und *kune* (*hardi*) ist.[56] Die Übersetzung von *preu* mit *byderbe* und *hardi* mit *kune* wurde schon behandelt, auf die von *sage* mit *wise*, *loiaus* mit *getruwe* und *larges* mit *milte* brauchen wir nicht näher einzugehen, da hier die deutsche Übersetzung getreu der französischen Vorlage folgt und kaum eine translatori-

---

[53] In Steinhoff I, 328,36 lautet die Übersetzung von *de grignor force de cors et de membre* (Micha VII, 21a,8) getreu der frz. Vorlage, jedoch mit Erweiterung von *stercker* zu *stercker und mere an den liden und an dem libe.* Für den Übersetzer gehören offenbar 'groß' und 'stark' wesentlich zusammen.

[54] Siehe z.B. Lexer [Anm. 7], Bd. 1, Sp. 1367, BMZ [Anm. 13], Bd. 1, S. 701ab, Peter Ganz, 'hövesch'/'hövescheit' im Mittelhochdeutschen, in: Josef Fleckenstein (Hg.), Curialitas, Göttingen 1990, S. 39–54, hier S. 45. Steinhoff wählte hier die Übersetzungen 'gebildet' und differenzierter in 332,31 'höfisch gebildet.' Die frz. Hss. KRO und Z, die derselben Handschriftengruppe wie S angehören, überliefern hier statt *cortois piteus*, und weichen in diesem Punkt folglich von der nicht erhaltenen direkten frz. Vorlage des ›Prosa-Lancelot‹ ab.

[55] Wiessner [Anm. 20], S. 212. Auch für andere ebenfalls im Deutschen bekannten frz. Wörter, wie z.B. *biax/bel* wählt der Übersetzer stets die entsprechenden mhd. Ausdrücke. Das zum Adjektiv *courtois* gehörige Substantiv *cortoisie*, das dem mhd. *hövescheit* bzw. *hubscheit* entspräche, kommt im frz. Textabschnitt vor (Micha VII, 21a,9), bleibt aber im ›Prosa-Lancelot‹ unübersetzt.

[56] Siehe Steinhoff I, 330,25f., Micha VII, 21a,9.

sche Alternative bestand. Für afrz. *deboinaire* gab es im Mhd. allerdings keinen ganz entsprechenden Ausdruck. Laut Tobler/Lommatzsch hat *deboinaire* die Bedeutungen 'gutartig, freundlich, hold', aber auch 'edel'.[57] Abgeleitet ist es von *de bon aire* 'von guter Art, guter Abkunft'. Die letzte Bedeutung gibt Gamillscheg im etymologischen Wörterbuch der frz. Sprache sogar als erste an.[58] In Chrétiens ›Erec et Enide‹ (V. 378) bezieht es sich auf den Vater Enides, und Foerster übersetzt es mit 'von guter Art, gütig, mild, hold'.[59] Es bezeichnet also nachweislich eine ethisch vorbildliche, speziell auf einen adligen Menschen bezogene Verhaltensweise, die mit mhd. *guot* nur ungefähr bezeichnet wird.

Abgesehen von den in den beiden 'Tugendreihen' genannten ritterlich-höfischen Werten kommen in dem untersuchten Textabschnitt noch folgende Leitbegriffe vor: *werder* (*plus vaillans*), *edeler* (*plus gratieus*) bzw. *edel* (*de gentilleche*) und *barmherczig* (*piteus*).[60] Mit Ausnahme der Forderung, ein Ritter müsse *barmherczig syn,* was ziemlich genau afrz. *piteus* entspricht, weicht die deutsche Übersetzung hier mehr oder weniger stark vom französischen Vergleichstext ab. So geben Tobler/Lommatzsch als Bedeutungen von *vaillant* ausschließlich 'vorzüglich' und 'trefflich' an.[61] Foerster verzeichnet darüber hinaus für Chrétien noch 'tapfer, wacker' und 'tüchtig'.[62] Die entsprechende mhd. Übersetzung *wert* bedeutet, auf eine Person bezogen, 'ausgezeichnet, ehrenvoll, angesehen, vornehm, edel'[63] und kann als stereotype Bezeichnung für alles Ritterliche gelten. *wert* zielt also auf keinen Fall vornehmlich auf die Tapferkeit, sondern vielmehr auf den Geburts- und/oder Tugendadel. Steinhoff übersetzt es hier dementsprechend mit 'nobler' (Steinhoff I, 331,6). Die mhd. Übersetzung ist also standesspezifischer, weist aber doch noch eine beträchtliche gemeinsame semantische Schnittmenge mit dem frz. Wort auf.

Noch in demselben Satz findet sich das Adjektiv *edel* (bzw. *edeler*), das laut BMZ nur für den »hohen adel oder den dynasten« verwendet wurde und in erster Linie (zumindest in seiner ursprünglichen engen Bedeutung) die vornehme Geburt bezeichnet.[64] Der ›Lancelot en prose‹ hat an dieser Stelle dagegen ein vorrangig die äußerliche Qualität bezeichnendes Adjektiv, nämlich *gratieus* (bzw. *plus gratieus*). Tobler/Lommatzsch geben als Bedeutungen u. a. 'anmutig, wohlgefällig, ansprechend' an.[65] Auch wenn im Mittelalter grundsätzlich die äußere Schönheit die adlige Abstammung mit einschließt, so setzt doch der deutsche Text hier ganz eindeutig andere

---

[57] Tobler/Lommatzsch [Anm. 19], Bd. 2, Sp. 1237.

[58] 'de bonne race, noble' (siehe Gamillscheg [Anm. 14]). Beispielsweise in der ›Chanson de Roland‹ wird *deboinaire* explizit auf Ritter bezogen (*E! gentilz hom, chevaler de bon aire,* V. 2252).

[59] Foerster [Anm. 15], S. 100.

[60] Siehe Steinhoff I, 330,7f., 332,13 u. 332,31f., und Micha VII, 21a,8, 21a,10 u. 21a,11.

[61] Tobler/Lommatzsch [Anm. 19], Bd. 11, Sp. 104f.

[62] Foerster [Anm. 15], S. 256. Ob Foerster damit richtig liegt, bleibe dahingestellt. Auf jeden Fall hat das Wort einen größeren semantischen Umfang, als Foerster annimmt.

[63] Lexer [Anm. 7], Bd. 3, Leipzig 1878 (Neudruck Stuttgart 1974), Sp. 794.

[64] BMZ [Anm. 13], Bd. 1, S. 8b.

[65] Tobler/Lommatzsch [Anm. 19], Bd. 4, Sp. 502–504.

Akzente als der französische. Mag auch in der Ritterlehre mitunter das Ideal des 'Tugendadels' anklingen, so wird hier deutlich, dass edle Geburt als unabdingbare Voraussetzung für den Erwerb der ritterlichen Tugenden angesehen wird. Wenn wir hier nicht mit einem abweichenden Text der direkten frz. Vorlage oder mit einem schlichten Missverständnis zu rechnen haben, hätten wir eines der seltenen Beispiele bewusster inhaltlicher Umdeutung vor uns. In 332,13 kommt das Adjektiv *edel*, wie gesagt, nochmals vor. Aber hier übersetzt es nicht *gratieus*, sondern *de gentilleche*.[66] Hier liegt lediglich eine morphologische Abweichung vor, denn Tobler/Lommatzsch verzeichnen als Bedeutungen von *gentillece* als Erstes 'Adel' und 'edle Geburt'.[67] Interessant ist auch der Ausdruck *edellút* (Steinhoff I, 332,9), die Übersetzung von afrz. *plus gentil homme* (Micha VII, 21a,10). Denn hier scheint es sich um den ältesten Beleg für diesen deutschen Ausdruck zu handeln. BMZ vermerken nämlich zu dem Adjektiv *edel*: »nirgends aber erscheint ein zusammengesetztes Substantiv gleich unserm 'edelmann'«,[68] und Lexer verzeichnet *edelman/edelliute* erst für das späte Mittelalter.[69] Für das Mittelniederländische ergibt sich ein analoger Befund.[70]

Eine gewisse Freiheit erlaubt sich der Übersetzer auch in 332,15. Dort betont die Dame vom See im ›Lancelot en prose‹, dass der Schutz der Schwachen und der Friedfertigen (*les foibles et les paisibles*, Micha VII, 21a,10) neben dem Schutz der heiligen Kirche eine der vorrangigsten Aufgaben für einen Ritter im Sinne eines *miles christianus* darstellt. Diese Substantive werden im ›Prosa-Lancelot‹ mit *die krancken und die armen* übersetzt. Während mhd. *kranck* durchaus der Bedeutung von afrz. *foible* entspricht und Steinhoff hier korrekt die 'Schwachen' übersetzt (Steinhoff I, 333,16), resultiert aus der Übersetzung von *les paisibles* mit *die armen* eine nicht unbeträchtliche semantische Abweichung. Denn während der frz. Text hier offenbar die Waffenunfähigen, insbesondere wohl den Klerus, aber auch Frauen, Kinder und die Bauern meint, zielt die deutsche Übersetzung auf die sozial schwache Gruppe der Bevölkerung.[71] Hier scheint ebenfalls eine Uminterpretation vorzuliegen, da im Deutschen die Adjektive *vridebaere, vridelîch* durchaus zur Verfügung gestanden hätten.

In 330,14f. werden im ›Prosa-Lancelot‹ mit *briß und ere* noch zwei weitere zentrale ritterliche Leitbegriffe genannt. Beide bezeichnen die einem Ritter zustehende

---

[66] Im ›Lancelot en prose‹ heißt es an dieser Stelle: *a chele eure estoient encore pareil, et un et autre, ... de gentilleche*. Dem entspricht die dt. Übersetzung *zu den zyten waren alle lut* [...] *glich edel* nahezu exakt.

[67] Tobler/Lommatzsch [Anm. 19], Bd. 4, Sp. 277–279.

[68] BMZ [Anm. 13], Bd. 1, S. 8b.

[69] Lexer [Anm. 7], Bd. 1, Sp. 509. Auch für den Ausdruck *edelman* finden sich im ›Prosa-Lancelot‹ (allerdings außerhalb des untersuchten Textabschnitts) zahlreiche Belege (z. B. in Steinhoff I, 108,35). Wie anderen Stellen belegen, hat der Übersetzer aber offenbar in der Regel den Ausdruck *frey lút* gegenüber *edellút* bevorzugt (siehe z. B. Steinhoff I, 102,24, 108,32). In 124,19 kommt sogar der Ausdruck *edelfrauwen* für afrz. *jentiex femes* (Micha VII, 10a,1) vor.

[70] Verwijs/Verdam [Anm. 48], hier Bd. 2 (1889), Sp. 519.

[71] Vgl. auch Steinhoff I, 332,32, wo *die armen* die entsprechende Übersetzung von afrz. *les souffratex* (Micha VII, 21,11), also 'die Notleidenden', ist.

öffentlich-gesellschaftliche Anerkennung, haben aber in den erhaltenen frz. Handschriften keine Entsprechung – zumindest nicht an dieser Stelle. Aber wie ein Blick auf den nachfolgenden Kontext belegt, ist die Phrase *briß und ere gewinnen* bzw. *bejagen* die nahezu getreue Übersetzung von afrz. *conquerre los et pris* bzw. *honor et pris.*[72] Dies lässt durchaus die Vermutung zu, dass die direkte frz. Vorlage an der betreffenden Stelle einen von den erhaltenen Hss. des ›Lancelot en prose‹ abweichenden Text geboten hat. Dafür spricht auch, dass der gesamte Absatz (Steinhoff I, 330,9–22) vom französischen Vergleichstext stärker abweicht als an anderen Stellen. Hier findet sich auch der zuvor erwähnte Zeilensprung.

Alle hier vorgetragenen Befunde sind nicht gerade spektakulär. Aber sie lassen doch immerhin einige Schlussfolgerungen von größerer und allgemeinerer Bedeutung zu. Zum einen bestätigen sie im Großen und Ganzen den Eindruck von dem ersten und ältesten Teil des dt. ›Prosa-Lancelot‹ als einer getreuen Übersetzung. Von Einzelfällen, die sich ziemlich schwer oder nicht eindeutig erklären lassen, abgesehen, enthält sich unser Übersetzer einer Uminterpretation im Sinne einer Akkulturation. Ja er unternimmt noch nicht einmal ansatzweise den Versuch, fehlende Leitbegriffe, die in der Regel unabdingbarer Bestandteil eines jeden mhd. klassischen Tugendkatalogs waren, zu ergänzen. Hierzu werfen wir abschließend noch einen kurzen vergleichenden Blick auf einige zentrale klassische Werke der höfischen Epik.[73]

Bereits im ›Erec‹ werden Gawein, dem Musterritter schlechthin, folgende Tugendprädikate zugeschrieben: Er ist *guot, edel, getriuwe, milte, staete, wol gezogen, starc, schoene und manhaft, mit schoenen zühten vrô* und strebt stets danach, *êre* zu erwerben. Kurzum, *an im was aller tugende kraft* (›Erec‹, V. 2730–47).

Im ›Gregorius‹ ermahnt der sterbende Vater seinen Sohn: *wis getriuwe, wis staete,/ wis milte, wis diemüete,/ wis vrevele mit güete./ wis dîner zuht wol behuot,/ den herren starc, den armen guot* (V. 248–58). Von dem fünfzehnjährigen Gregorius heißt es an späterer Stelle u. a.: *er was schoene unde starc,/ er was getriuwe unde guot/ und hete geduldigen muot./ er hete künste genuoge:/ zuht unde gevuoge.* Im Weiteren fallen hier die Leitbegriffe: *vreude, rehte mâze, milte* und *wîsheit* (V. 1235–62).

Zu den bekanntesten Lehrstücken ritterlich-höfischer Erziehung zählen zweifellos Parzivals Erziehung durch Gurnemanz (›Parzival›, 170,7–173,6 bzw. bis 175,18), wo Gurnemanz Parzival zu *schame, erbärmde, milte, güete, diemüete, mâze, manheit* und *rehter minne* ermahnt, und Markes Worte bei Tristans Schwertleite (›Tristan‹, V. 5020––50), wo er seinem Neffen nahelegt, er solle immer *ritterlîchen prîs* erstreben, seine Herkunft bedenken, *diemüete* an den Tag legen, *wolgezogen, wârhaft, milte, getriuwe*, gegen die Armen *guot*, gegen die Mächtigen *hôchgemuot* sein und die Frauen ehren. Marke scheint der einzige zu sein, der weder die *stæte* noch die *mâze* für wesentlich hält, obwohl diese Tugenden sonst allenthalben eine ganz zentrale Rolle spielen. Die

---

[72] Siehe Micha VII, 22a,4; 22a,12 und 22a,37.

[73] Im Folgenden beschränke ich mich auf zusammenhängende Tugendkataloge, die sich mit der Ritterlehre im ›Prosa-Lancelot I‹ direkt vergleichen lassen. Dass weitere Leitbegriffe in den jeweiligen Werken eine große Rolle spielen können (wie z. B. die *triuwe* im ›Parzival‹), versteht sich von selbst.

stæte im Sinne von Beständigkeit ohne jegliches Wanken sah Thomasin von Zerklaere geradezu als die Grundlage aller Tugenden an (›Der wälsche Gast‹, V. 1819f.: *die ander tugende sint enwiht, und ist da bi diu stæte niht*). Ihr gesellte er (V. 12339) als Schwester die *mâze* zu. Bei Thomasin stehen natürlich auch oder vor allem die antiken Kardinaltugenden *fortitudo animi* und *temperantia* dahinter. Laut Bumke ist »das Gebot, in allen Dingen maßzuhalten, den richtigen Mittelweg zu gehen« so zentral, dass es in keiner Ritterlehre fehlte.[74]

Ziemlich durchgängig begegnen in den Tugendkatalogen auch die Begriffe *zuht, diemüete, minne* und *hôher muot.*[75] Diese spielen jedoch in der Ritterlehre der Dame vom See keine Rolle. Die *zuht,* die gute ritterliche Erziehung, die Summe der Eigenschaften eines höfisch gebildeten Menschen, mag allerdings in dem Ausdruck *hubsch on dorperkeyt* ausreichend präsent sein, hätte aber gerade deshalb vom Übersetzer doch ganz leicht ergänzend hinzugefügt werden können. Dies geschieht jedoch nicht, und so bleibt die Ritterlehre doch ein Stück spezifisch französischer Ritterethik. Denn der ›Lancelot en prose‹ setzt hier im Wesentlichen die klassische französische Tradition nur fort. Natürlich kennt auch diese die Tugenden der *constance,* der *mesure* und der *joie,* doch sie kommen höchstens am Rande ins Spiel, ebenso wie die Liebe (*amor*).[76] Dass gerade *amor,* die *mezura* und der *joi* in der okzitanischen Trobadorlyrik ein so hohes Prestige haben, steht auf einem anderen Blatt.[77]

Als zweites und letztes Ergebnis sei hier schließlich noch festgehalten, dass sich in der gesamten untersuchten Passage, welche zweifellos bedeutungsschwer genug war, um dem Übersetzer alles an Ausdruckskraft abzuverlangen, keine Spur einer niederländischen Prägung findet. Ein flämisches Wort wie *dorperkeyt* war nämlich schon vor 1250 im gesamten deutschen Sprachraum voll eingebürgert. Die größte Prominenz erreicht es bekanntlich in dieser Zeit bei dem Baiern Neidhart. Die Sprache unseres Übersetzers ist eindeutig hochdeutsch, genauer mitteldeutsch.

---

[74] Joachim Bumke, Höfische Kultur: Literatur und Gesellschaft im hohen Mittelalter, 2 Bde., München 1986, hier Bd. 2, S. 419.

[75] Siehe u. a. Markes Rat an Tristan: *wis iemer höfsch, wis iemer frô!* (V. 5043).

[76] In dem recht umfangreichen Tugendkatalog von Chrétiens ›Cligès‹(V. 192–217) fehlen diese Werte vollständig, ebenso in dem Tugendregister bei Wace (Le Roman de Brut, hrsg. v. Ivor Arnold, Paris 1938, V. 9258–9265).

[77] Rupprecht Rohr, Zur Skala der ritterlichen Tugenden, ZfRPh 78 (1962), S. 292–325, hier S. 232.

Bart Besamusca

Der Reiz der Versform*

Gereimte Anzeigen

1957 veröffentlichte der isländische Autor und Nobelpreisträger (1955) Halldór Laxness (1908–1998) den prächtigen und humoristischen Roman ›Brekkukotsannáll‹. In seiner englischen Übersetzung vermied Magnus Magnusson den offensichtlichen Zungenbrecher, indem er dem Werk den Titel ›The Fish Can Sing‹ gab.[1] Die Geschichte wird von einem gewissen Álfgrímur Hansson erzählt, der seine Jugend in Reykjavík beschreibt, wo er von seiner Großmutter und seinem Großvater, Björn von Brekkukot, in Armut großgezogen wird. Obwohl die Geschichte in der zweiten Hälfte des 19. Jh.s spielt, ist in ihr Bildung auf Island vollkommen normal, was aus einer Anmerkung des Erzählers deutlich wird:

> To be able to read and write has never really been considered education in Iceland, any more than taking dried cods'-heads apart; not even among the lowest of the low. In my time, children were not generally sent to school until they had read all the Icelandic Sagas at home, about fourty books in all; but though I had often heard visitors reading aloud parts of the Icelandic Sagas, I myself had read no others than those which happened to be in our house because someone had left them behind (S. 94–95).

Wie faszinierend es auch ist, so soll hier nicht unsere Aufmerksamkeit dem zentralen Platz der Sagen in der isländischen Kultur des 19. Jh.s gelten und der Tatsache, dass es üblich war, diese Erzählungen vorzulesen.[2] Worum es mir hier geht, ist die Art und Weise, in der Álfgrímur von seiner Großmutter lesen lernte.

Als er fünf war, brachte seine Großmutter in einem gewissen Augenblick ein Buch zum Vorschein, das mit einer Passage begann, die von Álfgrímur »Gefasel« genannt wurde, tatsächlich aber eine Ahnenreihe Christi war (S. 50). Monatelang lernte er lesen anhand des Beginns des Matthäus-Evangeliums, und zwar auf Hebräisch. Die nächste Phase des Lernprozesses bestand aus dem Studieren von Anzeigen in der Zeitung. Das Bemerkenswerte war, dass diese Texte im Gegensatz zu den Nachrichten, die in Prosa geschrieben waren, gereimt waren. Der junge Álfgrímur war sehr

---

* Martin Meyer sei für seine Übersetzung ins Deutsche herzlichst gedankt. Frank Brandsma, Cora Dietl und Orlanda Lie verdanke ich wertvolle Hinweise zu einer früheren Fassung dieses Artikels.

1 Halldör Laxness, The Fish Can Sing. Translated from the Icelandic by Magnus Magnusson, London 2000.

2 Vgl. auch S. 51: »From time immemorial it has been the custom in all sizeable farms in Iceland to have a good reader available to read sagas aloud or recite *rímur* for the household in the evenings; this was the national pastime.«

angetan von den Versen. Die Form eignete sich nämlich hervorragend zum Auswendiglernen von Texten. Der Erzähler zitiert ein Gedicht eines Sattelmachers, das ich hier in Teilen wiedergebe:

> Gentle clients, I invite you,
> Come and look around my store;
> Whips and saddles to delight you,
> Leatherwork galore.
> [...]
> My livery's the best in town,
> The Bishop does his shopping here;
> Travel-goods of high renown,
> All made by me – and not too dear (S. 68).

Warum ließ der isländische Mittelstand Anzeigen in Versen verfassen? Die Antwort auf diese Frage liegt auf der Hand. Die Versform diente natürlich dazu, die Aufmerksamkeit des Lesers zu erregen. Offensichtlich waren die Urheber dieser Texte der Meinung, die Versform wirke anziehend auf das Publikum. Wie wir später noch sehen werden, stehen sie mit dieser Auffassung in einer langen Tradition.

›Histoire ancienne‹ und ›Sidrac‹

Zwischen 1208 und 1213 hat ein anonymer französischer Autor im Auftrag Rogers IV., *châtelain de Lille*, eine historiographische Arbeit verfasst, worin die Geschichte von Theben, Troja und Rom als Vorgeschichte Flanderns präsentiert wird.[3] Es handelt sich um die ›Histoire ancienne jusqu'á César‹, die von der romanistischen Forschung Wauchier de Denain, dem vermutlichen Autor der zweiten ›Perceval‹-Fortsetzung, zugeschrieben wird.[4] Dem Text war ein großer Erfolg beschieden. Mehr als siebzig erhaltene Handschriften zeugen von der Popularität der ›Histoire ancienne‹.[5]

Die Arbeit ist die früheste Weltchronik in afrz. Prosa.[6] Dass der Autor sich für diese Form entschied, überrascht nicht, denn ab ca. 1200 hielt man Prosa für sehr geeignet, um historiographische Informationen zu vermitteln. So drängen die afrz. Autoren, die zwischen 1200 und 1230 unabhängig voneinander nicht weniger als sechs Übersetzungen des ›Pseudo-Turpin‹ zustande gebracht haben, auf Prosa als die einzig geeignete Form für historiographische Arbeiten in der Volkssprache. Verse assoziierten sie mit Verlogenheit, so wie Nicolas von Senlis, der früheste Übersetzer der latei-

---

[3] Vgl. Gabrielle M. Spiegel, Romancing the Past: The Rise of Vernacular Prose Historiography in Thirteenth-Century France, Berkeley, Los Angeles u. a. 1995, S. 13. Siehe auch: Marijke de Visser-van Terwisga (Hg.), Histoire ancienne jusqu'à César (Estoires Rogier), 2 Bde., Orléans 1995–1999 (Medievalia 19, 30), Bd. 2, S. 223–224.

[4] Vgl. Michèle Szkilnik, Écrire en vers, écrire en prose. Le choix de Wauchier de Denain, Romania 107 (1986), S. 214–218; Corin Corley, Wauchier de Denain et la deuxième continuation de ›Perceval‹, Romania 105 (1984), S. 351–359.

[5] Vgl. de Visser [Anm. 3], Bd. 2, S. 11–17, und Spiegel [Anm. 3], S. 327, Fußnote 11.

[6] Spiegel [Anm. 3], S. 107.

nischen Chronik, es um 1202 ausdrückt: *Nus contes rimes n'est verais* (keine einzige gereimte Erzählung ist wahr).[7]

Vor ca. 1200 wurde die afrz. Prosa angewandt bei juristischen Texten, Urkunden, Bibelübersetzungen und Predigten. Wie man weiß, kam die Prosa im ersten Viertel des 13. Jh.s unaufhaltsam auf als Form für literarische und historiographische Arbeiten.[8] Für diese eingreifende Veränderung gibt es viele Erklärungen. Man hat unter anderem auf den Einfluss der lateinischen Historiographie und Hagiographie hingewiesen, auf den veränderten literarischen Geschmack, auf eine immanente literarische Entwicklung vom Vers zur Prosa, auf das Aufkommen eines mehr und mehr gebildeten Publikums, welches ein Bedürfnis nach faktischer Genauigkeit hatte, und auf ein Publikum, das nicht länger Texten zuhörte, sondern selber las.[9]

Die Überzeugungskraft der letztgenannten Erklärung wurde von Gabrielle Spiegel aus gutem Grund bezweifelt. Sie weist darauf hin, dass die Übersetzungen des ›Pseudo-Turpin‹ in ihrem Gebrauch von direkter Rede und anderen narrativen Merkmalen eng an die Versromane und an die *chansons de geste* anknüpfen. Diese Prosatexte »have all the marks of works written for oral delivery and were clearly intended to be read aloud in public performance, rather than read silently in private.«[10] Spiegels eigene fesselnde Hypothese lautet, dass das Aufkommen von Prosa in der Historiographie den politischen Interessen der französischsprachigen flämischen Aristokratie im Norden Frankreichs zugeschrieben werden muss. Diese Gruppe fühlte sich durch die Zentralisierungspolitik des französischen Königs zur Zeit Philipps II. Auguste (1179–1223) ernsthaft bedroht. Die Wahl afrz. Prosa diente laut Spiegel der ideologischen Initiative dieser nordfranzösischen Aristokraten, mittels der Übersetzungen des ›Pseudo-Turpin‹ ihre historische Legitimation zu bestätigen.[11]

Faszinierend ist die Tatsache, dass die ›Histoire ancienne‹ nicht ausschließlich in Prosa geschrieben ist. In zwei der acht Handschriften aus dem 13. Jh. geht der Prosa ein Prolog von beinahe dreihundert Versen voran und wird die Prosa darüber hinaus

---

[7] Spiegel [Anm. 3], S. 54–58, Zitat S. 54. Siehe auch u. a. Peter M. Schon, Studien zum Stil der frühen französischen Prosa. Robert de Clari, Geoffroy de Villehardouin, Henri de Valenciennes, Frankfurt a. M. 1960, S. 16–36; Erich Köhler, Zur Entstehung des altfranzösischen Prosaromans, Nachdruck in: Trobadorlyrik und höfischer Roman. Aufsätze zur französischen und provenzalischen Literatur des Mittelalters, Berlin 1962, S. 213–222; Walter Haug, Literaturtheorie im deutschen Mittelalter. Von den Anfängen bis zum Ende des 13. Jahrhunderts, 2., überarb. und erw. Aufl., Darmstadt 1992, S. 247–255.

[8] Spiegel [Anm. 3], S. 56–57.

[9] Vgl. Haug [Anm. 7], S. 247–250. Siehe auch Daniel Poirion, Romans en vers et romans en prose, in: Le roman jusqu'à la fin du XIIe siècle, Tome 1 (Partie historique), direction Jean Frappier et Reinhold R. Grimm, Heidelberg 1978 (Grundriss der romanischen Literaturen des Mittelalters 4/1), S. 74–81; Orlanda S. H. Lie, What is Truth? The Verse-Prose Debate in Medieval Dutch Literature, Queeste 1 (1994), S. 34–65, hier S. 35.

[10] Spiegel [Anm. 3], S. 95–96, Zitat S. 96.

[11] Spiegel [Anm. 3], u. a. S. 2–3, 96–97. Siehe auch Gabrielle M. Spiegel, 1202. Nicolas of Senlis Translates from Latin the Legendary Account of Charlemagne's Expedition to Spain Known as the ›Pseudo-Turpin Chronicle‹, in: Denis Hollier (Hg.), A New History of French Literature, Cambridge (Mass.), London 1989, S. 61–66, hier S. 66.

von zwanzig recht ausführlichen moralischen Lektionen in Versform unterbrochen.[12] Diese moralischen Lektionen, die inhaltlich alle an die vorangehenden Prosapassagen anschließen, widmen sich unter anderem dem Tod, Gott, der Eifersucht, der Bedeutung von Geld, usw. Es steht fest, dass die Versteile in der ›Histoire ancienne‹von dem Autor der Chronik geschrieben sind und nicht von einem Kopisten.[13]

Auf die Frage, warum der Autor Teile des Textes in Versen schrieb, hat die romanistische Forschung verschiedene, einander nicht ausschließende, Antworten formuliert.[14] So wurde geäußert, die Versform der moralischen Lektionen sei dazu gedacht, in der Handschrift diese wichtigen Textpassagen visuell sichtbar zu machen und um das Auswendiglernen dieser zu fördern (Das sind Erklärungen, die stark an den jungen Álfgrímur erinnern, der die die Aufmerksamkeit auf sich ziehenden Reimanzeigen auswendig lernt!).[15] Auch nimmt man an, dass der Autor der ›Histoire ancienne‹ mit den Versabschnitten demonstrieren wollte, dass er, in einer Zeit, in der die Versform noch stets Ansehen genoss, trotz seiner Wahl der Prosa durchaus in der Lage war zu dichten. Weiterhin könnte der Gebrauch von Versen es ihm ermöglicht haben, mit seiner eigenen Stimme zu sprechen. In diesen Textabschnitten macht er manchmal deutlich, dass er selbst das Wort hat (*Ci parole le maistres qui traite l'estoire*) und wendet sich direkt an sein Publikum (*He! Segnors, ci poés entendre/ retenir, savoir et appendre/ Que Deus les prodomes mout aime:/ Mout est chaitis qui Deu ne claime*).[16]

Eben dieses Publikum lieferte laut Paul Meyer, der sich als erster Forscher mit der ›Histoire ancienne‹ beschäftigt hat, den wichtigsten Grund für die Verse. Er schreibt:

> Le prologue en vers, l'intercalation de considérations morales également en vers, qui formaient comme un repos entre deux contes comme on disait jadis, tendent au même but, qui était de plaire à des auditeurs laïques accoutumés aux chansons de geste et aux romans d'aventures.[17]

Meiner Meinung nach trifft Meyer hier den Nagel auf den Kopf. Der Autor gebraucht die Reimform, weil seine Zuhörer daran gewöhnt sind. Der Prolog hat zum Ziel, das

---

[12] Edition: de Visser [Anm. 3], Bd. 2, S. 291–308.

[13] Vgl. Renate Blumenfeld-Kosinski, Moralization and History: Verse and Prose in the ›Histoire ancienne jusqu'à César‹ (in B. N. f. fr. 20125), ZfrPh 97 (1981), S. 41–46, hier S. 42 (Fußnote 6) und S. 45. Siehe auch Spiegel [Anm. 3], S. 108.

[14] Blomenfeld-Kosinski [Anm. 13], S. 46; Szkilnik [Anm. 4], S. 218–219; de Visser [Anm. 3], Bd. 2, S. 226–229.

[15] Siehe z. B. auch ›Natuurkunde van het geheelal‹ (13. Jh.), V. 1–4: *Ic sal v segghen in vraeyen rimen / Elc gheset op sine linien, / Om dat ghijt te bet onthouden sult / Ende niet daer in sijt verdult.* (Ich werde es euch in schönen Reimen darbieten, alles in passende Versen gebracht, damit ihr es umso besser behalten könnt und ihr nicht unwissend seid.) Vgl. De natuurkunde van het geheelal. Een 13de-eeuws middelnederlands leerdicht, 2 Bde., hrsg. v. Ria Jansen-Sieben, Brüssel 1968.

[16] de Visser [Anm. 3], Bd. 2, S. 295 (2. Lektion; siehe auch S. 297, 4. Lektion: *Les paroles de celui qui l'estorie traite*), und S. 298 (Anfang 6. Lektion).

[17] Paul Meyer, Les premières compilations françaises d'histoire ancienne, Romania 14 (1885), S. 1–81, Zitat S. 57.

Publikum über die vertraute Versform zu der Neuerung, der ersten Weltchronik in afrz. Prosa, zu führen. Diese Hypothese kann bekräftigt werden, indem man einen gleichartigen, jedoch verschiedensprachigen Versprolog zur Betrachtung heranzieht.

Laut einer Mitteilung im Epilog hat ein Antwerpener Autor 1318 seine Übersetzung des afrz. ›Livre de Sidrac‹ vollendet, eines kaleidoskopischen Werks über religiöse, naturwissenschaftliche und ethische Themen, das auch das ›Livre de la fontaine de toutes sciences‹ genannt wird und in der zweiten Hälfte des 13. Jh.s entstanden ist. Obwohl der niederländische Übersetzer sich an die Prosa seiner Vorlage anpasst, legt er in einem ausgebreiteten Vers-Prolog Rechenschaft über seine Arbeit ab.[18] Er legt unter anderem dar, dass der Gebrauch von Prosa notwendig war, um eine getreue Übersetzung zustande zu bringen (V. 54–62). Ein Text in Versen reiche hierzu nicht aus,

Want rime, alsoe wijt vinden
Doet dicke die materie winden
Anders dan die makere seide
Ende ierstwerven in schrift leide (V. 63–66).

(Denn der Reim, wie wir wissen, verändert den Stoff oft in etwas anderes als das, was der Urheber sagte, als er es zum ersten Mal aufschrieb.)

Aber warum schrieb der Autor des ›Sidrac‹ seinen Prolog in Versen? Ebenso wie im Fall der ›Histoire ancienne‹ wurde vorgeschlagen, dass der niederländische Übersetzer mit diesem Textstück beweisen wollte, dass er als Dichter talentiert sei.[19] Wenn wir uns vor Augen führen, dass er aller Wahrscheinlichkeit nach eines der frühesten Beispiele weltlicher mndl. Prosa für Laien lieferte, drängt sich noch eine andere Erklärung auf. Laut Orlanda Lie musste der Autor das Publikum von der Qualität seiner Arbeit überzeugen »in the medium that they knew best, namely the metrical form. For this reason, he composed a rhymed prologue to promote his new product.«[20]

In den späteren Handschriften der ›Histoire ancienne‹ fehlt der Versprolog und werden die moralischen Lektionen allmählich übergangen oder werden in Prosa umgeschrieben.[21] Man ist versucht, diese Entwicklung mit einer Gewöhnung seitens des Publikums in Bezug zu setzen. Es war vielleicht nicht länger nötig, die Zuhörer über das Vertraute (die Verse) mit dem Neuen (der Prosa) in Kontakt zu bringen. Andere Erklärungen für diese Veränderung sind allerdings auch denkbar. Der Prolog, der als erster verschwand, kann außer Acht gelassen werden, denn hier wird eine Beziehung zwischen Autor und Auftraggeber beschrieben, die für spätere Kopisten und Auftraggeber zu spezifisch war.[22] Es kann auch sein, dass der Prolog weggelassen wurde,

---

[18] Edition: De crumen diet volc niet eten en mochte. Nederlandse beschouwingen over vertalen tot 1550, hrsg. v. Bart Besamusca, Gerard Sonnemans, ’s-Gravenhage 1999 (Vertaalhistorie 6), S. 48–53.

[19] Lie [Anm. 9], S. 50.

[20] Ebd.

[21] Siehe Spiegel [Anm. 3], S. 110–111.

[22] Spiegel [Anm. 3], S. 108.

weil der darin angekündigte Inhalt in der unvollendeten Fortsetzung nur teils realisiert wurde.[23] Wie dem auch sei, das Verschwinden der Versteile führte zu dem, was Gabrielle Spiegel als die »masking of authorial presence« bezeichnet hat.[24] Diese Charakterisierung bringt mich zum ›Prosa-Lancelot‹.

›Lancelot‹, ›Lantsloot‹ und ›Lanceloet‹

In seinem kürzlich erschienenen Buch »The Beginnings of Medieval Romance« behandelt D. H. Green unter anderem den Unterschied zwischen *historia*, Geschichte, und *fabula*, Fiktion. In diesem Zusammenhang weist er auf eine Auffassung von Geschichte hin, die über Isidor von Sevilla in das Mittelalter eingedrungen ist. *Historia* sollte sich durch zwei Eigenschaften auszeichnen: Die Erzählung sollte auf dem Bericht eines Augenzeugen basieren und in einer schriftlichen Tradition verwurzelt sein.[25] Es ist kein Zufall, dass diese zwei Elemente die Stützpfeiler sind, auf denen das Gebilde des afrz. ›Prosa-Lancelot‹, entstanden zwischen ca. 1215 und 1225, ruht. Sie werden angewandt um, wie Jane Burns es umschreibt, die »illusion of historical veracity« zu kreieren.[26] Wie wir unter anderem am Ende der ›Queste del Saint Graal‹ lesen können, war es die Gewohnheit des Königs Artus, seine Ritter nach ihrer Rückkehr einen vollständigen und der Wahrheit entsprechenden Bericht ihrer Abenteuer geben zu lassen. Die anwesenden Schreiber zeichneten diese Augenzeugenberichte auf und so entstand eine lateinische Chronik von Artus' Reich. Diese schriftliche Quelle, die angeblich in der Abtei von Salisbury aufbewahrt wurde, soll von einem Gelehrten von maßgebenden Einfluss, von Walter Map, der tatsächlich um 1209 starb, im Auftrag Heinrichs II. von England (1154–1189) ins Französische übersetzt worden sein.[27]

Der quasi-historische Charakter des afrz. ›Prosa-Lancelot‹ ist dadurch betont, dass er in Prosa verfasst ist. Dieses Medium wurde schließlich seit ca. 1200 gleichgesetzt mit dem Erzählen der Wahrheit und mit historiographischen Werken.[28] Darüber hinaus ist die Verlässlichkeit der Erzählung dadurch verstärkt, dass die Anwesenheit eines auktorialen Ich-Erzählers vermieden ist. Anstelle eines Erzählers, der unvermeidlich

---

[23] Meyer [Anm. 17], S. 58.

[24] Spiegel [Anm. 3], S. 109.

[25] Dennis H. Green, The Beginnings of Medieval Romance. Fact and Fiction, 1150–1220, Cambridge 2002, S. 84–85.

[26] E. Jane Burns, 1209? Death of Walter Map, a Scholar at the Court of Henry II. Arthurian Romance in Prose, in: Hollier [Anm. 11], S. 66–70, hier S. 68. Siehe auch: E. Jane Burns, Arthurian Fictions. Rereading the Vulgate Cycle, Colombus (Ohio) 1985, Kap. 1 und 2; Frank Brandsma, The Eyewitness Narrator in Vernacular Prose Chronicles and Prose Romances, in: Norris J. Lacy (Hg.), Text and Intertext in Medieval Arthurian Literature, New York, London 1996, S. 57–69, hier S. 64–66.

[27] Vgl. Sommer VI, 198,23–199, 3. Siehe auch Sommer V, 190–192 und VI, 391, 3–6.

[28] Siehe auch Richard Trachsler, A Question of Time: Romance and History, in: Carol Dover (Hg.), A Companion to the ›Lancelot-Grail-Cycle‹, Cambridge 2003 (Arthurian Studies 54), S. 23–32, hier S. 28–29.

in Verdacht geraten wäre, die Berichte der Ritter manipuliert zu haben, wird die Erzählung präsentiert von *li contes*. Weil die Geschichte sich selbst erzählt, ist hier offenbar die Rede von der »masking of authorial presence« (Spiegel). Wie Elspeth Kennedy schreibt:

> The author does not intervene frequently in the first person singular; the source of almost all comments or explanations is *li conte*, and it is cited as the authority for the relevance and accurate reporting of all the adventures related.[29]

Eine bemerkenswerte Anzahl mndl. Übersetzungen zeigt, dass der ›Prosa-Lancelot‹ im niederländischen Sprachraum ein beliebtes Werk war.[30] Es sind nicht allein drei Übersetzungen erhalten, diese drei Werke gehen darüber hinaus unabhängig voneinander auf eine gemeinsame afrz. Quelle zurück.[31] Eine der drei Übersetzungen ist in Prosa. Bis vor kurzem bildeten zwei Blätter, die nach ihrem Aufbewahrungsort die »Rotterdamer Fragmente« benannt sind, den kümmerlichen Rest dieses Textes.[32] Eine willkommene Ergänzung stellt die jüngste Entdeckung eines Teils von einem dritten Blatt aus demselben Kodex dar, welcher nach der heutigen Auffassung im zweiten Viertel des 14. Jh.s, vielleicht um 1325, entstanden ist.[33] Über die Herkunft des Übersetzers lässt sich mangels Informationen keine sichere Aussage machen, dennoch scheint Brabant am wahrscheinlichsten.[34] Aufgrund der Datierung der Handschrift kann angenommen werden, dass der Übersetzer im 13. Jh. oder zu Beginn des 14. Jh.s tätig war. Das macht ihn, zusammen mit dem oben erwähnten Autor des ›Sidrac‹, zu einem der Vorreiter der weltlichen mndl. Prosa.[35]

Die zwei anderen Übersetzer des ›Prosa-Lancelot‹ waren zweifelsohne Flamen. Einer von ihnen hat ein Werk verfasst, das unter dem Titel ›Lantsloot vander Haghe-

---

[29] Elspeth Kennedy, Lancelot and the Grail. A Study of the Prose ›Lancelot‹, Oxford 1986, S. 156.

[30] Vgl. Bart Besamusca, The Medieval Dutch Arthurian Material, in: William H. Jackson, Silvia Ranawake (Hgg.), The Arthur of the Germans. The Arthurian Legend in Medieval German and Dutch Literature, Cardiff 2000 (Arthurian Literature in the Middle Ages 3), S. 187–228, hier S. 195–203; Frank Brandsma, The Lancelots of the Lowlands, in: Dover [Anm. 28], S. 205–218.

[31] Vgl. Orlanda S. H. Lie, The Middle Dutch Prose Lancelot. A Study of the Rotterdam Fragments and their Place in the French, German and Dutch ›Lancelot en prose‹ Tradition. With an Edition of the Text, Amsterdam, Oxford u. a. 1987 (Middelnederlandse Lancelotromans 3), Kap. 2; Frits P. van Oostrom, Lantsloot vander Haghedochte. Onderzoekingen over een Middelnederlandse bewerking van de ›Lancelot en prose‹, Amsterdam, Oxford u. a. 1981 (Middelnederlandse Lancelotromans 1), Kap. 1; Besamusca, Kap. 2.

[32] Herausgabe: Lie [Anm. 31], S. 185–205.

[33] Bart Minnen, Geert Claassens, De ›Roman van Lancelot‹ in Middelnederlands proza. Het fragment-Wezemaal, TNTL 121 (2005), S. 169–183. Datierung: Jan Willem Klein, »Het getal zijner jaren is onnaspeurlijk.« Een herijking van de dateringen van de handschriften en fragmenten met Middelnederlandse ridderepiek, TNTL 111 (1995), S. 1–23, hier S. 14, Nr. 49.

[34] Lie [Anm. 31], S. 177–178.

[35] Vgl. Lie [Anm. 9], S. 64.

dochte‹ (Lancelot von der Grotte) bekannt ist. Der Text ist fragmentarisch überliefert auf Blättern, die aus einem Kodex stammen, der aus dem zweiten Viertel des 14. Jh.s datiert.[36] Der flämische Autor, vermutlich tätig im 13. Jh., hat eine Bearbeitung in Versen angefertigt. Vergleicht man die ca. sechstausend erhaltenen Verse mit den korrespondierenden afrz. Episoden, dann zeigt sich, dass der mndl. Dichter die literarischen Innovationen des Originals rückgängig gemacht hat. Die chronikale Darbietungsform, mit ihren genauen Angaben über Raum und Zeit, und die unpersönliche Erzählinstanz sind ersetzt durch den auktorialen Ich-Erzähler und die geographische und chronologische Vagheit, die kennzeichnend sind für einen Artusroman in der Tradition von Chrétien de Troyes.[37] Die Versform von ›Lantsloot vander Haghedochte‹ knüpft nahtlos an diese traditionelle Bearbeitungstechnik an.

Auch der zweite Flame hat eine Übersetzung in Versen angefertigt. Sein Text ist überliefert in der sogenannten ›Lancelot Kompilation‹, einem Brabantischen Zyklus von zehn mndl. Artusromanen, der um 1320–1325 entstanden ist.[38] Die flämische Übersetzung des ›Lancelot-Queste-Mort Artu‹, die den Kern des Zyklus formt, datiert aller Wahrscheinlichkeit nach aus dem 13. Jh. In seiner Bearbeitungstechnik zeigt sich der Dichter empfänglicher für die Innovationen der afrz. Quelle als der Autor von ›Lantsloot vander Haghedochte‹. Aber von einer getreuen Übersetzung kann nicht gesprochen werden. Die mndl. Trilogie ›Lanceloet-Queeste-Arturs doet‹ ist nicht nur in Versen verfasst, auch der auktoriale Ich-Erzähler macht seine Aufwartung. *Daventure*, das mndl. Äquivalent von *li contes*, erzählt die Geschichte, wie sich in Versen wie *Nu gewaget daventure das* (nun sagt die Erzählung, V. 1481, V. 3539) zeigt. Daneben hält ein *Ic* Kontakt mit dem Publikum, in Form von Bemerkungen wie *Nu mogedi horen teser steden* (Nun sollt ihr hier hören, V. 2689) und *hordic tellen* (ich hörte erzählen, V. 3068).[39]

Außer den drei erhaltenen mndl. Übersetzungen des ›Prosa-Lancelot‹ hat es sicherlich eine vierte Übersetzung gegeben. Das wird offenkundig aus einem Kolophon eines rheinfränkischen ›Lancelot‹ in einer Handschrift, die vor 1476 entstanden ist. Dieser Text, der wohl dazu bestimmt war, eine Lücke in der deutschen ›Lancelot‹ Überlieferung zu füllen, endet mit einer häufig zitierten Mitteilung des Autors: *Diß buchelin zu einer stonden/ Hain ich inn flemische geschrieben fonden* (Dies Büchlein habe ich einst in flämischer Sprache geschrieben gefunden).[40] Der deutsche Autor

---

[36] Vgl. die Ausgabe von Gerritsen. Datierung: Klein [Anm. 33], S. 14, Nr. 41.

[37] Vgl. v. Oostrom [Anm. 31].

[38] Siehe Bart Besamusca, The Book of Lancelot. The Middle Dutch ›Lancelot‹ Compilation and the Medieval Tradition of Narrative Cycles, Cambridge 2003 (Arthurian Studies 53). Datierung: Klein [Anm. 33], S. 14, Nr. 23.

[39] Vgl. Bart Besamusca und Frank Brandsma, Between Audience and Source: the First-Person Narrator in the Middle Dutch ›Lanceloet‹, in: Keith Busby, Norris J. Lacy (Hgg.), Conjunctures: Medieval Studies in Honor of Douglas Kelly, Amsterdam 1994 (Faux Titre 83), S. 15–29. Siehe für die Zitate: Besamusca.

[40] Steinhoff II, 766. Siehe auch: Hans-Hugo Steinhoff, Lancelot in Germany, in: Dover [Anm. 28], S. 173–184, hier S. 176; Brandsma [Anm. 30], S. 212.

hatte also eine mittelniederländische Quelle. Dieses Original kann keine der drei überlieferten mndl. Übersetzungen gewesen sein, wie Orlanda Lie nachgewiesen hat.[41]

Exkurs

Die Existenz mehrerer mndl. Übersetzungen ein und derselben altfranzösischen oder lateinischen Quelle ist an sich keine einzigartige Erscheinung. So ist der ›Roman de la Rose‹ zweimal ins Mittelniederländische übertragen worden. Wir kennen eine sehr freie flämische Bearbeitung in Versen um 1290 und eine verkürzende, brabantische Versübersetzung von einem gewissen Heinric, entstanden zwischen ca. 1280 und ca. 1325.[42] Die lateinische ›Vita Lutgardis‹, die Thomas von Cantimpré um 1248 verfasst hat, ist um 1270 von Willem van Affligem in Versen bearbeitet worden. Gegen Ende des 13. Jh.s hat ein gewisser Bruder Geraert den Text übersetzt, erneut in Versen, und im 15. Jh. hat ein anonymer Übersetzer eine Prosaübersetzung angefertigt.[43] Aber durch ihre Furcht gebietende Länge sind die mndl. Übersetzungen des ›Prosa-Lancelot‹ doch beachtenswert. Warum haben so viele Autoren diese enorme Arbeit auf sich genommen?

Zwei Erklärungen drängen sich auf. Es könnte sein, dass die Übersetzer kein Wissen hatten von der Arbeit der anderen. Wir dürfen uns die mittelalterlichen Niederlande und Flandern vermutlich ja nicht als ein gemeinschaftliches literarisches Forum vorstellen.[44] Andererseits machen intertextuelle Anspielungen in mndl. Romanen deutlich, dass Autoren häufig über einen weiten literarischen Horizont verfügten.[45] Vor diesem Hintergrund wäre es denkbar, dass die Übersetzer des ›Prosa-Lancelot‹ – oder vielleicht besser: ihre Auftraggeber – miteinander konkurrieren wollten. Nachdem die erste mndl. Übersetzung der altfranzösischen Quelle angefertigt war, wollten vielleicht die nachfolgenden Autoren eine eigene Übersetzung vorlegen. Die formalen und inhaltlichen Unterschiede zwischen den überlieferten Übersetzungen sind vielleicht als ein Hinweis auf dieses Konkurrenzspiel zu sehen.

---

41 Orlanda S. H. Lie, The Flemish Exemplar of MS W. f°46* Blankenheim, a Fifteenth-Century German Translation of the ›Suite de la Charrette‹, in: Willy Van Hoecke, Gilbert Tournoy, Werner Verbeke (Hgg.), Arturus Rex II: Acta Conventus Lovaniensis 1987, Leuven 1991 (Mediaevalia Lovaniensia 1/17), S. 404–418.

42 Vgl. Dieuwke E. van der Poel, De Vlaamse ›Rose‹ en ›Die Rose‹ van Heinric. Onderzoekingen over twee Middelnederlandse bewerkingen van de ›Roman de la Rose‹, Hilversum 1989, S. 18–20.

43 Vgl. Alphonsus M. J. van Buuren, Lutgart van Tongeren, in: René E. V. Stuip, Cees Vellekoop (Hgg.), Andere structuren, andere heiligen. Het veranderende beeld van de heilige in de Middeleeuwen, Utrecht 1983 (Utrechtse Bijdragen tot de Mediëvistiek 2), S. 115–132. Siehe auch: Erwin Mantingh, Een monnik met een rol. Willem van Affligem, het Kopenhaagse ›Leven van Lutgart‹ en de fictie van de meerdaagse voorlezing, Hilversum 2000 (Middeleeuwse studies en bronnen 73).

44 Vgl. Frits van Oostrom, De waarde van het boek, Amsterdam 1994, S. 11.

45 Siehe u. a. Bart Besamusca, Walewein, Moriaen en de Ridder metter mouwen. Intertekstualiteit in drie Middelnederlandse Arturromans, Hilversum 1993 (Middeleeuwse studies en bronnen 39).

Die Unterschiede zwischen den drei Texten sind in der Forschung wiederholt als Zeichen einer allmählichen Übernahme der Ästhetik des afrz. ›Prosa-Lancelot‹ im niederländischen Sprachraum interpretiert worden.[46] Nach dieser Hypothese repräsentiert ›Lantsloot vander Haghedochte‹ das erste Stadium des Rezeptionsprozesses. Die literarischen Innovationen der afrz. Quelle sind in dieser Bearbeitung nur spärlich übernommen. Der mndl. Dichter wählte die Versform und schwächte den Effekt einer Anzahl von Stilmerkmalen seiner Quelle, wie die chronikartige Erzählweise ohne auktorialen Ich-Erzähler, die Genauigkeit von chronologischen und geographischen Bezeichnungen und den Überfluss an Details, bewusst ab. ›Lantsloot vander Haghedochte‹ zeigt eine durchgehende Kursänderung in Richtung des arthurischen Versromans in der Tradition von Chrétien de Troyes. Das zweite Stadium wäre repräsentiert durch die Trilogie in der ›Lancelot Kompilation‹. Es handelt sich um eine Versübersetzung des afrz. Originals, in der die Innovationen des ›Prosa-Lancelot‹ zu ihrem Recht kommen, mit Ausnahme der Erzählinstanz – neben *daventure* tritt ein auktorialer Ich-Erzähler auf – und, als Wichtigstes, der Prosa-Form. In dem dritten und letzten Stadium wären die literarischen Innovationen des afrz. Romans vollständig adaptiert. Diese Phase ist repräsentiert durch den mndl. ›Prosa-Lancelot‹, der eine recht wörtliche Übersetzung der afrz. Quelle ist.

> Die romantechnischen Erneuerungen, die durch den ›Lancelot en prose‹ eingeführt wurden, waren offensichtlich so revolutionär, dass sie im niederländischen Sprachraum nur Schritt für Schritt, in einem Rezeptionsprozess, der beinahe ein Jahrhundert umfasst, akzeptiert und übernommen werden konnten.[47]

Mit diesen Worten hat W. P. Gerritsen die Hypothese zusammengefasst, als deren Anhänger ich mich in der Vergangenheit gezeigt habe. Aber inzwischen finde ich den Gedankengang nicht mehr so überzeugend. Mein Zweifel beruht auf der impliziten Unterstellung, dass die literarische Kultur des niederländischen Sprachraums uniform gewesen sei. Diese Annahme macht es schließlich möglich, einen in Phasen erfolgten Rezeptionsprozess zu unterstellen. Aber so eine uniforme Kultur scheint am wenigsten wahrscheinlich in einem Gebiet, das aus einer Vielfalt an lokal gebundenen literarischen Zentren bestand. Es ist, mit anderen Worten, ebenso sehr vorstellbar, das irgendwo im Flandern des 13. Jh.s ›Lantsloot vander Haghedochte‹ gedichtet wurde für ein Publikum mit einem konservativem Geschmack, während gleichzeitig, oder sogar eher, man im progressiven Brabant mittels einer getreuen Übersetzung mit den Erneuerungen des ›Prosa-Lancelot‹ Bekanntschaft machen wollte.[48]

---

[46] Vgl. v. Oostrom [Anm. 31], S. 232; Lie [Anm. 31], S. 177; Besamusca, 121.

[47] Willem P. Gerritsen, Vertalingen van Oudfranse litteraire werken in het Middelnederlands, in: René E. V. Stuip (Hg.), Franse literatuur van de Middeleeuwen, Muiderberg 1988, S. 184–207, hier S. 203: »De romantechnische vernieuwingen die door de ›Lancelot en prose‹ werden geïntroduceerd, waren blijkbaar zo revolutionair, dat zij in de Lage Landen slechts stap voor stap, in een receptieproces dat bijna een eeuw omspant, aanvaard en overgenomen konden worden.«

[48] Vgl. Lie [Anm. 9], S. 64. Siehe auch Lie [Anm. 31], S. 177, und Evert van den Berg, Vorm en inhoud: ontwikkelingen binnen de ridderepiek ca. 1200–ca. 1350, De nieuwe taalgids 85 (1992), S. 405–421.

Wie dem auch sei, Tatsache bleibt, dass der ›Prosa-Lancelot‹ zwei Mal in mndl. Verse übersetzt worden ist. Solche Versübersetzungen von Teilen des Lancelot-Gral-Zyklus sind übrigens nicht so einzigartig wie manchmal angenommen wird. In England finden wir eine entsprechende Situation vor.[49] So wie Jacob van Maerlant um 1261 Prosaversionen von Robert de Borons ›Joseph d'Arimathie‹ und ›Merlin‹ in mndl. Verse übersetzte (›Historie van den Grale‹ und ›Boek van Merline‹), so wurde von dem ›Prosa-Merlin‹ vor 1330 eine englische Versübersetzung angefertigt (›Of Arthur and of Merlin‹), wurde etwas später der ›Joseph‹ ins Englische übersetzt (›alliterative Joseph of Arimathie‹) und produzierte Henry Lovelich um 1425 eine englische Versübersetzung beider französischer Texte. Darüber hinaus wurde der Schlussteil des altfranzösischen Zyklus, der ›Mort Artu‹, um 1440 in englische Strophen übertragen (›stanzaic Morte Arthur‹). Ein kleiner Teil von dem ersten Teil des Zyklus schließlich wurde vermutlich 1485 in Schottland übersetzt. Diese Versübersetzung kennen wir unter dem Titel ›Lancelot of the Laik‹.

In einem europäischen Kontext sind die zwei mndl. Versübersetzungen also nicht einzigartig. Aber ihre Form bleibt höchst faszinierend. Warum wurden diese Texte in Verse gefasst? Eine Antwort auf diese Frage verlangt einen größeren Kontext als ich ihn bis jetzt skizziert habe. Die Versprologe der ›Histoire ancienne‹ und des ›Sidrac‹ fungieren als Richtungsanzeiger. Diese Textteile machen deutlich, dass die Kraft der Versform traditionell groß war. Das (weltliche) Publikum fand Verse attraktiv.[50] Wir bekommen festen Boden unter den Füßen, wenn wir mittelniederländische Fachliteratur zur Betrachtung heranziehen.

Nichtfiktionale Literatur in Versen

Auch auf dem Gebiet der sachkundlichen Texte lässt sich beobachten, dass eine Quelle – in diesen Fällen i. d. R. ein lateinisches Original – sowohl in mndl. Versen als auch in Prosa übersetzt worden ist. So hat im 15. Jh. ein Priester aus Ham eine Versübersetzung von einem lateinischen Text über die Kunst des Handlesens angefertigt. Neben dieser ›Cyromanchie‹ zeichnet ein anderer mndl. Autor verantwortlich für die Prosaübersetzung einer lateinischen Chiromantie. Von dem ›Speculum humanae salvationis‹ sind zwei mndl. Übersetzungen erhalten: eine flämische Versübersetzung aus der zweiten Hälfte des 14. Jh.s und eine Prosaübersetzung aus dem 15. Jh. Das ›Elucidarium‹ ist im 14. Jh. in eine Versübersetzung umgewandelt, die unter dem Namen ›Dietsche Lucidarius‹ bekannt ist, und im 15. Jh. in einen Prosatext. Die ›Summa de vitiis‹, ein Traktat über die Hauptsünden, ist im 14. Jh. von einem Flamen

---

49 Vgl. Helen Cooper, The ›Lancelot-Grail-Cycle‹ in England: Malory and his Predecessors, in: Dover [Anm. 28], S. 147–162, hier S. 148–154.

50 Siehe auch Ute von Bloh, Anders gefragt: Vers oder Prosa? ›Reinolt von Montalban‹ und andere Übersetzungen aus dem Mittelniederländischen im Umkreis des Heidelberger Hofes, in: Joachim Heinzle, L. Peter Johnson, Gisela Vollmann-Profe (Hgg.), Übersetzen im Mittelalter. Cambridger Kolloquium 1994, Berlin 1996 (Wolfram-Studien 14), S. 265–293, hier S. 271–273.

in Verse übersetzt worden. Im 15. Jh. ist diese Reimdichtung, der ›Spiegel der sonden‹, in Prosa umgewandelt worden. Die lateinische Legende von Sankt Patrizius' Fegefeuer, das ›Purgatorium Sancti Patricii‹, ist in der ersten Hälfte des 14. Jh.s in mndl. Verse übertragen worden und 1387 in Prosa.

Orlanda Lie hat diesen Vers- und Prosaübersetzungen eine Reihe interessanter Studien gewidmet.[51] Sie hat u. a. gezeigt, dass die gereimten Texte für ein Publikum geschrieben worden sind, das hauptsächlich nicht lateinisch gebildet und weltlich war. Die Prosatexte dahingegen sind für den Gebrauch in Männer- und Frauenklöstern angefertigt. Besonders anschaulich ist der Fall der ›Patricius‹-Texte. Die kodikologischen Tatsachen weisen auf eine sekundäre Rezeption in zwei Milieus hin.[52] Die gereimte Übersetzung befindet sich zusammen mit ›Der leken spiegel‹ (Der Laien Spiegel) des Antwerpener Stadtschreibers Jan van Boendale, der für ein weltliches Laienpublikum schreibt, in einem Kodex. Das ist ein Hinweis darauf, dass auch die ›Patricius‹ Reimdichtung durch ein Laienpublikum rezipiert wurde und wahrscheinlich auch dafür geschrieben worden ist. Dagegen stammen fünf der sieben überlieferten Handschriften samt Prosaübersetzung aus Frauenklöstern oder religiösen Frauengemeinschaften. Das macht es wahrscheinlich, dass das ursprüngliche Publikum auch im religiösen Bereich gesucht werden kann. So gesehen ist es kein Zufall, dass ebenso wie in den mndl. Versübersetzungen des ›Prosa-Lancelot‹ in der gereimten Übersetzung des ›Purgatorium Sancti Patricii‹ ein auktorialer Ich-Erzähler auftritt, der deutlich als Vermittler zwischen der Erzählung und dem Publikum handelt.[53] Der Dichter dieser Geschichte über Patricius scheint einen Text angefertigt zu haben, der durch den Gebrauch der Versform und des auktorialen Ich-Erzählers auf die Erwartungen eines weltlichen Publikums zugeschnitten war.

Dieser Unterschied zwischen Vers- und Prosatexten trifft auch auf das Werk von Jacob van Maerlant zu. Diesem flämischen Dichter aus dem 13. Jh. wird eine große Anzahl von Erzählungen zugesprochen, wie ›Alexanders geesten‹ (ca. 1260), der eben genannte Doppelroman ›Historie van den Grale‹ und das ›Boek van Merline‹ (ca. 1261), ›Torec‹ (ca. 1262) und die ›Historie van Troyen‹ (ca. 1264). Daneben hat er

---

[51] Orlanda Lie, Middelnederlandse artes-teksten in verzen en in proza: een eerste verkenning, in: Alphonsus M. J. van Buuren et al. (Hgg.), Tussentijds. Bundel studies aangeboden aan W. P. Gerritsen ter gelegenheid van zijn vijftigste verjaardag, Utrecht 1985 (Utrechtse bijdragen tot de Mediëvistiek 5), S. 157–173, 348–350; Orlanda S. H. Lie, Middelnederlandse didactische literatuur in verzen en in proza. Van mondelinge voordracht naar leescultuur?, in: Frits van Oostrom, Frank Willaert (Hgg.), De studie van de Middelnederlandse letterkunde: stand en toekomst, Hilversum 1989 (Middeleeuwse studies en bronnen 14), S. 201–221; Orlanda S. H. Lie, De Middelnederlandse vertalers van het ›Purgatorium Sancti Patricii‹: hun medium en publiek, in: Thom Mertens et al., Boeken voor de eeuwigheid. Middelnederlands geestelijk proza, Amsterdam 1993 (Nederlandse literatuur en cultuur in de middeleeuwen 8), S. 124–140, 405–408.

[52] Lie, Purgatorium [Anm. 51], S. 136–137.

[53] Lie, Purgatorium [Anm. 51], S. 130–136. Siehe auch Lie [Anm. 9], S. 53. Vgl. für den Ich-Erzähler als Vermittler zwischen Erzähler und Publikum auch den Beitrag von Frank Brandsma in diesem Band.

Fachliteratur übersetzt. So hat er um 1270 ›Der naturen bloeme‹ verfasst, eine Bearbeitung von ›De natura rerum‹ von Thomas von Cantimpré, und er fertigte gegen Ende seines Lebens, um 1285, den ›Spiegel historiael‹ an, eine Bearbeitung von Vincenz von Beauvais' ›Speculum historiale‹.[54] Lag es nicht auf der Hand, dass Maerlant die imponierend langen Werke der zwei Dominikaner in Prosa übersetzte? Er hätte sich dann der für wissenschaftliche Texte üblichen Form bedient und er hätte sich die Mühe des Reimens sparen können.[55] Und doch schreibt er keine Prosa. Er präsentiert die biologischen und historischen Gegebenheiten in Reimform, in der offensichtlichen Überzeugung, dass auch Verse geeignet seien, wissenschaftliche Informationen zu vermitteln. Wie Orlanda Lie schreibt: »In the eyes of Maerlant, the underlying truth of a written work was clearly not a matter of stylistic form (verse or prose) but of using the right source. «[56]

Die Erforschung der mittelniederländischen Literatur wird erschwert durch die Tatsache, dass wir oft nicht wissen, für wen ein Text geschrieben worden ist. Dank seiner informativen Prologe bildet Maerlant allerdings eine Ausnahme von der Regel. So wissen wir, dass ›Der naturen bloeme‹ dem seeländischen Adligen Nicolaas van Cats gewidmet ist und dass der ›Spiegel historiael‹ im Auftrag von Graf Floris V. geschrieben worden ist. Das sind kostbare Informationen: Beide Texte waren unbestreitbar für hohe aristokratische Kreise in Holland bestimmt. Dies muss der Grund für Maerlants Wahl der Versform sein. Er bedient sich nicht des Mediums der Wissenschaft, weil er seinen Text zuschneiden muss auf die Erwartungen eines weltlichen Publikums. Hans van Dijk ist noch einen Schritt weiter gegangen, indem er unterstellt, dass der Dichter die Reimform als Teil seines Kampfes um Anerkennung als gelehrter Autor gegenüber den populären Erzählern am Hof Floris V. gebraucht:

> Er wählt die Reimform, an die das holländische Publikum gewöhnt war, die Form in der ›Fierabras‹ und ›Willem van Oringen‹ geschrieben sind, um seinen neuen, wissenschaftlichen Inhalt an den Mann zu bringen.[57]

---

[54] Siehe Frits van Oostrom, Maerlants wereld, Amsterdam 1996.

[55] So schreibt er in ›Sinte Franciscus leven‹: *Men moet om de rime souken / Misselike tonghe in bouken* (um der Reime willen muss man verschiedene Sprachen/Dialekte in Büchern suchen). Vgl. Jacob van Maerlant, Sinte Franciscus leven, hrsg. v. P. Maximilianus, Zwolle 1954, V. 131–132.

[56] Lie [Anm. 9], S. 43. Siehe z.B. auch die Fortsetzung der ›Brabantsche yeesten‹: *Ende ic vermete mi, hier op glose, / Desen rijm warechtich als die prose* (und ich wage es zu behaupten, hier zur Erläuterung, dass diese Reimdichtung ebenso wahrhaft ist als Prosa). Vgl. De Brabantsche yeesten of Rymkronyk van Braband, hrsg. v. Jan H. Bormans, Brüssel 1869, Buch 7, V. 18177–18178). Ich danke Jaap Tigelaar für diesen Hinweis.

[57] Hans van Dijk, Maerlant en de fantasten, in: Franciscus A. H. Berndsen, Hans van Dijk, Gert Jan de Vries (Hgg.), Poëtica-onderzoek in de praktijk, Groningen 1993, S. 33–38, hier S. 37–38, Zitat S. 38: »Hij kiest de rijmvorm waaraan het Hollandse publiek gewend was, de vorm waarin ›Fierabras‹ en ›Willem van Oringen‹ zijn geschreven, om zijn nieuwe, wetenschappelijke inhoud te verkopen.«

Ebenso wie die Versprologe der ›Histoire ancienne‹ und des ›Sidrac‹ lassen die gereimte mndl. Übersetzung des ›Purgatorium Sancti Patricii‹und die wissenschaftlichen Verstexte Maerlants erkennen, warum zwei flämische Übersetzer des ›Prosa-Lancelot‹ sich für die Versform entschieden haben. Die Sachtexte belegen die enorme Kraft der Verstradition. An diesen Texten zeigt sich, dass weltliche Zuhörer, Laien wenn man so will, an Verse gewöhnt waren, und diese Form war für sie eine *conditio sine qua non*. Das haben die zwei Flamen gut begriffen.[58]

Deutscher ›Prosa-Lancelot‹

Sehr kurz nach der Entstehung des afrz. ›Prosa-Lancelot‹ ist der Text ins Deutsche übersetzt worden. Das ergibt sich bekanntermaßen aus dem Münchener Fragment, das um die Mitte des 13. Jh.s datiert wird.[59] Dass nur einige Jahrzehnte zwischen dem Original, einer afrz. Version von ca. 1230, und der Übersetzung verstrichen sind, weist darauf hin, dass der ›Prosa-Lancelot‹ einen gravierenden Eindruck auf das zeitgenössische Publikum gemacht hat.

Die kurze Zeitspanne hat der Forschung dann auch Rätsel aufgegeben. Der deutsche Text enthält Niederlandismen.[60] Daraus hat man abgeleitet, dass die Übersetzung über ein mndl. Zwischenstück zustande gekommen ist. Das scheint, wenn man die Popularität des ›Prosa-Lancelot‹ im niederländischen Sprachgebiet betrachtet, eine plausible Annahme zu sein. Aber wie wahrscheinlich ist es, dass innerhalb zweier Jahrzehnte der riesige altfranzösische Text erst ins Mittelniederländische übersetzt wurde und von da aus mindestens zu Teilen (nämlich der Teil, der mit Kluge I korrespondiert, von Lancelots Jugend bis einschließlich der Karren-Episode) ins Deutsche? Unmöglich ist es nicht, aber damit ist auch alles gesagt. Manche Forscher, die diesen Ablauf für höchst unwahrscheinlich halten, nehmen an – das ist eine Hypothese in Ermangelung eines Besseren, dass der Autor des im Moselgebiet entstandenen deutschen ›Lancelot‹ aus dem niederländischen Sprachgebiet stammte.[61]

Der deutsche ›Prosa-Lancelot‹ war, wie es scheint, kein Erfolg. In anderen Werken wird nicht auf diesen Text verwiesen und die handschriftliche Überlieferung ist relativ gering. Einigen Forschern zufolge weisen diese Tatsachen darauf hin, dass der Roman in Deutschland eine isolierte Stellung einnahm.[62] Für die geringe Rezeption sind im

[58] Für England gilt dieselbe Erklärung. Ich zitiere Helen Cooper [Anm. 49], S. 148: »Verse, whether rhymed or alliterative, remained the expected medium for narrative fiction in English until well into the fifteenth century.«

[59] Vgl. u. a. Steinhoff II, 764.

[60] Siehe Pentti Tilvis, Prosa-Lancelot-Studien I–II, Helsinki, Wiesbaden 1957 (Annales Academiae Scientiarum Fennicae B 110). Vgl. auch Steinhoff II, 766.

[61] Vgl. Thordis Hennings, Altfranzösischer und mittelhochdeutscher ›Prosa-Lancelot‹. Übersetzungs- und quellenkritische Studien, Heidelberg 2001 (Beiträge zur älteren Literaturgeschichte), S. 267 und 438. Siehe auch Steinhoff, Lancelot in Germany [Anm. 40], S. 173–174.

[62] Siehe aber auch Joachim Heinzle, Zur Stellung des ›Prosa-Lancelot‹ in der deutschen Literatur des 13. Jahrhunderts, in: Friedrich Wolfzettel (Hg.), Artusrittertum im späten Mittelalter. Ethos und Ideologie, Gießen 1984 (Beiträge zur deutschen Philologie 57), S. 104–113.

Lauf der Jahre viele Gründe angeführt worden. Walter Haug hat von seinem literarhistorischen Standpunkt aus auf den »missing link« in der Übertragung des afrz. Prosaromans nach Deutschland hingewiesen. Weil die Prosabearbeitungen von Robert de Borons ›Joseph d'Armathie‹ und ›Merlin‹ hier nicht übersetzt worden waren, fehlte der geschichtsmetaphysische Artusroman in Deutschland. Spätere Autoren nahmen dadurch keinen literarischen Standpunkt ein in Bezug auf diesen Typ Artusroman, sondern richteten sich ausschließlich auf das Modell von Chrétien. Diese Konstellation, so Haug, »setzte voraus, daß man an der den fiktionalen Typus prägenden Form, am Reimvers, festhielt.«[63]

Andere Erklärungen für die geringe deutsche Begeisterung für den ›Prosa-Lancelot‹ setzen am Inhalt an.[64] So könnte die positive Gral-Utopie Wolframs von Eschenbach, die eine zukünftige friedliche Welt verspricht, den Vorzug erhalten haben vor der negativen Gral-Utopie des ›Prosa-Lancelot‹, der die weltlichen Werte radikal ablehnt. Die Gegenwart Parzivals als Höhepunkt der religiösen Ritterschaft könnte keinen Raum gelassen haben für Galahad, den Gralhelden des ›Prosa-Lancelot‹. Auch die Rolle des vollkommenen Liebhabers war in Deutschland schon vergeben: Nur Tristan und nicht Lancelot kam dafür in Frage.

Eine dritte Forschungsrichtung erklärt den geringen Erfolg des dt. ›Prosa-Lancelot‹ auf Grund seiner Form. Ulrich Wyss fragt sich, »ob es die Materialität des prosaischen Textes selber war, die ihrer Übernahme ins Mittelhochdeutsche hartnäckigen Widerstand entgegensetzte.«[65] Die Prosa sei von deutschen Autoren abgelehnt worden, weil dieses Medium im Gegensatz zum Vers eine getreue Prosaübersetzung verlangt (es sei denn natürlich, dass man die Prosavorlage in Versen bearbeitet hätte, wie es die zwei flämischen Dichter taten). Darüber hinaus habe die Prosa die Phantasie der Autoren blockiert. »Die Romanprosa trennte sich von der schrankenlosen Freiheit des Imaginierens und Spekulierens, die den Reiz der Verstexte ausmachte.«[66] Für die deutschen Autoren war die Prosa zu subtil, zu gelehrt und langweilig.

Durch die Brille eines Niederlandisten habe auch ich die Neigung, zur Erklärung der bescheidenen Rolle des ›Prosa-Lancelot‹ in der deutschen Literatur auf die Pro-

---

63 Haug [Anm. 7], S. 255–258, Zitat S. 258. Vgl. auch Lie [Anm. 9], S. 36–37, und Jürgen Wolf, Artus und sein Gefolge: Zur Tradierung des arturischen Romans in Deutschland und Frankreich, in: Christa Bertelsmeier-Kierst, Christopher Young (Hgg.) unter Mitarbeit von Bettina Bildhauer, Eine Epoche im Umbruch. Volkssprachliche Literalität 1200–1300, Cambridger Symposium 2001, Tübingen 2003, S. 205–220.

64 Vgl. Walter Blank, Zu den Schwierigkeiten der Lancelot-Rezeption in Deutschland, in: Martin H. Jones, Roy Wisbey (Hgg.), Chrétien de Troyes and the German Middle Ages, Cambridge 1993 (Arthurian Studies 26), S. 121–136, hier S. 134–135. Siehe auch Steinhoff, Lancelot in Germany [Anm. 40], S. 183.

65 Ulrich Wyss, Auf der Suche nach dem arthurischen Prosaroman im deutschen Hochmittelalter, in: Ingrid Kasten, Werner Paravicini, René Pérennec (Hgg.), Kultureller Austausch und Literaturgeschichte im Mittelalter / Transferts culturels et histoire littéraire au Moyen Âge, Sigmaringen 1998 (Beihefte der Francia 43), S. 215–227, hier S. 225–227, Zitat S. 225. Vgl. auch Steinhoff, Lancelot in Germany [Anm. 40], S. 183.

66 Wyss [Anm. 65], S. 226.

saform zu verweisen. Aber dabei möchte ich die Betonung nicht auf die Produktionsseite legen, sondern auf die Rezeption des Werkes. Oben habe ich dargelegt, dass zwei flämische Übersetzer Reimversionen des afrz. ›Prosa-Lancelot‹ angefertigt haben, weil das Publikum ihrer Texte eine alles bestimmende Vorliebe für Verse hatte. Diese Erklärung ist auch für die Situation in Deutschland von Bedeutung, vorausgesetzt, dass der dt. ›Prosa-Lancelot‹ für ein weltliches Publikum geschrieben worden ist.[67] Meine – vielleicht etwas provozierende – Behauptung lautet: Der deutsche ›Prosa-Lancelot‹ war nicht erfolgreich, weil er nicht in Versen verfasst ist. Es hat ganz den Anschein, als ob der Autor des dt. ›Prosa-Lancelot‹ einen Einschätzungsfehler machte, als er sich für eine Prosaübersetzung entschied. Das ist auch vorgeschlagen worden für den Autor des mndl. ›Prosa-Lancelot‹.[68] Wie ich zu Beginn meiner Ausführungen sagte, veröffentlichten isländische Mittelständler zu Zeiten von Álfgrímur Hansson gereimte Anzeigen. Ebenso wie die zwei flämischen Dichter von ›Lantsloot vander Haghedochte‹ und ›Lanceloet-Queeste-Arturs doet‹ wussten sie die Attraktivität der Versform besser einzuschätzen als die Autoren des deutschen und (vielleicht) mittelniederländischen ›Prosa-Lancelot‹.

[67] Vgl. Steinhoff, Lancelot in Germany [Anm. 40], S. 176–77.
[68] Lie [Anm. 31], S. 177.

Ulrich Wyss

Ein neuer hoher Stil?

I.

Der hochmittelalterliche Prosaroman hatte es, in der französischen wie in der deutschen Literaturgeschichte, bis vor kurzem schwer. Gehört er überhaupt zur großen Literatur? Was hat er mehr zu bieten als, wie eine namhafte Altgermanistin[1] einmal meinte, »chronikalisches Geschreibsel« das Gegenteil künstlerisch geformter Sprache also, und noch dazu aus einer, wie das ästhetische Vorurteil meinen könnte, minderen Gattung entlehnt? Weder ernstzunehmende Historiographie noch anspruchsvolle Erzählkunst – mit dem ›Prosalancelot‹ war nichts Rechtes anzufangen. Dass die Klassiker des arthurischen Versromans zu den Spitzenwerken ihrer jeweiligen Nationalliteraturen gehören, war dagegen selbstverständlich, vor allem in Deutschland. Hartmann von Aue und Wolfram von Eschenbach werden gelesen, ediert, kommentiert, seit es eine deutsche Philologie gibt; früh beginnt man sie auch zu übersetzen. Lachmanns und Beneckes ›Iwein‹-Ausgabe, abgeschlossen 1825, erschienen 1827, markiert den Beginn einer Beschäftigung mit mittelalterlicher Literatur in deutscher Vulgärsprache, die Standards einer modernen Philologie gerecht wurde – noch vor der Ausgabe des Nibelungenlieds oder der Lieder Walthers von der Vogelweide. Lachmanns Wolfram-Ausgabe folgte dann 1833. Der Artusroman gehörte zum Kern der aus dem deutschen Altertum überkommenen kanonischen Texte. In Frankreich stellt sich die Situation etwas anders dar. Die Literatur des 12. und 13. Jh.s wurde nie zum klassischen kulturellen Erbe der Nation gezählt. Das sehen wir etwa daran, dass in der ‘Bibliothèque de la Pléiade’ des Verlagshauses Gallimard, in welcher die großen Texte der französischen, aber auch der Weltliteratur in edelster Ausstattung, Dünndruck, Ledereinband, Goldschnitt, mit Lesebändchen, versammelt werden sollten, bis vor wenigen Jahren weder Chrétien de Troyes noch Thomas oder Béroul ihren Platz gefunden hatten. Die ‘classiques français du Moyen-Âge’ dagegen waren eine Angelegenheit für die Spezialisten der akademischen romanischen Philologie: unscheinbare grau broschierte Hefte in Kleinoktav, die im wissenschaftlichen Verlag Honoré Champion herauskamen.

Einen ›Lancelot en prose‹ gab es weder dort noch in einer vergleichbaren Reihe. Der Vulgata-Zyklus wurde stattdessen in Amerika gedruckt, unter der Leitung von Heinrich Oskar Sommer in Washington von 1909 bis 1916 in sieben prunkvollen Folio-Bänden.[2] Ein repräsentatives Dokument der angelsächsischen Arthur-Tradition,

---

[1] Ich erinnere mich an eine Äußerung von Roswitha Wisniewski bei einem Heldenepik-Symposion in der Nibelungenstadt Pöchlarn im Jahr 1991.

[2] Sommer I-VII.

wird man sagen müssen, nicht ein Beitrag zur Vergegenwärtigung des galloromanischen Kanons. In Frankreich begann man sich erst um 1980 des vielbändigen Romans anzunehmen. Und das, obgleich Ferdinand Lot schon am Ausgang des Ersten Weltkriegs eine voluminöse Untersuchung des unüberschaubaren Ganzen angefertigt hatte.[3] Lot hatte eine nützliche Nacherzählung des in Sommers unhandlichen Bänden angehäuften Erzählmaterials gegeben und Komposition, Entstehung und Weltbild zu beschreiben versucht. Eine neue, modernen philologischen Standards gerecht werdende Edition begann aber erst Alexandre Micha, der in neun zum Teil sehr voluminösen Oktav-Bänden den ›Lancelot propre‹ erschloss, denen er eine gekürzte Übersetzung ins Neufranzösische folgen ließ – in einer populären Taschenbuchreihe. Auch die ›Queste du Saint Graal‹ und die ›Mort Artu‹ lagen seit Jahrzehnten in modernen Ausgaben vor, die nun übersetzt wurden (Pauphilet, Frappier). Inzwischen begann auch eine zweisprachige Taschenbuchausgabe des ›Lancelot propre‹ zu erscheinen,[4] und schließlich fand der Vulgata-Zyklus Aufnahme ins Sanktuarium der ›Pléiade‹,[5] nicht anders als Chrétien de Troyes, die Branchen des ›Roman de Renart‹ und die Tristan-Romane. Diese späte Kanonisierung verdanken alle diese Texte dem, was man die französische Mittelaltermode der Achtziger- und Neunzigerjahre nennen könnte. Die glanzvollen Leistungen der Historiker aus der Schule der ›Annales‹ – Georges Duby, Emanuel Le Roy Ladurie und Jacques Le Goff vor allem – hatten das Interesse vieler Leser auf Fragen der Mentalitätsgeschichte, des Imaginären und der *longue durée* gelenkt; diese großen Gelehrten und hochbegabten Schriftsteller hatten es auch nie verschmäht, sich mit Bildwerken und Dichtungen abzugeben. An den Habilitationsverfahren von Mittelalterphilologen auch aus der Germanistik waren sie als wichtige Gutachter beteiligt.[6] In den ›Annales‹ konnten Aufsätze von Philologen erscheinen,[7] Literaturwissenschaftler nahmen an den Seminaren von Duby am ‘Collège de France’ und von Le Goff an der ‘École des Hautes Études en Sciences Sociales’ teil.

Damit scheint das Problem des Kanons für den französischen Text sich erledigt zu haben. Er gehört jetzt einfach dazu. Ganz anders der Fall der deutschen Übersetzung. Diese hat ihren Platz in der Literaturgeschichte des Mittelalters immer noch nicht gefunden – geschweige denn einen kanonischen Rang. Gehört er überhaupt in den Kreis der hochmittelalterlichen Literatur? Die Heidelberger Handschrift stammt bekanntlich aus der Mitte des 15. Jh.s; da war der Buchdruck schon erfunden und es begann eine neue Kultur des Erzählens in Prosa zu entstehen, von der etwa die

---

3 Ferdinand Lot, Étude sur le Lancelot en prose, Paris 1918 (Bibliothèque de l’École des Hautes Études 227), Neudrucke 1954 u. ö.

4 Kennedy/Mosès; seither sind weitere Bände erschienen, die Edition ist aber noch nicht abgeschlossen.

5 Le livre du Graal, hrsg. v. Daniel Poirion et al., 2 Bde., Paris 2001 u. 2003 (Bibliothèque de la Pléiade); der dritte Band dieser Edition, die zum ersten Mal seit Sommer I-VII den ganzen fünfteiligen Zyklus bieten wird, steht noch aus.

6 Zum Beispiel Georges Duby im Jahr 1976 bei Daniel Rocher, Jaques Le Goff im Jahr 1983 bei René Pérennec.

7 Christine Marchello-Nizia, Amour courtois, société masculine et figures du pouvoir, Annales 36 (1981), S. 969–982.

›Melusine‹ des Thüring von Ringoltingen zeugt, aber auch der ›Fortunatus‹ und die ›Historia von Doktor Johannes Fausten‹. Ihnen scheint um 1450 die Zukunft zu gehören, während um 1250, als der afrz. ›Lancelot-Roman‹ eine brandaktuelle Novität gewesen war, dessen Übersetzung ins Mittelhochdeutsche nicht aus dem Schatten der Versromane herauszutreten vermochte. In der Germanistik las man sie als Verfallsprodukt der Tradition, für die Hartmann, Wolfram und Gottfried einstanden – und dann als Nachzügler einer mittlerweile obsoleten Literaturform. Was ist der ›Lancelot‹ des Codex Palatinus neben dem ›Amadis von Gallien‹, dem ›Rasenden Roland‹ und dem ›Don Quijote‹? Er passt nicht in den Höhenkamm des Quattrocento und des Cinquecento, aber ebenso wenig in die ästhetisch bescheidene, aber produktive und langlebige Popularkultur dessen, was die Germanistik früher 'Volksbuch' genannt hat. Wie hätten wir das große Ganze lesen sollen? Eine Ausgabe wurde erst sehr spät von einem Außenseiter der Philologenzunft in Angriff genommen, in kleiner Auflage gedruckt und war schnell vergriffen: Reinhold Kluges drei wuchtige Bände, die mit großen Intervallen 1948, 1963 und 1974 herauskamen, sind zunächst wohl kaum gelesen worden. Erst *einer* Generation von Lesern steht der ganze Zusammenhang vor Augen, und erst jetzt, im Herbst 2004, ist er in Steinhoffs bilinguer Ausgabe einigermaßen leicht zugänglich. Dabei ist aber zu bedenken, dass die deutsche Übersetzung nur einen Teil des altfranzösischen Zyklus enthält. Es fehlt die ›Estoire del Saint Graal‹ ebenso wie der ›Merlin‹-Roman, die beide für die Entfaltung des Themas in der europäischen Literatur des 13. Jh.s wichtiges Material exponieren. Sowohl in der portugiesischen und spanischen als auch der italienischen, niederländischen und englischen Literatur gibt es die Lancelot-Graal-Materie nicht ohne die doppelte Vorgeschichte von der Einrichtung sowohl der eucharistischen Tafelrunde des Joseph von Arimathia als auch der weltlichen des Königs Artus, die Merlin, der Zauberer und Prophet, in Szene setzt. So erfordert eine kompetente Lektüre des deutschen Romans ein ganzes Studium von Vorstufen, Parallelen und Weiterentwicklungen in vier oder fünf Literaturdialekten …

Die schiere Masse von Text kann einen Leser in Panik versetzen. Er wird dann versucht sein, das Tempo zu beschleunigen, Seite um Seite in sich hineinzufressen; damit aber wird er gerade nicht erfahren, was den Reiz dieses *roman-fleuve* ausmacht. Es gilt, die Langsamkeit zu entdecken, die in dem parataktischen Satzbau impliziert zu sein scheint. Man muss Eintönigkeit aushalten lernen, um im Immergleichen der Aventiuren die Potentiale des phantastischen wahrzunehmen, das Fascinosum der unscheinbaren Abweichung, den Zauber minimalistischer Variation. Die Aufmerksamkeit des Lesers muss irgendwie frei schweben können: wie die eines Psychoanalytikers, der dem Einerlei der Erzählungen seiner Patienten zu lauschen hat.

Dass man sich für die Materialität des Textes gerade nicht zu interessieren habe, ist als Ausweg aus dieser Schwierigkeit erwogen worden. Joachim Heinzle zum Beispiel meint neuerdings, dass man den mittelalterlichen Text gar nicht mehr zu lesen brauche, seit es die glänzende Übersetzung Hans-Hugo Steinhoffs gibt.[8] Als ob es auf

---

8 Joachim Heinzle, FAZ vom 2. Februar 2004.

den Wortlaut, auf die konkrete Fügung der Sprachzeichen nicht ankäme, weil der Gehalt allein im narrativen Syntagma aufbewahrt ist. Dieses selbst indessen, die erzählte *histoire*, lässt sich nicht einfach so aus dem Durcheinander des realen *discours* herauspräparieren. Schon deswegen nicht, weil der Roman in verschiedenen Fassungen überliefert ist, die, wie in der Edition von Micha, als 'lange' oder 'kurze' nur unzureichend charakterisiert sind. Ähnliches gibt es im Fall des ›Chanson de Roland‹ oder des ›Nibelungenliedes‹ ja auch – aber niemand, und gerade auch nicht Joachim Heinzle, käme auf den Gedanken, man brauche sich dort um den Originaltext nicht zu kümmern. Gegen die Zumutungen von *mouvance* oder *variance* im Dschungel der Textüberlieferung hilft nur Geduld mit dem, was als Text nun einmal auf uns gekommen ist. Die perennierende Unsicherheit jedes Lesetextes hat wohl manchem Leser die Lust auf den Prosaroman erst recht verdorben. Man kann sich auf nichts verlassen, weder auf ein Stemma der Handschriften noch auf eine Genealogie der Fassungen. Dabei erwarten wir von der Aufklärung über die Genese den schnellsten Zugang auch zu dieser ganz und gar labyrinthischen Sache. Wir stellen uns vor, eine Sache sei, wie unübersichtlich auch immer, dann einigermaßen 'in den Griff' zu bekommen, wenn wir wissen, über welche Vorstufen und aus welchem Quellenmaterial sie erarbeitet wurde. Das Wissen um die Entstehungsgeschichte tritt dann leicht an die Stelle einer gediegenen Kenntnis der Sache selbst. Das hat sich mit einem inzwischen bis in die hintersten Winkel der Textüberlieferung ausgeleuchteten Werk wie dem ›Nibelungenlied‹ lange nicht anders verhalten. Karl Lachmanns Thesen über die »ursprüngliche Gestalt« des Epos,[9] aber genauso Andreas Heuslers Rekonstruktion der sagengeschichtlichen Prämissen[10] ersetzten über hundert Jahre lang wenn nicht die sorgfältige Lektüre, so doch eine anspruchsvolle Interpretation des Textes. Mit einem soliden Stammbaum hat man immerhin etwas in der Hand. Das erklärt wohl auch, warum für viele Germanisten, die keine genaue Vorstellung von dem Wirrwarr der altfranzösischen Textüberlieferung haben, die griffige, bequem zitable Hypothese der verehrungswürdigen Kollegin Elspeth Kennedy in Oxford, die da lautet, es habe eine primäre, nicht-zyklische Version des ›Lancelot‹ gegeben, deren Umrisse sich aus dem in der Handschrift 768 der Bibliothèque Nationale gegebenen Text rekonstruieren lasse,[11] sich so ohne weiteres als zustimmungsfähig erwies.

Es ist jedoch die schiere Masse an Wörtern nicht allein, die moderne Leser abschreckt, und auch nicht einfach der Mangel an Kunstwillen und rhetorischer Ambition. Vom hedonistischen Erzählstil der Versromane her gesehen, muss der Prosaroman defizient wirken: als Auflösung einer Form viel eher dann als selbst einem erkennbaren *principium stylisationis* unterliegendes Gebilde. Der pejorative Ausdruck 'Prosauflösung' für die Umarbeitungen mhd. Versromane spricht für sich;[12] auf Fran-

---

9 Karl Lachmann, Über die ursprüngliche Gestalt des Gedichts von der Nibelungen Noth, Berlin 1816; wieder in: Kleinere Schriften zur deutschen Philologie, Berlin 1876, S. 1–80.

10 Andreas Heusler, Nibelungensage und Nibelungenlied, Dortmund 1921.

11 Elspeth Kennedy, Lancelot and the Grail. A Study of the Prose Lancelot, Oxford 1986.

12 Alois Brandstetter, Prosaauflösung. Studien zur Rezeption der höfischen Epik im frühmittelhochdeutschen Prosaroman, Frankfurt 1971.

zösisch sagen wir etwas neutraler 'mise-en-prose', was die Möglichkeit einer Umformung oder Umformatierung, die nicht von vornherein gegen die Vorlage abfallen muss, immerhin offen hält.

II.

Noch einmal: Das doppelte Verdikt »chronikalisches Geschreibsel« hilft uns nicht weiter. Ich möchte das Wesen dieser irritierenden Erzählmanier positiv bestimmen können. Jean Rychner hat das versucht,[13] und zwar anhand der ›Mort Artu‹, also jenes letzten Teils im Zyklus, der sich in mehr als einer Hinsicht von den früheren unterscheidet. Friedrich Wolfzettel meinte einmal,[14] hier habe man es zum ersten Mal mit einem Roman im neuzeitlichen Sinn zu tun: spannend, abwechslungsreich, aufgeladen mit Pathos und Dramatik. Der monotone Minimalismus sei hier am allerwenigsten das Problem. Insofern könnte Rychners Befund gerade für den ›Lancelot propre‹ und die Gral-Partien, also ›Estoire‹ und ›Queste‹, am wenigsten einschlägig sein ... In der Tat, wenn Rychner feststellt, dass die parataktische Verknüpfung von Erzählsätzen das Gesetz einer strikten Kausalität, die eins aus dem anderen mit unerbittlicher Konsequenz hervorgehen lässt, abbilde, definiert er ein strikt syntagmatisches Erzählen, in dem alle aparadigmatischen Variationen aufgezehrt worden sind. Ähnliches ließe sich wohl auch vom Nibelungenlied sagen,[15] dessen Reichsuntergangsfabel einen Vergleich mit der ›Mort Artu‹ ohnehin nahe legt. Die ästhetische Tendenz des Zyklus im Ganzen ist damit aber nicht bestimmt. Paradigmatisches spielt immer mit, im endlosen Durchspielen immer wieder sich herstellender Konstellationen, in der Anhäufung von Rätseln, deren Auflösung im narrativen Syntagma so weit aufgeschoben werden kann, dass man sich ihrer, wenn sie dann fällig wird, gar nicht mehr erinnert. Man denke an die Entführungsabenteuer: Ginover natürlich wird, wie Chrétiens ›Charrette‹ es will, ins Land, aus dem keiner wiederkehrt, entführt, aber auch Artus von der falschen Ginover, Lancelot von eifersüchtigen Feen und so fort. Ich möchte für heute ein fast beliebig gewähltes Textstück vorführen, das am Beginn der Galehot-Handlung steht.

Es handelt sich um Galehots Herausforderung des Artusreichs.[16] Der König kam *de haute none*, also kurz nach drei Uhr mittags, aus dem Wald. Und am Abend (*la nuit*), als er sich zum Abendessen niedergesetzt hatte, *si vint laianz uns chevaliers d'aage, qui mout senbloit prodome. Li chevaliers fu armez fors ses mains et sa teste, et vient tres devant lo roi, s'espee ceinte, ne salue pas lo roi, ançois li dit, tres devant sa table* [...]. Wir stellen fest: Es wurde Nacht, ein Ritter fortgeschrittenen Alters trat in den

---

13 Jean Rychner, L'articulation des phrases narratives dans la ›Mort Artu‹, Neuchâtel, Genève 1970.

14 In der Diskussion zu meinem Vortrag auf der Tübinger Tagung.

15 Vgl. Ulrich Wyss, »Hier ist wirklich mehr epischer Stil als in den Nibelungen«, in: Pöchlarner Heldenliedgespräche 2004, Wien 2005 (im Druck).

16 Micha VII, 46a,1; Steinhoff I, 612; Kennedy/Mosès, 700f. (danach zitiert), Poirion [Anm. 5], Bd. 2, S. 449.

Saal und zwar in Waffen, und er trat sehr nah an die Tafel des Königs, und das ohne ihn zu grüßen. Es sind sehr präzise Informationen über eine Transgression, die in manchem Heldenepos Mord und Totschlag zur Folge hätte. Es bleiben aber auch Fragen offen: Warum ist es Nacht geworden? Warum sah der Ritter wie ein *prodome* aus, sah einem solchen ähnlich, erschien wie ein solcher? Ein Zweifel an seiner Identität wird zumindest angedeutet. Dann formuliert der alte Ritter seine Herausforderung. Artus soll Galehot sein Reich überlassen oder es von Galehot zum Lehen nehmen. Und dann folgt die paradoxe Erläuterung: *Et si tu vuels estre ses hom, il te tandra plus chier que toz les rois qu'il a conquis.* Wie sollen wir das verstehen? »Wenn du einwilligst, sein Dienstmann zu sein, wird er dich höher schätzen als alle Könige, die er erobert hat.« Eine Metonymie, die zu denken gibt! Königreiche werden erobert, nicht Könige. Aber Galehot geht es ja, wie der Fortgang der Handlung zeigen wird, in der Tat nicht darum, Reiche zu beherrschen; er will niemand anders als den besten Ritter der Welt erobern, eben Lancelot, an dessen chevaleresker Potenz der Bestand des arthurischen Imperiums hängt. Lancelot aber wird er mit den Mitteln des ritterlichen Krieges nicht erobern.

Der König antwortet mit aller gebotenen Grandezza: *Biaus sire, fet li rois, ge ne tign onques terre de nului fors de Deu, ne ja de cestui ne la tandrai.* Der alte Ritter entgegnet darauf: *Certes, fait li chevaliers, ce poise moi, car tu an perdras honor et terre.* Warum bekümmert es den Herausforderer? Ist es eine als Mitfühlen maskierte Drohung? Es gibt Subtexte, verschwiegene Zusammenhänge, Andeutungen, deren Sinn sich nicht sogleich erschließt. Jedenfalls nicht allein aus der Logik der gerade dargestellten Szene. Der dramatische Auftritt erklärt nicht alles, was gesprochen wird. Der Ritter verabschiedet sich dann, nach erneutem Wortwechsel, mit einer pathetischen Exklamation: *Ha! Dex, quel dolor et quel male aventure!* Die Prägnanz dieser Phrase fällt auf, sie lässt sich wie ein Endecasillabo lesen (Die mhd. Übersetzung hat das rhythmische Profil nicht zu erhalten gewusst: *Hey herre got, welch jamer und welch groß ungemach ist diß!*). Die Atmosphäre ist mit Ahnungen geschwängert, mit Perspektiven, die gar nicht abzusehen sind. Das unterscheidet derlei Wortwechsel von einem rhetorischen Imponiergehabe, wie es in den Reizreden der Heldenepik gang und gäbe ist. Es handelt sich eben gerade nicht um ein Reden, das den Gegner beleidigen und dadurch zum Reagieren aufstacheln will, sondern um das Anrufen einer unabsehbaren Zwangsläufigkeit. Auch das ist Rhetorik, aber eine, die eher in Auftritten denkt als in diskursiven Nummern. In der Oper würden wir sagen: Es geht ums dialogisierte, beziehungs- und anspielungsreiche *recitativo accompagnato* mit großem Orchester, nicht um monologisierende Arien, die ihre eigene Spannung aus dem Augenblick aufbauen können. Es gibt sehr wohl repetitive Momente, aber nicht als rhetorisches *Da capo*, sondern im dramatischen Dialog. So wenn der Ritter drohend sagt: *Ce poise moi, car tu en perdras honor et terre;* Artus erwidert kurz darauf: *Et quand vostre sires me toudra ma terre, ce pesera moi, mais il n'en avra ja pooir.* Dieses doppelte *ce poise moi / ce pesera moi* verweist auf Dinge, die nicht abzusehen sind. Warum ist Artus so sicher, dass Galehot nie Gewalt über sein Reich haben wird? Und warum würde eine Niederlage des Artus den Mann Galehots bekümmern? Beide drücken ein virtuelles Bedauern aus. Und beide werden auf lange Sicht ja auch Recht behalten: Galehot wird sich seiner Eroberungen so wenig erfreuen können wie die Herrschaft des Artus Bestand haben wird. Man könnte die Atmosphäre, die hier erzeugt wird, als eine der verallgemeinerten tragischen Ironie bezeichnen. Fast jedes, auch das unscheinbarste Wort gibt, wenn wir zum zweiten oder dritten Mal darauf blicken, einen Doppel- oder einen Hintersinn frei. Dass solche Auftritte schlicht nach dem Modell irgendwelcher Adelschroniken gearbeitet sein sollen, kann ich nicht glauben. Das muss nicht heißen, es gebe in der Historiographie nichts Vergleichbares – warum soll eine gut geschriebene Chronik nicht auf narrative Methoden zurückgreifen, die wir aus der Romanlektüre kennen?

III.

Sind wir mit diesen Beobachtungen einer positiven Bestimmung des Prosastils im ›Lancelot-Roman‹ näher gekommen? Es handelt sich, soviel ist klar, um eine ernste Materie, um Geschichten, in denen es nichts zu lachen gibt, und um Geschichten, die ausschließlich unter Personen von Stand spielen und von erotischer Passion und von Waffentaten handeln: um erhabene Gegenstände also. Dafür ist bekanntlich auch im Mittelalter nicht die Prosa zuständig. Doch was im antiken Epos Erhabenheit war, ließ sich in der christlichen Literatur des Mittelalters nicht einfach reproduzieren. Was das ‘Erhabene’, der ernste, hohe, schwere Ton unter den Bedingungen einer christlichen Ästhetik sein kann, ist seit der Spätantike immer wieder diskutiert worden. Die Frage steht im Zentrum des literarästhetischen Denkens von Erich Auerbach, ist vor vierzig Jahren von der Forschergruppe »Poetik und Hermeneutik« wieder aufgegriffen worden.[17] In dem Kapitel seines späten Buches über Literatursprache und Publikum, das er der kriegerischen Jungfrau Camilla gewidmet hat, kommt Auerbach ganz direkt auf unser Thema zu sprechen. Die Pathosformeln der vergilianischen Verssprache (Aeneis VII, 803.817) kehren in den entsprechenden Szenen des afrz. ›Roman d’Enéas‹ nicht wieder. Statt der schroffen Fügungen, der gewagten Hypotaxen, der aufregenden Epitheta begegnet uns ein ziemlich unaufgeregter Tonfall, ein elegant-gefälliges, irgendwie weltmännisches Daherreden, ein durch und durch unerhabener Stil. Die erhabene Materie kommt im mittleren Stil daher, das Epos eben als Roman. Demgegenüber, so Auerbach, hat die *Chanson de geste* einen neuen, ganz und gar unantikischen hohen Stil ausgearbeitet. Er bezieht seine Energien aus einer primären Oralität, seine Formeln sind ungeschwätzig, nicht immer erlesen, oft mit grotesk-schwankhaften Elementen gemischt. Es handelt sich um ein Pathos, das sich gerade nicht der Reinheit ästhetischer Prinzipien verdankt, sondern der Vitalität einer noch nicht restlos literarisierten Erzählkultur. Die vulgärsprachliche Erzählprosa dagegen, fährt Auerbach

---

[17] Erich Auerbach, Mimesis, Bern 1948; ders., Literatursprache und Publikum in der lateinischen Spätantike und im Mittelalter, Bern 1958; vgl. Hans Robert Jauss (Hg.), Die nicht mehr schönen Künste. Grenzphänomene des Ästhetischen, München 1968 (Poetik und Hermeneutik 3).

fort, ist im 13. Jh. noch nicht fähig, anspruchsvolle Stilfiguren hervorzubringen. Vor allem fehlt ihr die Kraft zum kunstvollen Periodenbau, der den *stylus gravis* oder *sublimis* kennzeichnen müsste.

Doch Auerbach löste dann das Problem des hohen Stils von den traditionellen Kriterien der Stiltrennung ab. Neu ist in der Literatur des Hochmittelalters, dass mit dem Minnesang ein ursprünglicher, nicht aus der Antike herzuleitender hoher Ton erfunden wurde. Und ein neues Thema: die Liebe als tragisches, erhabenes Sujet. »Das ist«, schreibt Auerbach, »eine der wichtigsten Wendungen der europäischen Dichtungsgeschichte.«[18] In seinem epochemachenden Dantebuch hatte er schon im Jahr 1929 'den Provenzalen', also der Troubadourlyrik des 12. und 13. Jh.s, den entscheidenden Schritt zu einer »Wiedergeburt der echten Mimesis« zugeschrieben.[19] Damit soll dann dem jungen Dante der Weg bereitet worden sein zu einer Dichtung, die es mit der Wirklichkeit von Zeit und Ewigkeit ganz ernst meinen wollte. Die Tristanromane übertragen das neue Pathos des Erotischen in die epische Dichtung, auch der ›Lancelot en prose‹, der eine radikale Liebespassion ins Szene setzt, spielt da eine Rolle; Auerbachs Rekonstruktion dieses Vorgangs zielt jedoch auf die ›Divina Commedia‹. Sie erst habe die »Wiedergeburt des Erhabenen« mit allen Konsequenzen zustandegebracht. Dantes Imagination einer unübertrefflich emphatischen weil bedingungslos empathischen Romanlektüre spricht für sich, nicht nur in Erich Auerbachs Augen. Paolo Malatesta und Francesca da Rimini lasen bekanntlich im Prosalancelot vom ersten Kuss der Königin und des besten Ritters der Welt, und lasen dann nicht weiter (Inferno V, 121–138). Die Sünde der *luxuria* wird mit ewiger Verdammnis gestraft, Dantes Mitgefühl aber kennt keine Grenzen. Er fällt nieder wie ein toter Menschenleib: *e caddi come corpo morto cade [...]* Doch als Lektüreanweisung für den Prosaroman kommt der fünfte Gesang des Inferno nicht in Frage. Dantes Mitleiden leitet sich nicht direkt aus einer rezeptionsästhetischen Position ab. Er leidet mit den Lesern Paolo und Francesca, weil er sich mit ihrer Lust am Text solidarisiert; nicht aber fragt er nach der hermeneutischen Legitimität ihrer Lektüre. Einen hohen Stil, der Furcht und Mitleid zu erzeugen vermocht hätte, fand er, der Schüler Vergils, in der altfranzösischen Prosa mit Sicherheit nicht.

Das muss indessen nicht heißen, dass das *vulgare prosaicum* nicht ernst zu nehmen war. In dem Traktat über das Dichten in der Volkssprache schrieb Dante der Sprache des *oil*, also dem Altfranzösischen, eine besondere Eignung für das prosaische Schreiben zu[20] und gab als dafür in Frage kommende Themen die Bibel sowie die Gesten der Trojaner und Römer und, neben »allerlei anderen Geschichten« die »sehr schönen Abenteuer des Königs Artus« an: *regis Arturi ambages pulcherrimae*. Es sind also durchaus ernste Dinge, die sich in französischer Prosa abhandeln ließen, und nicht nur die biblischen Geschichten, die ohnehin in Prosa vorlagen und der Übertragung in

---

[18] Erich Auerbach, Literatursprache und Publikum in der lateinischen Spätantike und im Mittelalter, Bern 1958, S. 162.

[19] Erich Auerbach, Dante als Dichter der irdischen Welt, Berlin 1929, S. 28f.

[20] Dante Alighieri, De vulgari eloquentia, I c.10.

Verse nicht unbedingt bedurften. An einer anderen berühmten Stelle, als er im Purgatorium den Troubadour Arnaut Daniel antrifft, sagt Dantes Lehrer, der bolognesische Liederdichter Guido Guinizelli von diesem: *fu miglior fabbro del parlar materno./ Versi d'amore e prose di romanzi soverchiò tutti* (Purgatorio XXVI, 117f.) – »er war der beste Schmied der mütterlichen Sprache. In Versen von der Liebe und in der Romanprosa übertraf er alle.« (Wörtlich übersetzt: »er übertraf alle Liebesverse und Romanprosen«). Das heißt wohl: Arnaut Daniel erreichte das Nonplusultra an poetischer Qualität. Die Romanprosa steht da direkt neben der Liebeslyrik, die für Dante das vornehmste Genus vulgärsprachlicher Dichtung war – bis er mit seiner ›Commedia‹ ein unerhörtes, inkommensurables Exemplar trobadoresken Frauenlobs schuf. Aus dieser Sicht wird der Unterschied von *versi d'amore* und *prose di romanzi* gegenstandslos.

In unserer Frage hilft also auch Dantes Autorität nicht weiter. Sie bestätigt uns nur, dass man es mit dem Roman ernst meinen kann. Er muss nicht mit Notwendigkeit als zweitrangiges *genre* rangieren. »Im Sklaven fängt die Prosa an« hatte Hegel geschrieben, als es in seiner Ästhetik um die aesopische Fabel ging.[21] Das sah Dante offensichtlich anders. Der prosaische Roman hat seine Dignität, die Lancelot-Lektüre der vornehmen Liebenden aus Rimini bezeugt es ebenso wie die Nennung der Romanprosen im Zusammenhang mit Arnaut, den Dante als den größten der vulgärsprachlichen Dichter verehrte. In der mittelalterlichen Literarästhetik dagegen ist dafür kein Platz. Jeder, der sich mit unserer Frage beschäftigt, wird früher oder später auf jenen Versprolog zu einer Chronik der Herrschaft Philippe Augustes stoßen, der die Wahl der Prosa folgendermaßen rechtfertigt: *Issi vos an feré le conte/ Non pas rimé, qui an droit conte,/ Si con li livres Lancelot/ Ou il n'a de rime un seul mot*[22] – der Roman gibt das Vorbild für ein allein der Wahrheit verpflichtetes Erzählen, wie es jedem Historiker wohl ansteht, ab. Im Reim dagegen residiert die Lüge: *Car anviz puet ester rimee/ Estoire ou n'ait ajostee/ Mançonge por fere la rime.* Auf Deutsch: »denn schwerlich kann eine Geschichte gereimt werden, ohne dass man um des Reimes willen Lügen hinzugefügt hätte.« Heißt das, dass unser Prosaroman, ohne alles Reimen, doch als eine Art Chronik zu gelten hat? Dann hätten die Kritiker, die bloß »chronikalisches Geschreibsel« diagnostizieren, irgendwie recht ... Vielleicht lässt sich dieser Konsequenz ausweichen. Dass es hier wenig rhetorischen Prunk gibt – nicht aber überhaupt keine Rhetorik, wie wir gesehen haben –, zwingt uns, das Stilprinzip anders zu bestimmen als mithilfe der traditionellen Kriterien der Erhabenheit. Könnte es nicht um ein Pathos der Nüchternheit gehen, um eine im frühen 13. Jh. unerhört neue Sachlichkeit? Der alte Goethe hatte zu Eckermann gesagt: »Um Prosa zu schreiben, muß man etwas zu sagen haben; wer aber nichts zu sagen hat, der kann doch Verse und Reime machen, wo denn ein Wort das andere gibt und zuletzt etwas

---

[21] Georg Wilhelm Friedrich Hegel, Ästhetik, Bd. 1, hrsg. von Friedrich Bassenge, Berlin und Weimar 1965, S. 376.

[22] Ich zitiere nach: Ulrich Mölk (Hg.), Französische Literarästhetik des 12. und 13. Jahrhunderts, Tübingen 1969 (Sammlung romanischer Übungstexte 54), S. 102f.

herauskommt, das zwar nichts ist, aber doch aussieht, als wäre es was.«[23] Der Romanist Michel Zink drückt es ähnlich aus: »Cette prose [...] prétend à la vérité et tend à l'exhaustivité.«[24] Wahrheit ist aber nicht einfach da und lässt sich in Worten referieren, und auch die Vollständigkeit eines Erzählberichts versteht sich nicht von selbst; beides ergibt sich aus dem, was als Narration einleuchtet, Wahrheit ist nichts anderes als ein Effekt der *écriture*. Der Roman kann tausendmal als *histoire*, als Chronik, als ganz und gar wahrheitsgetreuer Bericht daherkommen – er ist nichtsdestoweniger Fiktion, ein aufwendiges *simulacrum* von Historiographie, das überdies einfach behauptet, nichts wegzulassen. Dabei legt gerade die kunstreiche Technik des *entrelacement*, das Verflechten heterogener Erzählstränge, den Verdacht nahe, dass die Welt, die der Roman so unsubjektiv einfach abzuspiegeln vorgibt, sehr wohl konstruiert ist; im epischen Weltgewebe klaffen Löcher, das Weltwissen kommt nicht *hic et nunc* auf den Tisch, sondern wird kunstreich manipuliert. Die Exhaustivität dieser Prosa nährt sich von unendlich vielen Ellipsen ...

Was ein ganz und gar authentischer Prosastil in einer europäischen Vulgärsprache wäre, hat seinerzeit der große Nordist Andreas Heusler vorzustellen versucht. Die Isländer-Saga nämlich ist nicht aus der Übertragung lateinischer Stilmuster in die Volkssprache entstanden, sondern, so Heusler, »erwuchs aus dem Erzählen des Lebens.«[25] Einem Erzählen von durchaus schriftunkundigen Bauern, das sich nicht der sonst in aller *oral poetry* geläufigen Stilisierungsmittel von Vers und Rhythmus und Reim bedient. Die Saga ist »kein Kind der Schreibstube«, ist »nicht an lateinischen Vorlagen gezüchtet«, sondern bietet einen singulären Ausnahmefall: eine ganz unliterarische Literatur, nicht nur, sondern auch eine ganz unpoetische Poesie. »Die Sprache«, fährt Heusler fort, »fügt sozusagen dem Inhalt nichts bei. Sie sitzt dem Inhalt faltenlos an. Ohne Bild: der Erzähler denkt nur an den Inhalt, will ihn unbeschadet herausbringen. Darin liegt eine denkwürdige Enthaltsamkeit. Die Erzähler üben sie triebhaft.« Das ist ein philologisches Phantasma. Wie stellen wir uns einen Erzähler vor, der »nur an den Inhalt denkt«? Eine Dialektik von Form und Inhalt ist immer am Werk, auch der absolute Gehorsam einer sprachlichen Äußerung gegenüber ihrem Inhalt ist eine Form. Das hatte schon jene afrz. Chronik, von der ich eben sprach, nicht kapiert, die den Reim für den Sitz der Lüge in der Erzählung historischer Wahrheit gehalten hatte und ausgerechnet den Lancelotroman als Vorbild empfahl. Doch Heuslers Konstrukt einer Literatursprache, die aller europäischen Schriftkultur exterritorial wäre, enthält einen für unseren Zusammenhang interessanten Gedanken. Ist das, was Heusler »undichterisch, unrednerisch, unpapieren« nannte, nicht eben das, was wir am Prosaroman zu beschreiben versuchen? Das ausgenüchterte Erzählen, das seine Rhetorik nach innen wendet – finden wir es nicht in der Saga wieder? Gibt

---

23 Gespräch vom 31. Januar 1831, zitiert nach Johann Peter Eckermann, Gespräche mit Goethe in den letzten Jahren seines Lebens, hrsg. von Fritz Bergmann, Frankfurt und Leipzig 1962, S. 209.

24 Michel Zink in seiner Vorrede zur Ausgabe von Kennedy/Mosès, 5.

25 Andreas Heusler, Die altgermanische Dichtung, Berlin 1941 (Handbuch der Literaturwissenschaft), S. 228f.

es Universalien früher Prosa, die unabhängig vom kulturellen Kontext zu beobachten sind, also im nördlichen Frankreich genauso wie in Skandinavien, im altfranzösischen wie im altnordischen Erzählen, im aventiureseligen Ritterroman nicht anders als in Berichten von der Frühzeit der Besiedlung Islands? Beide Corpora sind nie verglichen worden, weil die 'nordische Philologie' – Heusler ist dafür das prominenteste Beispiel – auf der Autochthonie der nordgermanischen Kultur beharrte, welche von Latinität und Christentum viel weniger kontaminiert schien als die der anderen Germanenvölker. So hat auch niemand untersucht, wie sich die altnordischen Übersetzungen westeuropäischer Ritterromane als Prosatexte zu ihren versifizierten Vorlagen verhalten – und zu den Transpositionen von Versromanen in den Prosazyklen. Gibt es, zum Beispiel, Gemeinsamkeiten zwischen der ›Tristramssaga ok Ísondar‹, der ersten der so genannten 'Rittersagas', und der Bearbeitung von Chrétiens ›Roman de la Charrette‹ im ›Lancelot en prose‹? Beide sind um 1230 entstanden, aber nie nebeneinander gelegt worden.

Was die Wiedergeburt des Erhabenen in der Epoche des Ritterromans angeht, so gibt es eine Alternative zur Humilität der Prosa ohne Reim und Lüge. In der deutschen Literatur liegt sie in der Komplizierung der Versform. Man begnügt sich nicht mehr mit dem tendenziell kunstlosen Parlando des Reimpaarverses, sondern setzt ihm allerlei metrische Vertracktheiten zu. Zum Beispiel einen Prolog in Strophenform wie in Gottfrieds ›Tristan‹ und mehrfach bei Rudolf von Ems oder Konrad von Würzburg. Man unterbricht den 'Jambentrott' (wie Heusler gesagt hätte) durch dreimal reimende Zeilen, durch strophische Einschiebsel, interpoliert lyrische Formen wie Ulrich von Lichtenstein in seinem ›Frauendienst‹ – oder man setzt gleich auf eine komplizierte Strophenform. So Wolframs ›Titurel‹-Fragmente und dann der ›Jüngere Titurel‹, der ›Lohengrin‹ bis hin zu Ulrich Fuetrers langwierigem Lancelot-Roman, in dem der Protagonist unter dem Namen Lannzilet auftritt. Es ist das Streben nach metrisch-rhythmischer Enthomogenisierung des Erzähltextes, das Pathos und Grandiosität erlaubt, weitab von dem Minimalismus der frühen Romanprosa (dass solcher Differenzierung ihrerseits eine geschichtsphilosophische Tendenz zum modern Prosaischen, problematisch Romanhaften innewohnen könnte, habe ich seinerzeit überlegt, als ich Wolframs ›Titurel‹ im Licht der Reflexionen von Georg Lukács und Walter Benjamin zu lesen unternahm).[26]

Die andere Strategie zielt auf eine rückhaltlose Rhetorisierung der Erzählprosa. Sie wird 150 bis 200 Jahre auf sich warten lassen. In der Prosa des ›Decameron‹ feiert sie ihre ersten Triumphe. Boccaccio schreckt vor keiner hypotaktischen Großartigkeit zurück, mischt pathetische und populäre Register, montiert auch immer wieder prägnant artikulierte Elfsilblerverse in seinen Zusammenhang.[27] Rhetorischen Prunk entfaltet dann aber vor allem der Ritterroman des 16. Jh.s, allen voran der ›Amadis de

---

26 Vgl. Ulrich Wyss, Selbstkritik des Erzählers. Ein Versuch über Wolframs Titurelfragmente, ZfdA 103 (1974), S. 249–289, hier S. 257.

27 In der kommentierten Ausgabe Giovanni Boccaccio, Decamerone, a cura di Vittore Branca, Turin 1980 (Universale Einaudi 169) sind diese *endecasillabi* jeweils nachgewiesen.

Gaúla‹, aus dem regelrechte Anthologien von Highlights der Beredsamkeit ausgezogen wurden. Eine Ahnung davon bekommt auch der Leser des ›Don Quijote‹. War es doch, etwa im Falle des Feliciano da Silva (1492–1558), vor allem *la claridad de su prosa y aquellas entricadas razones suyas,* die dem Junker aus La Mancha wie Perlen vorkamen. Also etwa Sätze wie: *La razón de la sinrazón que a mi razón se hace, de tal manera mi razón enflaquece, que con razón me quejo de la vuestra fermosura.*[28] Derlei *tours de force* nicht zuletzt waren es, die den passionierten Leser von Romanliteratur um den Verstand brachten.

Der Prosalancelot hat damit noch nichts zu schaffen. Er inszeniert einen irritierend unscheinbaren *sermo humilis*, der indessen mit der Sklavenprosa des Aesop so wenig zusammenhängt wie mit dem niederen Stil der heiligen Schrift.[29] Es ist die Geste einer hochmütigen Mimikry. Der Roman zitiert Formen der geistlichen Literatur und der Historiographie – aber nur, um sie ins Pseudohistorische, Pseudoreligiöse zu wenden. ›Die Suche nach dem heiligen Graal‹ ist kein Theologoumenon, und die ›Mort Artu‹ keine bretonische Realgeschichte. Die Romane tun nur so. Der scheinbar schlichte Stil maskiert das Gegenteil der Demut. Gerade im Verzicht auf die Zeichen der Erlesenheit, die auf den ersten Blick zu entziffern wären, tut sich die unübertreffliche Exklusivität kund. Der Roman geht, indem er den rhetorischen Manierismus auszunüchtern vorgibt, aufs große Ganze. Er unternimmt eine Erzählung vom Anfang und Ende einer ganzen Welt aus Liebe, Rittertum und Abenteuer, wie es sie noch nicht gegeben hatte. Schon gar nicht in Versen.

---

[28] Miguel de Cervantes Saavedra, El ingenioso Hidalgo Don Quijote de la Mancha, Bd. 1, Madrid 1985, S. 72; deutsch etwa: »Der Grund des Grundlosen nimmt meinem Grund den Grund auf solche Weise, daß ich mit Grund mich über eure Schönheit beklage« zitiert nach der Übersetzung von Anton M. Rothbauer, Gesamtausgabe in vier Bänden, Bd. 2, Stuttgart 1964, Nachdruck Frankfurt 1997, S. 40.

[29] Vgl. dazu Erich Auerbach, Sacrae scripturae sermo humilis, in: Gesammelte Aufsätze zur romanischen Philologie, Bern 1967, S. 21–26.

Elisabeth Schmid

Vers und Prosa

Die Erzählmanier in der Karrenritterepisode

1. Präliminarien

Dass sich die Dichtung in der Wandlung zum Prosaroman stilistisch an der Chronik orientiert, ist natürlich ein Gemeinplatz. Die parallele Lektüre von Chrétiens ›Karrenritterroman‹ (um 1180) und der entsprechenden Episode des ›Prosa-Lancelot‹ (um 1220) bestätigt denn auch erwartungsgemäß den Befund, dass die prosaische Form mit den ästhetischen Prinzipien des Versromans bricht. Allerdings muss ich gestehen, dass es mich doch beinahe bestürzt hat, zu sehen, wie konsequent und bis ins Detail die Prosa die Errungenschaften des Versromans über Bord wirft. Beim vergleichenden Lesen springen als kapitale Verwerfungen zuerst die massiven Streichungen ins Auge, namentlich die Elimination der ovidianisch inspirierten Rhetorik und der höfischen Liebespsychologie. Mag Lancelot bei Chrétien auch äußerst wortkarg sein, und sind auch die Verlautbarungen der Königin von lapidarer Kürze, so ist doch etwa das Streitgespräch, das in Lancelots Herz Amor mit seinem Verstand führt (Jauss-Meyer, 364–381) oder die Beichte, welche die Königin bei sich selbst ablegt (vgl. Jauss-Meyer, 4200–4262), von lebhaftester Eloquenz. Solche Selbstgespräche und Reflexionen, welche uns den inneren Zwiespalt der Figuren erklären, fallen in der Prosa weg. Sie tilgt auch ungerührt die religiöse Semantik aus der Liebespassion und filtert aus den Ekstasen des Helden die Dramatik heraus. Die Szene zum Beispiel, in der Lancelot angesichts eines Haarbüschels aus dem Kamm seiner Dame in Trance verfällt, wird, wie bereits Myrrha Lot-Borrodine bemerkte, in der Prosa regelrecht abgewürgt.[1]

Überhaupt betreibt die Prosa nach Kräften die Neutralisierung der in der Versfassung angelegten metaphorischen Dimension. Denken wir zum Beispiel an das Abenteuer der gefährlichen Lanze, an das gefährliche Bett, auf dem Lancelot seine erste Herausforderung erleben soll. In Chrétiens Dichtung wird es dem unwürdigen Karrenritter als Bett, das eines Königs würdig gewesen wäre, verboten: *Bien fust a oés un roi metables* (Jauss-Meyer, 514). Um Mitternacht fährt aus der Decke eine Lanze herab, wie ein Blitz, mit der Eisenspitze nach unten und wollte den Ritter durch die Flanken ans Bett heften auf dem er lag:

---

[1] Myrrha Lot-Borrodine, L'épisode de la charrette dans le Lancelot en prose et dans le poème de Chrétien de Troyes, in: Ferdinand Lot, études sur le Lancelot en prose. Augmenté d'un septième appendice dû a Myrrha Lot-Borrodine, 2. Aufl., Paris 1984 (Bibliothèque des Hautes Études 226), S. 391.

Vint une lance come foudre,
Le fer dessoz, et *cuida coudre*
Le chevalier parmi les flancs (Jauss-Meyer, 519–521).

Das Eisen streift den Ritter an der Seite, schürft ihm etwas Haut ab, verletzt ihn indessen nicht. Diese Szene erinnert natürlich an eine vergleichbare Konstellation im ›Conte del Graal‹. Dort wird die Lähmung des Fischerkönigs einem Wurfspeer zugeschrieben, der ihn verstümmelte, indem er ihn zwischen beiden Hüften verletzte (*Parmi les hanches anbdeus*).[2] Die intertextuelle Parallelstelle zum einen und der Erzählkontext zum andern lassen es nicht verfehlt erscheinen, die gezielte Aggression aus der oberen Region in dieser Szene als Kastrationsdrohung zu lesen. Die Prosa hingegen spricht lediglich von einem kostbaren Bett, allerdings von einer Pracht ohnegleichen (Micha II, 36,32). Weggefallen sind auch die Zielrichtung der Lanze sowie die mysteriöse Andeutung einer absichtsvollen Aktion (vgl. Micha II, 36,34). Damit ist der durch Chrétien insinuierte Nebensinn in der Gestaltung der Prosa getilgt. Das heißt jedoch keineswegs, dass die Erzählung spannungslos geworden wäre. Sie schürt lediglich unser Interesse für etwas anderes, nämlich die Bedrohung von Lancelots Inkognito. Darauf werde ich zurückkommen.

Mit dem Vers legt die Erzählung nicht zuletzt die formale Schönheit ab; sie verzichtet auch auf ironischen Doppelsinn, auf Wortspiele und witzige Pointen, auf komische Effekte, welche der Reim, namentlich der homonyme Reim, jedenfalls in der Chrétien eigenen Meisterschaft, erzeugt. Hierzu ein Beispiel aus der nächtlichen Szene, in der Lancelot sich zu den Gemächern der Königin durchschlagen muss. Da wird im Versroman eine aus der Gartenmauer herausgebrochene Lücke mit leichter Hand in dem Augenblick hin gezaubert, als Lancelot die Öffnung braucht, um hindurch zu schlüpfen: *Et de ce li est bien chëu Qu'une piece del mur chëu Ot el vergier novelemant* (Jauss-Meyer, 4589–91). (Und es traf sich gut für ihn, dass vor kurzem ein Stück aus der Gartenmauer herausgefallen war.) Womit Chrétien, wie wir sehen, den glücklichen Umstand zugleich durch die Koinzidenz des homonymen Reims bekräftigt. Die Prosa baut die Lücke vorweg ein: Vorausschauend scheint die Königin den Zugang zu ihrem Gemach ausgekundschaftet zu haben; jedenfalls fügt sie die Erwähnung der Bresche der detaillierten Wegbeschreibung ein, die sie ihrem Liebhaber mitgibt (vgl. Micha II, 36,35–36). Womit sie ihrerseits einen unbedingten Willen zur lückenlosen Darstellung im *ordo naturalis* an den Tag legt.

Diese Präliminarien sollten einen Zwiespalt, der diesem Beitrag innewohnt, zutage fördern. Wenn wir Versgestaltung und Prosa unter den Prämissen von Chrétiens Erzählkunst betrachten, schneidet die Prosa notgedrungen schlecht ab. Das mag sich zum Teil subjektiver Voreingenommenheit verdanken. Anderseits sind ja gerade die vom Chrétienschen Versroman hervorgebrachten Leistungen in Erzähltechnik und Stilistik genuine Kennzeichen einer literarischen Qualität, der, je nach Stilrichtung,

---

2 Chrestien de Troyes, Der Percevalroman, übersetzt und eingeleitet von Monica Schöler-Beinhauer, München 1974 (Klassische Texte des romanischen Mittelalters in zweisprachigen Ausgaben 23), V. 5513.

auch die Romane jenseits des Sprungs in die Moderne nacheifern. Wenn ich mir den Verfasser der Prosa bei seiner Adaptationsarbeit vorstelle, weiß ich nicht, ob ich mich wundern soll über den Hochmut, mit dem hier eine Ästhetik der Askese die Schätze der literarischen Hochkultur, die sich in Chrétiens Erzählkunst akkumuliert haben, ausmustert, oder ob ich im Gegenteil die Radikalität des Verfahrens bewundern soll. Denn gemessen an den von Chrétien entfalteten literarischen Effekten praktiziert die Prosa eine Rhetorik der Entsagung. Eine Kargheit, die allerdings wiederum eine Subtilität anderer Ordnung hervorbringt, eine neue Qualität.

2. Jenseits der metaphorischen Dimension

Dazu sei ein Beispiel aus der Textportion vorgestellt, die der Einarbeitung von Chrétiens Roman unmittelbar vorausgeht: Nachdem die Erzählung uns von Galehauts Tod und dem Verbleib Lancelots unterrichtet hat, schaltet sie um zum Artushof. Dort begeht man das Fest Christi Himmelfahrt, wenn auch nicht so festlich wie ehedem, denn Lancelot wird vermisst. Statt eines Abenteuers trifft Lionel ein, der seinen Cousin überall vergeblich gesucht hat. Nun ist der Hof überzeugt, dass Lancelot tot ist.

> Et li rois commence a plorer et dist que c'estoit por le duel de Galehout qui estoit mors. »Certes, fet mesire Gauvain, il a grant droit, kar aprés tel home come Galehout estoit ne deust nus hom deignier qu'il vesquist.« De ceste parole fu la roine molt corocie, kar a la mort Lancelot ne s'acordast ele mie; si dist encontre mon seignor Gauvain: »Comment, Gauvain? Si n'est ore nus preudom remés en terre qui Galehot vaille?« Et il respont: »Dame, voir, je ne le sai mie. – Si est, fet ele, vostre oncles al mains.« Et il s'en lieve et li cuers li engroisse et les lermes li vienent as iex, et il s'en torne et dist ensint com il s'en aloit: »Certes, dame il le deust bien estre.« Ensi sont remises les paroles (Micha II, 36,4).

> (Und der König fing an zu weinen und sagte, das sei aus Kummer um Galehaut geschehen, weil der gestorben sei. »Gewiß« sagt Herr Gauvain, »sehr zu recht, denn nach einem solchen Mann wie Galehaut einer war, sollte kein Mann etwas darauf geben, ob er am Leben bleibt.« Über diese Rede wurde die Königin sehr erzürnt, denn mit dem Tod Lancelots wollte sie sich nicht abfinden. So sagte sie an Herrn Gauvain gerichtet: »Wie, Gauvain, ist jetzt also kein rechtschaffener Mann auf Erden übrig geblieben, der Galehaut die Waage hielte?« Und er antwortet: »Madame, ich weiß es wahrhaftig nicht.« – »Doch, einer« sagt sie, »wenigstens Eurer Onkel.« Und er steht auf und es wird ihm schwer ums Herz und die Tränen treten ihm in die Augen, und er wendet sich um und sagt im Weggehen: »Gewiß, Madame, er sollte wohl derjenige sein.« Damit verblieb die Rede.)

Eine feine Ironie des hier präsentierten Arrangements besteht darin, dass der König, indem er Galehaut als das absolute Objekt von Lancelots Liebe ansieht, seine eigene Position in dem Spiel verkennt. Zugleich trifft der Gedanke, dass Lancelot aus Liebeskummer um Galehaut gestorben sein könnte, bei der Königin einen Nerv. Vollends aber kränkt es die Königin, dass Gauvain die Überzeugung des Königs nicht nur teilt, sondern ihrem Rivalen um Lancelots Liebe eine Liebenswürdigkeit ohnegleichen bescheinigt. Ihre Entrüstung kann sie nicht unterdrücken, und sie darf sie auch zeigen, unter der Bedingung, dass sie das echte Gefühl mit einem gelogenen Motiv tarnt. Die aggressiven Impulse des Textes richten sich in dieser Szene übrigens ausschließlich gegen die Königin. Sie hat den Lobpreis des Geliebten, den sie verschweigen muss, öffentlich auf den königlichen Gatten übertragen und wird von Gauvain nicht einmal darin bestätigt. Was die Vorzüglichkeit ihres Gatten betrifft, so bieten sich an diesem Punkt der Entwicklung genügend Geschichten aus der Vergangenheit des Königs Artus an, welche Gauvains Zweifel sowohl an der politischen Souveränität als auch an der moralischen Vortrefflichkeit des Königs rechtfertigen. Von hinten betrachtet (denn gleich wird der Herausforderer Meleagant seinen verhängnisvollen Auftritt haben), erweist sich Gauvains gedrückte Stimmung als dunkle Vorahnung. Doch auch im Augenblick selbst entfaltet die Szene eine intensive Wirkung; auf der Rückseite der verdeckten und orakelnden Reden, welche die realen Beweggründe nach Kräften vernebeln, bringt die Erzählung die gestörte Beziehung zwischen den Teilnehmern dieses Gesprächs zur Erscheinung. Ohne Rückgriff auf Figuren der Rhetorik, also scheinbar kunstlos, erschafft der Diskurs der Prosa in dieser Szene eine dichte Spannung: dicke Luft. Die Dichte der Atmosphäre ist nicht mit sprachlichen Mitteln, jedenfalls weder durch die Metaphorik noch durch die Mehrdeutigkeit des Wortmaterials erzeugt. Die Kunst ist eine andere. Die Präsenz der unaussprechlichen Rivalitäten und Konflikte beruht an dieser Stelle auf den in der Vergangenheit des Romans angelegten Geschichten und Personenkonstellationen, deren Kenntnis die Erzählung voraussetzt. Die Wirkung der andeutungsvollen Rede hängt ab vom Vorwissen in den Köpfen der Leser. Indem sie auf vergangene Ereignisse zurückverweist, auf Ursachen, ist die Anspielung dieses Typus struktural mit einem zentralen Gestaltungsprinzip des Prosaromans verwandt. Dieses besteht ja darin, unausweichliches Geschehen aus kausalen Verkettungen und Abhängigkeitsverhältnissen abzuleiten und setzt somit ein ganz und gar syntagmatisches Erzählverfahren durch.

Noch ein Wort zum unterschiedlichen Zusammenspiel von Öffentlichkeit und Privatheit, das in den beiden Texten ein grundverschiedenes Verhältnis zur Wahrheit der Gefühle befördert: Chrétiens ›Charrette‹ etabliert, wenn ich recht sehe, einen Dualismus zwischen der öffentlichen Sphäre und dem privaten Raum. Das Herz wird in dem Maße zum Ort der inneren Wahrheit, als es der Außenwelt unzugänglich ist. Lancelot ist in seinem sozialen Umgang von beinahe beleidigender Schroffheit, und von der Königin heißt es zweimal, sie habe so leise gesprochen, dass es niemand hören sollte (vgl. Jauss-Meyer, 209–13 und 4189–94). Nicht so der Hörer oder Leser, dem die Erzählung Einblick in hell ausgeleuchtete Innenräume gewährt: Innerer Monolog und Erzählerkommentar breiten vor ihm den Zwiespalt des Herzens in seiner ganzen Dialektik aus; ihm legen sie die Gefühle in ihrer ganzen Wahrheit dar. Eine Übersichtlichkeit solcherart könnte dem Erzählprinzip der ‘Prosa’ nicht ferner liegen.

Während es bei Chrétien den Herzen – unter der Bedingung der absoluten Verschwiegenheit – gegeben ist, klar und unverstellt zu sprechen, manifestiert sich in der Prosa die Privatsphäre vor dem Hintergrund einer allgemeinen Überwachung als Heimlichkeit. »Gehen wir Kei besuchen«, sagt die Königin, als es darum geht, Lancelot das Fenster zu zeigen, wo er sie in der Nacht sprechen kann. Von einem Fenster des Saales aus weist sie ihn auf die Mauer hin, die er überwinden muss. Und als sie Kei begegnen, spricht gerade der König Baudemagus mit ihm, so dass die Königin

Lancelot den Durchschlupf genau zeigen kann *ne nus ne s'en aperçoit* (Micha II, 39,35–36) – und keiner hat etwas gemerkt. Es ist auch nicht das Anliegen des Prosatextes, mit den Mitteln der Analyse und Introspektion die Wahrheit der Gefühle offen zu legen. Es dreht sich hier vielmehr alles um das Begehren. Und dieses spricht sich nicht in Worten aus, sondern verrät sich im Medium der Verstellung und der Verheimlichung. Die an den Tag gelegten Verstellungskünste und Verheimlichungsstrategien sind der Gradmesser seiner Intensität.

3. Erzählstrategie

Der Einarbeitung der ›Charrette‹ geht eine Vorbereitungsphase voraus; hier arbeitet der Prosaroman, Fäden vorwärts und rückwärts spannend, daran, die Gegebenheiten der Vorlage in den Voraussetzungen des eigenen Texts zu verankern. Unter dem Gesichtspunkt der Erzählstrategie soll nun als Nächstes die Eröffnung der Handlung in den beiden Textwelten betrachtet werden.

Einer der extravagantesten Kunstgriffe von Chrétiens Versroman besteht darin, den Liebhaber auf die allerdiskreteste Art in die Handlung einzuschleusen: Nur indirekt und namenlos ist er präsent, zuerst, als die Königin in den Sattel steigt, in einem Seufzer, der so leise ist, dass man es nicht hören soll:

> An bas por ce qu'an ne l'öist: »Ha! amis,[3] se le vos le seüssiez, Ja ce croi ne me leississiez Sanz chalonge mener un pas!« (Jauss-Meyer, 210–13)
>
> (Ach! Freund, wenn Ihr es wüßtet, niemals, glaube ich, ließet Ihr mich auch nur einen Schritt weit führen ohne Widerspruch!)

Als Nächstes erscheint ein Ritter aus dem Nichts; mit Gauvain sehen wir ihn auf einem zu Tode erschöpften Pferd daherkommen: Er erbittet von Gauvain ein Pferd, um alsbald davon zu sprengen. Von diesem Ritter heißt es, dass er Gauvain erkannte. Wie es sich umgekehrt verhält, wird nicht gesagt, ohne dass die Erzählung indessen für Gauvain ein Geheimnis daraus machte.

An dieser Stelle setzt die Prosa ihren Ehrgeiz daran, das Erscheinen des Protagonisten am Tatort aus der Vorgeschichte zu motivieren. Lancelot, der aufgrund eines Betrugsmanövers der Fee Morgane wähnt, die Königin habe ihn verworfen, ist dem Wahnsinn verfallen und irrt, über den Sommer hinaus bis tief in den Winter hinein, durch die Welt. Um die Anschlussstelle zur Karrenepisode einzurichten, schaltet die Prosa an dieser Stelle die Dame vom See ein. Sie wird zum einen mit der Organisation des Zeitregimes betraut: Die Frau vom See greift Lancelot an Mariä Lichtmess in einem Wald auf, pflegt ihn gesund, informiert ihn über die bevorstehende Entfüh-

---

[3] Wendelin Förster, dessen Ausgabe der Abschrift von Guiot (P = BN fr. 794) zugrunde liegt, verbessert hier den Wortlaut von P: *Ha rois se vos ce seüssiez* [...] in *Ha! ha! se vos le seüssiez* [...] Charles Méla folgend übernehme ich hier die Lesart von Ch (Chantilli 472). Vgl. Méla, 209. Zur Problematik der Stelle, vgl. Daniel Poirion, Lancelot ou le chevalier de la charrette, in: ders. (Hg.), Chrétien de Troyes. Oeuvres complètes, Paris 1994 (Bibliothèque de la Pléiade 408), S. 1241f. und (zu den Lesarten) S. 1258.

rung der Königin und befördert ihn zur rechten Zeit an den rechten Ort, so dass er an Christi Himmelfahrt, genau zur Mittagszeit, an der Stelle eintrifft, wo Kei, der Verteidiger der Königin, aus dem Sattel geworfen worden war.

Zum andern setzt sie Lancelots Ziehmutter als intradiegetische Erzählerin in einem paradoxen Sinn ein, indem sie sie damit beauftragt, Lancelot den Tod seines Freundes Galehaut zu verheimlichen:

> Ne onques de la mort Galehout ne sot riens tant com il fu avec sa dame: kar ele li cela et fist celer a son pooir (Micha II, 39,1).
>
> (Und vom Tod Galehauts erfuhr er nichts solange er bei seiner Herrin war, denn sie verheimlichte es vor ihm und ließ es geheim halten soweit es in ihrer Macht stand.)

Wohl würde kaum ein Leser an Ort und Stelle das Fehlen dieser Information vermissen. Doch die Geheimnistuerei der Fee ist ein Beweis kluger Umsicht, eine Vorkehrung der Erzählung, die durch die Erwähnung des Verschweigens das Verheimlichte als gefährliches Wissen kennzeichnet und es in die Erzählung einlagert. Ein Wissen, das dem Helden, wie wir sehen werden, erst an geeigneter Stelle verabreicht werden soll.

Während Lancelot bei Chrétien aus dem Nichts auftaucht, hat die Prosa das Anliegen, Lancelots Anwesenheit zur rechten Zeit am rechten Ort zu begründen. Sie hat den erklärungsbedürftigen Punkt durch einen lückenlosen Zeitablauf rekonstruiert. Und doch ist die Erklärung nur eine vermeintliche Erklärung, denn die Bedingung der in der Prosa hergestellten Rationalität ist das Zukunftswissen einer Fee. So gründet in diesem Fall das Bemühen um eine plausible Motivation der Handlung letztlich in der Magie, in der schieren Irrationalität. Auch in anderen Fällen versickert die vorgebliche Aufklärung von im Dunkeln liegenden Umständen der Vorlage in trüben Gründen. So erklärt die Prosa den Antagonismus zwischen dem König Baudemagus und dem König Artus durch einen Territorialstreit in der Vätergeneration, und die Anwesenheit der Einwohner aus Logres im Lande Gorre durch die Notwendigkeit, das von Utepandragon verwüstete Land zu bevölkern. Ungelöst aber bleibt die Frage, warum der ansonsten mit Sympathie als Ausbund aller ritterlichen Tugenden gezeichnete König die bretonischen Siedler in so grausam befestigten Grenzen gefangen hält.[4] Ist überhaupt die Herstellung von Rationalität der Beweggrund der von der Prosa so engagiert betriebenen Motivierungsarbeit? Diese Frage soll durch die Betrachtung einiger merkwürdiger Fälle näher beleuchtet werden.

Zuvor möchte ich noch einmal einen Blick auf das Kernstück der Handlungseröffnung werfen, das sich in den beiden Fassungen direkt vergleichen lässt, weil sie hier, wie man so sagt, den gleichen Inhalt erzählen; gemeint ist der Auftritt Meleagants. Bei Chrétien stört der Herausforderer eine Hofszene nach Tisch; der König hat die Tafel noch nicht aufgehoben, aber der Hochbetrieb ist doch so weit abgeflaut, dass Kei, der bei Tisch aufgewartet hatte, sich mit dem übrigen Personal zum Essen hinsetzen darf:

---

4 Vgl. Lot-Borrodine [Anm. 1], S. 385.

Aprés mangier ne se remut Li rois d'antre ses conpeignons. Mout ot an la sale barons, Et s'i fu la reïne ansanble: Si ot avuec li, ce me sanble, Mainte bele dame cortoise, Bien parlant an langue françoise.

Et Kes, qui ot servi as tables, Manjoit avuec les conestables. La ou Kex seoit au mangier, A tant ez vos un chevalier [...] (Jauss-Meyer, 36–46).

(Nach dem Essen rührte sich der König nicht von seinen Gefährten weg. Viele Adlige waren im Saal. Und die Königin war anwesend, und manch schöne, höfische Dame, die gut französisch zu sprechen verstand. Und Kei, der bei Tisch aufgewartet hatte, aß mit den *comites stabuli*. Während Kei beim Essen saß, da: jetzt, seht her – ein Ritter [...])

In dem Augenblick, da dieses häusliche Detail nachgetragen wird, während Kei beim Essen saß – *La ou Kes seoit au mangier* – da: jetzt, seht her – ein Ritter:

A tant ez vos un chevalier,
Qui vint a cort mout acesmez,
De totes ses armres armez,
Si vint jusque devant le roi
Li chevaliers a tel conroi
La ou antre ses barons sist.
Nel salua pas, ainz li dist [...] (Jauss-Meyer, 46–52).

(Der kam zum Hof in voller Rüstung, mit allen seinen Waffen gewappnet. Und der Ritter drang bis zum König vor, in diesem Aufzug, bis zu der Stelle, wo er unter seinen Baronen saß. Er grüßte ihn nicht und sprach zu ihm [...])

Zwei Dinge springen mir ins Auge: zum einen die Dramatisierung des Augenblicks, in dem das waffenstarrende Ereignis in eine behagliche, gar träge Ruhe einbricht; zum anderen die Aufstellung der Figuren im Raum, durch die der Eindringling, der König und der Hofstaat zugleich als präzise Konstellation ins Bild gesetzt werden. Ähnlich verhält es sich bei Meleagants vorgetäuschtem Abgang, nachdem der König dessen Provokation nichts entgegenzuhalten wusste. Die folgenden Verse lesen sich wie eine Regieanweisung:

Lors fet li chevaliers sanblant
Qu'aler s'an vuelle si s'an torne,
Devant le roi plus ne sejorne,
Et vient jusqu'a l'uis de la sale;
Mes les degrez mie n'avale,
Einçois s'areste et dit des la [...] (Jauss-Meyer, 66–71).

(Dann tut der Ritter, als ob er weggehen wolle und wendet sich um. Er bleibt nicht länger vor dem König stehen und kommt bis zum Ausgang des Saales, aber er steigt die Stufen nicht hinab, sondern bleibt stehen und sagt von dort aus [...])

Dem gegenüber nimmt sich die Darstellung der Szene in der Prosa aus, als hätte sie sich vorgenommen, die Gestaltungsprinzipien des Versromans Punkt für Punkt ins Unrecht zu setzen: Die Handlung setzt hier vor dem Essen ein; der König nimmt die Mahlzeit nicht ein deswegen, weil ihm danach zumute wäre, sondern um den Hof aufzuheitern. Doch ist die Demonstration nicht zu recht viel nütze, denn, so heißt es, wenige waren zum Essen anwesend. Lionel ist bei der Königin in ihren Privatgemächern, wo sie einander gegenseitig in ihrem großen Schmerz trösten. Und so setzt sich der König nach dem Essen auf ein großes Bett und sinnt den vergangenen glücklichen Zeiten nach. »Und um ihn herum war sein Gefolge völlig bestürzt« – *et entor lui fu ses barnages molt esbahis* (Micha II, 36,5).

Deutlich zielt die Erzählung darauf ab, die Verlassenheit des Königs unter den um ihn herum stehenden Leuten zur Wirkung zu bringen. Die Gestaltung ist weder an der Darstellung des Geschehens im Raum interessiert noch an der Inszenierung eines plötzlichen Ereignisses, sondern sucht ihren Effekt in der Erzeugung einer zerrütteten Atmosphäre. Der nächste Satz, der den Auftritt Meleagants bringt, zeigt den König abgesondert in seiner Nachdenklichkeit und resümiert damit das aufgebaute Stimmungsbild:

> La ou il pensoit issi, entra laiens .i. chevaliers armés de hauberc et de chauses [...] (Micha II, 36,6).
>
> (Und während er so in Gedanken saß, da trat ein Ritter herein, mit Panzerhemd und seinen Eisenhosen gewappnet [...])

Darauf folgt eine detaillierte *descriptio* von Rüstung, Gestalt und Haltung des Ritters. »Er kam« heißt es,

> et vint tot contreval la sale a grant pas, et tint par contenance sa main destre al pont de s'espee.[5] Et quant il vint devant le roi, si parla molt fierement et dist [...] (Micha II, 36,6).
>
> (in großen Schritten den ganzen Saal herunter geschritten und legte, um Haltung zu zeigen, seine rechte Hand auf den Griff seines Schwertes, und als er vor den König kam, sprach er voller Hochmut und sagte ...)

Hier, wie dann nicht anders bei Meleagants Abgang, ist die Darstellung darauf aus, Meleagant in Großaufnahme zu bieten. Zwar erscheint am Ende der König als Ziel der Bewegung, doch der Raum, der sich auftut, indem ihn Meleagant durchmisst, gehört ihm ganz allein. Die Versfassung lässt den Gegenspieler in eine von simultanem Geschehen bevölkerte Szene einbrechen und macht Meleagant im Augenblick des Auftritts zum Teil einer Figurenkonstellation. Die Prosa verwandelt diese Präsen-

[5] Eine Bemerkung zum *pont de s'espée*: Afrz. *pon, pont* (Schwertknauf) leitet sich von lat. *pomum* her, afrz. *pont* (Brücke) dagegen aus der lat. Akkusativform *pontem*. Ob Schwertknauf oder Brücke, die fast duchgängig belegte Form in den flektierten Formen (*cas régime*) ist den Wörterbüchern zufolge *pont* (vgl. Tobler-Lommatzsch s. v.. *pon* und s. v. *pont*). In Chrétiens ›Karrenritterroman‹ begegnet das Substantiv, sei die Wasserbrücke oder die Schwertbrücke gemeint, stets in der flektierten Form: *pont*. Mit einer Ausnahme: *li ponz Evages* (660). Im ›Conte del Graal‹ wiederum ist der Schwertknauf im Nominativ belegt: *li ponz de l'espee fu d'or* (5163). – Im Fall von *pont* (Brücke) ist Tobler-Lommatzsch zufolge *pont* zwar die regelrechte Form im *cas régime*, doch ist diese Schreibung auch für den *cas sujet* (Nominativ) belegt (vgl. s. v. *pont*). – Nicht, dass ich annehme, daß die Prosa durch die Formulierung *mist [...] sa main destre al pont de s'espée* auf Chrétiens Schwertbrücke anspielt. Solche Anspielungen sind nicht ihre Art. Aber angesichts des Quiproquo der Schreibung in den belegten Formen und angesichts der zu vermutenden Homonymie sei die These gewagt, dass die Erfindung des *pont de l'espee*, den Lancelot überqueren muss (vgl. Jauss-Meyer, 677, 686, 702, 2157 u. ö.) einer etymologischen Phantasie Chrétiens entsprungen sein könnte.

tation in eine Sukzession: zunächst die desolate Stimmung am Hof, die in der Figur des gedankenverlorenen Königs kulminiert, dann der Eintritt Meleagants, zuerst als statische Figur, bevor sie ihn in Bewegung setzt. Das Simultangeschehen des Versromans wird in eine Zeitfolge gebracht, dafür mit einem ordentlichen Abschluss. Während nämlich die Versfassung Meleagant nach dem Ende seiner Rede kurzerhand ausknipst, bekommt er in der Prosa vom König eine Antwort, und dann wird das Ende der Episode vollständig auserzählt:

> Atant s'em part et monte en son cheval, si chevalche jusqu'a l'entree de la forest et esgarde et atent se nus vendra aprés lui (Micha II, 36,9).
>
> (Darauf bricht er auf, steigt auf sein Pferd und reitet bis zum Eingang des Waldes und hält Ausschau und wartet, ob ihm einer nachkommt.)

4. Rationalität

Damit lenke ich auf die aufgeschobene Frage nach dem Antrieb der von der Prosa geleisteten Motivierungsarbeit zurück. Chrétien arbeitet im ›Karrenritterroman‹ überhaupt planvoll mit Lücken und rasanten Abkürzungen. Meleagants Sieg über Keie bezeugt dessen ramponiertes Pferd, das Gauvain entgegenkommt. Spuren – ein totes Pferd, zerwühltes Gelände – zeigen Gauvain nicht nur an, dass der fremde Ritter in einem Kampf unterlegen ist, sondern auch, dass er durch eine Übermacht außer Gefecht gesetzt wurde. Dass Gauvain von dem namenlosen Ritter, der von ihm ein Pferd erbittet, erkannt wurde, dieser aber sein Inkognito nicht aufhebt, wurde bereits erwähnt.

> Li chevaliers a salüé
> Mon seignor Gauvain premerains,
> Et puis lui mes sire Gauvains.
> Et li chevaliers s'arestut,
> Qui mon seignor Gauvain conut,
> Si li dist [...] (Jauss-Meyer, 274–279).
>
> (Der Ritter hat Herrn Gauvain als erster gegrüßt und dann Herr Gauvain ihn. Und der Ritter hielt an, denn er erkannte Herrn Gauvain und sagte [...])

Weder trägt diese Asymmetrie an Ort und Stelle eine Markierung noch weist ihr die Erzählung in der Folge eine Signifikanz zu. Denn als Nächstes trifft Gauvain den fremden Ritter auf der Karre an und verbringt anschließend gemeinsam mit ihm die Nacht im Schloss mit dem gefährlichen Bett. Gauvain ist sogar gerade rechtzeitig zur Stelle, um Lancelot davon abzuhalten, sich aus dem Fenster zu stürzen. Weder ist bei dieser Gelegenheit die Rede davon, dass der Ritter seine Identität verheimlicht noch dass sie dem Herrn Gauvain ein Rätsel aufgibt. Die Asymmetrie fungiert auch nicht als Vorbereitung einer Enthüllungsgeschichte. Der Name Lancelot wird vor Gauvain zum ersten Mal bei seiner Errettung an der Wasserbrücke ausgesprochen. Bei dieser Gelegenheit ist die gute Nachricht, dass es Lancelot ist, der die Königin befreit hat, die schlechte, dass er seinerseits entführt wurde. Doch Gauvain reagiert mit keinerlei

Anzeichen auf die Enthüllung der Identität des Erlösers, sondern interessiert sich, sachlich wie ein Kriminalinspektor, für die Umstände von Lancelots Verschwinden: *Et quant? fet mes sire Gauvains* (Jauss-Meyer, 5173). Entweder, könnte man mutmaßen, arbeitet Chrétien mit der Logik des mythischen Analogons. Dann würde er unterstellen, dass dem Herrn Gauvain der Mythos, in dem er die Rolle von Lancelots Nebenhelden spielt, genau so bekannt ist, wie es der Erzähler bei seinem Publikum voraussetzt. Oder aber Chrétien erlaubt sich hier eine Leerstelle, weil das detaillierte Auserzählen einer Auflösung, die sich der Leser ebensogut selbst ausmalen kann, das scharfe Erzähltempo ruinieren würde. Vermutlich ließen sich noch andere Erwägungen dazu anstellen.

Die Prosa jedenfalls hat die Ambiguität der Vorlage eindeutig entschieden:

> Quant Lancelos voit mon seignor Gauvain, si le conoist molt bien, mais il ne conoist mie lui (Micha II, 36,21).
>
> (Als Lancelot Herr Gauvain sieht, erkennt er ihn sehr wohl, aber er erkennt ihn nicht.)

Genau in diesem Punkt legt die Prosa einen geradezu obsessiven Eifer an den Tag. Denn nichts beschäftigt Lancelot in der folgenden Episode so angelegentlich wie die Besorgnis, Gauvain könnte ihn erkennen. Am liebsten würde er das erste Nachtquartier ausschlagen, wenn man ihm das nicht als Feigheit auslegen könnte, und wenn ihn das nicht um die Aussicht brächte, die Königin zu sehen (vgl. Micha II, 36,28). Wie wir sehen, spielt sich der dem ›Karrenritter‹ eigene Zwiespalt in der Prosaerzählung nicht wie im Versroman zwischen Liebe und Verstand ab[6] Lancelot zieht sich auch sofort in ein Zimmer zurück und legt sich in voller Rüstung aufs Bett (*com il estoit a tot le hialme*, Micha II,36,29). Und nichts begehrt Gauvain so brennend, wie das Inkognito des Karrenritters, in dem er Lancelot vermutet, zu lüften. Er sucht den scheuen Fremden deshalb in seinem Zimmer auf, um ihn zu einer gemeinsamen Mahlzeit einzuladen. »Und er hat seinen Kopf in seinen Mantel eingewickelt, damit man ihn nicht erkennen soll und sagt, er werde nicht essen.« – *Et il a son chief envolepé del mantel, que l'en nel conoisse*; *si dist qu'il ne mengera pas* (vgl. Micha II, 36,30). Überall, wo er in dieser wundersamen Nacht mit Gauvain zusammentreffen muss, präsentiert er sich in dieser Tarnung. Erst als man die Prozession ankündigt, welche die Königin mit sich führt, wirft er, der in Hemd und Hose auf dem Bett gelegen war, sich ohne weitere Vorkehrungen nur seinen Mantel über. Alles liegt in den Fenstern, auch Herr Gauvain ist da und sieht, wie der Ritter sich gefährlich weit aus dem Fenster lehnt:

> et il le prent entre ses bras, sel sache ariere. Et quant il le voit el vis, si conoit que c'est Lancelos et il le commence a baisier et dist [...] (Micha II, 37,37).
>
> (und er nimmt ihn in die Arme, und zieht ihn nach hinten. Und als er sein Gesicht sieht, erkennt er, daß es Lancelot ist, und er fängt an, ihn zu küssen und sagt [...])

[6] Vgl. Jauss-Meyer, 364–381.

In dieser Enthüllungsgeschichte ist das Motiv des Verhüllens derart präsent, dass wir darin den geheimen Antrieb des Erzählens vermuten. Jedenfalls lässt sich die Überdeterminierung an dieser Stelle nicht mit den Anliegen der Rationalisierung erklären. Außerdem zeigt sich, dass gerade das Bemühen, eine Situation durch akkurate Schilderung plausibel zu machen, zu phantastischen Lösungen führen kann.

Dass die gewählten literarischen Mittel sich auch bei Chrétien verselbstständigen können, hat vor Jahren Karl Bertau beobachtet: So wirft in der Eingangsszene des ›Conte del Graal‹ der junge Perceval in seinem Übermut die drei mitgebrachten Wurfpfeile »bald nach vorne, bald nach hinten, bald nach unten, bald nach oben.«[7] Einen ähnlichen Befund könnte man für Gauvains Auffindung an der Wasserbrücke treffen. Oder vielleicht doch nicht, denn es sieht wiederum danach aus, als ob sich Chrétien an dieser Stelle einen Witz auf Gauvains Kosten machen wollte. Sowie Lancelots Gefährten die Wasserbrücke erreichen, sehen sie Gauvain in den Fluten treiben. Als sie ihn aus dem Wasser ziehen, hat er nur noch die immobilen Teile der Rüstung an sich:

N'avoit que le hauberc el dos
Et sor le chief le hiaume assis,
Qui des autres valoit bien dis
Et les chauces de fer chauciees (Jauss-Meyer, 5134–37).

(Er hatte auf dem Rücken nur das Panzerhemd und auf dem Kopf den Helm, der soviel wert war wie zehn andere, und die eisernen Beinschienen.)

Lauter Eisen, das den Ritter hinunter zieht, während die beweglichen Teile (Lanze, Pferd und Schild, die im Gegenteil zum eisenbewehrten Ritter schwimmen könnten (vgl. Jauss-Meyer, 5142f.), am anderen Ufer geblieben sind. Ein eiserner Ritter im unangemessenen Element – das ist die verschärfte Variante des Ritters zu Fuß und ein komischer Widersinn. Außerdem bildet Gauvain hier eine ironische Replik auf Lancelot, der bekanntlich vor dem Betreten der Schwertbrücke seinen Eisenschutz abgelegt hatte (vgl. Jauss-Meyer, 3108–3123). Dennoch interessiert mich die Stelle besonders wegen der Präzisierung, die der Erzähler den Beinschienen zukommen lässt.[8] Gauvain trägt, wie gesagt, sein Panzerhemd, seinen Helm

Et les chauces de fer chauciees
Da sa suor enröilliees;,
Car molt avoit sosferz travauz,
Et mainz periz et mainz assauz
Avoit trespassez et vaincuz (Jauss-Meyer, 5177–41).

(und seine eisernen Beinschienen, die von seinem Schweiß rostig geworden waren, denn er hatte viele Qualen und Gefahren und Angriffe durchgestanden und überwunden.)

---

7 Vgl. Karl Bertau, Deutsche Literatur im europäischen Mittelalter, Bd. 2, München 1973, S. 775.

8 Auf folgende Kuriosität hat mich Jessica Quinlan hingewiesen, der ich für diese Beobachtung danke.

Der Schweiß ist eine gängige Chiffre für erlittene Strapazen. Doch nun mobilisiert der Erzähler den konkreten Wortsinn der Metapher ausgerechnet in diesem von Wasser triefenden Kontext; und ausgerechnet in dem Augenblick, da Ritter samt Rüstung eben vom Wasser völlig durchgespült worden sind, macht er Unmengen vergossenen Schweißes für die Entstehung des Rosts verantwortlich.

Diese Stelle war als Beispiel dafür gedacht, dass es bei Chrétien die Rhetorik ist, die, indem sie eine Eigendynamik entfaltet, gelegentlich phantastische Effekte zeitigt. Doch mittlerweile bin ich nicht sicher, ob der Einfall der vom Schweiß eingerosteten Beinschienen nicht noch eine Pointe drauf setzen sollte.

Die Prosa ihrerseits setzt ihre Einfälle nicht immer ein, um die Rationalität der Vorlage zu befestigen. Es kommt auch vor, dass die Erzählung ein magisches Zwielicht ausstreut an einer Stelle, wo die Vorlage dazu keinen Anlass bietet. Zum Beispiel geht der Episode, die den Karrenritter mit einer erotischen Herausforderung konfrontiert, eine höfische Szene voraus. Für Lancelot stehen ein gedeckter Tisch, Waschbecken und Handtuch bereit, aber keine Bedienung. Denn, so erklärt die Gastgeberin, sie lebe allein in dem Haus (vgl. Jauss-Meyer, 983–1042). Diese Andeutung der Versfassung würde man wohl am ehesten als sexuelles Angebot verstehen. Die Prosa aber assoziiert zu dieser Leerstelle die Tischleindeckdich-Thematik des Grals. »Alles, was sie brauchen« heißt es »kommt ihnen durch ein Fenster.« Und Lancelot, der das alles für Zauber hielt, konsultiert seinen Ring. Er ist des Glaubens, er trage den Ring, den ihm in der Versfassung die Dame vom See geschenkt hatte (vgl. Jauss-Meyer, 2357–59) und der die Kraft hat, Phänomene des Zaubers zu entkräften:

> si esgarde, mes li anials n'avoit mie la force del conoistre, que Morgue li avoit changié en la prison (Micha II, 37,3).
>
> (Und er schaut, doch der Ring, den Morgane ihm im Gefängnis ausgetauscht hatte, besaß keine Erkenntniskraft.)

So gelingt es der Erzählung, indem sie den Helden in seinem Irrtum und den Leser im Ungewissen belässt, eine Atmosphäre des Zweifels über die Szene zu breiten, bevor die Handlung losbricht.

Konsequenterweise streicht die lange Version der Prosa später das Gaukelwerk mit den Bestien, die bei Chrétien die Mühsal der Schwertbrücke erschweren. Nicht so die kurze Fassung, die vergessen hat, dass Lancelot mittlerweile den vertauschten Ring am Finger trägt. Chrétiens Lancelot entblößt Hände und Füße von allem Schutz, weil er, wie es heißt, sich lieber verstümmeln will als von der Brücke zu fallen (Jauss-Meyer, 3121–23). Die Prosa lässt ihn technische Vorkehrungen treffen, damit er sich, wie die lange Fassung sagt, besser an der Planke festhalten kann. Ob die Prosa den von Chrétien eingeschlagenen Lösungsweg verwirft, weil er nach ihrem Dafürhalten gegen den gesunden Menschenverstand verstößt, sei dahin gestellt. Jedenfalls wird das Abenteuer der Schwertbrücke durch das Vernähen und Verpichen von Rüstungsteilen, wie es die Prosa praktiziert, nicht weniger unwahrscheinlich. Die entscheidende Umgestaltung beruht indessen auf der Verwerfung der metaphorischen Dimension, durch welche die Gestaltung der Prosa effektvoll mit der Ästhetik des Versromans bricht. Chrétiens Lancelot, der sich ungeschützt dem schneidenden Schwert ausliefert, gibt sich ganz der Liebe preis.

> Mes tot le rassoage et sainne
> Amors qui le conduit et mainne,
> Si est tot a sofrir douz (Jauss-Meyer, 3126–28).

(Doch Amor, der ihn leitet und führt, bringt ihm Linderung und ganze Heilung. So ist für ihn das ganze Leiden süß.)

In der Prosa hingegen steht nicht die Leidensseligkeit des Helden im Zentrum, sondern die Exorbitanz der Leistung. Das zeigt augenfällig die kurze Fassung. Sie macht sich die zuvor geschilderten technischen Vorkehrungen zunutze und steigert damit die Heldentat zum freihändigen Bravourstück. Als Lancelot sich auf der Schwertschneide beinahe zum andern Ufer vorgearbeitet hat, sieht er zwei Löwen auf sich zustürzen.

Lors se trait .I. poi arriere et a ses piés lachiés desous la plance, puis abat la manicle de sa senestre main, si regarde l'anel que la dame del Lac li avoit doné, puis regarde vers les .II. lyons, si n'en voit nul. Lors set bien que chou a esté enchantemens (Micha III, 38,48).

(Da rutscht er etwas zurück und hat die Beine unter der Planke übereinander geschlagen, dann reißt er die Manickel von seiner linken Hand, und betrachtet den Ring, den die Frau vom See ihm gegeben hatte, dann schaut er in die Richtung der beiden Löwen und sieht nichts von ihnen. Da weiß er wohl, daß dies ein Zauber gewesen war.)

Mein Beitrag wollte sich besonders auf zwei erzählerische Verfahren konzentrieren, die der Ezählmanier der Prosa eigen sind: zum einen das obsessive Ausmotivieren und zum andern die Technik, die darin besteht, Konflikte und Abgründe durch gezieltes Verdecken zu verraten. Das nächtliche Stelldichein in der Karrenepisode scheint mir die beiden genannten Motive eng zu führen, deshalb möchte ich zum Schluss noch kurz auf die Liebesnacht von Lancelot und der Königin zu sprechen kommen.

An der Stelle, wo man sich im Versroman vor Lärm hüten muss, damit Keie nicht aufwacht, weist die Prosa eigens darauf hin, dass weder eine Kerze noch sonst ein Licht brannte – wegen Kei – weil den die Helligkeit störte.

Quant Lancelos entra el lit, si senti la roine le sanc qui lui degotoit et c'estoit des mains dont il ot rompu le cuir al trenchant des fers. Mais ele cuida que ce fust suors ne nus d'els ne s'en aperçoit (Micha II, 39,38).

(Und als Lancelot das Bett betrat, spürte die Königin das Blut, das an ihm herunter tropfte und das kam von den Händen, an denen er sich die Haut aufgerissen hatte, beim Heraustrennen der Eisenstäbe. Aber sie dachte, es sei Schweiß und keiner von beiden bemerkte etwas.)

Die Ursache der Feuchtigkeit (die Verletzung an den Händen) wird kurioserweise erst hier nachgetragen. Die fatale Fehldeutung der Feuchtigkeit jedoch wird auf ihre Ursache und diese ihrerseits auf ihre Ursache zurückgeführt. Dass die Königin nur spürt, aber nicht sieht, erklärt sich durch die Finsternis im Raum, und diese wiederum ist der Rücksichtnahme auf Kei geschuldet. Und doch hätte der am nächsten Morgen von Meleagant auf Grund der Blutspuren in den Betten geführte Indizienprozess auch ohne die nachdrückliche Begründung der Verwechslung von Körperflüssigkeiten funktioniert. Ein anderer Sinn dieser Ausmotivierung in allen Einzelheiten erhellt sich, wenn wir berücksichtigen, dass die Erwähnung der Körpersäfte an der Stelle erfolgt, wo Chrétien das Glück der Liebesnacht erzählt. Damit gelingt es der Prosaversion, durch die Erwähnung von Körpersekreten metonymisch auf den Sexualakt zu verweisen und damit zugleich das Darstellungstabu aufrechtzuerhalten. Unmittelbar anschließend verabreicht mit ruchlosem Zartgefühl die Königin Lancelot die Information, welche zu Beginn der Erzählung die Frau vom See (Micha II, 36,1) und später Gauvain (Micha II, 36,40) und noch später der König Baudemagus (Micha II, 39,7) so erfolgreich vor ihm verborgen hatten:

> Et lors li dist ele la mort Galehout dont il de savoit mot: si en eust fet assés grant duel, mes il n'estoit pas lieus, si fu la joie assés granz qu'il s'entrefirent (Micha II, 39,38).
>
> (Und da teilte sie ihm den Tod Galehauts mit, von dem er nicht die geringste Ahnung hatte, und er wäre darüber recht betrübt gewesen, aber das war nicht die richtige Gelegenheit dafür, und so war die Freude, die sie einander bereiteten, recht groß.)

Von Liebesfreuden ist somit auch in dieser Bettszene die Rede, wenn auch in merkwürdigen Substitutionen und Verschiebungen. So ist das Ausmaß von Lancelots Liebeslust daran zu ermessen, dass die heterosexuelle Lust die Trauer um den Verlust des Freundes auslöscht. Das ist zugleich für die Königin der Augenblick des Triumphs über den Rivalen. Allerdings muss die über alles geliebte Frau den Moment der innigsten Zweisamkeit wählen, um ihrem Liebhaber den Tod dessen mitzuteilen, der diesen über alles geliebt hatte. Dieser Faktor ist wiederum ein Gradmesser für Lancelots Liebe zum Freund. So bleibt zumindest an dieser Stelle der Triangel bestehen: Galehaut ist in dieser heterosexuellen Zweisamkeit – als Toter – mit von der Partie.

Erzählstrategien, Figurenkonzeptionen und Sinnkonstitution

Frank Brandsma

Conte and *Avonture*

Narration and Communication with the Audience in the French, Dutch, and German ›Lancelot‹ Texts

Introduction

The French manuscripts and editions reveal it at first sight by means of their decoration and layout: The prose ›Lancelot‹ features an intriguing narrative agent called *li contes*. Chapters in the text usually begin with the formula *Or dist li contes*, often beautifully illustrated and given a historiated initial 'O' in the manuscripts. The *conte* speaks, it tells the story to the audience. This role may narratologically be defined as that of an extradiegetic, heterodiegetic, and impersonal narrator. Extradiegetic, because it presents the diegesis (the tale) to the listeners/readers; heterodiegetic, because the *contes* itself does not play a role in the diegesis; impersonal, because as a narrator *li contes* does not take the form of an 'I' or 'we'. Only very rarely does a first person narrator appear in the prose ›Lancelot‹, and these instances usually seem slips of perhaps the author's, perhaps a scribe's pen, into a traditional topos featuring the 'I'.[1] The absence of a first person narrator corroborates the source fiction of the Old French prose ›Lancelot‹: No interfering 'I' stands between the eyewitness accounts the knights give of their adventures and the actual tale, which is presented as the

---

[1] Cf. Bart Besamusca, Frank Brandsma, Between Audience and Source: the First Person Narrator in the Middle Dutch ›Lanceloet‹, in: Keith Busby, Norris J. Lacy (eds.), Conjunctures: Medieval Studies in Honor of Douglas Kelly, Amsterdam-Atlanta 1994, p. 15–30; Katalin Halász, Images d'auteur dans le roman médiéval (XIIe-XIIIe siècles), Debrecen 1992, pp. 101–105; Emmanuèle Baumgartner, Les Techniques narratives dans le roman en prose, in: Norris J. Lacy, Douglas Kelly, Keith Busby (eds.), The Legacy of Chrétien de Troyes, Amsterdam 1987, Vol. 1, pp. 176–177; Elspeth Kennedy, Lancelot and the Grail. A study of the Prose Lancelot, Oxford 1986, p. 157, and – giving more status to the first person narrator – Annie Combes, Les voies de l'aventure. Réécriture et composition romanesque dans le ›Lancelot en prose‹, Paris 2001. Example of such a topos: Micha II, 52,4: (Baudemagus has found his dead son Méléagant) *si en fist le jor si grant duel que je ne le vos savroie deviser* (this 'Unsagbarkeitstopos' does not appear in some other manuscripts and also is absent in Sommer IV, 300,38–39); Micha VI, 103,7: *Que vos feroie je lonc conte* (Sommer V, 344,1–2 does not have this phrase). Other instances of 'je'/'iou', usually found in descriptive asides (e. g. about the black cross or a certain monastery): Micha II, 60,15 (Sommer IV, 321,26 has a *li contes* phrase); Micha II, 67,11 (Sommer IV, 351,33); Micha II, 69,1 (Sommer IV, 358,23–25 has *li contes*); Micha II, 69, 7 (Sommer IV, 359,31–32); Micha IV, 84,45 (Sommer V, 183,4–5 does not have the 'je' phrase); Micha V, 89,1 (Sommer V, 231,39–40); Micha VI, 103,7 (Sommer V, 343,37 misses this phrase); Micha VI, 107, 9 (Sommer V, 396,23); Micha VI, 107,46 (absent in Sommer V, 396,23).

result of the writing down of these reports. The translations in Middle High German and Middle Dutch follow the original in this source fiction.[2] The *conte* represents the source narratives produced by the knights and is ambivalent in its double meaning of 'source' text and 'tale' that is being told. In the ubiquitous *Or dist li contes que X*, the tale tells the audience about the adventures of knight X because its source, the eyewitness account by knight X, does so. This ties the actual tale and its fictitious source texts together inextricably and results in a suggestion of objectivity, of being true to the source. Daniel Poirion explains that the *Or dist li contes*-formula

> traduit bien la discrétion du conteur qui veut au moins donner l'illusion d'une information objective. Le narrateur du roman en prose se présente comme un greffier qui constate les faits, qui consigne les déclarations faites par les personnages eux-mêmes.[3]

The ›Lancelot‹ thus avoids the possible accusation that the scribe may have tampered with the narrative because it focuses almost exclusively on the *conte*, rather than on the scribes.[4]

In the formulas, the *conte* communicates with the audience and helps the listeners/readers follow the transition from one narrative thread to another. There usually is a change in time and place, which calls for some explicit information about the situation of the knight whose deeds are to be narrated. *li contes* also provides prospective and retrospective references, stating, for instance, *si com li contes a devisé*, *si com li contes vos a devisé*, or *li contes devisera cha avant*.[5]

There are some auctorial passages that relate to the status of *li contes*. Several times, the 'matière' of the work is mentioned, with the same ambivalence as is inherent in *li contes*. At one point, the term seems to lie close to what Chrétien de Troyes called *matière* and thus to the 'source':

> Mais or laisse li contes a parler d'els des qu'a tant que la matiere i reviegne et torne a Boort que Marados ot herbergié (Micha II, 46,8).[6]

---

2 For the German translation: Steinhoff, I, 1289,24–29 and Kluge II, 697,28–30; for ›Lanceloet‹ cf. Brandsma, 31–34; for ›Lantsloot‹, cf. Willem Pieter Gerritsen, Frits Pieter van Oostrom, Les adaptateurs néerlandais du ›Lancelot-(Graal)‹ aux prises avec le procédé narratif des romans arthuriens en prose, in: Mélanges de Langue et de Littérature Françaises du Moyen Age et de la Renaissance offerts à Charles Foulon, Rennes 1980, vol. II, pp. 105–114.

3 Daniel Poirion, Romans en vers et romans en prose, in: Hans Robert Jauss, Erich Köhler (Hgg.), Grundriss der romanischen Literaturen des Mittelalters in Zusammenarbeit mit Jean Frappier, Reinhold R. Grimm, Vol. 4/1: Le roman jusqu'à la fin du XIII siècle, Heidelberg 1978, pp. 74–81, quote on p. 77.

4 In the ›Estoire de Merlin‹, based on the work of Robert de Boron which pre-dates the prose ›Lancelot‹, the scribe Blaise plays an important role, but his non-interference in the events narrated is stressed.

5 Here again, the ambivalence of 'source' and 'tale' comes forward: even when the 'tale' seems to prevail as the level on which these references work, they also refer to the fictitious 'source'.

6 Sommer IV, 254,26–27 has a different reading: *Mais atant laisse li contes a parler de lui et de sa compaignie iusques a vne autre fois . que tamps et lieus sera . si vous dirons de bohort que marados ot herbergie et auec lui la damoisele.* (*dirons* indicates a 'nos' narrator and thus

(But now the story stops talking about them until it comes back to the matter and turns to speak of Bors, whom Marador had lodged.)[7]

The same term may, however, also indicate the tale, as in this example:

Telx fu mesire Gauvain et si frere com je vos ai dit: si m'en tairai atant et revendrai a ma matere, kar bien en est tens et hore (Micha II, 69,7; Sommer IV, 359,31–32).

(Sir Gawain and his brothers were just as I have told you now. Now I will be silent about them and return to my material, for it is certainly the moment and the time.)[8]

This is one of the rare phrases in which the first person narrator makes a somewhat unexpected appearance.

Furthermore, the term *estoire* is used to indicate the tale, as it is being narrated:

Mais pour ce que trop an fust l'estoire longue, se il devisast la bataille de chascun et conment il les conquist l'un avant l'autre, si s'en taist li contes qui n'an devise riens fors les nons a cels qui i furent (Micha V, 87,7; Sommer V, 221,6–8).

(But because the story would be too long if it related his combat with each one and how he defeated them one after the other, the story will say no more and relate nothing but the names of those who were there.)[9]

contes, *matiere*, *estoire*: it's a web of words which indicates the tale and its telling in the Old French text.

How did the translators cope with this? It is interesting to look how the term *li contes* was translated, and that leads up to the even more interesting issue of the communication with the audience: Did the translations adopt the impersonal style of the French text or did they find their own way to speak to their intended audience?

The names of the tale

Four texts will be analysed in this survey of the names of the tale. In chronological order these are:

(1) the prose ›Lancelot‹ in Micha's and Sommer's editions,
(2) the first part of the German prose ›Lancelot‹ of Heidelberg Pal. Germ. 147 in the edition Steinhoff-Kluge,
(3) ›Lantsloot vander Haghedochte‹,
(4) the ›Lanceloet‹ in the ›Lancelot Compilation‹.

---

an intrusion into the impersonal *li contes* system). For 'matiere', cf. also Kennedy [note 1], p. 160, Douglas Kelly, The Art of Medieval French Romance, Madison 1992, pp. 94–145 and his The conspiracy of allusion. Description, rewriting, and authorship from Macrobius to medieval romance, Leiden 1999, p. 147. The interlace is, of course, a 'conjointure' of the fictitious 'matière' of the single-knight-narratives.

7 Translation by Roberta L. Krueger, in: Lacy III, 48.

8 Ebd., 109.

9 Tr. by Carleton W. Carroll, in: Lacy III, 224.

The ›Lancelot‹ proper will be the main focus of the argument, but there will be some sidesteps to the other two parts of the trilogy and their counterparts in the translations.

Since the use of *li contes*, *estoire*, and *matiere* in the French original has already been discussed, I will go to the next text in line: the German translation of the ›Lancelot‹, which on the evidence of the M Fragment dates from around 1250.[10] The work of Joachim Knape in his study »'Historie' in Mittelalter und früher Neuzeit« is very useful here.[11] Knape provides a survey and listing of the *Or dist li contes*-formulas and other instances of narrator's phrases in the German ›Lancelot‹. His findings have been summarized by Hans-Hugo Steinhoff in the notes to his splendid edition:

> Zur Bezeichnung der Erzählung, die er wiedergibt (afrz. meist *li contes*, seltener *l'estoire*), verwendet der erste Teil des mhd. Prosa-Lancelot neben vereinzeltem *buch* überwiegend *historia*, *history*, in den disponierenden Wendungen beim Wechsel des Handlungsstranges [...] anfangs *rede*, dann ebenfalls *history*; im ersten Teil kommt einmal [...], im zweiten etwas häufiger *abentur* vor, das dann im dritten vorherrscht.[12]

Knape divides the *Or dist li contes*-formula into two parts:

(a) the closure of the narrative thread, and
(b) the taking up of a new one.[13]

The latter part attracts the eye: It is often indicated by an initial or miniature in the manuscripts. Steinhoff's remarks also focus on this more conspicuous second part of the formula. Knape's survey shows that in the (a) part *rede* is quite persistent: It keeps returning in Kluge I, and especially in Kluge III, which contains the ›Grail Quest‹ and ›Death of King Arthur‹-sections, which probably date from the fifteenth century. In this same Kluge volume, the word *mere* also puts in an occasional appearance, in both parts of the formula.

The French text uses *conte* systematically when closing off and opening up a narrative thread, so the variation in the German text is not explained by different terms in the original. This variation takes the form of the different words given above,

---

[10] Hans-Hugo Steinhoff, Lancelot in Germany, in: Carol Dover (ed.), A Companion to the Lancelot-Grail Cycle, Woodbridge 2003, pp. 173–184. See also Elizabeth Andersen, The Reception of Prose: The ›Prosa-Lancelot‹, in: William Henry Jackson, Silvia Ranawake (eds.), The Arthur of the Germans. The Arthurian Legend in Medieval German and Dutch Literature, Cardiff, 2000, pp. 155–164.

[11] Joachim Knape, 'Historie' in Mittelalter und früher Neuzeit: Begriffs- und gattungsgeschichtliche Untersuchungen im interdisziplinären Kontext, Baden-Baden 1984, pp. 213–237, 467–474. Cf. for a linguistic analysis (focusing especially on the verbs used) of the formulas, Kari Keinästö, Die Nahtstellen der Handlungsabschnitte im mittelhochdeutschen ›Prosa-Lancelot‹, in: Leena Kahlas-Tarkka (ed.), Neophilologica Fennica, Helsinki 1987, pp. 143–175.

[12] Kommentar Steinhoff II, 813.

[13] Elspeth Kennedy divides the formula into three parts, since she separates two elements in the (a) part: the indication of the character the tale will stop speaking of, and the indication of the character whose thread will be taken up. Cf. Kennedy [note 1], pp. 161–178. For the current argument Knape's division works just as well.

but it also shows itself in different terms in the (a) and (b) parts of one and the same formula. Rather than use *historie* in both, it combines *rede* in (a) with *historie* in (b), *historie* in (a) with *buch* in (b), or *abentur* in (a) with *historie* in (b). Of the 100 formulas Knape found in Kluge's volume I, only 12 have twice the same term, so 88% shows two different ones. In volumes II and III there is a little less tendency to vary the terms: 35 out of 86 instances have the same words, which means that there are different terms in almost 60% of the cases. For the term *estoire* in the French, the German also uses *hystory*,[14] whereas it is difficult to find out how it translated *matiere*, since the corresponding passages lie within the lacuna in the Heidelberg manuscript and thus cannot be checked.

Knape has shown that in 62% of the cases the German translators in Kluge's volumes I and II used *historie*. He argued that they did so because it enabled them to express the text's suggestion of veracity, in connection with the source fiction that the translation upholds just like the French text.[15] The word *rede*, which appears especially in the (a) part of the formula, seems more related to the telling of the tale than to truthfulness of the source text. I will come back to this later. The word *aventure* which prevails in the third volume of Kluge's edition, puzzled Knape: He has only the hypothetical suggestion that it has to do with the pseudo-religious content of these volumes to offer. According to Knape, if the translator was a cleric or theologically educated person, he may have found it unsuitable to extend the suggestion of truthfulness to the tale of the Grailquest, and therefore used the romance term *aventure* instead of the chronicle-like *history*.

For anyone who knows the Middle Dutch translations, the word *aventure* rings a bell, since the translation in the ›Lancelot Compilation‹ systematically uses this word to translate *li contes*, and so does ›Lantsloot vander Haghedochte‹ occasionally.[16] As Frits van Oostrom has shown, the latter text, which probably dates from around 1260, is a verse adaptation rather than translation of the Old French text. It also goes its own way when it comes to the *Or dist li contes*-formulas, where a first person narrator often takes the place of *li contes*. When this text uses an equivalent of the *conte*, it is *aventure* or *tale*, which means 'story'. The ›Lantsloot‹ text as we have it in the manuscript fragments sets itself apart from the other translations by its use of chapter headings. These have probably been added in a later stage of the transmission of the text.[17] In 14 of the 20 cases available in the fragments, the (a) and (b) part of the formula are separated by a two line indication of what is to follow. The chapter headings give information about events to come, but sometimes also state something

---

[14] Kluge II, 481,20, cf. also Knape [note 11], pp. 220–221.

[15] Knape [note 11], p. 234: »Damit konnten sie den Anspruch des Werkes, ›Wahrheit‹ zu berichten, ausdrücken.«

[16] Frits Pieter van Oostrom, Lantsloot vander Haghedochte. Onderzoekingen over een Middelnederlandse bewerking van de ›Lancelot en prose‹, Amsterdam 1981, p. 120; cf. Gerritsen, van Oostrom [note 2]; Roberta Krueger, The author's voice: Narrators, Audiences and the problems of Interpretation, in: Lacy, Kelly, Busby [note 1], vol. I, pp. 115–140.

[17] Cf. Gerritsen, 35.

like: *Nu suldi horen* (now you will hear). The ›Lantsloot‹ poet uses the formulas and the changes from one narrative thread to another to communicate quite elaborately with the audience, as an example I will give later will show. Before we go into the communication-issue, however, the formulas in the fourth text should briefly be discussed.

The verse translation that we have in the ›Lancelot Compilation‹ probably dates from around 1280, whereas the compilation was made around 1320 on the basis of this existing text. The ›Lanceloet‹ is in verse, like ›Lantsloot‹. It is a translation, which follows the original as closely as the recasting of prose into verse allows. Especially in the (b) part of the formula it shows the same kind of stereotype phrases as the French text: *Nu doet davonture verstaen*, *Die avonture seget hier ter steden*, all meaning just the same as *Or dist li contes*.

It is in the (a) part, the closing off of the previous narrative thread, that the ›Lanceloet‹ translator differs from the French text in roughly half of the cases. In one half he adheres to the French model and states that the *avonture* now speaks no more of knight A, but in the other half of the instances, the impersonal format is replaced by a phrase featuring a first person narrator, an 'I', and sometimes even 'we'. In the other Dutch text, ›Lantsloot‹, this more traditional narrator appears throughout the text, and it seems natural that he also is made responsible for the changes from one narrative thread to another. In ›Lanceloet‹, however, the 'I' seems just as absent as in the French text, and that makes his appearance in the formulas all the more remarkable.[18]

'I' and 'we'

The Old French prose ›Lancelot‹ has no prologue in the surviving manuscripts, and never has had one, as Annie Combes has shown.[19] Although there is an epilogue to the ›Queste‹ and a prologue to the ›Mort Artu‹, both featuring the fictitious author Gauthier Map, the ›Lancelot‹ has to do without an opening. Yet this is the place where traditionally the formal arrangements of the telling of the tale are given, as the prologues to, for instance, the romances of Chrétien de Troyes or – to take German examples – Gottfried's ›Tristan‹ or Wolfram's ›Parzival‹ show. There is no author's name, no first person narrator in the prose ›Lancelot‹, and this sets the text apart from its predecessors, makes it different from all earlier texts, as again Combes states. She argues that in itself this exceptional silence does the trick: It makes the audience

[18] The text shows a strange ambivalence towards the first person narrator: On the one hand, there is a prologue and there are relatively frequent rhetorical phrases like *als ic las* (as I have read), on the other hand, *Davonture* is quite dominant in the formulas, and the translator sometimes makes the strangest constructions to avoid appearing in the open, as he lets characters give translations of French words. Cf. Besamusca, Brandsma [note 1], pp. 23–24.

[19] Annie Combes, Le prologue en blanc du ›Lancelot en prose‹, in: Seuils de l'oeuvre dans le texte médiéval. Etudes receuillies par Emmanuèle Baumgartner, Laurence Harf-Lancner (eds.), Paris 2002, pp. 21–52. The only exception is manuscript Paris, BN 112, which dates from the 15th century.

realize that this is a new kind of narrative, which does without the traditional guide in the form of the author-like first person narrator. Instead, the text soon comes up with the impersonal narrative agent *li contes*, which makes an appearance already in the very first paragraph. As soon as Lancelot is mentioned and his baptismal name Galaaz is given, the text promises:[20]

> Et che pour coi il fu appeleis Lancelos, che devisera li contes cha avant, car li liex n'i est ore mie ne la raisons, anchois tient li contes sa droite voie et dist que [...]
>
> (why he was called Lancelot the tale will explain later, because this is not the right place or occasion, therefore the tale continues its straightforward course and states that [...])

The story begins, and the only agent responsible for its narration seems to be *li contes*. Still, in the course of the tale, an 'I' very occasionally shows up, especially in narrative asides like *Que vos feroie je lonc conte?* (Micha VI, 103,7) or *si vous dirai* (Micha VII, 6a,3), *Que vous iroie je devisant?* (Micha VII, 2a,15). These are quite traditional phrases to introduce an explanation, or to avoid giving one. They belong to the standard rhetorical repertoire of the first person narrator, and that may well be the explanation for their appearance: They may be slips of the author's pen, who in these rare cases fell back on his traditional storehouse of *topoi* and phrases, without realizing that there is no place for the first person narrator in this text. Although these remarks do not fit into the general *li contes* narration, they do not impede or obstruct the communication with the audience. On the contrary, it is in this communication that they always function, in a very natural way, just like in earlier texts. When the prose ›Lancelot‹ text was read aloud to a listening audience, the 'I' may have been interpreted as the narrator, but perhaps it is even more probable that the 'I' was understood as being the reader, the oral deliverer of the text, who is of course going to give his listeners an explanation or has just spoken to them about a certain event or character. I am assuming here that the prose ›Lancelot's‹ intended mode of reception was that of being read aloud to a listening audience. If the text was read privately, which was of course possible but perhaps not very likely in the first quarter of the thirteenth century, the reader would have roughly the same position as the person reading the text aloud and also fall in with the 'I'.[21]

The first person remarks pop up only very rarely: I have found no more than 10 cases in the whole second half of the ›Lancelot‹, some 1200 pages in Micha's edition. They thus by no means impede the *li contes* format, which is far more prominent in the formulas and in the prospective and retrospective remarks, anyway.

The German translation shows a quite similar situation: No prologue and only very rarely a first person narrator. There is, however, a remarkable difference as the first counterpart of a *li contes* phrase immediately shows. The remark about further infor-

---

20 Micha VII, Ia,1; Sommer III, 3,9–11.

21 The issue of the intended reception by the primary audience is still under discussion, although the opinion that the text was meant for public reading and aural reception seems to have the upper hand lately, cf. Carol Dover, The Book of Lancelot, in: Dover [note 10], pp. 89–92 (and there note 16).

mation about Lancelot's name, quoted above, is translated as follows in the German text in manuscript Heidelberg 147:

> und wie er ward geheißen Lancelot, das sol das buch vil wol hernach gesagen (Steinhoff I, 10,11–12).

So far, nothing special, just what the French book says, but then the text continues:

> wann wir haben es yczo keyn stadt, wann wir múßen nů volgen der gerechten zal als wir begunnen han (Steinhoff I, 10,12–14).

Das Buch translates the first instance of *li contes*, but then a 'we' shows up and takes over. Why *wir*? What or who does this word represent? The 'pluralis majestatis' option seems out of the question, but why does the translation use the plural? Were there two or more translators? Does 'we' refer to both the translator/narrator/reader and his audience, making it the 'pluralis societatis' form that Eberhard Nellmann described in his study of Wolfram's »Erzähltechnik«?[22] Does 'we' take responsibility for the translation from page one onwards? How to interpret this phrase? Does it concern the making of the text itself of does it concern the narration, is it about the delivery or the disposition of the text? Or both at the same time?

However, like the translation says, we must move on, along the *gerechten zal*, to other aspects of the German translation and to the Middle Dutch texts, in which, however, the *wir* issue will come up again and may even be understood better by means of the comparison. To continue with the German translation: Does an 'I' also make an appearance here? Yes, it does, but just as rarely as it does in the French text. In fact, Uwe Ruberg states that »Gut ein dutzendmal auf 1450 Seiten ergreift er [the first person narrator] in eigener Person das Wort.«[23] The phrases the German narrator uses resemble those of the French, and in at least four of the dozen cases, they are translations of first person phrases in the original. One example may suffice here. When near the end of the ›Lancelot‹, the hero roams the countryside completely mad until he encounters an adventure, the French text states: *et vous dirai quele* (Micha VI, 107,9). The German version translates this faithfully: *die ich uch sagen wil* (Steinhoff III, 674,4–5). As in the French text, the 'I' appears in the German ›Lancelot‹ only accidentally, as a translation of a rhetorical slip of the pen of the French text, or as a similar sliding into the familiar first person communication with the audience of the German translator himself, as in the example Ruberg gives: *Ich wil uch sagen wie das were* (Kluge I, 499,1).

Within the ongoing text, there seems to be as little room for the first person narrator in the translation as there is in the original. In the formulas of the interlace there is no 'I' either, but *wir* appears very regularly, as does *uns*, and incidentally *ir*.[24] Fortu-

[22] Eberhard Nellmann, Wolframs Erzähltechnik. Untersuchungen zur Funktion des Erzählers, Wiesbaden 1973, pp. 47–50.

[23] Uwe Ruberg, Raum und Zeit im ›Prosa-Lancelot‹, München 1965, p. 135.

[24] Only in Kluge II an 'I' replaces *li contes* three times: 504,19; 695,4; 786,9; Ruberg [note 24], p. 135.

nately a part of the formula is also preserved in the eldest fragment (M). The fragment also has *wir*, so we can be sure this specific format of the formulas belongs to the original translation itself.[25] The translation tends to speak of 'we' in the (a) part of the formula, and/or to mention 'us' in the (b) parts, as in the following four examples:

> Nu sollen **wir** die rede alhie laßen von Lancelot und sollen sagen von syner mutter und von syner mumen, den zweyn koniginnen, die beid unfro sint zu Mönster Roal und unberaten, die ettwann rich waren und wol beraten. Die history sagt **uns** das die koniginn Alene von Bonewig und ir schwester die koniginne Evaine von Gaune samet sin zu Munster Roal (Steinhoff I, 124,8–15).

> Nu mußen **wir** dieße rede laßen, biß **wir** aber daroff komen, und sprechen furter ein ander wise, als **ir** wol vernemen solt (Steinhoff I, 454,33–35).

> **Wir** mußen ein wil furbas sprechen von konig Artus. **Uns** sagt diß buch das der kónig Artus und sin gesellen [...] (Steinhoff I, 610,36–612,1).

> Nu mußen **wir** diße rede ein wil laßen von Galahot und von sym gesellen und sprechen furter von der koniginn, die [...] (Steinhoff I, 804,15–16).

Knape has listed all of the formulas in Kluge's edition of the translation in the Heidelberg manuscript. For the first part of the translation, the analysis reveals that there are different variants, as the examples already indicated, but that the combination of *rede* and *wir* is used frequently in the (a) part, as is the *uns* and *history* combination in the (b) part. When *history* appears in the (a) part, *wir* tends to be absent, whereas words like *buch* in the (b) part go without *uns*. In Kluge II and III, *wir* is practically absent in the (a) phrases where *history* shows up in most of the cases. In the (b) part, *uns* remains very common, especially in combination with *abenture*, which is used very often in Kluge III. I will focus here on the first part of the translation.

Knape's list for this part has 100 formula's, which I checked in Steinhoff's edition. The table shows how *wir* and *uns* are distributed.

Table (Ed. Kluge I)

	wir	No *wir*	
uns	39	9	48 times *uns*
No *uns*	37	15	
	76 times *wir*		

In three quarters of the formulas the German text refers to *wir* and/or *uns*, where the French text has *li contes*. A far more personalised narrative agent comes forward here, in phrases which also seem to include the audience. Given the way the translation

[25] Cf. Edward Schröder, Der deutsche Lancelot in Prosa. Ein Werk aus dem Anfang des 13. Jahrhunderts, ZfdA 60 (1923), pp. 148–151. On the verso side of the fragment a formula begins: *Nu múßen wir diße rede.*

follows the original faithfully everywhere else, this is a serious deviation, which must be the result of a well-considered decision of the translator. This also means that the interpretative problem signalled in the discussion of the first *wir* phrase now concerns the whole text in Kluge I.

In only 15 of the 100 cases there is no reference to the collective recipients, only the *buch* or *history* is mentioned, the persons dealing with it are not. The predominance of the *wir/uns* format is striking. The translator has systematically chosen to combine the *li contes* references with a more personal form of communication with the audience at the transitions in the interlace structure, which are crucial if the listeners are to keep track of the complicated narrative. The help offered to the audience in the form of information about the narrative threads and characters about to disappear or return obviously needed a personal touch. The impression the formula in the translation give is that of a careful guide, leading his party along a treacherous path, and speaking for the group, reassuring the others with phrases like: 'now that we have passed through this highland swamp, we will go to the left and then slowly over the bridge. We see before us a deep gorge and a beautiful bridge made of strong ropes.'

At this point, I will make an excursion to the Middle Dutch texts, since the comparison of the choices these translators made with that of their German colleague may help to put the latter's work in perspective. The ›Lantsloot‹ poet inserted the first person narrator in most of the transition formulas. In one instance, he uses 'we' just like the German text (Gerritsen, 5720–5727):

Hier blift staende dese aventure; Nu keric weder te Waleweine Die voer berghe, dale ende pleine.	This is the end of this adventure; Now I will return to Walewein Who travelled over mountain, dale and plain.
Hoe Walewein verloste Sagremoer Doe hi Lantslote soeken voer	How Walewein delivered Sagremoer When he went looking for Lantsloot
Hier laet dese aventure bekinnen, Die wi nu lesen beginnen, Dat doe her Walewein sciet [...]	Here this adventure makes it known, Which we will now begin to read, That when Sir Walewein left [...]

'We', 'pluralis societatis', are reading this adventure. The resemblance to the phrases in the German text is remarkable.[26] The same togetherness comes forward in this example. There is another formula in this text in which the 'I' states: *ic wil ons vroet maken van* [...] (I will inform us about [...]) (ll. 4995), and then addresses his audience as *gi heren* (gentlemen) (ll. 5001), and there are some more instance of addressing the audience as *gi* (you). The fragments provide no more cases, unfortunately. It also is unknown whether the ›Lantsloot‹ contained some kind of prologue, in which the first person narrator manifested itself.

---

26 This is not the place to go into the 'lesen-hören' and Scholz-Green discussion, cf. Dennis Green, Medieval Listening and Reading: The Primary Reception of German Literature 800–1300, Cambridge 1994.

The second Dutch translation does have a prologue. That is to say, we have the second part of a probably two volume manuscript, the Lancelot compilation of The Hague, Royal Library, 129 A 10. This volume begins with a prologue in which a first person narrator prays for divine help and states that he has already told his audience a lot of beautiful adventures. He hopes they will continue reading in order to hear the beautiful tales in this part of the book (Besamusca/Postma, 1–15):

God die makere es alre dinc	God, who is the creator of all things
Dat nie was of lijf ontfinc,	that ever were or were given life,
Die moet mi helpen in derre noet.	must help me in my heavy task.
Maria, moeder maget goet,	Mary, beneficent virgin mother,
Staet mi bi in allen dingen,	help me in all things,
So dat ic te poente volbringen	that I may bring
Moete dit boec na sijn recht.	this book to an end properly.
Hier voren hebbic u verplecht	Before this I have told you
Van vele scoenre avonturen,	many beautiful adventures,
Mar wildi vort int lesen duren,	but if you will continue reading,
Ghi sult nu horen scone die jeesten,	you will hear beautiful stories,
Bede van rouwen ende van feesten,	both joyful and sad,
Van ridderscape groete daet,	of many great chivalrous deeds,
Van selsieneheden menich baraet,	many entertaining stories of astonishing things
Die dese partie hevet in.	which this section contains.

We do not know for certain whether the translator or the compiler of the manuscript is responsible for this prologue, although the prevailing opinion is that it is the compiler. In any case, the text as we have it does feature a first person narrator, in its prologue, in the usual rare phrases of communication with the audience and also in the interlace formulas.

There are 49 of these formulas in the ›Lanceloet‹, which corresponds to the latter third of the French text. In 24 of them an 'I', or even 'we', shows up in the A-part. 28 of them have *Davonture*, the Middle Dutch equivalent for *li contes*, so there are three formulas in which *ic* and *davonture* both are used. In the B-part of the formulas, *davonture* is far more dominant, just like it is in the German text: 46 of the 49 formulas have this format.

	Davonture	*Ic/wi*	both	none
A-part	25	21	3	–
B-part	46	2	–	1

The Middle Dutch translator uses phrases like:

Nu laten wi dese tale staen (V. 421)	Now we will let this story rest,
Nu hebbic u gemaect cont Waleweins ende sire broederen wesen Ende sal u meer swigen van desen. (V. 5250–5252)	Now I have informed you about the nature of Walewein and his brothers and will tell you no more about this.

Nu latic staen dat vertellen van [...] (V. 23387)	Now I will stop the narration about [...]
Ons doet verstaen daventure (V. 24401)	We are told by the tale

Especially striking in these examples is that the translator has chosen to deviate from the French original in just the same situations as his German counterpart and his ›Lantsloot‹-colleague: The transitions from one narrative thread to another obviously called for extra assistance to the audience of the translations. It was given in the traditional way, by a first person narrator guiding the listeners through the tricky spot, even though the insertion of an 'I' did not match the narrative concept of the original French prose text. Assuming the text was read aloud, the insertion of the 'I' at these locations would have meant that the narrator and the reader-performer of the text came together: When the 'I' in the text states that he will stop speaking about a character, the reader does so too. This is corroborated by a number of formulas in which the audience is addressed, like the second of the ›Lanceloet‹-examples quoted above. Since the German text also has places where *ir* or *uch* are addressed, this calls for further comparative research. It goes without saying that there is more work to be done here, a one-by-one comparison of the corresponding French-German and Dutch formulas, for instance, if the text have enough overlap to come up with a reasonable number of sets of three or four formulas.

Conclusion

Of the three translations, the Middle Dutch ›Lanceloet‹ has resorted to a first person narrator's assistance to the audience the least often. The two earlier translations, ›Lantsloot‹ and the German text, give more assistance to the audience and do so more freely. The ›Lantsloot‹ translator in particular has felt free to go his own way, towards a more traditional text, which his audience will have appreciated. The German text, finally, follows its French original closely. It even takes over the prose form. Yet at the crucial transitions in the interlace, the translator dares to change the French format and inserts the 'we' narrator quite consistently. The result is a text which provides a trustworthy guide through the textual labyrinth of the interlace, far more sedately than the narrator's in Wolfram's wild ride or Gottfried's word games, but reliable and comforting, in a spirit of togetherness. *Wir* will make it through the maze![27]

[27] At the end of the labyrinth of my argument, I would like to thank Bart Besamusca and Cora Dietl (Tübingen) for keeping me on the right track by critically reading the first version of this article.

Table: Names of the tale

(a) the closing off of the previous narrative thread (*Or se taist li contes*), in which sometimes the audience is addressed by the narrator ('ic') as 'wir' or 'wi'
(b) taking up the new narrative thread (*Or dist li contes*), in which sometimes the audience is addressed as 'uns' or 'wi'

	Ofr. prose ›Lancelot‹	German ›Lancelot‹	›Lantsloot‹	›Lanceloet‹ in ›Lancelot-Compilation‹
(a)	*conte, li contes*	*historie* (+variants)	*aventure*	*avonture*
		rede	*tale, redene*	*tale*
		buch		
		mere		
		aventiure		
		wir/uns	*ic/ghi/u*	*ic/wi*
	Occasionally: *estoire, matiere*			
(b)	*conte, li contes*	*historie* (+variants)	*aventure*	*(D)avonture*
		rede	*tale, redene*	
		buch	*sprake*	
		mere	*ystorie* (1×)	
		aventiure		
		uns	*wi*	

Carol Dover

Die ‘Dreier-Romanze’ in der ›Dolorose-Garde‹-Episode des französischen ›Prosa- Lancelot‹*

Die Aventüre der ›Dolorosen Garde‹ hat eine so zentrale Funktion im frz. ›Prosa-Lancelot‹ inne, weil der junge Held darin seinen Namen erfährt und sich seinen ersten Ruhm verdient. Durch die sie konstituierenden Elemente des Unbekannten, des Unerwarteten und des Wunderbaren, ist Aventüre der Schauplatz für den Romanhelden und dient dabei zugleich als Bühne. Im komplementären Sinn eines im Voraus bestimmten Ereignisses, dessen Zeit gekommen ist, schließt Aventüre auch das Konzept der Auswahl ein. Denn nicht der Held sucht sich seine Aventüre aus, sondern umgekehrt sucht die Aventüre ihn aus. Sie stellt eine Prüfung der adeligen Identität des Helden dar, die er durch besondere Fähigkeiten, die ihn von anderen Rittern absetzen, unter Beweis stellen muss. Im Idealfall sind seine Taten eine Glorifizierung seines Namens, eine öffentliche Zurschaustellung seiner adeligen Herkunft und seines noblen Willens, die ihn in dieser Zusammenstellung als einzigartig in seiner gesellschaftlichen Schicht ausweisen, ihr von Vorteil sind und ihm Ruhm bringen.[1] Im Falle der ›Dolorosen Garde‹ sind jedoch die Bezüge zwischen Aventüre und Identität nicht sehr offensichtlich.

Die Aventüre wartet auf einen Befreier, der die Burg von ihrem Leiden (*dolor*), das in ihrem Namen und dem in ihr stattfindenden Unheil deutlich wird, erlöst, indem er sie erobert. Es wurde jedoch bereits angemerkt, dass die Episode aufgrund ihrer Komplexität und ihres Fragmentcharakters ihre Bedeutung nur widerwillig preisgibt.[2] Das ist nicht verwunderlich, wenn man bedenkt, dass die Episode der ›Dolorosen Garde‹ nicht nur eines der längsten Segmente des gesamten Werkes ist, sondern auch das verwirrendste, und dass sich in dieser Verwirrung sehr wohl die Verwirrung des jungen und unerfahrenen Helden widerspiegeln mag. Wenn sein Name die Summe seiner Taten ist, dann sind seine Taten bei der Dolorosen Garde auch die Summe eines Namens und einer Herkunft, die er selbst nicht kennt. Fragmentcharakter und Komplexität gelten als Teil der genrespezifischen Neigung des Romans zum Geheimnisvollen und zur Mystifizierung. Doch in der Episode der ›Dolorosen Garde‹ hat der Autor des Prosaromans diese Neigung noch intensiviert und bietet dem/der Leser/in in

---

* Übersetzt von Astrid Weigert.

1 Unter der umfangreichen Forschungsliteratur zur ‘Aventüre’ sei besonders erwähnt Erich Köhler, L’aventure chevaleresque. Idéal et réalité dans le roman courtois, übers. v. Eliane Kaufholz, Paris 1974 (Bibliothèque des Idées), S. 77–102. Für eine neuere Darstellung, siehe Joan Tasker Grimbert, Yvain dans le miroir. Une poétique de la réflexion dans le ›Chevalier au Lion‹ de Chrétien de Troyes, Amsterdam 1988, S. 141–171.

2 Vgl. Daniel Poirion, La Douloureuse Garde, in: Jean Dufournet (Hg.), Approches du Lancelot en prose, Genève 1984 (Unichamp 6), S. 25–48.

noch höherem Maße nur Bruchstücke von Information, die er/sie dann selbst durchforschen und zusammensetzen muss. Eine mögliche Zugangsweise, die der Text durch Kommentare des Erzählers und der Charaktere bietet, ist die der Erzählperspektive. Wenn man akzeptiert, dass eine solche Strategie Information bewusst so verteilt, dass Komplexität und das Geheimnisvolle entstehen, dann ist es von großer Wichtigkeit zu wissen, wer was, wie, über wen und wann weiß.

In diesem Aufsatz werde ich anhand der Erzählperspektive untersuchen, was wir als Leser über die Identitätsfindung des Helden bei der Dolorosen Garde wissen können. Meine These ist folgende: Der wesentliche Bezug zwischen dem Ruhm des Helden und seinem Namen wird durch drei Wunderschilde hergestellt, die dem Weißen Ritter auf geheimnisvolle Weise übernatürliche Kraft für seine Eroberung der Burg verleihen. Bis jetzt ist diesen drei Schilden in der Forschung wenig Aufmerksamkeit gewidmet worden. Sie sind Symbole der von der Frau vom See gewährten übernatürlichen Hilfe, aufgrund derer Lancelot das schon in der Bezeichnung der Burg angekündigte Leiden überwinden kann.[3] Nach Elspeth Kennedy,

> [t]he shields, therefore, serve two main functions within the structure of the romance. Firstly, they contribute to Lancelot's status as predestined hero who receives help from objects with marvellous properties [...]. Secondly, they provide a means of identifying the hero as he makes his nameunder varying disguises.[4]

> (erfüllen die Schilde zwei Funktionen innerhalb der Struktur des Romans. Erstens tragen sie zum Status von Lancelot als vorherbestimmtem Held bei, der Hilfe von Wunder vollbringenden Objekten erhält. [...] Zweitens erlauben sie die Identifikation des Helden, der sich unter verschiedenen Verstellungen und Verkleidungen einen Namen macht.)

Kennedy stellt einen Bezug zwischen den Schilden sowie dem Schicksal und der Identität des Helden mit Hilfe der zwei Themen her, die die Episode zweiteilen, nämlich den Themen der Namensgebung und der Liebe. Als Leser wüssten wir gerne mehr. Wie funktionieren die Schilde? Warum helfen sie Lancelot in seinen Fähigkeiten? Welche Verbindung haben sie zu seinem Namen, d. h. zu dem anderen Charakteristikum seiner Identität in der Episode? Wir wüssten gerne, warum es z. B. ausgerechnet drei Schilde und nicht zwei oder zehn sind, und warum die Streifen rot und nicht grün, blau oder schwarz sind. Das Geheimnisvolle an den Schilden öffnet die Tür für Interpretationen. Obwohl der Erzähler den übernatürlichen Ursprung der drei Schilde und ihre Funktion auf der reinen Erzählebene hervorhebt, rufen die Schilde Verwirrung hervor, weil sie ebenso viel verbergen wie enthüllen. Ihre narrative und thematische Bedeutung ist aufs engste mit ihrer Fähigkeit verbunden, die innere Geschichte der Identität des Weißen Ritters zu erzählen. Erich Köhler beschreibt diesen inneren Wert im Artusroman als »le moyen qui permet au chevalier, en tant qu'individu, d'atteindre à une compréhension complète de soi-même et à l'harmonisation

---

[3] Siehe Elspeth Kennedy, Lancelot and the Grail. A Study of the ›Prose Lancelot‹, Oxford 1986, S. 122–125.

[4] Kennedy [Anm. 3], S. 126.

de la réalité de son existence avec l'image idéale qu'il s'en fait.«[5] Aus dieser Perspektive werde ich die drei Schilde in diesem Aufsatz untersuchen.

Die drei Schilde sind die Anfänge eines Schemas, das die ganze Episode der ›Dolorosen Garde‹ durchzieht. Ich werde mich hier jedoch auf die drei Schilde beschränken. Das dreifache Bild des Drei-in-einem-Konzepts ist auf den Schilden selbst durch die drei unterschiedlichen, aber miteinander verbunden Wappen, die den Helden identifizieren, abgebildet. Die freundliche Geste, mit der der ›Prosa-Lancelot‹ seinen Romanhelden von Chrétiens de Troyes ›Chevalier- de- la- Charrette‹-Roman übernimmt, in dem der Held ebenfalls des Öfteren mit der Zahl drei in Verbindung gebracht wurde, macht den ›Prosa-Lancelot‹ zu einer wahrhaften Inkarnation des mittelalterlichen kreativen Prozesses des Umschreibens, den Annie Combe für den Prosaroman so treffend als »affaire de mémoire, et ses oeuvres sont comme des palimpsestes qui conserveraient en partie les traces d'écrits existants« bezeichnet hat.[6] In der ›Dolorose-Garde‹-Episode laden die drei Schilde geradezu zu einer intertextuellen Leseweise ein. Die Zahl drei steht, wie noch zu zeigen ist, in enger Verbindung mit Chrétiens ›Chevalier de la Charrette‹ und zwar auf eine Weise, die die Identität des Prosaromanhelden mit beeinflusst, aber dennoch der Prosaerzählung ganz eigen ist.[7]

Welche Information bietet die Erzählperspektive über die Aventüre der ›Dolorosen Garde‹ bevor diese eigentlich beginnt? Der Weiße Ritter erfährt von einem weinenden Fräulein, dass fahrende Ritter bei dem Versuch, die fluchbeladene Burg zu betreten, entweder sterben oder gefangen genommen werden. Bei seiner Ankunft sieht Lancelot zu der Furcht einflößenden, hoch auf einem Felsen liegenden, von rauschenden Wassern umgebenen Burg hinauf und misst in Gedanken den Schwierigkeitsgrad einer Eroberung der Burg. Er macht sich Sorgen. Der Erzähler lässt uns wissen, wie unglaublich schwierig eine solche Eroberung ist, die der Burg zu Recht ihren mit Leid verbundenen Namen zuschreibt, und dass die Burg für die fahrenden Ritter eine reine Todesfalle ist. Erstens ist die Burg von zwei Mauern mit jeweils einem Tor umgeben, die jedoch noch niemals offen standen. Zweitens besitzt die Burg ein seltsames Sicherungssystem: Ein angreifender Ritter wird an jedem Tor mit zehn einzeln zu besiegenden Ritter konfrontiert, die sozusagen eine menschliche Verteidigungskette bilden. Drittens steht über dem Tor die Statue eines riesigen Ritters aus Kupfer, der auf einem Pferd sitzt und mit einer Axt bewaffnet ist. Diese Statue ist mit Zauberkräften versehen, die dafür sorgen, dass sie auf den Befreier stürzt, sobald dieser in das zweite Tor eintritt und zur Statue aufblickt. In genau dem Augenblick würde der Zauber sichtbar, aber erst nach einem vierzigtägigen Aufenthalt des Ritters auf der Burg aufgelöst werden. Diese Informationsquellen sind jedoch ohne die zusätzlichen Angaben des geheimnisvollen Fräuleins am Tor unvollständig, da erst sie dem Weißen

---

5 Erich Köhler, Le rôle de la 'coutume' dans les romans de Chrétien de Troyes, Romania 81 (1960) S. 386–397, hier S. 396.

6 Annie Combes, Les voies de l'aventure: réécriture et composition romanesque dans le ›Lancelot en prose‹, Paris 2001 (Nouvelle Bibliothèque du Moyen Age 59), S. 12.

7 Siehe Kennedys hilfreiche Zusammenfassung mit Informationen zu der Hilfe vom See in: Kennedy [Anm. 3], S. 122–123.

Ritter die Details des zu erwartenden Kampfes erklärt, wie etwa die Angriffsstrategie der Ritter aus der Burg und den Preis, der für das Betreten der Burg zu zahlen ist. Sie entpuppt sich als das Schildfräulein mit den drei Wunderschilden vom See.[8] Wenn Romanaventüren den Ritter dazu bewegen sollen, über sein Leben nachzudenken und wenn sie ihm Richtung geben sollen, dann ist der Weg des Helden in der ›Dolorosen Garde‹ übersät mit geheimnisvollen Fräulein.

Ihre Gegenwart entspricht einer Papierschnitzeljagd, in der der Weiße Ritter den Spuren folgen muss, die seinen Weg durch das Unbekannte vorgeben und letztendlich zur Entdeckung seines Namens im Innern der Burg führen. Die Fräulein kennen die Burg und ihre Bräuche in- und auswendig; sie spielen die Rolle des Knappen, sie geben ihm Ratschläge zum Gebrauch der Schilde und möglicher Taktiken, sie leiten ihn an und geben ihm Sicherheit; er kennt sie und sie kennen das Geheimnis seines Erfolgs. Sie sind dazu da, ihm zu helfen, und wir erfahren, dass sie aus dem See kommen. Somit gibt es für uns zwei Hauptinformationsquellen: einerseits die prosaische, distanzierte Haltung des Erzählers und andererseits die persönliche Kommunikation der Frauen. Sobald die Aventüre beginnt, dienen die Zuschauer und Ritter, die Zeugen des Kampfes des Weißen Ritters sind, als dritte Informationsquelle.

Wenden wir uns nun den drei Wunderschilden zu: Was sehen und wissen wir über sie, bevor sie benutzt werden? Durch die narrative Wiederholung werden sie zu stark visuellen Objekten. Sie werden dreimal beschrieben. Zum ersten Mal sieht sie der Weiße Ritter in seinem Zimmer, allerdings unter einem Tuch verdeckt. Er fragt, wem sie gehören und erfährt, dass sie einem einzigen Ritter gehören. Er ist neugierig und bittet darum, die Schilde unverdeckt sehen zu dürfen: *et il voit que li .III. escu sont d'argent, si en a l'un une bende vermeille de bellic et en l'autre .II. et en l'autre .III., si les regarde moult grant pieche* (Micha VII, 24a,14; Kennedy I, 187). Das Fräulein gibt ihm bekannt, dass sie von der Frau am See geschickt worden sei, dass er seinen Namen und den seines Vaters erfahren werde und dass es in genau dieser Burg passieren werde, deren Herr er noch vor dem Abend sein werde. Sie versichert ihm, dass ihre Worte wahr seien, da sie aus dem Munde der Frau vom See stammten. Ihre Worte beruhigen ihn. Wenn man die Schilde näher betrachtet, sieht man, dass jedes davon eine Variation des ersten weißen Schildes ist, das er als Geschenk von der Frau vom See erhalten hatte und mit dem er bei seinem ersten, durch den Einbruch der Nacht abgekürzten Eroberungsversuch bereits fünf Ritter der Burg gefangen genommen hatte. Schließlich beschreibt das Schildfräulein den Nutzen der Schilde für ihn:

> Et li .III. escu sont vostre que vous avés veus et sachiés qu'il sont assés merveilleus, car si tost com vous avrés au col chelui la ou il n'a que une bende, si avrés recovree la forche et le proeche d'un chevalier avoeques chele que vous avés. Et se vous i pendés chelui as .II. bendes, si avrés la proeche a .II. chevaliers, et par chelui as .III. bendes recoverés la proeche a .III. chevaliers (Micha VII, 24a,15; Kennedy I, 188).

---

[8] Für eine Beschreibung der Bewegungen der Fräulein vom See in der ›Dolorose-Garde‹-Episode, siehe Anm. 7.

Die Schilde sind nur für ihn bestimmt. Ihr Wunder besteht darin, dass sie dem Träger zusätzliche Kräfte verleihen, die auf dem Schild als rote Balken repräsentiert sind. Sobald er eines der Schilde um den Hals nimmt, erhöhen die Balken in drei Stufen seine Kraft auf eine spektakuläre Weise, die im dritten Schild gipfelt:

> si tost com vous sentirés vostre force amunusier, que vous prengiés l'escu a une seule bende, et puis cheli as .II. se besoin vous en cache; et quant vous voldrés tout torner a mal et que tous li siecles se mervaut de vous, si prendés chelui a .III. bendes, car vous verrés les plus apertes merveilles que vous onques veissiés et teiles que vous ne poriés penser (Micha VII, 24a,15; Kennedy I, 188).

Er erhält genaue Anweisungen für den Gebrauch der Schilde und den Eindruck, den er damit machen wird. Dem dritten Schild wird jedoch besondere Aufmerksamkeit gewidmet: Der Gebrauch dieses Schildes wird davon abhängen, ob er selbst als ein Wunder angesehen werden will und ob er Wunder sehen will, die seine Vorstellungskraft überragen. Im Gegensatz zu den strengen Regeln, die der Mann über dem Tor der Dolorosen Garde verkündet hat, erlauben Lancelot diese Anweisungen, seine Taten und seine Tatkraft nach eigenem Gutdünken zu handhaben. Die Macht der Schilde wird ihm nicht aufgezwungen, sondern zur Verfügung gestellt, falls er sie in der angegebenen spezifischen Reihenfolge zu dem angegebenen spezifischen Zeitpunkt akzeptiert. Die Entscheidung liegt bei ihm.

Die insistente Wiederholung der Zahl 'drei' in Folge deutet auf ein Maßnehmen zur Beurteilung des Ritters hin, wie es in den Formulierungen *se mesurer* und *prendre la mesure* erkenntlich ist. Diese Formulierungen bezeichnen auf treffende Weise die in Friedenszeiten für den ritterlichen Kampf charakteristische Dimension des Wettbewerbs und dabei besonders des Turniers, in dem Ritter ihre Fähigkeiten gegen die ihres/ihrer Gegner/s messen.[9] Ein mit einem Wappen gekennzeichneter Schild ist normalerweise das Zeichen, mit dem die Ritter im Kampf ihre Identität ausweisen.

Die Schilde der Dolorosen Garde besitzen nicht nur Wappen, sondern werden auch von warnenden Botschaften der Frau vom See begleitet. Die erste Warnung, *si gardés bien que vous ne vous fiés tant en vostre joveneche* (Micha VII, 24a,15; Kennedy I, 188), ist sicherlich ein guter Ratschlag, da der Weiße Ritter kaum Kampferfahrung hat und noch nicht die körperliche Stärke eines erwachsenen Mannes erreicht hat. Intertextuell gelesen, fallen die Anforderungen dieser Aventüre mit denen an einen anderen jungen Mann zusammen, der ebenfalls eine unmögliche Tat zu vollbringen hat: nämlich mit denen an den jungen Liebhaber im *lai* ›Les deux amants‹ von Marie de France:[10] Er schlägt eine ähnliche Warnung seiner Geliebten in den Wind. Seine einzige Chance, die Geliebte zu gewinnen, bestand in der unmöglichen Tat, sie ohne Rast oder Ruh in seinen Armen auf einen Berg hinaufzutragen; eine Forderung, die

[9] Eine beeindruckende Untersuchung dieses Motivs in Chrétiens de Troyes ›Chevalier de la Charrette‹, bietet Matilda T. Bruckner, Shaping Romance: Interpretation, Truth, and Closure in Twelfth-Century French Fictions, Philadelphia 1993, S. 60–108. Die historischen Aspekte dieses Teils der Turniere untersucht Maurice Keen, Chivalry, New Haven, London 1984, S. 83–101; Jean Flori, Chevaliers et Chevalerie au Moyen Age, Paris 1998, S. 131–152.

[10] Lais de Marie de France, übers. v. Laurence Harf-Lancner, hrsg. v. Karl Warnke, Paris 1990.

ihrem besitzergreifenden Vater die Gelegenheit bot, alle ihre Freier zu töten. Die Tochter wusste um die begrenzte natürliche Kraft ihres Geliebten und überredete ihn dazu, sich einen Zaubertrank zu beschaffen. Es handelte sich dabei um einen medizinisch verlässlichen Trank, der speziell für den jungen Mann gebraut worden war und seine natürlichen Kräfte insgeheim verstärken sollte. Um ihren Teil zum Gelingen beizutragen und die Last für ihn zu reduzieren, fastete das Fräulein. Doch trotz dreier separater Warnungen, den Zaubertrank zu nehmen als seine Kräfte ihn verließen, vertraute der Jüngling auf seine eigene Kraft und verstärkte sie nicht durch den Trank. Die letzten drei Schritte waren zu viel für sein überstrapaziertes Herz. Er starb, und seine Geliebte starb bald darauf an Trauer.

Die Folgen dieses blinden Vertrauens aufgrund jugendlicher Unerfahrenheit wurden in ›Les deux amants‹ deutlich aufgezeigt, allerdings auch die Gründe, denn der Erzähler sah den Misserfolg voraus:

> Mais jeo criem que poi li vaille
> Kar n'ot en lui point de mesure.[11]

Anders ausgedrückt, dem Jüngling fehlte *mesure*, d. h. die Fähigkeit, äußere Umstände und die eigene Natur erfolgreich 'messen' oder beurteilen zu können.[12] Noch einmal anders formuliert, ließe sich sagen, dass er im Blick der Öffentlichkeit sich weigerte den Rat seiner Geliebten zu befolgen, weil er seine natürlichen Fähigkeiten höher einschätzte als ihre Liebe. Das warnende Beispiel des *lai* erzeugt eine gewisse Spannung im Bezug auf Lancelots Verhalten im Blick der Öffentlichkeit bei der Dolorosen Garde. Wenn die erste Botschaft der Frau vom See ihm rät, sich nicht zu sehr auf seine eigene Stärke zu verlassen, dann rät sie ihm damit auch gleichzeitig, ihrer Liebe für ihn zu vertrauen. Die zweite warnende Botschaft der Frau vom See wird mit mehr Nachdruck geliefert: *bien gardés que vous ne remaigniés ne au roi Artu ne a autrui, devant que vous soiés conneus par vos proeches en plusors terres, car ensi veut ma dame que vous le fachiés por essauchier et amender* (Micha VII, 24a,15; Kennedy I, 188). Ihr dringender Rat, in der ganzen Welt seine Heldentaten zu vollbringen, soll Lancelot daran erinnern, dass er König Arthur nichts schuldig ist, nicht einmal sein Schwert, und stellt so das Verhältnis des Jünglings zum König in Frage. Damit wird auch deutlich, dass die Frau vom See seine ritterliche Bildung im Interesse seiner Ehre leitet. Wenn man die drei Schilde als eine fortschreitende Sequenz betrachtet, sollte man eine Abfolge von drei Botschaften erwarten, doch eine dritte Botschaft gibt es nicht, zumindest noch nicht. In der Zwischenzeit führt das warnende Beispiel von ›Les deux amants‹ Spannung ein: Wie wird sich der Weiße Ritter unter dem Blick der Öffentlichkeit behaupten? Sehen wir uns seine Leistung an.

Der Erzähler beschreibt im Detail jeden Schlagabtausch, einschließlich der Worte, die zwischen dem Ritter und seinen Gegnern gewechselt werden, das aufgeregte

[11] Lais de Marie de France [Anm. 10], V. 188–189.

[12] Ein fehlendes Maß (*mesure*) ist in Maries *lais* nicht ein ausschließlich männliches Versagen. In ›Yonec‹ ist das fehlende Maß (*mesure*) der Dame für den Tod ihres Geliebten verantwortlich.

Verhalten der Zuschauer, die Reaktion seiner Gegner, die noch nicht an der Reihe sind, und die herannahende Frist. Da er noch ohne Namen ist, identifizieren die Schilde seine ritterliche Identität im Bezug auf seine Leistung. Jedoch wird diese Identität unterschiedlich gelesen, je nachdem was die verschiedenen Zuschauer wissen und wer sie sind. Das Publikum, das keine Ahnung von seiner Identität oder der geheimen Quelle seiner Kraft hat, kann die Schilde als Verteidigungswaffen sehen, die seine zunehmenden Kampffähigkeiten in Stufen veranschaulichen. Diese Entwicklung ist deswegen so wunderbar, weil sie den natürlichen Abfall der körperlichen Kraft eines Ritters im Kampf umkehrt. Die Kraft des Weißen Ritters nimmt also mit der ansteigenden Beanspruchung des Körpers zu und erhöht damit die Erwartungen der Zuschauer auf seinen Erfolg und ihre daraus resultierende Befreiung. Sein Eintritt in die Burg ist für sie eine erstaunliche Zurschaustellung heldenhafter Kräfte, die bestätigt, dass er in der Tat 'der beste aller Ritter' ist, und so ihr Leiden beenden wird. Für die Ritter, die er besiegen muss, ist der Weiße Ritter ein Zeichen der Hoffnung, dass ihr Leiden ein Ende finden kann. Für den Burgherren ist es ein Wunder, das das Ende seiner Herrschaft signalisiert. Die Fräulein vom See sehen in seiner Kampfesleistung eine Tat, die sie vorsichtig überwachen müssen, um die Befehle ihrer Herrin auszuführen. Sie wissen schon, was passieren wird. Für uns Leser bieten die Schilde eine zusätzliche Perspektive, da wir über die geheime Kraftquelle Lancelots Bescheid wissen. Wir sehen seine Bemühungen und seine Reaktionen; wir sehen, welchen Einfluss die Frau vom See auf die öffentliche Sicht ihres Pflegekindes hat.

Sobald der Weiße Ritter seinen Angriff auf die Burg beginnt, wird klar, dass sein Sieg über die ersten drei Ritter länger als erwartet dauert. Er will die Ehre, die er begehrt, nicht verlieren, kämpft mit seinem fünften Gegner, sein weißer Schild ist fast zerschlagen; er hat zahlreiche Wunden, und die Zeit vergeht: Es ist fast 'Terzzeit'. Nun befolgt er den Rat des Schildfräuleins und nimmt den Schild mit dem einen roten Balken von einem wartenden Knappen. Die Wirkung ist erstaunlich: Es wird nicht nur seine körperliche Kraft verdoppelt, sondern auch der Schmerz (*dolor*) seiner Wunden entschwindet. Er kämpft gegen alle der noch übrigen ersten zehn Ritter auf einmal und legt eine bewundernswerte Leistung an den Tag. Das Schildfräulein sieht voraus, dass er die Schilde brauchen wird. Die Bewohner der Burg haben noch nie einen so mächtigen Ritter gesehen; die Ritter sind von seinem großen Mut beeindruckt, und er hat einige Wunden. Als drei Ritter noch unbesiegt sind und die 'Terzzeit' schon vorüber ist, schreitet das Schildfräulein ein und hängt den zweiten Schild mit den zwei roten Streifen selbst um seinen Hals. Die Ritter sind über das Einschreiten des Fräuleins verwundert, da sie es gerne gesehen hätten, dass der Weiße Ritter aufgibt. Mit dem neuen Schild ist der Weiße Ritter in der Lage, mit neuer Kraft in den Kampf zurückzukehren. Die Burg hat kaum noch Ritter, die sie in den Kampf schicken kann, doch die Regeln verbieten es dem Burgherrn zu kämpfen, bevor nicht alle anderen Ritter besiegt sind. Die letzten drei Gegner ergeben sich, das erste Tor der Burg öffnet sich mit einem großen Getöse.

Der Weiße Ritter ist überglücklich, *il a trop grand joie* (Micha VII, 24a,27; Kennedy I, 192), dass er etwas geschafft hat, wovon er nie zu träumen wagte. Die Zeit drängt. Zehn weitere Ritter erwarten ihn am zweiten Tor. Der Erzähler stellt jedoch sicher, dass wir mehr wissen als die Zuschauer, indem er sich auf eine verborgene Verzögerung konzentriert.

In diesem Moment hält ihn das Schildfräulein zurück und setzt ihm einen neuen glänzenden Helm auf. Doch als sie auch seinen Schild mit dem dritten, der drei Balken hat, austauschen will, protestiert er: »*Ha, damoisele, houni m'avés, qui les me ferés vaincre sans point de ma proeche. Trop i avoit il de cheli que vous avés osté*« (Micha VII; 24a, 28; Kennedy I, 193). Er ist überzeugt, dass der dritte Schild nicht notwendig ist. Wie der Liebhaber in ›Les deux amants‹, glaubt er, dass seine natürliche Kraft ausreichend sein wird. Vieles steht auf dem Spiel bei der Dolorosen Garde, was einen geringeren Ritter dazu veranlassen würde, seinen Schild wegzuwerfen und seine Suche nach Ehre allein fortzusetzen, doch das trifft für den Weißen Ritter nicht zu. Der Protest, der nach außen hin seine Fähigkeiten, in Wirklichkeit aber die *joie* betrifft, mit der seine Kräfte durch die roten Balken ergänzt werden, ist eine Verzögerung, die er überwindet, indem er sich dafür entscheidet, den dritten Schild anzunehmen. Diese Verzögerung schafft eine Spannung zwischen Liebe und Ritterlichkeit, die den Weißen Ritter auf einzigartige Weise mit Chrétiens Lancelot identifiziert, der ebenfalls die dritte Entscheidung unter großem Zeitdruck fällen musste.

Die Eroberung der Dolorosen Garde durch den Weißen Ritter ist eine Initiation in den ritterlichen Dienst an seiner Dame, der Frau vom See, die er liebt und deren Liebe seiner Ehre förderlich ist. Hätte er den dritten Schild verweigert, dann hätte er ihre Liebe verloren, die seine Bildung durch die *joie* am See inspiriert hatte. Die drei Wunderschilde zeigen, dass seine Bildung am See erfolgreich auf Ritterlichkeit geprüft wurde, dass er in der Tat der Ritter ist, den Chrétiens Erzähler *Lanceloz, li bien apris* (Roques, 6359) nannte und dass er fähig ist, den Dienst, den er am See gelernt hatte, weiterzuführen.

Das Schildfräulein händigt ihm eine Lanze aus – die Waffe, mit der sein Name so eng verbunden ist – und möchte ihn gerne jostieren sehen. Ausgerüstet mit seinem neuen Helm, dem dritten Wunderschild und seiner neuen Lanze kann er gar nicht anders als zur magischen Kupferstatue aufzublicken, die über dem zweiten Tor Wache hält. Die Statue stürzt wie vorhergesagt zu Boden und erschlägt dabei einen der Ritter. Ordnungsgemäß betritt der Weiße Ritter die Burg im Triumph, erscheint als schön und fast unberührt von seiner schweren Prüfung. Er trägt dabei die Waffen, die ihn öffentlich als Eroberer der Dolorosen Garde und insgeheim als Ritter der Frau vom See ausweisen.

Nach dem Ende der Kampfhandlung bringt ihm eines der Fräulein den Schlüssel, mit dem er das Tor aufsperren kann. Der Weiße Ritter tritt unter großer Freude in die Burg ein und wird von den inhaftierten Fräulein, Frauen und Bewohnern bejubelt und begrüßt. Mit der Höflichkeit des gleichnamigen Helden bei Chrétien fragt er, ob er noch etwas anderes tun müsse. Er trifft auf zwei Reaktionen, die sowohl geschlechtsals auch klassenspezifisch sind. Auf der einen Seite sind die Frauen und Fräulein bereit, die nachfolgenden Ereignisse geduldig abzuwarten. Auf der anderen Seite hoffen die Bewohner ungeduldig darauf, dass er den Burgherren gefangen nehmen und sie damit sofort befreien würde; doch der Burgherr ist entflohen. Für diese zweite Gruppe scheint der geheimnisumwitterte Ritter die falsche Person zu sein: Ihre Freude schlägt in Trauer um. Ohne sich durch diese Verzögerung aus der Ruhe bringen zu lassen, begibt sich der Weiße Ritter in die Hände der Gefangenen und wird mit voller Ausrüstung, einschließlich seines Wunderschildes, auf einen Friedhof geführt.

Da die Spannung um die Identität des geheimnisvollen Ritters schon so lange andauert, muss die Enthüllung seines Namens als dramatischer Moment konstruiert werden, um seine volle Wirkung entfalten zu können.[13] Doch die Vorwärtsbewegung der Erzählung wird durch die Beschreibung des Friedhofs verlangsamt, zu dem der Weiße Ritter geführt wird und wo er seinen Namen entdecken wird. Damit stellt sich die Frage, welchen Bezug der dritte Wunderschild zu der Entdeckung seines Namens hat.

Betrachten wir zuerst den Friedhof selbst, von dem uns der Erzähler sagt, dass er *moult merveilleus* (Micha VII, 24a,31; Kennedy I, 194) ist, und den der Held selbst auch bestaunt. Es ist ein furchteinflößender Ort, der an Erecs Suche in der ›Joie-de-la-Court‹-Episode von ›Erec et Enide‹ erinnert, da auch hier die aufgespießten Köpfe der erfolglosen Streiter noch ihre Helme trugen. Gleichzeitig beschwören die Zinnen, die Gräber und die Suche des Ritters intertextuell den Friedhof der ›Charrette‹ herauf, auf dem die Gräber für Artusritter reserviert waren und wo ein geheimnisvoller Ritter die Steinplatte emporhob, um seine Wahl als Befreier der in Gorre gefangenen Untergebenen Arturs zu entdecken. Dieser geheimnisvolle Ritter wurde als Wunder bejubelt.

Der Friedhof der Dolorosen Garde scheint ein sehr geeigneter Ort für Wunder zu sein,[14] da in seiner Mitte ein Grab mit einer Platte steht, die *tres merveilleusement ouvree a or et a pieres et a esmax* (Micha VII, 24a,31; Kennedy I, 194) ist und die Bewunderung des Weißen Ritters hervorruft. Das Grab erinnert mit leichter Variation an das Grab in der ›Charrette‹. Wie das Grab im Versroman, unterscheidet es sich von den anderen durch seine gewaltige Größe, seine zentrale Lage, die edlen Materialien, die künstlerische Fertigung und durch seine prophetische Inschrift, die zusammen genommen eine symbolische Lesart im Bezug auf die Position des Besitzers und seine Stellung zu den Artusrittern bestätigt. In einem Friedhof, der die Erwählung des Helden an den Artusrittern sowohl der Vergangenheit als auch der Zukunft misst, weist dieses Grab die Größe des Helden auf einer Zeitschiene aus, die sowohl zurück als auch vorwärts zeigt, genauso wie unser Wissen um die Identität des Weißen Ritters.

Ohne auf die Details des ›Charrette‹-Intertextes einzugehen, sei hier angefügt, dass es im Prosaroman keinen alten Mönch gibt, der die Fragen des geheimnisvollen

---

[13] Zu den unterschiedlichen Formen der Spannung im ›Chevalier de la Charrette‹, siehe F. Douglas Kelly, 'Sens' and 'Conjointure' in the ›Chevalier de la Charrette‹, The Hague, Paris 1966, S. 156–157 (Studies in French literature 2).

[14] Zu den räumlichen Formen in Chrétiens Romanen siehe Norris J. Lacy, Spatial Form in Medieval Romance, Yale French Studies 51 (1974), S. 160–169.

Ritters beantwortet, die Bedeutung des Grabes erklärt oder ihm zu verstehen gibt, welche Kräfte notwendig seien, um die Steinplatte zu heben. Die Platte besteht im Prosaroman nicht aus Marmor sondern aus Metall und enthält einen Namen: *ceste lame ne n'iert ja levee par main d'omme ne par esfors, se par chelui non qui conquerra cest doleros castel et de chelui est li nons escris ci desous* (Micha VII, 24a,31; Kennedy I, 194). An die Stelle des alten Mönchs tritt der Prosaerzähler, der das Wunder der Steinplatte bestätigt, indem er davon spricht, dass schon viele Ritter, einschließlich des Burgherren, vergeblich versucht haben, die Steinplatte zu heben. Der Weiße Ritter liest selbst die Inschrift, 'misst' das Grab und erkennt, dass es nur den vier stärksten Rittern der Welt gelingen würde, die Platte an ihrer schmalsten Stelle zu heben. Er jedoch hebt die Platte mit beiden Händen am breiteren Ende und kann so einen Namen lesen: *Chi gerra Lancelos del Lac, li fiex au roi Ban de Benoÿc* (Micha, VII, 24a,32; Kennedy I, 194). Hatte er selbst, wie der/die Leser/in, damit gerechnet, dass der dritte Wunderschild zusätzlich zu dem weißen und den ersten zwei Schilden sicherstellen würde, dass er die Kraft der vier stärksten Ritter der Welt haben würde?

Hätte er den dritten Wunderschild verweigert, dann hätte das offensichtlich folgende Wirkung gehabt: Er hätte nie erfahren, wer er ist. Er hat erfahren, was der Erzähler uns schon im einführenden Absatz des ›Prosa-Lancelot‹ wissen ließ: Er ist der Sohn von König Ban von Benoyc und war unter dem Namen Lancelot bekannt. Als der Weiße Ritter die Steinplatte wieder auf das Grab legt, betont der Erzähler, dass Lancelot sofort wusste, dass dies sein Name war: *Et lors remet la lame jus et bien seit que ch'est son nons qu'il a veu* (Micha VII, 24a,32; Kennedy I, 194). Wir können davon ausgehen, dass er dies weiß, weil er erfährt, dass er der Sohn eines Königs ist, wie es ihm die Frau vom See versprochen hatte. Wir selbst wissen, dass es sein Name ist, weil wir seine Taten wiedererkennen; doch der Gewissheit Lancelots liegt ein tieferes Wissen zugrunde. Anders als Chrétiens Perceval, der seinen Namen zwar erriet, ihn aber nicht wusste, kennt der Weiße Ritter sich selbst durchaus gut genug, dass er Signifikant (die geschriebene Form seines Namens) und Signifikat (was es bezeichnet) erkennt, die zentrale Verbindung zwischen seinen äußeren Taten und seinem inneren Selbst, zwischen seiner öffentlichen und privaten Person – also genau das, was bei der Dolorosen Garde auf dem Prüfstand war. Er erfuhr seinen Namen, weil er sich dieses Wissen durch seinen Dienst an der Dame verdient hatte, verstärkt durch die Balken, die sich genau abgemessen im Rot der Liebe auf den Schilden zeigten. Doch im Gegensatz zum Weißen Ritter wissen wir, dass der dritte Schild der Schild der *desmesure* war, der ihn als Lancelot identifizierte, indem er ihn mit einer Liebe umgab, die *desmesure*, d. h. ohne alle Maßen war.

Im weiteren Verlauf der Erzählung wird der Weiße Ritter seine drei Wunderschilde innerhalb und außerhalb der Burg dazu benutzen, seine Identität als Eroberer der Dolorose Garde zu verbergen oder zu enthüllen.[15] Es wurde bereits darauf hingewiesen, dass er am Ende der Episode, als er zurückkehrt um die Burg von den unheil-

[15] Vgl. Kennedy [Anm. 3], S. 125–126.

vollen Zauberkräften zu erlösen, den dritten Schild nicht verwendet. Kurz gesagt, er benutzt den dritten Schild nicht, weil er seiner nicht mehr bedarf. Er ist zur nächsten Entwicklungsstufe fortgeschritten, in der er der Ritter der Königin wird, der Frau, die er bereits liebt und der er nun als Sohn eines Königs dienen kann. Dieser Pfad ist visuell in den drei Wunderbalken als die Liebesfreude enthalten, die ihm die drei Frauen in seinem Leben gebracht haben: der erste Balken von seiner Mutter, die ihn mit Freude in die Welt brachte, der zweite von seiner Pflegemutter, die ihn mit Freude in einer anderen Welt unterrichtete, der dritte für die Frau, deren Liebe Freude in seiner Ritterlichkeit als Lancelot du Lac inspiriert.[16] Ein Lebensweg also, den Emmanuele Baumgartner so treffend als »une quête aboutie de la joie« beschrieben hat.[17]

---

[16] Siehe Françoise Paradis, La triple mise au monde d’un héros, ou trois images d’une féminité maîtrisée dans le début du ›Lancelot en prose‹, in: Jean Dufournet (Hg.), Approches du Lancelot en prose, Paris 1984 (Collection Unichamp 6), S. 157–176, der eine leicht unterschiedliche Verteilung der drei Frauen vorschlägt (S. 176).

[17] Emmanuèle Baumgartner, Gardes et Joyeuses Gardes, in: De l’histoire de Troie au livre du Graal: le temps, le récit (XIIe–XIIIe siècles), Orléans 1994 (VARIA 18), S. 335–346, hier S. 343.

Michael Waltenberger

Schlangengift und Sündenschuld

Zur Konkurrenz der Sinnstiftungsmodi in der ›Préparation à la Queste‹

I.

Der ›Prosa-Lancelot‹ setzt ein mit der Erzählung von Krieg, Eroberung und Zerstörung, mit der Flucht und dem Tod des Königs Ban. Für dessen Sohn Lancelot, den späteren Helden des Romans, könnte das schmähliche Ende des Vaters als initiales Ereignis gelten, das einen auf Restitution ausgerichteten Handlungszusammenhang in Gang setzt. Doch der Roman knüpft an diese defizitäre Ausgangssituation vorerst nicht an und verleiht ihr auch später relativ wenig handlungsmotivierendes Gewicht. Stattdessen erscheinen die fortgeführten Konflikte um Bans Getreue und den zwielichtigen König Claudas als Hintergrundkontinuum, von dem sich, nach der Entführung des Kindes Lancelot in den magisch abgeschiedenen Dianen-See, wirkungsvoll ein anderer – und andersartiger – Erzählanfang abheben lässt: Er 357det nicht mehr im Handlungsdruck aufgrund eines ereignishaft eintretenden Defizits im Sinne jener Definition der aristotelischen ›Poetik‹, nach der als Anfang gilt, »was selbst nicht mit Notwendigkeit auf etwas anderes folgt, nach dem jedoch natürlicherweise etwas anderes eintritt oder entsteht.«[1] Mit der von notwendigen Bezügen zur ‘Außenwelt’ zunächst abgekoppelten Charakterisierung des jugendlichen Helden (Micha VII, 9a,1–22; Steinhoff I, 102–124) zeichnet sich vielmehr ein narratives *principium* des Romans ab, das weniger auf einem Ereignis und den dadurch vorgezeichneten Handlungsoptionen beruht als auf der ausführlich beschriebenen psycho-physischen Disposition der Figur noch vor ihrem Eintritt in bestimmte Handlungszusammenhänge.[2]

---

1 Aristoteles, Poetik. Griechisch/Deutsch, übersetzt und hrsg. von Manfred Fuhrmann, ergänzte Ausgabe, Stuttgart 1994 (RUB 7828), Kap. 7, S. 25.

2 Vgl. zum Folgenden: Micheline de Combarieu, Le ›Lancelot‹ comme roman d'apprentissage. Enfance, démesure et chevalerie, in: Jean Dufournet (Hg.), Approches du Lancelot en prose, Paris 1984 (Collection Unichamp 6), S. 101–136; Micheline de Combarieu du Gres, ‘Un coeur gros comme ça’ (Le coeur dans le Lancelot-Graal), in: Le ‘Cuer’ au Moyen Âge (Réalité et Senefiance), Aix-en-Provence 1991 (Senefiance 30), S. 77–105; Michael Waltenberger, Das große Herz der Erzählung. Studien zu Narration und Interdiskursivität im ›Prosa-Lancelot‹, Frankfurt a. M. u. a. 1999 (Mikrokosmos 51), S. 45–94; Judith Klinger, Der mißratene Ritter. Konzeptionen von Identität im Prosa-Lancelot, München 2001 (Forschungen zur Geschichte der älteren deutschen Literatur 26), S. 52–75; Ingrid Hahn, ‘des herczen wille’. Zum Selbstbezug der Person im ›Prosa-Lancelot‹, in: Nine Miedema, Rudolf Suntrup (Hgg.), Literatur – Geschichte – Literaturgeschichte. Beiträge zur mediävistischen Literaturwissenschaft. Festschrift für Volker Honemann zum 60. Geburtstag, Frankfurt a. M. 2003, S. 225–236.

Diese spezifische Disposition Lancelots besteht wesentlich in einer extrem hohen heroisch-cholerischen Affektenergie und dem mentalen Vermögen, unbeirrbar auf einer einmal gefassten Intention zu beharren; beides verbindet sich zu einer Art ritterlicher *magnanimitas*, welche zum mutigen Inangriffnehmen schwieriger Aufgaben befähigt.[3] Das 'Erzählprinzip', aus dem sich »natürlicherweise« das Weitere ergibt, ist damit gewissermaßen in die Figur verlegt und erscheint dabei nicht selbst schon handlungsförmig, sondern als psycho-physische Möglichkeit, als Tugend des Beginnens, die sich durch konkretes Handeln erst noch bewähren muss.

Aus der spannungsvollen Konfrontation dieser Anlagen mit den raumzeitlich vervielfältigten Herausforderungen und den materiellen Widerständen der Aventiurenwelt des Prosaromans resultiert eine Dynamik der Erzählstrategie, die die Semiose zumindest im ›Lancelot propre‹ entscheidend prägt: Während im 'klassischen' Versroman der Status des Helden jeweils mehr oder weniger unmittelbar dem Geschehen in den einzelnen, in sich oft abgeschlossenen Aventiuresituationen abgelesen werden kann, muss der Rezipient des Prosaromans die Erfahrung machen, dass sinnstiftende Abschlüsse von Handlungszusammenhängen in den syntagmatischen Verflechtungen der *histoire* wie des *discours* – im *entrelacement* also – immer wieder aufgeschoben werden. Die Beurteilung des Helden und seines Handelns gerät in Abhängigkeit von der Prozessualität des Erzählens, und der Status des Helden (wie auch der der anderen Figuren) steht im Erwartungshorizont des Rezipienten immer mehr unter dem Vorbehalt des Veränderlichen und Vorläufigen. Auf der Basis einer solcherart temporalisierten Sinnstiftung entfaltet sich die Ambivalenz der affektiven Energien Lancelots, die einerseits konstruktiv die Bewältigung von Aventiuren und die Lösung von Konflikten ermöglichen, andererseits aber auch (auto-)destruktive Folgen haben können.

Die proliferierenden Aventiurenstrukturen stellen den Leser oder Hörer allerdings schon bald vor die Frage, ob der universale Anspruch des Helden, alles, was er sich ernsthaft vornehme, auch *mit dem libe* vollbringen zu können (Micha VII, 9a,6; Steinhoff I, 106), jemals eingelöst werden kann beziehungsweise, was das Ziel des *vollenbringens* (ebd.) in einer raumzeitlich schier indefiniten Erzählwelt überhaupt meinen könnte. In den späteren Partien des ›Lancelot propre‹ mehren sich dann nicht nur die Signale für ein Scheitern des Helden; zugleich wird die Problematik des Handelns von einer des Erkennens und Deutens überlagert. Lancelots Sohn, der Gute Ritter Galaad, führt die Aventiuren *en passant* ihrem Ende zu, strebt aber vor allem höchste Erkenntnis in der mystischen Schau des Grals an, auf die das mehr und mehr allegorisierte Aventiurengeschehen nun hingeordnet scheint und gegenüber deren – nicht mitteilbarer – transzendenter Erfüllung es sich insgesamt als vorläufig erweist.

Nach Galaads Gralsvision und Tod treibt die arthurische Welt ihrer Apokalypse zu; wunderbares Geschehen und allegorische Deutungen sind fast völlig verschwunden. Noch einmal verändert sich also der finale Horizont des Romans. Seine Sinnstiftung kehrt auf die Ebene der Handlung zurück, aber die narrative Strategie beruht nun nicht mehr auf dem spannungsvollen Aufschub des *vollenbringens*, sondern umge-

---

3 Zur *magnanimitas* Lancelots vgl. Waltenberger [Anm. 2], S. 70–81.

kehrt auf der Gewissheit des Endes:[4] Das angekündigte und unausweichliche, nicht nur dem Rezipienten, sondern ebenso den Figuren bewusste und von ihnen einkalkulierte radikale Ende der erzählten Welt wird zum Maßstab, an dem sich der Wert der einzelnen Handlungen – und besonders auch der Unterlassungen – abschätzen lässt. Auch hier jedoch erzeugt die Erzählstrategie Ambivalenzen, denn einerseits erschwert die handlungslogische Komplexität in der ›Mort Artu‹ die Einsicht in die *causae* der Katastrophe,[5] andererseits werden die Hauptfiguren im Kontrast zur allgemeinen Katastrophe jeweils individuell durch ein gottgefälliges Ende rehabilitiert.[6]

Anfang und Ende sind jedenfalls – nicht zuletzt durch die skizzierte erzählstrategische Funktionalisierung als wirkmächtige Faktoren innerhalb der erzählten Welt – so prägnant markiert, dass man zumindest auf der Ebene der Handlung (mit gewissen Toleranzen) eine Geschlossenheit und Ganzheit des Textes annehmen kann. Wenn der Roman also auch »Anfang, Mitte und Ende hat« und insofern nach der aristotelischen ›Poetik‹ als ein »Ganzes« gelten mag,[7] so lässt sich doch eine entsprechende Einheit des Sinns nur mit einigem interpretatorischen Aufwand konstruieren. Eigentümlicherweise scheint ja das übergreifende Sinnangebot des geistlichen Diskurses, das im letzten Teil des ›Lancelot propre‹ vorbereitet und in der ›Queste‹ entfaltet wird, nur dort auch uneingeschränkte Geltung zu besitzen, wohingegen es in den Handlungszusammenhängen der Anfangs- und Schlussteile kaum auf deutlichere Resonanzen trifft. Dennoch ist wohl eine vereinheitlichende Interpretation im Sinne des geistlichen Diskurses möglich: Die narrativ exponierten Ambivalenzen des ›Lancelot propre‹ wie der ›Mort Artu‹ müssten dann insgesamt als Symptomatik einer sündhaften, der Körperlichkeit und diesseitigen Werten verhafteten Welt verstanden werden. Je weniger sich allerdings eine solch weiträumige Sinn-Unterstellung an expliziten Textaussagen festmachen lässt, desto mehr bedürfte sie der Plausibilisierung durch extratextuelle kulturhistorische Vorannahmen (etwa über die Prävalenz der Geltungsmacht des geistlichen Diskurses) und durch texttheoretische Prämissen zu den Bedingungen und Modi textueller Kohärenz und Sinnkonstitution (etwa hinsichtlich der semantischen Funktionalität des narrativen *discours*).[8]

---

4 Vgl. Walter Haug, Das Endspiel der arthurischen Tradition im Prosalancelot, in: Karlheinz Stierle, Rainer Warning (Hgg.), Das Ende. Figuren einer Denkform, München 1996 (Poetik und Hermeneutik 16), S. 251–266: Haug erkennt in der ›Mort Artu‹ den »experimentellen Vollzug eines sich selbst konsequent als Prinzip verstehenden Endens« (ebd., S. 266). Zu den poetologischen Implikationen der Endszenarien des ›Prosa-Lancelot‹ vgl. bes. Nikola von Merveldt, Translatio und Memoria. Zur Poetik der Memoria des ›Prosa Lancelot‹, Frankfurt a. M. u. a. 2004 (Mikrokosmos 72), S. 149–256.

5 Vgl. dazu Waltenberger [Anm. 2], S. 133–181.

6 Vgl. dazu jetzt Corinna Biesterfeldt, Moniage – Der Rückzug aus der Welt als Erzählschluß. Untersuchungen zu ›Kaiserchronik‹, ›König Rother‹, ›Orendel‹, ›Barlaam und Josaphat‹, ›Prosa-Lancelot‹, Stuttgart 2004, S. 109–147.

7 Aristoteles [Anm. 1], S. 25.

8 In der Diskussion um die produktionsästhetische und ideologische ‘Einheit’ des ›Prosa-Lancelot‹ (vgl. dazu bes. Klinger [Anm. 2], S. 9–19) hätte die Reflexion und der klärende Abgleich solcher Prämissen manche Frontlinien relativieren können. Ihr forschungsge-

II.

Werden allzu rigorose (und darin vielleicht ahistorische) semantische Einheitserwartungen ausgesetzt, dann zeigt sich, dass nicht nur in den einzelnen Romanteilen unterschiedliche Deutungsperspektiven eröffnet werden, sondern dass auch unterschiedliche Modi der Sinnstiftung aufeinandertreffen, denen je verschiedene Perspektiven zugeordnet sein können. Das gilt natürlich besonders für jene späteren Partien des ›Lancelot propre‹, die (zumindest quantitativ) die 'Mitte' des Romans ausmachen, also die sogenannte ›Préparation à la Queste‹. Hier wird die narrativ-prozessuale, eng auf die Handlungslogik bezogene Semiose des Romananfangs stärker von bildlich-paradigmatischen Ordnungen überlagert, in denen zum Teil bereits allegorische Deutungsmuster wirksam werden.

Nun wäre ja das Aneinanderfügen diskursiv heterogener Teil-Texte an sich für mittelalterliche Verhältnisse nicht ungewöhnlich. Erstaunlich und erklärungsbedürftig ist allerdings die schiere Quantität des Erzählten und die hohe »strategische Konsequenz«[9] mit der in der ›Préparation‹ eine breite Phase des Übergangs geschaffen wird. Wäre es dabei lediglich um einen halbwegs plausiblen Handlungsanschluss oder um oberflächliche semantische Umbesetzungen gegangen, dann hätte das erzählerisch wohl weitaus ökonomischer erreicht werden können. In der ›Préparation‹ aber werden Sinn- und Wertungsalternativen nur an wenigen Punkten auf gleicher textueller Ebene innerhalb der erzählten Welt einander konfrontiert.[10] Sie profilieren sich über weite Strecken vor allem in den Überlagerungen heterogener Sinnstiftungsmodi. Wenn dies nicht nur als Disparatheit wahrgenommen werden soll, sondern tatsächlich als Produkt »strategische[r] Konsequenz«, dann könnte ein Höhepunkt dieser Strategie mit jener Episode erreicht sein, in der Lancelot durch vergiftetes Quellwasser lebensge-

---

schichtlicher Wandel lässt sich auch an den Metaphern ablesen, die jeweils zur Plausibilisierung der Annahme einer 'Einheit' des Romans benutzt werden: Gegenüber Frappiers Vergleich der strukturellen Einheit des Romans mit der planvoll konstruierten räumlich-statischen Harmonie einer Kathedrale (Jean Frappier, Etude sur la Mort le Roi Artu, troisième édition revue et augmentée, Genf 1972 [Publications Romanes et Françaises 70], S. 142–146 und 433f.) findet Alexandre Micha eher Analogien zur musikalischen Struktur einer »vaste symphonie cyclique en trois mouvements« und verleiht damit der zeitlichen Dynamik des Erzählens im Rahmen einer 'kompositorischen' Einheit größeres Gewicht (Alexandre Micha, Essais sur le cycle du Lancelot-Graal, Genf 1987 [Publications Romanes et Françaises 179], S. 313). Noch stärker wird die Dynamik schließlich akzentuiert, wenn etwa Annie Combes die von ihr beschriebene dezidiert narrative Poetik des Romans mit dem Bild eines Stromes veranschaulicht, der sich im ›Lancelot propre‹ unreguliert verbreite, um dann in den beiden folgenden Teilromanen eingedämmt zu werden (Annie Combes, Les voies de l'aventure. Réécriture et composition romanesque dans le ›Lancelot‹ en prose, Paris 2001 [Nouvelle Bibliothèque du Moyen Âge 59], hier S. 60–62).

9 Kommentar Steinhoff IV, 727.

10 So beispielsweise in Aventiuren, in denen sich ein Ritter zwischen der Hilfe für einen Gesellen aus der Tafelrunde und der Rettung einer Jungfrau vor der Vergewaltigung entscheiden muss (Steinhoff III, 340–346 und 362–366; vgl. in der ›Queste‹ Steinhoff V, 342–346).

fährlich erkrankt und nur durch die Heilkunst einer jungen Frau gerettet werden kann (Micha IV, 76,1–39; Steinhoff III, 438–476).[11] Sie soll im Folgenden unter diesem Aspekt näher betrachtet werden.

Initiales Moment ist hier die Wirkung sommerlicher Hitze auf den Körper des Helden. Man kann die Szene der Ankunft des erhitzten Lancelot an der Quelle insofern als Rekurrenz jener Rast-Situationen begreifen, die besonders für die Erzählstrukturen im ersten Teil des ›Lancelot propre‹ als Schaltstellen der Handlung wichtig sind: Physische, affektive und klimatische Faktoren beeinflussen Bewegung und Handeln des Helden; sein Körper kommt zum Stillstand, wodurch sich einerseits Gelegenheit zur Erholung, auch zu Traum oder Vision ergibt, andererseits aber durch die Aufgabe einer geschützten Position (Absteigen vom Pferd, Abnehmen des Helms oder der Rüstung) auch ein gewisses Risiko.[12] Tatsächlich erweist sich diese Rast an der schattigen kühlen Quelle für Lancelot als verhängnisvoll – allerdings nicht durch eine der üblichen aventiuregemäßen Bedrohungen durch Zwerge, Riesen oder böswillige Ritter, sondern durch eine Art 'Unfall', einen offenbar weder vom Helden selbst noch von einer anderen Figur zu verantwortenden kontingenten Umstand: Kurz nachdem Lancelot durstig vom kalten Quellwasser getrunken hat, krümmt er sich vor Schmerz am Boden. Erst als zwei Schlangen aus der Quelle schwimmen, wird der Grund dafür erkennbar: Das Wasser ist vergiftet.

Auch das Motiv der Giftschlangen begegnet im ›Prosa-Lancelot‹ nicht nur hier.[13] Soweit dabei physiologische Zusammenhänge genauer beschrieben werden, steht – dem naturkundlichen und medizinischen Wissen der Zeit entsprechend – der Gegensatz der Qualitäten Hitze und Kälte im Zentrum:[14] Wie die *complexio* der Schlangen

[11] Ausführlicher wird diese Episode in der neueren Forschung unter anderem behandelt von: Anne Berthelot, Du lac à la fontaine: Lancelot et la fée-amante, Médiévales 6 (1984), S. 5–17 [englische Übersetzung in: Thelma S. Fenster (Hg.), Arthurian Women. A Casebook, New York, London 1996, S. 153–169]; Stacey L. Hahn, Lancelot and the Demoiselle Guérisseuse. Spiritual vs. Physical Love in the French Prose Lancelot, Essays in Medieval Studies 4 (1987), S. 57–67; Micheline de Combarieu du Gres, De la source fraîche à la fontaine ardente. Les avatars d'un 'topos' dans le cycle du ›Lancelot-Graal‹, in: Sources et fontaines du Moyen Âge à l'Âge baroque. Actes du Colloque tenu à l'Université Paul Valéry (Montpellier III) les 28, 29 et 30 novembre 1996, Paris 1998 (Colloques, congrès et conférences sur la Renaissance 12), S. 47–82, bes. S. 62f. und 72f.; Klinger [Anm. 2], S. 218–221 und S. 269–271.

[12] Vgl. dazu Uwe Ruberg, Raum und Zeit im Prosa-Lancelot, München 1965 (Medium Ævum 9), S. 56 und 90f.; mit Bezug auf die physische *complexio* des Helden: Waltenberger [Anm. 2], S. 60f.

[13] In Schlangengruben gefangen kommen Gawan (Micha I, 14,1–25 bzw. Micha III, 14*,1–25; Steinhoff II, 230–234) und später Lancelot selbst (Micha IV, 83,24–31; Steinhoff III, 692–700) beinahe zu Tode.

[14] Um Gawans Qual zu lindern, bäckt eine mitleidige *jungfrauw* ein mit Kräutern versetztes Brot, dessen Wärme die *von nature* kalten Schlangen anlockt, so dass sie es fressen und durch seine Wirkkräfte getötet werden (Steinhoff II, 232). Ausführlicher als in der *version courte* (der der deutsche Text in diesem Abschnitt nahesteht) wird die Wirkung des Kräuterbrots auf die Schlangen in der *version longue* erklärt: [...] *si en mengierent assés por ce que il estoit chaus, kar vers qui porte venim est trop de freide nature et de grant freit plains.*

(oder jedenfalls der Giftschlangen) oft für kalt gehalten wird,[15] so wird häufig auch die Wirkung ihres Giftes mit dem pathogenen Einfluss übermäßiger Kälte auf die menschliche Körperwärme erklärt. Isidor von Sevilla etwa stellt fest: *Omne autem venenum frigidum est, et ideo anima, quae ignea est, fugit venenum frigidum*, und dieser generelle Lehrsatz hält sich trotz einiger Modifikationen und Einsprüche seitens der universitären Medizin bis hin zu Bartholomäus Anglicus, Brunetto Latini oder Konrad von Megenberg.[16] Therapien müssen folglich nach der Regel *contraria contrariis* versuchen, den *calor innatus* des Opfers mit durch Hitze wirksamen Mitteln zu erhalten oder wiederherzustellen, das Gift nicht bis zum Herzen, dem Zentrum der Körperwärme, gelangen zu lassen und es schließlich auszutreiben. Mit *allem gekrút vergifft zu vertriben* aber kennt sich die heilkundige *jungfrauw* gut aus (Steinhoff III, 440), und ihre Behandlung des todkranken Lancelot entspricht den Grundsätzen des medizinischen Wissens: Sie verabreicht ihm Theriak, ein Universalantidot,

---

Quant ils orent le pain mengié, si furent tuit plain. Lors se combati la chalors del pain et la force des herbes a la freidure del venim, si creverent tuit maintenant, c'onques nus ne se remua de la ou il orent mengié (Micha I, 14,19f.). Als Lancelot von seinen Widersachern fast nackt in einen schlangenverseuchten Pfuhl gestoßen wird, dessen Kälte durch das Gift der Schlangen noch verstärkt wird, verliert er kurz die Besinnung und erleidet eine Verwundung am Kopf; sein Blut lockt die Schlangen an (Steinhoff III, 692–694). Die Wirkungen von Hitze und Kälte werden im frz. Text wiederum präziser beschrieben: *Si li* [=Lancelot] *avint, si tost com il fu en l'eve, a ce qu'il estoit chauz del travail qu'il avoit soffert, qu'il se pasma de la grant froidure qu'il i trova; si se hurta si durement a une grant pierre qu'il se fist une grant plaie en la teste. Quant les couluevres et l'autre vermine santent le sanc fres et chaut qui de lui issoit, se li courent as jambes et le mordent amont et aval* [...] (Micha IV, 83,25).

15 Vgl. Isidorus Hispalensis, Etymologiarum sive originum libri XX. Recognovit brevique adnotatione critica instruxit Wallace Martin Lindsay, Bd. 2, Oxford 1911, lib. XII, cap. IV, 39: *Omnes autem serpentes natura sua frigidae sunt.*

16 Isidorus [Anm. 15], lib. XII, cap. IV, 42; vgl. Bartholomaeus Anglicus, De rerum proprietatibus, Frankfurt a. M. 1964 [Reprint der Ausgabe Frankfurt 1601], lib. XVIII, cap. VIII, S. 1002, und Brunetto Latini, Li Livres dou Tresor. Édition critique par Francis J. Carmody. Genf 1975 [Reprint der Ausgabe Berkeley, Los Angeles 1948], livre I, cap. CXXXVII, S. 132. Die Vorstellung eines Antagonismus von Lebenswärme und schädlicher Kälte des Gifts begegnet in der antiken Medizin bereits bei Galen und Celsus. Avicenna (Canon Medicinae, Bd. 2, Venedig 1595, lib. IV, fen 6, doc. 3, cap. 21) und Albertus Magnus (De animalibus libri XXVI. Nach der Cölner Urschrift hrsg. von Hermann Stadler, Bd. 2, Münster 1920 [Beiträge zur Geschichte der Philosophie des Mittelalters 16], lib. XXV, cap. 2, § 12, S. 1557) halten die Ansicht, alles Schlangengift sei kalt, zwar für einen Irrtum, erklären aber seine Wirkung ebenfalls mit dem Gegensatz zum *calor innatus*. Konrad von Megenberg hält, der Vorgabe bei Thomas von Cantimpré gemäß, alle Schlangen für *von natur hitzig*, ergänzt aber etwas später: *All vergift ist chalt von natur, vnd davon flevht daz leben die vergift, wan daz leben stet an wirm vnd an fæuhten* (Konrad von Megenberg, Das 'Buch der Natur', Bd. 2: Kritischer Text nach den Handschriften, hrsg. von Robert Luff und Georg Steer, Tübingen 2003, Buch III. E, S. 288f.). In der Enzyklopädie des Vinzenz von Beauvais werden die verschiedenen Meinungen einander gegenübergestellt (Speculum quadruplex sive Speculum maius, Bd. 1: Speculum naturale, Graz 1964 [Reprint der Ausgabe Douai 1624], lib. XX, cap. VIII–X, Sp. 1465–1467).

das beispielsweise Avicenna zur *confortatio caloris innati* empfiehlt,[17] und bringt ihn zusätzlich zum Schwitzen, indem sie ihn mit einem Haufen Kleider zudeckt und keine Bewegung zulässt. Auch als sich erste Besserungen einstellen, ist sie noch besorgt, es könne ihm das Gift *an das hercz gan* (Steinhoff III, 442).

Entspricht die Therapie also weitgehend zeitgenössischem medizinischem Wissen, so erwecken die Symptome zunächst den Eindruck grotesker Übertreibung: Trotz sofortiger Hilfe nämlich schwillt Lancelots ganzer Körper durch das Gift so stark an, dass er schließlich einem Fass oder einer Tonne gleicht und wegen seines zugeschwollenen Gesichts sogar zeitweilig nichts mehr sieht (Micha IV, 76,6f.; Steinhoff III, 442).[18] Auch dies jedoch könnte durchaus noch dem Bereich dessen zugerechnet werden, was im Rahmen der zeitgenössischen Medizin und Naturkunde vorstellbar ist. Schwellungen einzelner betroffener Glieder gehören seit der Antike zur gängigen Vergiftungssymptomatik, aber auch das Aufblähen des gesamten Körpers wird beschrieben: Es ist die charakteristische Wirkung des Gifts einer (allerdings nicht im Wasser lebenden) Schlange, die den Namen *prester* trägt. Im neunten Buch von Lucans ›Pharsalia‹ – einer der wichtigsten Ressourcen für die Beschreibung der Schlangenarten in naturkundlichen und enzyklopädischen Werken des Mittelalters – wird neben anderen grausamen Todesfällen durch Giftschlangen während Catos Zug durch die libysche Wüste auch der Tod des Nasidius durch das Gift des *prester* geschildert: Sein Gesicht wird feuerrot und sein ganzer Leib schwillt unaufhaltsam zu einer formlosen Masse an.[19] Vermittelt über Solinus stützt sich darauf etwa Isidors Charakterisierung

---

17 Avicenna [Anm. 16], lib. IV, fen 6, doc. 3, cap. 1; vgl. ebd., doc. 1, cap. 5: *Sunt medicinae, quae contrariae sunt veneno; quare non permittunt ipsum pervenire ad cor, et sunt sicut theriaca* [...]. Zum Theriak vgl. Peter Dilg, Art. Theriak, in: Lexikon des Mittelalters, Bd. 8, München 1997, Sp. 677–679.

18 Der *version longue* nach ergeht es Gawan zuvor bereits ähnlich (Micha I, 14,7 und 14,14; anders motiviert in der *version courte* und im deutschen Text). Wenn Ulrich Füetrer in seinen glättenden Kurzfassungen des Romans die unförmige Aufschwellung Lancelots jeweils verschweigt, während er die 'harmloseren' Symptome durchaus beibehält, dann lässt sich daran vielleicht ermessen, was für ein Skandalon eine solche Unförmigkeit der Heldenfigur dargestellt haben könnte (Ulrich Füeterer, Prosaroman von Lanzelot. Nach der Donaueschinger Handschrift hrsg. von Arthur Peter, Tübingen 1885 (Bibliothek des litterarischen Vereins in Stuttgart 175), S. 163–167; Ulrich Füetrer, Lannzilet aus dem ›Buch der Abenteuer‹ Str. 1123–6009, hrsg. von Rudolf Voß, Paderborn u. a. 1996 [Schöninghs mediävistische Editionen 3], Str. 3123–3169).

19 IX, V. 789–804: *Ecce subit facies leto diversa fluenti. / Nasidium Marsi cultorem torridus agri / percussit prester. illi rubor igneus ora / succendit, tenditque cutem pereunte figura / miscens cuncta tumor; toto iam corpore maior / humanumque egressa modum super omnia membra / efflatur sanies late pollente veneno: / ipse latet penitus congesto corpore mersus, / nec lorica tenet distenti pectoris* [Handschriften: *corporis* statt *pectoris*] *auctum. / spumeus accenso non sic exundat aeno / undarum cumulus nec tantos carbasa Coro / curvavere sinus. tumidos iam non capit artus / informis globus et confuso pondere truncus. / intactum volucrum rostris epulasque daturum / haud impune feris non ausi tradere busto / nondum stante modo crescens fugere cadaver* (M. Annaeus Lucanus, Bellum civile. Liber IX, Einleitung, Text und Übersetzung von Claudia Wick, München, Leipzig 2004 [Beiträge zur Altertumskunde 201], S. 76–78). Kurz zuvor wird diese Schlange außerdem dadurch cha-

des *prester*: *Hic quem percusserit distenditur, enormique corpulentia necatur; extuberatum enim putredo sequitur.*[20] Entsprechendes findet sich bis hin zu Thomas von Cantimpré und Konrad von Megenberg, die das Aufblähen des Körpers außerdem mit dem Krankheitsbild der Wassersucht (*hydrops*) vergleichen.[21]

Verhängnisvoll ist die Rast an der vergifteten Quelle aber nicht nur für den Helden: Lancelots Schönheit löst – wie dies im Laufe des Romans immer wieder geschieht – bei einer der *jungfrauwen*, die sich dort zum Imbiss niedergelassen haben, einen heftigen Liebesaffekt aus.[22] Er wird narrativ motiviert durch die Fixierung des Blicks der Frau auf Lancelot und eine in ihre Wahrnehmung verlegte kurze *descriptio* des Helden.[23] Sofort zeigen sich an ihr die typischen psycho-physischen Symptome des *amor hereos*, und sie, von deren Heilkunst das Leben des Helden abhängt, kann nun selbst nur genesen, wenn Lancelot ihre Liebe erwidert, wozu dieser aber wegen seiner unbedingten Treue zu Ginover nicht fähig ist. Damit ist auf der Basis kontingenter Umstände und physischer Kausalzusammenhänge eine kasuistische Konstellation[24]

---

rakterisiert, dass sie das Gesicht ihres Opfers anschwellen lasse – so jedenfalls wird der Vers 722 (*oraque distendens avidus fumantia prester*) von dem mittelalterlichen Kommentator Arnulf von Orleans verstanden (Arnulfus Aurelianensis, Glosule super Lucanum, edidit Berthe M. Marti, Rom 1958 [Papers and Monographs of the American Academy in Rome 18], S. 475). Zu möglichen Quellen und zur Einordnung des Lucanschen Schlangenkatalogs zwischen naturkundlichem Wissen und fiktionaler Ausgestaltung vgl. M. Annaeus Lucanus, Bellum civile. Liber IX, Kommentar von Claudia Wick, München, Leipzig 2004 (Beiträge zur Altertumskunde 202), S. 277–284; zur *prester*-Episode ebd., S. 303 und S. 336–342.

20 Isidorus [Anm. 15], lib. XII, cap. IV, 16.

21 Thomas Cantimpratensis, Liber de natura rerum. Editio princeps secundum codices manuscriptos, Teil I: Text, Berlin, New York 1973, lib. 8, cap. 27, S. 285: *Hic igitur serpens quemcumque percusserit, enormi distenditur corpulentia, velut si ydropisi laboret, et sic moritur* [...]; entsprechend Konrad von Megenberg [Anm. 16], Buch III. E, S. 303.

22 Die affizierende Wirkung von Lancelots Schönheit, deren erstes prominentes Opfer die Frau von Maloaut ist (vgl. bes. Steinhoff I, 680–686), erscheint nicht nur als episch notwendiges Attribut der Figur des Helden. Nicht selten betrifft sie weibliche Nebenfiguren und hat keine weiter reichende Handlungsfunktion, so dass die Rekurrenzen des Motivs als Teilaspekt der ambivalenten Thematisierung von Lancelots spezifischer psycho-physischer Disposition verstanden werden können. Ein prägnantes Beispiel dafür findet sich am Ende eines Erzählabschnitts innerhalb der ›Karren-Suite‹ (Micha II, 49,37 f.; Steinhoff II, 678–680): Während einer Rast Lancelots kann die Freundin seines Gastgebers ihren Blick nicht mehr von dem Gast lassen; sie vergisst zu essen und zu trinken und kann an nichts anderes mehr denken. In der anschließenden Überleitung zum nächsten Abschnitt wird zwar angekündigt, dass noch mehr von ihrer Liebe zu hören sein werde – und davon, dass Lancelot ihr die Gegenliebe versage und sie daran sterbe –, doch wird diese Ankündigung nicht eingelöst.

23 Bemerkenswert ist dabei der Hinweis auf die hitzebedingte Rötung des Gesichts (Micha IV, 76,1: *vermauz a desmesure*; Steinhoff III, 438: *fast rott*): Er könnte an die Beschreibung Lancelots zu Beginn des Romans erinnern, wo das ideal ausgewogene Mischungsverhältnis der Gesichtsfarben Weiß, Rot und Braun ausdrücklich hervorgehoben wird (Micha VII, 9a,3; Steinhoff I, 104). Die Dominanz der roten Farbe wäre insofern als Abweichung von körperlicher *mâze* zu verstehen. Bohorts Schamröte kann andererseits explizit als Steigerung seiner Schönheit wahrgenommen werden (Micha II, 47,45; fehlt Steinhoff II, 612).

24 Vgl. Kommentar Steinhoff IV, 792, mit Hinweis auf Analogien bei Andreas Capellanus.

von existenzieller Brisanz eröffnet. Sie wird vor allem auch durch ausführliche mono- und dialogische Reflexionen ausgereizt.

Der Roman konstruiert darin eine Situation, in der der höfische Minnediskurs aporetisch zu werden droht – und zugleich steht der spezifisch narrative Sinnstiftungsmodus, der diesen Diskurs im ›Lancelot propre‹ weitgehend trägt, offenbar vor dem Kollaps: Die Ambivalenzen der Körperlichkeit und der Affektivität scheinen in ihrer destruktiven Konsequenz zur negativen Wertung vereindeutigt und auf diese Weise bereits der Deutungsperspektive der ›Queste‹ angepasst. Doch überraschenderweise lässt sich der Konflikt schließlich lösen, und zwar durch ein Zusammenwirken von List, konfliktlösendem Gespräch und – nicht religiös, sondern pragmatisch begründeter – Selbstdisziplinierung: Bevor Lionel zu Ginover reitet, um von ihr für seinen Cousin Lancelot die lebensrettende Erlaubnis einzuholen, mit einer anderen Frau schlafen zu dürfen, lügt er der krank darniederliegenden *jungfrauw* vor, Lancelot habe versprochen, ihr als *ritter und frunde* (Steinhoff III, 466; Micha IV, 76,30: *chevalier et* [...] *ami*) zur Verfügung zu stehen, wenn sie ihn heilen könne. Als sie dies kurz darauf auch von Lancelot selbst hört, gibt sie sich damit zufrieden (Micha IV, 76,31; Steinhoff III, 468); ihr Zustand bessert sich, sie kann Lancelot heilen. Die Ambiguität formelhafter höfischer Rede, deren listige Funktionalisierung durch Lionel die Katastrophe vorläufig abgewendet hat, bildet dann im Dialog zwischen Lancelot und seiner Retterin die Voraussetzung für eine dauerhafte Lösung des Konflikts: Einerseits gelobt Lancelot, sie bei zukünftigen Begegnungen wie eine Geliebte (Micha IV, 76,36: *amie*; Steinhoff III, 472: *lieb*) zu behandeln;[25] andererseits kann diese Minnebeziehung zur *jungfrauw* neben der zur *frauw* Ginover bestehen, weil erstere auf die mit der Bezeichnung *amie* konnotierbare sexuelle Erfüllung verzichtet und ihre Treue gegenüber Lancelot durch lebenslange Enthaltung bewahren will.[26] Der welt-

---

25 Gerade die Ambiguität der höfischen Titulierung als *amis* bzw. *frunt* spielt ja für den Beginn der Ginover-Minne eine entscheidende Rolle. Lancelot selbst erklärt die Entstehung seiner Liebe vor allem damit, dass er die von Ginover bei seinem ersten Abschied vom Artushof ganz ohne Emphase gesprochenen Worte *biax dols amis* bzw. *schoner sußer amis* seither im Herzen trage und dass dies ihm Zuversicht und Stärke verliehen habe (Micha VIII, 52a,108–110; Steinhoff I, 794–796; vgl. in der Abschiedsszene selbst: Steinhoff I, 382,28: *viel lieber frunt*).

26 Die Nachhaltigkeit der Konfliktlösung erweist sich nicht nur, als Lancelot später seine Retterin aus den Händen eines Vergewaltigers befreit und durch seine Tat die ‘öffentliche’ Geltung seiner Beziehung zu ihr als Minneverhältnis bestätigt (Micha IV, 79,7–15; Steinhoff III, 558–566). Auch die ‘heimliche’ Geltung neben der Ginover-Minne wird *ex post* bekräftigt, wenn die Königin ihren Zorn auf die scheinbare Rivalin im klärenden Gespräch mit ihr aufgibt und deren besonderes Verhältnis zu Lancelot ausdrücklich akzeptiert (Micha IV, 84,33–36; Steinhoff III, 774–778). Wie sehr diese Art höfischer Konfliktlösung von zufälligen Umständen, vom guten Willen der Beteiligten und nicht zuletzt vom pragmatischen Nutzen ambiguer Rede abhängt, zeigt sich dann in einer analogen Konstellation der ›Mort Artu‹, die mit F. Lot als »réplique tragique« verstanden werden kann (Ferdinand Lot, Etude sur le Lancelot en prose, Paris 1954, S. 92): Als Lancelot der Jungfrau von Challot, die sterblich in ihn verliebt ist, offen erklärt, dass er sie nicht lieben könne, erkennt sie darin sofort ihr Todesurteil. Keine List, keine vermittelnden Figuren verhindern, dass sich dies

liche Minnediskurs entbindet also an seiner kasuistisch hervorgetriebenen äußersten Grenze die Tugend jungfräulicher Keuschheit als letzte Konsequenz höfischer Disziplinierung.

Mit dieser Konsequenz stellt die Vergiftungsepisode sicher einen Sonderfall unter jenen Sequenzen der ›Préparation‹ dar, in denen die affektiven und sozialen Aspekte der Minne unter wechselnden Bedingungen und mit unterschiedlichen Optionen der (gelingenden oder misslingenden, gewaltsamen oder kommunikativen) Bewältigung in immer neuen Variationen ausgelotet werden. Dabei bleibt trotz einiger Radikalisierungen und exemplarischer Zuspitzungen grundsätzlich die spezifisch narrative, an der Handlungslogik orientierte Sinnstiftung weiter wirksam: Die Erzählstrategie lenkt die Aufmerksamkeit des Rezipienten immer wieder auf die ambivalenten Faktoren der Affektivität und Körperlichkeit sowie auf Spannungen zwischen Intention und Handlungserfolg.

Eine solche Aufmerksamkeit wird durch die kasuistische Konstruktion der Vergiftungsepisode noch einmal besonders stark erregt und auf diese Weise auch auf den wenig später erzählten, durch einige motivische und thematische Analogien[27] deutlich korrelierten »Angelpunkt der zyklischen Konzeption des Prosa-Lancelot«[28] gelenkt: die Sequenz um die Zeugung des Gralshelden Galaad (Micha IV, 78,35–79; Steinhoff III, 526–554). Der fundamentalen Ambivalenz dieses Ereignisses, die durch die Analogien zur Vergiftungsepisode noch unterstrichen wird, scheint zwar die Einschaltung eines ungewöhnlich ausführlichen auktorialen Kommentars entgegenzuwirken (Micha IV, 78,57f.; Steinhoff III, 548–550). Dabei ist jedoch immerhin bemerkenswert, dass offenbar weder genealogische Vorprägung noch providentielle Fügung allein schon die erotische Intrige hinreichend als *pia fraus* zu nobilitieren vermögen. Die Rechtfertigung muss vielmehr eben auf dem Niveau einer »prekären Kasuistik«[29] ansetzen, indem sie zwischen den *diverses entancions* (Micha IV, 78,57)[30] derer differenziert, die an derselben sündhaften Tat beteiligt sind. Mit dieser Differenzierung ist das geistliche Ideal zwar für den Moment explizit gegen die Zumutungen der Körperwelt abgesichert; es wird aber gerade dadurch umso mehr dem unsicheren Spiel der Perspektivierungen ausgesetzt, in dessen Rahmen die Erzählstrategie des ›Lancelot

wenig später tatsächlich erfüllt. Hätte Lancelot aber seine Ablehnung weniger schroff artikuliert und *ein wenig men verdeckt* geredet, dann hätte sie in hoffnungsvollem Sehnen weiterleben können (Frappier, 38f.; Steinhoff V, 608–610). Von Merveldt [Anm. 4], S. 240–250, zeigt an dieser Episode die veränderten erzählerischen Dispositionen im letzten Teil des ›Prosa-Lancelot‹.

27 Vgl. Berthelot [Anm. 11] und Charles Méla, La reine et le Graal. La ‘conjointure’ dans les romans du Graal de Chrétien de Troyes au ›Livre de Lancelot‹, Paris 1984, S. 375.

28 Kommentar Steinhoff IV, 807.

29 Elisabeth Schmid, Familiengeschichten und Heilsmythologie. Die Verwandtschaftsstrukturen in den französischen und deutschen Gralromanen des 12. und 13. Jahrhunderts, Tübingen 1986 (Beihefte zur Zeitschrift für romanische Philologie 211), S. 230.

30 Der deutsche Text hat für den Satz *si se desirrent par diverses entancions*, der beide Figuren betrifft, kein Äquivalent; er spricht an dieser Stelle vom *inwendigen gedencken* der Tochter des Gralskönigs und kurz darauf von der *ander meynung* der Begierde Lancelots.

propre‹ solche Differenzen ansonsten präsentiert.[31] Unter diesem Aspekt muss sich die Geltung der auktorialen Deutung des Geschehens nicht nur gegenüber der paradigmatischen Vergleichbarkeit mit anderen Minne-Konstellationen im Laufe der ›Préparation‹ behaupten, sondern vor allem gegenüber der Fortsetzung des Kasus selbst: Amide, die Tochter des Gralskönigs und Mutter Galaads, versteht sich bei einem späteren Besuch auf Camelot ganz selbstverständlich in rein weltlich-erotischem Sinn als Geliebte Lancelots (Micha VI, 105,31–106,9; Steinhoff IV, 618–634), und auch der Erzähler konstatiert nun schlicht, sie habe ein Kind von ihm und liebe ihn so sehr, wie eine Frau einen Mann nur lieben könne (Micha VI, 105,31; Steinhoff IV, 618). Ohne weitere narrative Motivation kann man dies durchaus als 'natürliche' Implikation (oder jedenfalls als Folge) der denkwürdigen Liebesnacht mit Lancelot betrachten. Wenn daraus eine zweite, erneut durch List ermöglichte Liebesbegegnung mit ihm resultiert, dann scheint jedenfalls das Kriterium der Differenz zwischen Intention und Handlung dezidiert wieder von der ambivalenten Dynamik der Erzählstrategie eingeholt. Und gerade diese Differenz soll ja rechtfertigend die *pia fraus* von den sonstigen (und oft genug heillosen) erotischen Wirren im Kotext der Gralsepisode abheben.

Stellt man, wie es das narrative Syntagma nahelegt, die Vergiftungsepisode und den Handlungsstrang um die Zeugung Galaads einander gegenüber, dann ergibt sich eine Figur der Inversion: Auf der einen Seite treibt der Minnediskurs an seiner kasuistisch konstruierten Grenze aus einem extremen Liebesaffekt die konfliktlösende Veredelung des Begehrens zur Keuschheit hervor. Auf der anderen Seite dagegen schlägt der kasuistisch konstruierte Grenzwert des geistlichen Diskurses – die intentional-ethische Keuschheit der Empfängnis des Gralshelden – umstandslos in erotisches Begehren um, ein Begehren, das einen Konflikt mit katastrophalen Folgen verursacht: Die Verstoßung durch Ginover nach der Entdeckung der Nebenbuhlerin führt den Helden ja in eine lang andauernde Wahnsinnsphase.

Die Paradoxien dieser Inversionsfigur, in der Minnediskurs und geistlicher Diskurs narrativ enggeführt werden, ließen sich selbst wiederum – wenn überhaupt – nur kasuistisch lösen. Die Durchsetzung des autoritativen Sinnangebots der ›Queste‹ kann damit nur bedingt erreicht werden: Es basiert wesentlich auf anderen Modi der Sinnstiftung. Im auktorialen Kommentar zur Zeugung Galaads deutet sich dies an, wenn das Kriterium der Intentionalität durch den Sprung in einen anderen Sinnstiftungsmodus seine argumentative Relevanz verliert – durch den Sprung nämlich in eine sich allen Kausalitäten und Intentionalitäten entziehende metaphorische Substitutionslogik. Die Blume der Jungfräulichkeit Amides muss geopfert werden, damit die Blume des keuschen Galaad sprießen kann: *Also wart geholt blum vor blum* (Steinhoff III, 550; vgl. Micha IV, 78,58).

---

[31] Vgl. zu den auffälligsten motivischen 'Doubletten' Kommentar Steinhoff IV, 808.

III.

Damit befinden wir uns im Grunde bereits auf der anderen Seite der Sinnkonstitution in der ›Préparation‹, jener nämlich einer allegorischen Semiose, die sich noch vor der ›Queste‹ von signalhaft expliziten Deutungsakten ausgehend in abgestufter Potentialität über implizit bedeutungshaltige Szenen und Motive bis hin zur »puren Evidenz suggestiver Bildlichkeit« entfaltet.[32] Die Vergiftungsepisode nun zeichnet sich nicht nur durch eine besonders hohe Komplexität der narrativen Sinnstiftung aus; zugleich verdichtet sich hier auch in hohem Maße eine implizite allegorische Bedeutsamkeit: Fast alle Motive der Episode, die auf der Handlungsebene zum kasuistisch zugespitzten Erzählsinn zusammengefügt sind, können auch als Bildelemente aufgefasst und gedeutet werden.

Das gilt bereits für das initiale Moment der klimatischen Hitze: Seit Lancelots Begegnung mit seinem im Flammengrab liegenden Vorfahren Simeu sind – zumindest im deutschen Text und in der französischen *version courte* – die Qualitäten Hitze und Kälte mit der Option eines *sensus moralis* versehen. Simeu nämlich bescheidet Lancelot ja nach dem Scheitern seines Erlösungsversuchs, erst derjenige könne das Feuer löschen und ihn von seiner Qual befreien, dem die *hicz böser gelúst* (Steinhoff II, 360; Micha III, 37*,38: *fu de luxure*) nicht ins Herz gekommen sei.[33] Später wird dieser sündhaften Hitze ausdrücklich die jungfräuliche und keusche Kälte des Guten Ritters Galaad gegenübergestellt.[34] Überträgt man dies auf die Vergiftungsepisode, dann scheint entsprechend eine implizite moralische Deutbarkeit des hitzebedingten Durstes nahezuliegen: Durst kann ja *ad bonam partem* die Sehnsucht des Gläubigen nach Gott – das *desiderium bonum* – signifizieren, *ad malam partem* dagegen den

---

32 Vgl. dazu bes. Stephan Fuchs-Jolie, Bedeutungssuggestion und Phantastik der Träume im ›Prosa-Lancelot‹, in: Friedrich Wolfzettel (Hg.), Das Wunderbare der arthurischen Literatur. Probleme und Perspektiven, Tübingen 2003; das Zitat ebd., S. 327.

33 An der entsprechenden Stelle der von Micha edierten *version longue* wird ein moralischer Sinn der Qualitäten nicht expliziert (vgl. Micha II, 37,37–40). Bereits bei der Deutung der Galahot-Träume wird im deutschen Text (der dort einer von Micha nicht berücksichtigten französischen Vorlage folgt) das Feuer eines Drachen als *hicz von minnen oder groß haß und nyd* ausgelegt (Steinhoff II, 16; vgl. Steinhoffs Kommentar zur Stelle). Offenbar werden Deutungen von Hitze und Kälte im Prozess der Zyklusbildung verstärkt eingesetzt (vgl. dazu Klaus Speckenbach, Form, Funktion und Bedeutung der Träume im Lancelot-Gral-Zyklus, in: Tullio Gregory (Hg.), I sogni nel medioevo. Seminario internazionale. Roma 2–4 ottobre 1983, Rom 1985 (Lessico intellettuale europeo 35), S. 317–355; Klaus Speckenbach, Die Galahot-Träume im Prosa-Lancelot und ihre Rolle bei der Zyklusbildung, in: Werner Schröder (Hg.), Schweinfurter ›Lancelot‹-Kolloquium 1984, Berlin 1986 (Wolfram-Studien 9), S. 119–133.

34 Vgl. Micha V, 93,5 bzw. Steinhoff IV, 136. In Steinhoff IV, 260 (Micha V, 96,8, Anm. c) wird Lancelots Scheitern bei einer weiteren Grab-Aventiure von einem Eremiten folgendermaßen erklärt: *wann ich gesach nye keyn hicz mit hicz vertriben oder verleschen, wann es muß kelt syn die zu verleschen. Die sach blibt uwernt halb underwegen, dann ir sint hiczig und unkusch; sie sol verleschen und kalt syn, als der gůt ritter kompt der luter magt sol syn und all syn leptag kusch und reyn beliben* [*froiz et virges et chastes touz les jorz de sa vie*].

sündhaften, nie völlig zu befriedigenden *appetitus voluptatum*.[35] Letzteres könnte zum einen dadurch indiziert sein, dass die Motive des Dursts und des vergifteten Tranks nicht nur hier, sondern auch bei der Zeugung Galaads mit dem der sexuellen Begierde handlungssyntagmatisch eng verknüpft sind (vgl. Micha IV, 78,55f.; Steinhoff III, 546–548). Zum andern wird eine solche moralische Deutung auch durch wenige, relativ leichte Akzentuierungen angereizt: so etwa wenn es heißt, das Wasser aus der Quelle erscheine Lancelot deshalb gut (es *ducht* [...] *yn gut syn*), weil er so erhitzt sei (was andeuten könnte, dass die Hitze der *cupiditas* das Erkenntnisvermögen beeinträchtigt), und wenn er deshalb *ubermaßen sere* davon trinkt (Steinhoff III, 440); oder wenn die *jungfrauw* – wie gesagt: medizinisch völlig plausibel – befürchtet, das *vergifft* könne Lancelot *an das hercz gan* (Steinhoff III, 442), denn selbstverständlich geht nichts anderes dem Helden so sehr zu Herzen wie seine Liebe zu Ginover.[36]

Versucht man davon ausgehend, die Quelle selbst einer impliziten allegorischen Sinnebene einzugliedern, dann steht man schnell vor einem Kohärenzproblem: Bevor nämlich eventuell die Bedeutsamkeit der Quelle im weiten Konnotationsspektrum zwischen Paradiesort und Höllenpforte enger eingegrenzt werden kann, müsste man wohl erst entscheiden, ob sie hier an sich positiv zu werten wäre, weil sie erst durch das Schlangengift korrumpiert wird, oder ob sie negativ als angestammter Aufenthalt der Schlangen zu gelten hätte. Sollte der Durst auf Lancelots sündhafte *cupiditas* verweisen, dann müsste das Quellwasser als dessen Objekt wohl ebenfalls der negativen Sphäre zugerechnet werden.[37] Damit würde aber die akzidentielle Vergiftung des

---

[35] Entsprechende Auslegungen können sich vor allem auf jene Evangelienstelle berufen, wo Jesus während einer Rast am Brunnen Jakobs dem irdischen Wasser, das den körperlichen Durst nie völlig löschen kann, das himmlisch-'lebendige' entgegensetzt, das den Durst für immer stillt (Jo 4:1–15). Augustinus etwa versteht den Durst nach dem irdischen Wasser als Bild für die im Genuss von *cibus*, *potus*, *lauacrum*, *spectaculum* und *concubitus* nie völlig befriedigte *cupiditas* (Aurelius Augustinus, Opera, Pars VIII: In Iohannis Evangelium Tractatus CXXIV, hrsg. v. D. Radbodus Willems, Turnhout 1954 (Corpus Christianorum, Series Latina 36), tract. XV, § 16, S. 156. In den ›Allegoriae in Sacram Scripturam‹ des Hrabanus Maurus steht *sitis* positiv für das *desiderium bonum*, negativ für die weltliche *cupiditas* (Patrologia Latina 112, Sp. 849–1088, hier Sp. 1057A). Zu polaren Deutungsmöglichkeiten des Wassers vgl. Heimo Reinitzer, Wasser des Todes und Wasser des Lebens. Über den geistigen Sinn des Wassers im Mittelalter, in: Hartmut Böhme (Hg.), Kulturgeschichte des Wassers, Frankfurt a. M. 1988, S. 99–144.

[36] Vgl. oben Anm. 25.

[37] Aus der Sicht der ›Queste‹ könnte die vergiftete Quelle dann retrospektiv als Gegenbild des Grals selbst aufgefasst werden: Hectors Traum von der schönsten Quelle, die verschwindet, als Lancelot sich ihr durstig nähert, um aus ihr zu trinken (Pauphilet, 150,5–10; Steinhoff V, 296), wird dort von einem Eremiten als prophetische Vorausdeutung auf Lancelots missglückende Gralsschau erklärt (Pauphilet, 158,28–159,23; Steinhoff V, 312–314). Es ergäbe sich damit eine bildliche Antithetik, die an die berühmte Gegenüberstellung der todbringenden Narzissquelle im Garten der Liebe mit der lebensspendenden himmlischen Quelle in der Fortsetzung des ›Roman de la Rose‹ denken lässt (Guillaume de Lorris, Jean de Meun, Der Rosenroman, übersetzt und eingeleitet von Karl August Ott, Bd. 3, München 1979 (Klassische Texte des romanischen Mittelalters in zweisprachigen Ausgaben 15,3), V. 20335–20667).

Wassers durch die Schlangen – und eventuell die Andeutung einer durch *cupiditas* gestörten *discretio* – für den allegorischen Sinn funktionslos. Wäre die Quelle dagegen positiv zu werten, dann könnte man sich fragen, ob nicht auch Lancelots Durst, der ihn zu ihr hinzieht, ein ursprünglich gutes, erst sekundär fehlgeleitetes *desiderium* signifizieren müsste. Ich will diese Frage auf sich beruhen lassen und wende mich stattdessen der klarer erkennbaren allegorischen Signifikanz der Vergiftungssymptomatik zu.

Wenn Lancelots Durst sein sündhaftes Begehren bezeichnet, dann könnte das groteske Anschwellen des Körpers, das auf die Befriedigung des Durstes folgt, als Zeichen seiner Verfallenheit an die diesseitig-materielle Welt verstanden werden. Der deformierte und bewegungsunfähige Leib würde zum *signum* seiner eigenen sündhaften Beschränktheit.[38] Die Schwellung des Gesichts und die daraus folgende vorübergehende Erblindung[39] würde wiederum auf die im Zustand der Sündhaftigkeit eingeschränkte oder sogar aufgehobene Erkenntnisfähigkeit hinweisen.[40] Eingehendere allegorische Auslegungen eines aufgeschwollenen menschlichen Körpers basieren beispielsweise auf dem Bericht von der Wunderheilung eines Wassersüchtigen im Lukasevangelium (14:1–4). Oft wird dabei neben dem Aufschwellen des Körpers noch ein weiteres Symptom der Krankheit, nämlich der unstillbare Durst, der mit dem Trinken nur noch weiter zunimmt, in die Deutung einbezogen. Für Isidor etwa bezeichnet der *hydropicus* tropologisch diejenigen, die das übermäßige Aufwallen der fleischlichen Lüste 'schwer' macht.[41]

---

[38] Solche Deutungsoptionen sind im Grunde bereits auf dem Niveau der Lexeme angelegt. Die Semantik der Wortfamilie um das afrz. Verbum *enfler* ist – wie die des lateinischen *inflare* – nicht auf den Bereich des Körperlich-Materiellen beschränkt, sondern greift auf die Bereiche des Affektiven (bes. Zorn und Mut) und des Moralischen aus (bes. Hochmut und 'Aufgeblasenheit'); vgl. Frédéric Godefroy, Dictionnaire de l'ancienne langue française et de tous ses dialectes du IXe au XVe siècle, Bd. 3, Paris 1884, S. 150, und ebd. Bd. 9, Paris 1898, S. 463; Tobler-Lommatzsch, Altfranzösisches Wörterbuch, Bd. 3, Wiesbaden 1954, Sp. 339–342.

[39] Präziser im französischen Text (Micha IV, 76,7): Lancelot sieht nichts mehr, *car ja ert li venins si montez qu'il avoit le viaire tout enflé.*

[40] In der ›Queste‹ wird Lancelot selbst den Verlust des Gesichtssinns und die Bewegungsunfähigkeit nach seiner Gralsschau als zeichenhafte Strafe für seine Sündhaftigkeit begreifen (Pauphilet, 257,29–258,27; Steinhoff V, 498–500).

[41] Isidorus Hispalensis, Allegoriae quaedam Sacrae Scripturae, in: Patrologia Latina 83, Sp. 97–130, hier Sp. 126, § 215: *Hydropicus quem Dominus curavit* [...] *demonstrat eos quos fluxus carnalium voluptatum exuberans aggravat.* Der aufgeschwollene Leib und der unstillbare Durst können näherhin auf *avaritia* und *superbia*, aber auch auf *luxuria* bezogen werden: *Potest quoque non inconvenienter per hydropicum quilibet luxuriosus intelligi: quia sicut hydropicus quo plus bibit, plus sitit, ita luxuriosus quo plus ad petulantiam carnis deditus fuerit, eo plus ad petulantiam libidinis exardescit* (Haymo Halberstatensis, Homiliae de tempore, in: Patrologia Latina 118, Sp. 11–746, hier Sp. 690; vgl. auch [Ps.-]Hugo de S. Victore, Allegoriae in Novum Testamentum, in: Patrologia Latina 175, Sp. 749–924, hier Sp. 818 f.). In der Bibeldichtung ›Der Saelden Hort‹ aus dem frühen 14. Jh. wird die moralische Auslegung der Wassersucht in die Reflexionen über das irdische und das himmlische Wasser integriert: Das Wasser aus dem Brunnen Jakobs *betútet wollúst und gů̊t / der*

Am einfachsten schließlich scheint die Schlange sich einer allegorischen Sinnebene einzufügen – als Verkörperung des Bösen, der Sünde oder des Teufels. Dessen korrumpierende Machenschaften lassen sich unter anderem auch an den verschiedenen schrecklichen Folgen von Schlangenvergiftungen, die nach Lucans ›Pharsalia‹ beschrieben werden, allegoretisch ablesen: Der *serpens antiquus* lässt wie die Schlange *praester* die Menschen durch das Gift der Sünde sich ausdehnen und anschwellen.[42] Dass der Vergiftungsepisode tatsächlich eine entsprechende Deutungsoption innewohnt, wird durch eine Rezeptionsspur in der deutschen Übersetzung der Handschrift P untermauert: Während nämlich der französische Text die heilende Jungfrau bei ihren späteren Auftritten stets als diejenige identifiziert, die Lancelot von der Vergiftung geheilt habe, spricht der Übersetzer der Handschrift P an beiden Stellen davon, sie habe den Helden *herneret* [...] *vor dem bösen geist* (Micha IV, 79,7; Steinhoff III, 558; vgl. Micha IV, 84,33; Steinhoff III, 774).[43] Auch wenn es sich dabei 'nur' um einen Übersetzungsfehler handeln sollte,[44] würde damit doch ein wichtiges Indiz für die interpretatorische Plausibilität eines in der Vergiftungsepisode selbst ja nicht explizit artikulierten allegorischen Sinnzusammenhangs vorliegen.

IV.

In der Schlangengestalt mag sich also der *böse geist* verbergen – warum aber zeigen sich gleich zwei Schlangen, *eyner den andern jagende* (Steinhoff III, 440; vgl. Micha IV, 76,4: *.II. culuevres* [...] *qui s'aloient entrechaçant*)? Da die Verdopplung keinerlei Handlungsfunktion hat, scheint der Rezipient aufgefordert, auch hier nach einem allegorischen Sinn zu suchen. Im französischen Text korrespondieren dieser Zweizahl andererseits bei der Beschreibung der Szene noch weitere, die ebenfalls handlungslogisch funktionslos sind: Die Quelle befindet sich im Schatten zweier Sicamoren,[45]

---

welt, die mit arbait / man sam des sodes wasser trait. / von natur hin ze tal / daz liplich wasser über all / vlúset und sinket. / so man ze vil des trinket, / es machet swer und zúhet nider; / es oft swellet dú gelider; so man ie me getrinket sin, / den wachset ouch des turstes pin. / alsus der armen welt fruht / gelichet sich der wasser suht (Der Saelden Hort. Alemannisches Gedicht vom Leben Jesu, Johannes des Täufers und der Magdalena. Aus der Wiener und Karlsruher Handschrift hrsg. von Heinrich Adrian, Berlin 1927 [Deutsche Texte des Mittelalters 26], V. 8668–8680).

42 [Ps.-]Hugo de S. Victore, De bestiis et aliis rebus, in: Patrologia Latina 177, Sp. 9–164, hier Sp. 77.

43 In der Handschrift s, die unter diesem Aspekt mit P übereinstimmt, ist noch an einer weiteren Stelle, wo in P *l'anvenimement* mit *siechtům* wiedergegeben wird (Micha IV, 84,13; Steinhoff III, 754), stattdessen vom *bösen gaist* die Rede (vgl. jeweils den kritischen Apparat in: Kluge II, 301, 405 und 415).

44 Wäre eine Verwechslung zwischen *anvenimement* und *enemis* denkbar?

45 Vgl. zu möglichen Signifikanzen dieses Baums Alice Planche, La dame au sycomore, in: Mélanges de litterature du moyen âge au XXe siècle offerts à Mademoiselle Jeanne Lods, Bd. 1, Paris 1978 (Collection de l'École Normale Supérieure de Jeunes Filles 10), S. 495–516.

unter denen zwei Ritter und zwei Damen lagern (Micha IV, 76,1). Diese Verdopplungen sollen, so könnte man meinen, weniger zur Präzisierung eines allegorischen Sinns denn zur Bedeutungssuggestion beitragen. Etwas später allerdings dient ein Ring, auf dessen eingelegtem Saphir zwei *serpanten* (frz.: *serpentiax*) eingraviert sind, als *worczeichen* für die Ehebruchsbeziehung zwischen Lancelots Vater Ban und der Tochter des Herzogs von Mares (Micha IV, 79,24; Steinhoff III, 576–578). Eine explizite Deutung erfährt das Motiv auch hier nicht; jedenfalls aber stellt es signalhaft eine Verknüpfung zwischen der Vergiftungsepisode und Bans Ehebruch her.[46] Erinnert man sich an dieser Stelle, dass bereits der unerlöste Simeu auf diesen Fehltritt Bans anspielend erklärt hat, die Sündhaftigkeit des Vaters wirke im Sohn fort (Steinhoff II, 360–362), dann bestärkt das im nachhinein auch den Verdacht eines impliziten allegorischen Sinns der Vergiftung Lancelots. Das Motiv zweier einander jagenden Schlangen könnte insofern zeichenhaft für die von sündhafter Begierde geleitete, illegitime sexuelle Paarung stehen.

Wenn das Schlangenmotiv aber eine genealogische Vorprägung zur *luxuria* konnotiert, dann muss dies im Rahmen einer allegorischen Deutung der Vergiftungsepisode auch irgendwie mit dem Ereignischarakter der Vergiftung, dem plötzlichen Umschlag vom Guten ins Böse in einer ganz bestimmten Situation, vermittelt werden. Möglich wird das, indem man eine weitere signalhafte Verknüpfung beachtet, nämlich die Datierung der Vergiftungsepisode *umb Sant Johans tag* (Micha IV, 76,1; Steinhoff III, 438). Mit ihr wird ein Bezug auf jenen Zeitpunkt ebenfalls kurz nach der Sommersonnwende hergestellt, an dem der Held Jahre zuvor (nach F. Lot sind es genau zehn)[47] bei seiner Ankunft am Artushof Ginover begegnet ist und den Ritterschlag erhalten hat – ein Bezug also auf den Beginn der Minne Lancelots zur Königin.[48] Die allegorische Sinnebene der Vergiftungsepisode erhält dadurch eine reflexive Dimension: Die Geschichte bezieht sich deutend auf sich selbst zurück. Retrospektiv könnte man auf dieser Ebene im pathologischen Schock der Vergiftung das durch Anblick und Berührung schockhaft wirksame Initialereignis der Ginover-Minne wiedererkennen (Steinhoff I, 366). Prospektiv scheint die Projektion des moralisch deutbaren jähen Umschlags vom positiven in den negativen Zustand auf den Beginn der Ginover-Minne zusammenzustimmen mit der vereindeutigenden Re-interpretation der Biographie des Helden, wie sie nach dem Turnier zu Camelot noch von Ginover selbst im Dialog mit Lancelot artikuliert (Micha VII, 22a,22f.; Steinhoff III, 816–820) und später in der ›Queste‹ von einem Eremiten autoritativ-monologisch verkündet wird (Pauphilet, 122,33–128,15; Steinhoff V, 244–254): Vor der Begegnung mit Ginover sei der junge Lancelot demnach von perfekter Tugendhaftigkeit gewesen; die Liebe zu ihr gilt aus dieser Perspektive als 'Sündenfall', in dem er der Versuchung des Teufels

---

[46] Zu dieser und weiteren möglichen Verknüpfungsfunktionen des Schlangenmotivs im Rahmen einer poststrukturalistisch ausgerichteten Analyse paradigmatischer Bedeutungsnetze vgl. Méla [Anm. 27], S. 368–371. Von den näheren Umständen des Ehebruchs berichtet erst die später entstandene ›Estoire de Merlin‹ (Sommer II, 401,10–407,6).

[47] Lot [Anm. 26], S. 42.

[48] Kommentar Steinhoff II, 862f.

erlegen und durch den seine zuvor vollkommene moralische Integrität völlig zerstört worden sei.

Es ist klar, dass diese Re-interpretation nicht nur Veränderungen auf der semantischen Oberfläche vornimmt: Sie widerspricht nicht nur der ambivalenten psychophysischen Disposition des Helden, die am Anfang des ›Lancelot propre‹ ausführlich beschrieben wird; sie steht darin auch quer zur Dynamik der narrativen Semiose, wie sie sich im ersten Teil des Romans etabliert. Die entzeitlichende Reduktion der Werteverteilung auf einen Krisenmoment des Umschlags vom Guten ins Böse widerspricht dem dezidiert prozessualen, eng auf die Handlungslogik bezogenen Sinnstiftungsmodus des ersten Romanteils.[49]

In der Vergiftungsepisode trifft, so gesehen, die kasuistische Zuspitzung erzählerischer Sinnstiftung auf eine Verdichtung allegorischer Deutbarkeit, wobei die Geltung einer der beiden Deutungsperspektiven nur behauptet werden kann, wenn man zugleich die diskursiven Bedingungen der anderen ausblendet. Mit Blick auf den deutlich akzentuierten paradigmatischen Rang der Episode, der ja nicht etwa durch eine handlungstechnisch notwendige Funktion für die Vorbereitung der ›Queste‹ begründet ist, kann man diese diskursive Gegenstrebigkeit wohl kaum als bloße Inkonsistenz verbuchen, die bei der Kompilation diskursiv heterogener Teiltexte unterlaufen sein mag. Vielmehr scheint sich hier zu bestätigen, dass der ›Prosa-Lancelot‹ tatsächlich, wie Christoph Huber es einmal formuliert hat, ein »Erzählexperiment« darstellt, das absichtsvoll »ein Zu- und Gegeneinander von Sinn*modellen*« (Hervorh. MW) entwirft,[50] – und zwar weder im Sinne einer radikalen Subversion semantischer Ordnungen, noch um einer nur vorläufigen Spannung willen, die zuletzt mit didaktischem Nutzeffekt abgebaut werden kann. Vielleicht ließe sich dies als eine spezifisch literarische Leistung des Romans beschreiben: dass nämlich seine Erzählstrategie weder auf die Destruktion noch auf die hierarchisierende Integration der Semantiken zu- und gegeneinander gestellter Diskurse abzielt, sondern eher die Nahtlinien zwischen ihnen akzentuiert und auf diese Weise gerade ihre Heterogenität narrativ erfahrbar macht.

Dem korrespondiert innerhalb der erzählten Welt die in verschiedener Hinsicht immer wieder akzentuierte ‘Schwellenposition’ des Helden, die vor der gattungsgeschichtlichen Folie des artusepischen Strukturmodells wohl als Perpetuierung der ‘Krise’ gesehen werden müsste. Andererseits kann man darin auch die Voraussetzung einer Form der literarischen Identitätskonstitution sehen, bei der die Individuation der Figur nicht mehr nur als dialektischer Gegenpol der Einlösung vorgängiger diskursiver Geltungen denkbar ist, sondern sich gerade in den ephemeren, narrativ konturierten ‘Zwischenräumen’ einer Unentschiedenheit konfligierender diskursiver

---

49 Vgl. Waltenberger [Anm. 2], S. 95–98.

50 Christoph Huber, Von der ›Gral-Queste‹ zum ›Tod des König Artus‹. Zum Einheitsproblem des ›Prosa-Lancelot‹, in: Walter Haug, Burghart Wachinger (Hgg.), Positionen des Romans im späten Mittelalter, Tübingen 1991 (Fortuna vitrea 1), S. 21–38, hier S. 38. Von Merveldt [Anm. 4], S. 108f., beschreibt dies zu Recht als konstitutive Bedingung für die Entfaltung der von ihr beschriebenen »Poetik der Memoria« im Lancelot-Roman.

Geltungsansprüche realisiert.[51] Die Tendenz des Erzählens zu perspektivierenden Distanznahmen vom unbedingt Gültigen und allgemein Sichtbaren bis hin zur Ausformung narrativer Leerräume des Heimlichen und des *gedenckens* wird allerdings noch nicht durch eine vorgängig gedachte autonome Geltung des Subjektiven gegenüber den Diskursen stabilisiert.[52] Deshalb erlaubt es der Roman seinem zeitgenössischen Rezipienten – wie seinem modernen Interpreten – durchaus, die narrativ inszenierten 'Schwellen' des Unentschiedenen, auf denen der Held zurückbleibt, selbst zu überschreiten, die Leerräume aufzufüllen und die Geltungsansprüche der Diskurse zu entscheiden. Wer will, kann also im ›Prosa-Lancelot‹, um mit Wolfgang Iser zu sprechen, das Spiel des Textes »auf Gewinn« spielen und es durch eine semantisierende Synthese zu Ende bringen.[53] Das literarhistorische Potential seiner Poetik bleibt dabei aber unerkannt, denn es beruht wesentlich auf dem, was eine solche »dominante Spielart«[54] der Lektüre ausschließen muss.

V.

Die ›Préparation à la Queste‹ leistet insofern nicht nur eine notwendige, aber sekundäre Vermittlung zwischen heterogenen Teil-Texten, sondern wäre vor allem auch als poetologisch eigenwertiger diskursiver 'Zwischenraum' wahrzunehmen. In diesem 'Zwischenraum' etabliert sich zwar die Gralsburg bereits als zentraler Ort; von ihr geht aber noch nicht, wie später in der ›Queste‹, das mystische Versprechen einer letzten, transzendent begründeten Sinneinheit aus, auf die alle Wunder und Aventiuren hingeordnet sind. Vielmehr scheint hier die bereits angesprochene Tendenz zur suggestiven Bedeutsamkeit ihren Höhepunkt zu erreichen. Dass gerade an diesem Ort die Verweisfunktion des Motivs der zwei Schlangen ein weiteres, vielleicht ihr wichtigstes Ziel erreicht, unterstreicht rückwirkend noch einmal den paradigmatischen Rang der Vergiftungsepisode. Die Umstände dieser Rekurrenz bestätigen zwar den Verdacht eines moralischen Sinns; zugleich provozieren sie aber erneut Fragen nach den Bedingungen der Sinnkonstitution.

---

[51] Vgl. zur Liminalität des Helden Klinger [Anm. 2], bes. S. 291–295. Sie erreicht ihren prägnantesten Ausdruck natürlich in der ambiguen Inszenierung seiner Gralsschau; vgl. ebd., S. 379–397, und Waltenberger [Anm. 2], S. 121–132.

[52] Zur diskursiven Konstitution der Subjektivität des Helden wie des Rezipienten vgl. Judith Klinger, Möglichkeiten und Strategien der Subjekt-Reflexion im höfischen Roman. Tristan und Lancelot, in: Jan-Dirk Müller, Horst Wenzel (Hgg.), Mittelalter. Neue Wege durch einen alten Kontinent, Stuttgart, Leipzig 1999, S. 127–148; Klinger [Anm. 2], passim und S. 455: »Insgesamt wird im Roman die Tendenz greifbar, angesichts eines Pluralismus der Ordnungen und Orientierungen das Subjekt als Instanz von Erkenntnis und Orientierung zu etablieren. Die Heterogenität der Lancelot-Figur und die zahlreichen Krisen und Zusammenbrüche seiner Identität weisen allerdings darauf hin, daß es dem solchermaßen konturierten Subjekt an Stabilität fehlt und daß seine gesellschaftliche Existenz ungesichert bleibt.«

[53] Wolfgang Iser, Das Fiktive und das Imaginäre. Perspektiven literarischer Anthropologie, Frankfurt a. M. 1993, S. 410f., Zitat S. 411; vgl. dazu auch S. 468–480.

[54] Iser [Anm. 53], S. 474.

Als Bohort nach Corbenic gelangt, darf er eine Nacht im *pallast der abenture* (Steinhoff IV, 326) verbringen (Micha V, 98,28–50; Steinhoff IV, 326–346).[55] Von dem, was ihm dort widerfährt, versteht er kaum mehr, als was ihm explizit erklärt wird; und mit Bohort mag auch der Rezipient einige der wundersamen Ereignisse eher staunend als deutend aufnehmen. Im Ablauf des Geschehens zeichnet sich allerdings eine gewisse Ordnung ab. Deutlich sind zwei ‘Abteilungen’ zu unterscheiden, deren erste von Gewalt, Dunkelheit und Lärm geprägt ist: Zunächst ist Bohort dabei selbst gewaltsamen Attacken magischer Waffen, menschlicher und tierischer Gegner ausgeliefert; dann wird er zum Beobachter prophetisch auf das selbstzerstörerische Ende des Artusreichs vorausweisender Kämpfe zwischen einem Drachen und einem Leoparden sowie zwischen dem Drachen und seiner eigenen Brut. Die zweite ‘Abteilung’ wird von der wunderbaren Erscheinung einer Taube mit einem Weihrauchfässchen eingeleitet, dessen intensiver Duft den Raum erfüllt. Nach den Auftritten eines priesterähnlichen Alten mit einer blutenden Lanze und von zwölf ärmlich gekleideten, klagenden Jungfrauen folgt um Mitternacht als Höhepunkt das quasi-liturgische Geschehen der Präsentation des Gralskelches durch einen Mann, der wie ein Bischof gekleidet ist. Der helle Glanz des Grals blendet Bohort für den Rest der Nacht; seine heilende Kraft tilgt zugleich alle Verletzungen, die Bohort in der ersten Phase des nächtlichen Geschehens erlitten hat.[56]

Die Dichotomie wird also von einer Steigerungsstruktur überlagert, die auf den Gral zuläuft. Neben dem Gral als Zielpunkt des Geschehens im *pallast der abenture* wird aber auch die Grenze – oder besser: der Übergang – zwischen den beiden ‘Abteilungen’ der Ereignisfolge durch eine eigene Szene prägnant hervorgehoben: Ein bleicher, kahler und magerer Mann mit einer kostbar geschmückten Harfe tritt auf, setzt sich in der Mitte des Raums auf einen Sessel, stimmt sein Instrument und beginnt weinend und unter Klagerufen zu spielen und zu singen. Um seinen Hals winden sich zwei ineinander verflochtene Schlangen (Micha V, 98,38: *.II. culovres ausi conme entrelaciees l'unne en l'autre*; Steinhoff IV, 336: *zwen halßbend von schlangen, als weren sie zusamen geflochten*), die ihm ins Gesicht und in den Nacken beißen. Der Harfenspieler selbst erklärt dies als göttliche Strafe für eine schwere Schuld, die er auf sich geladen habe. Doch bevor Bohort genauer nachfragen kann, verschwindet der Büßer wieder.

Die Wiederkehr des Motivs der zwei Schlangen an derart exponiertem Ort wirkt also zumindest in einer Hinsicht vereindeutigend: Es bezeichnet hier eine Sündenschuld. Das Problem aber, mit dem die Erzählstrategie den Rezipienten in der Vergiftungsepisode und den mit ihr verknüpften Sequenzen konfrontiert, nämlich wie

55 Zur narrativen Einführung der Gralssphäre im ›Lancelot propre‹ und ihren poetologischen Implikationen vgl. jetzt bes. Combes [Anm. 8], S. 289–346 (»Corbenic, les jours et les nuits«), zu Bohorts Besuch auf Corbenic ebd., S. 335–346.

56 Im Vergleich zu dem, was zuvor bereits Gawan nachts im *pallast der abenture* erlebt hat (Micha II, 66,17–31; Steinhoff III, 164–174), ist bei Bohort die Reihenfolge der Ereignisse verändert und durch neue Szenen ergänzt; vgl. dazu die Übersicht bei Combes [Anm. 8], S. 336.

eine solche paradigmatisch-bildhafte Signifikanz auf die Umstände ihrer Aktualisierung im Handlungssyntagma zu beziehen wäre, – dieses Problem kehrt hier ebenfalls, und zwar in verschärfter Form, wieder: Offenbar bewahrt ja das geheimnisvolle Geschehen im *pallast der abenture* insgesamt die Erinnerung an eine Sündenschuld und artikuliert zugleich die Erlösungserwartung der Gralsfamilie. Das wird spätestens am nächsten Morgen deutlich, wenn Bohort vom Gralskönig gefragt wird, ob er nicht dessen Vater gesehen habe, der für seine Sünde mit einer nicht heilenden Schenkelwunde büße, bis der *gut ritter* ihn erlösen werde. Diesen *Sundigen Kúnig* aber hat Bohort nicht gesehen (Micha V, 98,49; Steinhoff IV, 344). Zwar erscheint an zentraler Stelle der nächtlichen Mysterien eine Büßerfigur, aber nicht die, welche innerhalb der erzählten Welt erwartet wird, sondern eben jener Harfenspieler, der eine andere Strafe für eine andere Schuld erleidet.[57] Dessen Auftritt aber ist nicht nur im unmittelbaren Kotext isoliert, sondern wird auch sonst in der Handlung des Romans nicht wieder aufgenommen; da er zudem selbst den Grund für seine Strafe verschweigt, bleibt die Szene letztlich enigmatisch. Die Möglichkeit einer authentifizierenden Verkörperung des Konnexes zwischen Sündenakt und memorialer Repräsentation wird also explizit aufgerufen – nur um durch eine Substitution in markanter Weise ausgesetzt zu werden.

Gerade die syntagmatische Isoliertheit der Szene allerdings erhöht das Potential eines paradigmatischen Sinns. Intertextuelle und intratextuelle Analogien (wie etwa das Motiv der zwei Schlangen) tragen jedoch nicht viel zu einer größeren semantischen Bestimmtheit bei, sie erhöhen eher die suggestive bildliche Bedeutsamkeit.[58] Viel wichtiger für das Verständnis der Szene scheint ihre bereits angesprochene strukturelle Funktion im unmittelbaren Kotext. Die Akzentuierung eines Übergangs in der Choreographie der nächtlichen Ereignisse verdoppelt sich nämlich im Lied des Harfenspielers. Es ist zwar, wie zu erwarten, ein Klagelied (im französischen Text als *lai du Plor* tituliert; Micha V, 98,39), konkretisiert aber nicht eine Sündentat des Sängers, sondern erzählt von einer Situation, deren Bezug auf den Sänger unklar ist und deren moralische Implikationen nicht expliziert werden: Das Lied handelt von der Ankunft Josephs von Arimathia in Schottland, also vom Beginn der christlichen Mission dort, schildert aber nicht etwa ein Gründungsereignis, sondern eine *versuchung* (Steinhoff IV, 336; Micha V, 98,39: *desputoison*), in der ein Exponent der christlichen und einer der heidnischen Seite, Joseph und der Zauberer Orpheus, einander gegenübertreten und deren Ergebnis nicht mitgeteilt wird. Durch die Figur des Harfenspielers und den Inhalt seines Liedes – oder doch durch das, was die fokalisierende Erzählregie Bohort davon verstehen lässt – scheint die Aufmerksamkeit des Rezipienten dezidiert auf einen topologischen Grenzraum und zugleich auf eine heilsgeschichtliche 'Schwellensituation' gerichtet.

---

[57] Vgl. Kommentar Steinhoff IV, 882; Combes [Anm. 8], S. 272f.

[58] Vgl. auch unten Anm. 68. In der später entstandenen ›Estoire de Merlin‹ tritt bei einem Fest auf Camelot ein geheimnisvoller blinder Harfenspieler auf, der einen bretonischen Lai spielt und als Lohn darum bittet, in der nächsten Schlacht Artus' Feldzeichen zu tragen. Ban erkennt, dass es sich um Merlin handelt (Sommer II, 408,33–409,11 und 413,11–414,9).

Die Hervorhebung der Mitte zwischen den beiden Teilen des nächtlichen Geschehens im *pallast der abenture* bildet strukturell bereits eine Irritation der Ausrichtung auf den End- und Höhepunkt, die Erscheinung des Grals. Darüber hinaus wird gerade an dieser Achsenposition der Moment eines (noch) nicht entschiedenen 'Gegeneinander' thematisiert.[59] Die vereindeutigende Synthese, mithin also die hierarchische Unterordnung einer heillos-fatalen und dunklen Sphäre arthurischer Selbstzerstörung unter die moralischen Wertungen und das heilsversprechende Licht der Gralssphäre, wird dadurch letztlich nicht verhindert. Doch werden die Aspekte des Heterogenen und Disparaten in dem komplexen paradigmatischen Netz aus Äquivalenzen und Differenzen zwischen den einzelnen Stationen der Szenenfolge nachdrücklich unterstrichen.

Diese komplexen semantischen Relationen können hier nur ansatzweise nachgezeichnet werden. Wichtig für die hier verfolgten Fragen scheint mir aber, dass diese Komplexität nicht nur auf den Differenzen zwischen verschiedenen Stoffkreisen, Handlungszusammenhängen oder Semantiken beruht, sondern auch auf Unterschieden in der Art der Zeichenbeziehung und nicht zuletzt auf Abstufungen von Zeichenhaftigkeit selbst zwischen der Unmittelbarkeit des Kampfs (am Beginn der Szenenfolge) oder des Wunders (an deren Ende) einerseits und körperlich-gestischen, bildlichen und sprachlichen Formen der zeichenhaften Vermittlung andererseits.

Dabei ist eine gewisse Asymmetrie zwischen den beiden 'Abteilungen' zu bemerken: Der erste Teil der Ereignisfolge ist von einer Präsenz der Gewalt geprägt, die Bohort zunächst sogar unmittelbar involviert. Erst mit dem Auftritt des Drachen, der gegen den Leoparden und gegen seine eigene Brut kämpft, tritt die Frage nach der *betútung ander sach* (Steinhoff IV, 334) in den Vordergrund. Die Gewalt bleibt aber auch hier noch insofern präsent, als die Zeichenrelation in dieser Hinsicht auf einer bloßen Verdopplung des Bezeichneten basiert: Kampf und Tod erscheinen auch auf der Bildebene als Kampf und Tod. Die Drachenkämpfe nehmen außerdem zwar Zukünftiges vorweg; durch eine magische Schrift auf der Stirn des Drachen, welche diesen als *die betútung konig Artus* ausweist (Steinhoff IV, 334), ist aber die Referenz der Szenen gesichert. Auch wenn Bohort in dieser Situation kaum ahnt, worauf sie verweisen, lassen sie sich doch jedenfalls vom Rezipienten relativ leicht auf das Schicksal der Hauptfiguren beziehen.[60] Während die referentielle Funktion der Tier-

---

[59] Auffällig ist die strukturelle Analogie zur ebenfalls reihenden Ordnung in der (in der Handschrift P nicht überlieferten) ausführlichen *descriptio* der Gawan-Brüder (Micha II, 69,1–7; Steinhoff III, 210–214), einer Sequenz im ersten Teil der ›Préparation‹, deren explizit auktorialer Status dem Rezipienten Orientierung zu versprechen scheint: Die *descriptio* lässt eine hierarchische Rangfolge der Brüder nach ihrem charakterlich-moralischen Wert erkennen. Aber nicht nur der positive und negative Pol (Gawan und Mordred) sind deutlich markiert; auch die Achsenposition ist akzentuiert, indem sie mit einer Figur (Guerrehes) besetzt wird, deren Ambivalenz sich in den anschließenden Aventiuren der Brüder bestätigt findet (vgl. dazu Waltenberger [Anm. 2], S. 98–108).

[60] Die prophetische Referenz der äquivalenten Szenen bei Gawans früherem Aufenthalt im *pallast der abenturen* ist durch einen Einsiedler bereits knapp und ohne moralische Wertung offengelegt worden (Micha II, 66,35–38; Steinhoff III, 178–180).

kampfszenen also hervorgehoben wird, bleibt ihre allegorische Deutbarkeit ebenso wie der moralische Wert des referierten Geschehens eher vage:[61] Die Tiergestalten und ihre jeweiligen Attribute reizen zwar eine allegorische Sinnstiftung an, ein *sensus moralis* kann dadurch aber allenfalls implizit hergestellt werden. Eher verstärkt die animalische Unvernunft der Tiere und die Betonung physischer Faktoren für den Kampferfolg den Eindruck einer moralisch schwer zurechenbaren fatalen Notwendigkeit der Gewalt.

Im zweiten Teil der Ereignisfolge dagegen, in der Gralssphäre, scheint die Unmittelbarkeit der Gewalt immer schon in Formen der rituellen und symbolischen Repräsentation aufgehoben. Präsenz wird hier allerdings wiederum durch die Auratisierung der Zeichen erzeugt – bis hin zum blendenden Glanz des Grals selbst, dessen Wunderkraft die Spuren der Gewalt von Bohorts Körper entfernt. Zu dieser Übersteigerung des Zeichenhaften ins Auratische trägt auch die Nähe zu Elementen der kirchlichen Liturgie bei. Durch den Verzicht auf eine explizite Relationierung, durch deskriptive Abweichungen[62] und Überhöhungen[63] sowie durch perspektivische Beschränkungen auf Bohorts Wahrnehmungen und Wissen wird diese Nähe als suggestiv unbestimmte 'Ähnlichkeit' erfahrbar. Erst später wird deutlich, dass – innerhalb der erzählten Welt – die Auratisierung der Gralszeichen durch ihre direkte Verbindung zur Heilsgeschichte wohlbegründet ist, die 'Ähnlichkeit' zur Liturgie also nicht als verdoppelnde Ableitung der liturgischen Zeichenfunktion zu verstehen wäre, sondern als deren Aufhebung durch eine gesteigerte Präsenz des Heiligen.[64] Mit der Auratisierung der Zeichen in der Gralsphäre geht allerdings auch eine referentielle Unschärfe einher, die durch ausdrückliche Informationsverweigerungen festgeschrieben wird: Die blutende Lanze könnte im Sinne der Longinuslegende auf Christi Tod am Kreuz verweisen, das wird aber nie expliziert. Ihr Träger deutet solches gegenüber Bohort an, bezieht jedoch ebenso die Geschichte ihrer *translatio* nach Corbenic mit in das Geheimnis der *rechten glene* ein (Steinhoff IV, 338).[65] Woran genau Prozession,

---

[61] Im deutschen Text der Handschrift P ist allerdings die (zumindest in höfischem Kontext) ambivalente Charakterisierung des Leoparden als *fier et orguilleux* (Micha V, 98,36) durch die Übersetzung *bös und hoffertig* (Steinhoff IV, 334) ins Negative verschoben.

[62] Der Lanzenträger etwa ist *gecleyt als ein priester, ußgeschieden das er keyn karsuckel an hatt* (Steinhoff IV, 338; ebenso Micha V, 98,41); ihm fehlt also gerade die Casula, das liturgische Obergewand, das er als Priester und Zelebrant tragen müsste.

[63] Der Gral selbst wird als liturgisches Gerät inszeniert: er steht auf einer Art Altartisch; ein Mann, der aussieht wie ein Bischof, kniet davor, erhebt sich dann und nimmt das den Gral bedeckende Tuch ab. Der Tisch allerdings ist aus Silber und mit kostbaren Edelsteinen besetzt; das (dem Corporale bzw. der Palla entsprechende) Tuch ist nicht aus Leinen, sondern aus weißem Samt.

[64] Prekär ist diese Relation der *semblance* allerdings außerhalb der erzählten Welt und für den Rezipienten; vgl. dazu Alexandre Leupin, Le Graal et la Littérature. Étude sur la Vulgate Arthurienne en prose, Lausanne 1982, S. 148–157.

[65] Zwar wird Bohort im nachhinein erklärt, mit dem Blut der Lanze könne einst der leidende *konig Maihagines* geheilt werden, doch eine Erklärung für das Blutwunder wird ihm verweigert (Micha V, 98,49f.; Steinhoff IV, 344–346). Auch das Versprechen, von Galaad werde er darüber die Wahrheit erfahren, wird in der ›Queste‹ nicht eingelöst (Micha V,

Gebet und Klage der zwölf *jungfrauwen* erinnern sollen, bleibt im Dunkeln: Weder Bohort noch der Rezipient wird je darüber aufgeklärt. Die auratisierten und von ihrer konkreten Referenz abgelösten Zeichen der Gralssphäre hypostasieren auf diese Weise den moralischen Sinn: Sie transportieren das Bewusstsein eines universalisierten Zustands der Sündenschuld, welche kaum mehr auf einzelne Ereignisse und Taten zurückgeführt werden kann.

Dieses referentiell schwache Sinnangebot des zweiten Teils des nächtlichen Geschehens lässt sich jedenfalls nicht ohne weiteres zum Ausgleich des Sinndefizits im ersten Teil adaptieren. Eine Synthese von Handlung und moralischer Zurechnung könnte allenfalls über die Figur Lancelots hergestellt werden, dessen zentrale Rolle für die arthurische Geschichte auf der einen Seite wohl durch den Leoparden des Tierkampfs verkörpert wird, und dessen mangelnde moralische Integrität auf der anderen Seite durch den priesterähnlichen Alten beklagt wird (Micha V, 98,42; Steinhoff IV, 338–340). Ganz lässt sich auf diese Weise die Asymmetrie jedoch nicht beheben – und damit sind die fundamentalen Ambivalenzen der ›Mort Artu‹ bereits vorweggenommen: Einerseits nämlich kann man zwar die von dem Alten angesprochene *groß arbeyt*, die Lancelot den Artusrittern verursacht habe, im Angriff des Leoparden auf den Drachen dargestellt sehen; doch der Leopard wird ja vom Drachen überwunden, tritt danach nicht mehr auf und kann deshalb nicht als Verursacher für die Selbstzerstörung des Drachen und seiner Brut gelten. Andererseits findet sich für die Spezifizierung der Sündhaftigkeit Lancelots als *schwacheit syner lenden* in der Inszenierung des Tierkampfs keinerlei Hinweis.

Wie die Aspekte der Handlung und der moralischen Zurechnung tatsächlich sinnstiftend zur Deckung gebracht werden könnten, dies zeigt der Text zwar in der Mitte des nächtlichen Geschehens an der Figur des Harfenspielers: durch die beglaubigende Koinzidenz eines ausdrücklichen Schuldbekenntnisses des Sünders selbst mit der ihm von Gott auferlegten, zeichenhaften Bußstrafe. Nur lässt sich eben diese Form des beglaubigten Sinnabschlusses innerhalb der nächtlichen Ereignisfolge aufgrund der oben angesprochenen substitutiven Funktion der Figur und wegen der syntagmatischen Isoliertheit der Szene kaum zum Ausgleich der Asymmetrien in der Sinnkonstitution verwenden.[66] Mit Blick auf die Konkurrenz der Sinnstiftungsmodi in der ›Préparation‹ scheint der Roman an dieser exponierten Stelle obendrein die Potentialität einer sinnabschließenden Synthese gerade dadurch paradigmatisch auszustellen, dass er ihre Aktualisierung innerhalb der erzählten Welt verwehrt.

98,41; Steinhoff IV, 338). Zur Rolle der Lanze des Longinus im Rahmen des erweiterten Vulgata-Zyklus vgl. Leupin [Anm. 64], S. 63–71.

[66] Das gilt in ähnlicher Weise auch hinsichtlich der Rekurrenzen des Schlangen-Motivs: Während eine moralische Signifikanz der zwei Schlangen in der Vergiftungsepisode wie auch als *worczeichen* für Bans Ehebruch von der Möglichkeit abhängt, die Divergenzen zwischen Handlung und implizit-allegorischer Deutbarkeit zu überbrücken, verkörpern die Schlangen am Hals des Harfenspielers die authentische Einheit von Sünde und zeichenhafter Strafe. Ein Bezug auf Lancelot ist dabei allerdings kaum mehr herzustellen.

Gesteigert wird diese Potentialität auch durch den (ebenfalls bereits angesprochenen) Umstand, dass das Schuldbekenntnis des Harfenspielers in seinem Lied nicht, wie erwartbar, mit der Erzählung der eigenen Sündentat beglaubigt wird. Wenn stattdessen eine Situation diskursiver Unentschiedenheit aufgerufen wird, dann könnte man auch darin ein reflexives Moment entdecken, das der allgemeinen Tendenz der narrativen Strategie in der ›Préparation‹ entspräche.[67] Die poetologische Pointe läge dann vielleicht darin, dass sich das Aussetzen der diskursiven Schließung an der strukturellen Achsenposition eben in einem Lied artikuliert, also als Inhalt einer dezidiert ‘ästhetischen’ Form. Diese Form aber gewinnt ihr diskursives Profil im aktuellen Kotext wiederum durch ihre Situierung zwischen den diskursiv heterogenen Sphären der Szenenfolge. Bemerkenswert scheint dabei der Konnex zwischen der Verweigerung einer semantischen Synthese und einem intensiv affizierenden Zusammenwirken von visueller Präsenz des Leids (die quälenden Schlangen) und verbaler Deutung (das Schuldbekenntnis), von unmittelbarem Affektausdruck (Weinen und Klagerufe) und von Musik und erzählendem Gesang (das Harfenspiel und der *Lai de Plor*). Zwischen der Demonstration eines ‘bloßen’ Geschehens, dessen (moralischer) Sinn vage bleibt, auf der einen Seite und der rituellen Feier eines (moralischen) Sinns, dessen Handlungsbezug unsicher ist, auf der anderen Seite differenziert sich solcherart ein Eigenwert ‘ästhetischer’ Kommunikation aus. Bohort als ‘Modellrezipient’ bestätigt diesen Eigenwert, indem er hier nicht nur, wie sonst, zu verstehen sucht oder von Mitleid erfasst wird, sondern – entlastet sowohl von der bedrohlichen Präsenz der Gewalt wie von der blendenden Präsenz des Heiligen – auf angenehme Weise affiziert ist: Der Harfenspieler *hub an zu spielen mit der harpffen alles weynend, das Bohort zu mal gern* [*moult volentiers*] *hort* (Steinhoff IV, 336; Micha V, 98,39).[68]

---

[67] Bereits Alexandre Leupin [Anm. 64], S. 211f., hat den Auftritt des harfespielenden Sünders als reflexive Miniatur verstanden, in der sich die diskursive Konstitution des Romans spiegele. Während Leupins von Derrida inspirierte Interpretation dies als Ausdruck einer subversiven Kraft der Literatur gegenüber einem autoritativen Diskurs beschreibt, sieht Annie Combes [Anm. 8], S. 338, darin eher die integrative Kraft des Romans abgebildet, der heterogene Stoffe und Prätexte einer literarischen *alliage* zuführe.

[68] In der ›Karren-Suite‹ ist der Ankunft Lancelots bei Bandemagus eine kurze Szene vorgeschaltet, in der ein Harfenspieler im Zelt des Königs den *lai d'Orfei* vorträgt (Micha II, 50,33; Steinhoff II, 706). Da ein sinnvoller paradigmatischer Bezug der handlungslogisch funktionslosen Szene auf bestimmte Figuren oder Situationen kaum erkennbar ist, scheint auch hier eine Eigenwertigkeit ‘ästhetischer’ Wirkung in den Vordergrund gerückt: Bandemagus hört dem Lied so gerne zu (*si plaisoit tant al roi a escoter*), dass keiner seiner Begleiter ein Wort zu sagen wagt. – Der Name Orpheus fällt im ›Prosa-Lancelot‹ nur an diesen beiden Stellen. Sucht man aufgrund der intratextuellen Isoliertheit nach einer intertextuellen Folie, dann wird man zwar kaum eine signifikante Nähe zu (oder gar Abhängigkeit von) konkreten literarischen Prätexten entdecken können (vgl. Kommentar Steinhoff II, 1039, und Kommentar Steinhoff IV, 881f.). Gleichwohl ließe sich die Szene im *pallast der abenturen* – weniger aufgrund übereinstimmender motivischer Elemente, sondern vor allem mit Blick auf ihren strukturellen Sinn und ihre reflexiven Implikationen – durchaus in den diskursiven Horizont der ambivalenten mittelalterlichen Rezeption des Orpheus-Mythos stellen. Dabei könnten sich einerseits Anknüpfungspunkte zu Kommentaren und Allegoresen

Selbstverständlich ergibt sich aus diesen reflexiven Implikationen der Szenenfolge im *pallast der abenture* kein konsistent übertragbares und uneingeschränkt gültiges poetologisches Spiegelbild des gesamten Zyklus. Im engeren Bezug auf die ›Préparation‹ aber scheint doch die strukturelle Äquivalenz zur Erzählstrategie einer spannungsvollen Konkurrenz unterschiedlicher Sinnstiftungsmodi deutlich. Zumindest ließe sich diese Äquivalenz als Hinweis darauf verstehen, dass die irritierende semantische Heterogenität des Romanteils nicht aus dem scheiternden Versuch resultiert, eine 'Mitte' zwischen diskursiv heterogenen Teiltexten als notwendige Verbindung auf der Ebene der Handlung oder als hierarchisierende Integration auf der Ebene des Sinns zu schaffen. Die Konkurrenz der Sinnstiftungsmodi könnte vielmehr als Voraussetzung eines Versuchs wahrgenommen werden, den literarischen Diskurs selbst funktional als 'Mitte' zu etablieren – durch die Ausformung eines erzählerischen 'Zwischenraums', in dem die Entscheidung über diskursive Geltungsansprüche aufgeschoben und so die Heterogenität der Diskurse erfahrbar werden kann.

---

ergeben, die Orpheus als Grenzgänger zwischen Tugend und Laster, Geist und Materie moralisch deuten, andererseits zu Auffassungen, die Orpheus als Gründungsfigur der Musik oder der Poesie verstehen. Da die Sünde des Harfenspielers im Roman nicht als *luxuria* spezifiziert ist, wird ein Bezug auf Funktionalisierungen der Figur als Exempel widernatürlicher Sexualität etwa bei Alanus (›De planctu naturae‹, prosa 4) und im ›Rosenroman‹ [Anm. 37], V. 19637–19668, zumindest nicht begünstigt, vielleicht sogar absichtsvoll ausgesetzt. Vgl. zur mittelalterlichen Orpheus-Rezeption Klaus Heitmann, Orpheus im Mittelalter, Archiv für Kulturgeschichte 45 (1963), S. 253–294; ders., Typen der Deformierung antiker Mythen im Mittelalter. Am Beispiel der Orpheus-Sage, Romanistisches Jahrbuch 14 (1963), S. 45–77; John Block Friedman, Orpheus in the Middle Ages, Cambridge 1970; Jeff Rider, Receiving Orpheus in the Middle Ages, Allegorization, Remythification and ›Sir Orfeo‹, Papers on Language and Literature 24 (1988), S. 343–366; Max Wegner, Orpheus. Ursprung und Nachfolge, Boreas 11 (1988), S. 177–225; C. Stephen Jaeger, The Envy of Angels. Cathedral Schools and Social Ideals in Medieval Europe, 950–1200, Philadelphia 1994, S. 140–164.

Nikola von Merveldt

Galahot als Grenzgänger

(Trans-)Texte rund um eine ambivalente Figur

Als Galahot den Traumdeuter Meister Helies von Toledo drängt, ihm die Stunde seines Todes mitzuteilen, erwidert dieser mit einem warnenden *exemplum*: Eine schottische Edelfrau, der eröffnet wurde, sie habe nur mehr 30 Tage zu leben, ward von einer solchen Furcht gepackt, dass sie darüber ihr Seelenheil vergaß und sich ganz der *desperatio* hingab. Der Teufel bemächtigte sich ihrer Seele und hätte sie geradewegs in die Hölle geschleppt, wäre nicht der Seelsorger dazwischen gekommen. Mit dem Zeichen des Kreuzes trieb er den Teufel aus, so dass die erlöste Frau ins Kloster gehen konnte, um dort ihre Seele auf den rechtmäßig eintretenden Tod vorzubereiten.[1]

Diese Erzählung in der Erzählung markiert die Schwelle zwischen Verzweiflung und Affektkontrolle, zwischen Leben und Tod und konturiert auf diese Weise die Grenzen menschlicher Erkenntnis und Existenz. Jedes Überschreiten dieser gesetzten Grenzen, so der Weise, berge große Gefahr. Doch Galahot geht das Wagnis ein und stellt sich dem Wissen um den eigenen Tod. Und das, so ließe sich überspitzt formulieren, tut auch der Roman. Der ›Prosa-Lancelot‹, der in der ›Mort Artu‹ sämtliche Protagonisten der Artuswelt sterben lässt, konfrontiert nicht nur das Scheitern und den Untergang der Artuswelt, er nimmt auch die Grenzen seiner Welt erzählerisch in Angriff, ja treibt die tradierte Erzählwelt geradezu an ihre Grenzen, die – wenn auch nicht unbedingt überschritten werden – doch ins Blickfeld geraten: Die Grenzen der einzelnen Zyklusteile werden im syntaktischen und thematischen *entrelacement* aufgeweicht,[2] durch die Historisierung der Artuswelt und ihren Anschluss an die christlichen Heilsgeschichte verlieren die Grenzen von Erzählwelten und Gattungstraditionen an Schärfe,[3] diskursive Grenzen und die Grenzen menschlicher Wahrnehmung

---

[1] Micha I, 4,49–51. Diese Erzählung findet sich nur in der französischen Kurzfassung der ›Zweiten Reise nach Sorelois‹.

[2] Zu den beiden Formen des *entrelacement* vgl. Carol Chase, Sur la théorie de l'*entrelacement*. Ordre et désorde dans le ›Lancelot en prose‹, Modern Philology 80 (1983), S. 227–241. Während die Zyklusteile lange Zeit isoliert gelesen wurden, wird inzwischen allgemein die Einheit des Zyklus betont. Vgl. dazu exemplarisch Christoph Huber, Von der ›Gral-Queste‹ zum ›Tod des König Artus‹. Zum Einheitsproblem des ›Prosa-Lancelot‹, in: ders., Burghart Wachinger (Hgg.), Positionen des Romans im späten Mittelalter, Tübingen 1991 (Fortuna Vitrea 1), S. 21–38.

[3] Es handelt sich hier vor allem um Fragen der Intertextualität. Vgl. dazu Ralf Simon, Die Interferenz der Texte im Roman als Ursprung seiner Möglichkeit. Poetologische Überlegungen zum ›Prosa-Lancelot‹, in: Friedrich Wolfzettel (Hg.), Artusroman und Intertextualität, Gießen 1990, S. 147–164; Annie Combes, Les voies de l'aventure: réécriture et composition

gewinnen an Profil,[4] in »Momenten des Phantastischen [diskutiert] der Roman die Grenzen und Potenzen seiner eigenen Erzählstrategien«,[5] und im Laufe der Überlieferungsgeschichte werden Länder- und Epochengrenzen überwunden.[6] Insofern erscheint der ›Prosa-Lancelot‹ in mehrfacher Hinsicht als Schwellenroman.

Das Verwischen von Grenzen wird im ›Prosa-Lancelot‹ zur Erzählstrategie – natürlich im ständigen Wechsel mit dem immer wieder neuen Setzen von Grenzen. Dadurch entstehen Ambivalenzen, die wesentlich tiefer reichen als der oft zitierte »double esprit«[7] zwischen weltlicher und geistlicher Ritterschaft. Das haben insbesondere jüngere Arbeiten deutlich gemacht, die zeigen, wie konkurrierende Diskursformationen je nach Zyklusteil zu verschiedenen Erzählstrategien gebündelt werden und sich auf jeweils unterschiedliche Weise im Helden des Romans überschneiden.[8] Doch nicht nur der Held fällt dieser neuen Komplexität des Erzählens zum Opfer, auch andere Figuren scheitern an dem entgrenzten und entgrenzenden Erzählen. Eine Figur, welche die daraus erwachsenen Ambivalenzen geradezu verkörpert, ist Galahot, der Sohn der schönen Riesin und treue *geselle* Lancelots.[9]

Galahot ist höfisch vollendeter Fürst und Sohn eines Fabelwesens, mächtiger Kriegsherr über 30 Königreiche und hilflos Ergebener seiner Liebe, Geliebter der Frau von Malaot und *geselle* des besten Ritters Lancelot,[10] Vermittler zwischen Lan-

---

romanesque dans le ›Lancelot en prose‹, Paris 2001 (Nouvelle Bibliothèque du Moyen Age 59); und den grundlegenden Aufsatz von Matilda Tomaryn Bruckner, Intertextuality, in: Norris J. Lacy, Douglas Kelly, Keith Busby (Hgg.), The Legacy of Chrétien de Troyes, 2 Bde., Amsterdam, Atlanta 1987 (Faux titre 31, 37), Bd. 1, S. 223–265.

4 Vgl. dazu Michael Waltenberger, Das große Herz der Erzählung. Studien zu Narration und Interdiskursivität im ›Prosa-Lancelot‹, Frankfurt a. M. u. a. 1999 (Mikrokosmos 51).

5 So Stephan Fuchs-Jolie, Bedeutungssuggestion und Phantastik der Träume im ›Prosa-Lancelot‹, in: Friedrich Wolfzettel (Hg.), Das Wunderbare in der arthurischen Literatur. Probleme und Perspektiven, Tübingen 2003, S. 313–340, hier S. 316.

6 Einen Überblick über die verschiedenen europäischen Übersetzungen, Fassungen und Bearbeitungen bieten die Beiträge im dritten Teil von Carol R. Dover (Hg.), A Companion to the Lancelot-Grail Cycle, Cambridge 2003 (Arthurian Studies 54), S. 147–254.

7 Ferdinand Lot, Etude sur le ›Lancelot en prose‹, Paris 1918, S. 85–106.

8 Judith Klinger, Der mißratene Ritter. Konzeptionen von Identität im ›Prosa-Lancelot‹, München 2001 (Forschungen zur Geschichte der älteren deutschen Literatur 26), und Waltenberger [Anm. 4].

9 Zur Ambivalenz der Galahotfigur vgl. bes. Matthias Meyer, *Causa amoris*? Noch einmal zu Lancelot und Galahot, in: Kurt Gärtner, Ingrid Kasten, Frank Shaw (Hgg.), Spannungen und Konflikte menschlichen Zusammenlebens in der deutschen Literatur des Mittelalters, Tübingen 1996, S. 204–214. Galahot hat seit Jean Frappiers Charakter-Studie Le personnage de Galehaut dans le ›Lancelot en prose‹, Romance Philology 17 (1964), S. 534–554, immer wieder die Aufmerksamkeit der Forschung erregt. Zuletzt ausführlich dazu Klaus Speckenbach, Freundesliebe und Frauenliebe im ›Prosa-Lancelot‹, in: Wolfgang Haubrichs, Wolfgang Kleiber, Rudolf Voß (Hgg.), *Vox – Sermo – Res*. Sprache und Sprachreflexion in der Literatur des Mittelalters und der frühen Neuzeit. Uwe Ruberg zum 65. Geburtstag, Stuttgart, Leipzig 2001, S. 131–142, mit ausführlichen bibliographischen Angaben S. 141 f.

10 Besonders in der amerikanischen Forschungsliteratur wird diese männliche *gesellesschaft* oft als homoerotische Bindung gedeutet (so z. B. Gretchen Mieskowski, The Prose Lancelot's

celot und Ginover und das erste Opfer ihrer Beziehung.[11] Er fürchtet die Trennung von Lancelot, nicht aber die Stunde des eigenen Todes. So treffen im Herrscher von Sorelois Archaisches und höfische Raffinesse, *superbia* und *humilitas*, Eros und Thanatos unvermittelt aufeinander und nehmen in einer Figur Gestalt an, die alle Maße und Grenzen überschreitet. Körperliches Zeichen dieser Maßlosigkeit ist Galahots wunderlich großes Herz, das nur in der Brust eines Riesen schlagen kann: *et si ai eu si merveillos cuer que, s'il fust en un petit cors, je ne voi pas coment il peust durer* [...].[12]

Eingeführt wird Galahot in die Handlung – schemagerecht für einen Artusroman – als Feind von außen, der die arthurische Ordnung bedroht. Hält ihn bei der ersten Schlacht noch seine Kriegerehre davon ab, das armselige Artusheer zu vernichten, so ist es beim zweiten Mal seine maßlose Bewunderung für den schwarzen Ritter. Aus Liebe zu diesem besten Ritter der Welt entsagt Galahot seinen Eroberungsplänen, unterwirft sich Artus, stiftet den Liebesbund zwischen Lancelot und Ginover und wird nach dem Sachsenkrieg sogar Mitglied der Tafelrunde.[13] Dadurch entsteht ein Dreiecksverhältnis zwischen Galahot, Lancelot und Ginover (die in ihrer Funktion als Königin für den gesamten Artushof steht),[14] dessen Spannungen vor allem im geographischen Wechsel zwischen dem Königreich Logres und Galahots Herrschaftsgebiet

---

Galehot, Malory's Lavan, and the Queering of Later Medieval Literature, Arthuriana 5 (1995), S. 21–51) – doch scheinen mir soziale Muster wie die feudale Männerfreundschaft historisch angemessener; vgl. dazu Reginald Hyatte, Recoding Ideal Male Friendship as *fine amor* in the ›Prose Lancelot‹, Neophilologus 75 (1991), S. 505–518; und Speckenbach [Anm. 9], bes. 138–140.

11 Speckenbach, ebd., betont die erzählerische Verschränkung und »wechselseitige[] Spiegelung« (140) der beiden Freundschaften: »Die beiden Liebesbeziehungen von Ginover und Galahot zu Lancelot sind parallel entwickelt und sprachlich wie motivisch voller wechselseitiger Bezüge« (137). Der wesentliche Unterschied liege in der heimlichen Natur der Ehebruchsliebe, die Ginovers Ehre gefährde, während Galahots Ruhm und Vorbildlichkeit trotz (oder gerade wegen) aller freundschaftsbedingten Entbehrungen stets zunehme. Dass im ›Prosa-Lancelot‹ die Frauenliebe schließlich über die ältere Männerfreundschaft siegt, sei das »Neuartige« (140) an dieser Gegenüberstellung.

12 Micha I, 2,27. Diese Aussage Galahots ist ein fast wortwörtliches Echo von dem, was laut *descriptio* Ginover über Lancelots überproportional breite Brust gesagt haben soll: *were das groß hercz in eyner cleynen brust gewesen, so múst die brust zurißen und zurbrechen, da das hercz nit volliclich statt inne hett* (Steinhoff I, 106,1–4). Vgl. dazu Waltenberger [Anm. 4], bes. S. 45–94, und Carol Dover, Galehot and Lancelot: Matters of the Heart, in: Per Nykrog, Kathryn Karczewska, Tom Conley (Hgg.), The World and its Rival. Essays on Literary Imagination in Honor of Per Nykrog, Amsterdam, Atlanta 1999 (Faux titre 172), S. 119–136.

13 In Artus' Werbung um Lancelots *gesselleschaft* wird dessen Konflikt zwischen Frauen- und Freundesliebe dramatisch zugespitzt (Steinhoff I, 1282,9–1288,19). Gleichzeitig wird eindeutig klar, dass Lancelots Bindung an den Hof keineswegs über Artus, sondern ausschließlich über Ginover verläuft. So spricht Galahot zu Lancelot: »*Ich han lip und gut umb uwer gesellschafft gelaßen und gegeben*« (Steinhoff I, 1282,31 f.).

14 Cornelia Reil, Liebe und Herrschaft. Studien zum altfranzösischen und mittelhochdeutschen ›Prosa-Lancelot‹, Tübingen 1996 (Hermaea NF 78).

Sorelois Ausdruck findet:[15] Die wiederholten Grenzübergänge der beiden *gesellen* (zwei Reisen nach Sorelois, Ginovers Exil während der ›Falschen-Ginover‹-Episode Galahots Tod und schließlich Galahots Translatio zur Dolorose Garde) verräumlichen einen Interessenskonflikt – die Konkurrenz Galahots und des Hofs um die Gunst des besten Ritters – an dem Galahot letztendlich zugrunde geht. Dieser Tod tritt je nach Überlieferung einmal früher, einmal später ein. So konturiert Galahot bis über den Tod hinaus geographische, thematische, strukturelle und selbst überlieferungsgeschichtliche Grenzen.

Einem Grenzgänger scheint mir nur mit dem Konzept der Transtextualität beizukommen. Dieses Konzept – ganz allgemein als 'textuelle Vernetztheit' definiert – hat der französische Literaturkritiker Gérard Genette in den 70er und 80er Jahren ausgearbeitet, um die gängige Vorstellung eines autonomen, abgeschlossenen Textes zu verabschieden und die grundsätzliche Einbettung eines jeden Textes in andere Texte zu betonen.[16] Für die mittelalterliche Textualität, die sich ja in ausgesprochen starkem Maße durch Beziehungen zu anderen Texten definiert und auch von ihrer Überlieferungssituation und Autorkonzeption her ganz andere textuelle Grenzen zieht als Texte des Druckzeitalters,[17] scheint mir das Konzept der Transtextualität besonders angemessen.

Gérard Genette unterscheidet fünf Spielarten der Transtextualität: Paratexte, Intertexte, Hypertexte, Architexte und Metatexte.[18] Diese Begriffe beschreiben jeweils verschiedene Verhältnisse zwischen Texten – und damit letztendlich Phänomene der Grenzüberschreitung. Als »Paratexte« bezeichnet Genette die schriftlichen, bildlichen und materiellen Rahmenelemente (wie Titel, Kapitelüberschriften, Illustrationen oder Format), die zwischen Text und Leser vermitteln und den Text überhaupt erst zum Buch werden lassen.[19] »Intertexte« verweisen entweder durch explizite Bezugnahme (Zitat, Anspielung) oder implizite Verbindungen (Plagiat) auf andere Texte. Genettes Begriff des »Hypertexts«, der auf keinen Fall mit dem Verknüpfungselement aus dem Internetzeitalter verwechselt werden darf, beschreibt Texte, die durch gezielte Umgestaltung oder Fortsetzung eines anderen Textes (dem »Hypotext«) entstehen, dem sie

---

[15] Diese geographische Grenze ist erzählerisch besonders markiert: Sorelois ist – wie sonst nur Gorre, die Gralsburg, die Inseln der 'Gralssuche', Sarras, der Claudashof und Lancelots Erbländer – durch Wasser vom Artusreich getrennt, so dass man nur über zwei scharf bewachte Steindämme in Galahots Land eindringen kann (Steinhoff I, 820f.).

[16] Den Begriff der Transtextualität prägt Gérard Genette in: Palimpsestes. La littérature au second degré, Paris 1982, S. 7: »[...] la *transtextualité*, ou transcendance textuelle du texte, que je définissais déjà, grossièrement, par ›tout ce qui le met en relation, manifeste ou secrète, avec d'autres textes‹«.

[17] Vgl. dazu Keith Busby, Codex and Context. Reading Old French Verse Narrative in Manuscript, 2 Bde., Amsterdam, New York 2002 (Faux titre 221), und die Beiträge in: Jan-Dirk Müller (Hg.), Aufführung und Schrift in Mittelalter und Früher Neuzeit. DFG-Symposion 1994, Stuttgart 1996, S. 118–29, und die Diskussion im Sonderheft Philologie als Textwissenschaft, ZfdPh 116 (1997).

[18] Vgl. dazu Genette [Anm. 16], S. 7–17.

[19] Ders., Seuils, Paris 1987.

sich »aufpfropfen«. Genette wählt für diese Form, deren bekanntester Vertreter die Parodie ist, das Bild des Palimpsests. Der »Architext« verweist auf übergreifende Textkategorien wie Gattung, Aussageform oder Diskursformation.[20] Der »Metatext« schließlich nimmt auf einen anderen Text durch Kommentar Bezug.

Diese verschiedenen Kategorien der Transtextualität, die nicht immer streng voneinander zu trennen sind, möchte ich im Folgenden aufgreifen, um die verschiedenen aus unterschiedlichen Perspektiven zu beleuchten.

In einem ersten Teil soll es um ausgewählte Paratexte gehen, die sich an Galahot anlagern – um 'Schwellen zum Text' also. Die Schwellenmetaphorik behalte ich auch im zweiten Teil bei, in dem vor allem Hypertexte aber auch Metatexte im Mittelpunkt stehen. Da der ›Prosa-Lancelot‹ in zyklischen und nicht-zyklischen Fassungen vorliegt, rückt hier die 'Schwelle zum Zyklus' in den Blick. Im dritten und letzten Teil schließlich sollen die Überlegungen auf den übergreifenden literatur- und gattungshistorischen Zusammenhang hin geöffnet werden: auf den Architext. Das erfolgt über einen intertextuellen Vergleich mit dem afrz. ›Prosa-Tristan‹, einem Nachfolger des ›Prosa-Lancelot‹ in dem Galahot natürlich nicht fehlt, und führt zu der Frage, wann – und ob überhaupt – der arthurische Prosaroman die 'Schwelle zum modernen Roman' überschreitet.

So weitet sich die Perspektive der Fragestellung von der einzelnen Handschrift als historischem Überlieferungszeugen (I) über unterschiedliche Handschriftengruppen, Bearbeitungsstufen und Zyklusteile (II) bis hin zum Roman als Ganzem (III).

I. Paratexte: Schwellen zum Text

Genette bezeichnet Paratexte als Schwellen zur Interpretation.[21] Interpretationsschwellen sind Paratexte in der handschriftlichen Überlieferung (die Genette nicht untersucht) in zweifacher Hinsicht. Einerseits erschweren sie dem modernen Leser oft den Zugang zum Text, u. a. durch ein kaum zu entzifferndes Schriftbild oder, noch häufiger, ganz einfach durch ihr Fehlen (keine Unterteilung des Texts in Absätze, keine Überschriften usw.). In dieser Hinsicht sind sie also eher eine Hemmschwelle. Andererseits können sie – und hier denke ich vor allem an Illuminierungen und Marginalien – eine Art affektive Brücke bilden und dadurch einen privilegierten Zugang zum Text gewähren. In Randbemerkungen und Illustrationen artikulieren sich nämlich oft spontane oder strategische Reaktionen auf den Text, so dass man bei ihrem Anblick fast den Eindruck gewinnt, einem früheren Interpreten – einem Schreiber, Illuminator oder späteren Leser – über die Schulter zu schauen. So ist die Schwelle zu historischen Interpretationen geebnet.

Das sei kurz am Beispiel von drei Handschriften gezeigt. Die paratextuellen Eingriffe erstrecken sich in dieser Auswahl von Marginalien in der frz. Handschrift Corpus-Christi MS 45 aus dem späten 13. Jh., über Illustrationen in der frz. Pierpont-

[20] Ders., Introduction à l'architexte, Paris 1979.
[21] Ders. [Anm. 19], bes. S. 8.

Morgan-Handschrift M 805–806 aus dem frühen 14. Jh., bis hin zu einem ganzen Textapparat in der Pariser Arsenal-Handschrift a, dem deutschen Nachzügler aus dem 16. Jh. Diese Beispielreihe spiegelt zugleich die allmähliche Ausdifferenzierung von Text und Paratext, die nicht nur die Überlieferung des ›Prosa-Lancelot‹ sondern fast aller Textsorten charakterisiert.[22]

In der Cambridger Lancelot-Handschrift Corpus Christi 45 scheint die Grenzgängerei Galahots die Aufmerksamkeit eines späteren Lesers erregt zu haben.[23] Wild fuchtelnde Nota-Bene-Hände verweisen auf Passagen, in denen der Sohn der schönen Riesin Lancelot seine Liebe beteuert,[24] auf Galahots 'Übertritt' in die Artusgesellschaft und auf seine dunklen Träume und deren transgressive Auslegung.[25] Außerdem trägt derselbe Leser nachträglich in den kaum unterteilten, zweispaltig geschriebenen Text Überschriften ein, die Galahots Tod, Translatio und erneute Bestattung in der Dolorose Garde identifizieren.[26] Auf diese Weise markiert er nicht nur die Grenze zwischen Leben und Tod der Figur, sondern auch Grenzen zwischen den im *entrelacement* verschachtelten Textabschnitten. So artikuliert sich in den Rändern der Handschrift ein Bemühen, Grenzen, die im Text verwischt oder gar überschritten werden, zu markieren und – zumindest paratextuell – sogar zu restituieren.

---

[22] Zu dieser Entwicklung in französischen Prosaromanen vgl. Cedrick E. Pickford, L'évolution du roman arthurien en prose vers la fin du Moyen Age d'après le manuscrit BN. fr. 112, Paris 1960, S. 129–175, und allgemeiner Henri-Jean Martin, Jean Vézin (Hgg.), Mise en page et mise en texte du livre manuscrit, Paris 1990.

[23] Diese Handschrift, die in der Parker Library des College Corpus Christi liegt, diente Alexandre Micha als Leithandschrift für seine Lancelot-Ausgabe (Bd. 1 u. 2). Ausführlicher zur Handschrift vgl. Elspeth Kennedy, Le ›Lancelot en prose‹ (Ms 45), in: Nigel Wilkins (Hg.), Les manuscrits français de la bibliothèque Parker. Parker Library Corpus Christi College Cambridge. Actes du colloque 24–27 mars 1993, Cambridge 1993, S. 23–38; und Gwenneth Hutchings, Two hitherto unnoticed manuscripts of the French Prose Lancelot, Medium Ævum 3 (1934), S. 189–194.

[24] So z. B. Ms 45, fol. 79b [vgl. Micha I, 5,5]. Allerdings beschränken sich die Randnotizen nicht auf Textpassagen, in denen Galahot vorkommt. Kennedy [Anm. 23], S. 32, nennt ausschließlich Marginalien, die auf Passagen verweisen, »qui expriment de beaux sentiments au sujet et del'amour, par exemple, ou au sujet de la loyauté ou de la conduite qui convient à un jeune bachelier.« Solange keine genauere Information zu den Entstehungsumständen, Besitzern und Lesekontexten bekannt ist, ist bei der Deutung von Marginalien höchste Vorsicht geboten.

[25] Auch auf die Träume des König Artus wird am Rand mit dem Stichwort *conge* verwiesen (Ms 45, fol. 31c). Zur transgressiven Natur der Dämonenbeschwörung, die der Bestimmung von Galahots Todesstunde dient, vgl. Fuchs-Jolie [Anm. 5], S. 333–335.

[26] Ms 45, fol. 107c: *Nota de la mort Galehout & combien il languist* [...] *et de quelle maladie.* Die Überschrift ist ebenfalls von einer Nota-Hand begleitet. Fol. 127a/b: [erster Teil wegen Blattschnitts unlesbar] *que fui mort & enter. Et le fist porter en la dolorouse garde & enfoncer pr. La monestement del dame de lac.* Die Überschrift auf fol. 130d ist ebenfalls wegen Blattschnitts kaum lesbar, steht aber direkt über der Bestattung Galahots. Da Überschriften dieser Art sonst nur sehr spärlich vorkommen (etwa beim Übergang zum ›Karrenritter‹, fol. 108c, oder bei Lancelots Erlösung des finsteren Ascalons, fol. 96a) legen diese drei Paratexte nahe, dass Galahot die besondere Aufmerksamkeit des Lesers auf sich gezogen hat.

Während die Cambridger Handschrift recht unscheinbar daherkommt, gehört die Pierpont-Morgan-Handschrift M 805–806 zu den prachtvollsten Bilderhandschriften der ›Lancelot‹-Tradition. Sie zeichnet sich nicht nur durch eine große Kunstfertigkeit der Miniaturen aus,[27] sondern auch durch eine besonders durchdachte Verbindung von Text und Bild.[28] Diese komplexen Text-Bild-Strukturen entstehen vor allem durch die Kombination von 136 historisieren Initialen, die jeweils die (Wieder-)Aufnahme eines Handlungsstrangs markieren, mit 39 großen Längsminiaturen, die zentrale Szenen aus der Handlung herausgreifen und illustrieren. Während die typisierten historisierenden Initiale visuelle Anhaltspunkte im Erzählgeflecht schaffen und dadurch eine strukturierende und orientierende Funktion übernehmen, tragen die Längsminiaturen durch die kunstvolle Darstellung ausgewählter Szenen zur Deutung des Texts bei. Für die Galahotfigur sind hier vor allem die ›Erste Reise nach Sorelois‹, die berühmte Kussszene und schließlich Galahots Tod von Interesse.[29]

Durch ihre Verbindung von Anfangsbuchstabe und ikonographisch verdichteter Szene markieren die historisierenden Initialen nicht nur den Übergang von einem Erzählstrang zum nächsten, sondern auch die mediale Schwelle zwischen Text und Bild. Im Anfang der Schaltformel *Ci* oder *Or dist li contes* setzen die Bilder gattungstypische Motive wie die ritterliche Suche, Ratssitzungen oder Begegnungen mit Boten und Jungfrauen in Szene und führen den Text in bildhafter Verkürzung ein. So sieht man auch Galahot wiederholt in den Text hinausreiten, meist auf der Suche nach seinem *gesellen*, wobei er jedes Mal die Grenze zwischen Logres und Sorelois überqueren muss.[30] Auf Blatt 69 reiten die beiden allerdings gemeinsam aus (Abb. 1).

[27] Alison Stones, L'Atelier artistique de la Vie de Sainte Benoîte d'Origny: Nouvelles considérations, Bulletin de la Société nationale des antiquaires de France (1990), S. 378–400, bietet eine kunsthistorische-stilistische Analyse der Miniaturen, die sie der Amiens-Schule zuschreibt. Vgl. auch die ausführliche Handschriftenbeschreibung von Sydney Carlyle Cockerell, Twenty Manuscripts from the Collection of Henry Yates Thompson, Third Series, Cambridge 1907, S. 94–114.

[28] Ausführlicher zu den Text-Bild-Beziehungen der Pierpont-Morgan-Handschrift, vgl. Elspeth Kennedy, The Placing of Miniatures in Relation to the Pattern of Interlace in two Manuscripts of the ›Prose Lancelot‹, in : Keith Busby, Catherine M. Jones (Hgg.), *Por le soie amisté*. Essays in Honor of Norris J. Lacy, Amsterdam, Atlanta 2000 (Faux titre 183), S. 269–282, und Nikola von Merveldt, Translatio und Memoria. Zur Poetik der Memoria des ›Prosa-Lancelot‹, Frankfurt a. M. u. a. 2004 (Mikrokosmos 72), S. 12–16 u. 332–340.

[29] Nach dem Bestand der Pariser Bilderhandschriften (B. N. fr. 111, 112, 114, 118, 339, 344) lassen sich Galahot-Miniaturen in sechs Gruppen ordnen: Illustriert werden vor allem Galahots und Lancelots gemeinsame Ausritte nach Sorelois, Galahots Unterwerfung unter König Artus, Galahots Mittlerrolle beim ersten Kuss Lancelots und Ginovers, die Szenen der Traumdeutung und Galahots Tod. Vgl. dazu die Datenbank Mandragore der Bibliothèque nationale de France unter‹ http://mandragore.bnf.fr ›(Ergebnisse der Stichwort-Suche »Galehot« 27.12.2004).

[30] Es handelt sich hier um fol. 69r (›Erste Reise nach Sorelois‹), 150v, 151r u. 155r (›Galahot auf Lancelot-Suche‹). Erkennen kann man den Fürsten von Sorelois an den drei Kronen, die er im Schild führt. Vgl. dazu Cockerell [Anm. 27], S. 94–114, hier S. 98f., der auf die Genauigkeit der heraldischen Ikonographie hinweist und alle Figuren mit ihren heraldischen Zeichen auflistet. Lancelot trägt in der Regel die Farben, die er sich bei der Dolorose Garde erobert hat, nämlich roter Schrägbalken auf silbernem Grund.

Gestaltet ist diese historisierende Initiale nach dem ikonographischen Muster der Suche.[31] Der Leser des Textes weiß jedoch, dass die beiden *gesellen* diesmal nicht auf Suche nach Abenteuern oder einem vermissten Ritter ausziehen, sondern den Artushof verlassen, um nach Sorelois aufzubrechen. Nicht ritterliche Bewährung ist das Ziel, sondern Absonderung vom Artushof – und das bedeutet für Lancelot vor allem Trennung von Ginover. Der wissende Leser erkennt somit in dieser Ausritts-Initiale einen Widerspruch zwischen ikonographischer Formelhaftigkeit und erzählweltlicher Wirklichkeit. Und dieser Widerspruch wiederum deckt einen tiefer liegenden Konflikt auf, der den Rahmen der historisierenden Initialen sprengt: Galahot kann sich nicht mehr aus den Banden des Dreiecksverhältnisses lösen, das er selbst vier Seiten früher gestiftet hat.[32]

Tatsächlich wird die berühmte Stiftung des Dreiecksverhältnisses Galahot-Lancelot-Ginover auf Blatt 67 in einer großen Miniatur in Szene gesetzt (Abb. 2).[33] Dieses Bild, das neben den Karrenritterszenen zu den beliebtesten Abbildungen des ›Prosa-Lancelot‹ gehört, zeigt die Verstrickung der drei Schicksale in ikonographischer Verdichtung:[34] Auf einer langen Bank sieht man Galahot sitzen, Ginover zu seiner Linken, Lancelot zu seiner Rechten; seinen linken Arm legt Galahot um die Königin, die rechte Hand hält er in Zeigegeste über Lancelots Kopf. Die beiden Liebenden beugen sich vor der Brust ihres Vermittlers zum Kuss; Ginover fasst den schüchternen Ritter beim Kinn und Lancelot reicht zaghaft nach ihrem linken Arm, während er sich mit seinem linken Arm stark auf das rechte Bein Galahots stützt. Ein Blick auf die Füße zeigt, dass das *entrelacement* der Glieder dort seine Fortsetzung findet: Lancelot setzt seinen linken Fuß quer auf den rechten Fuß seines *gesellen*, während Ginovers Füße fast vollkommen im Faltenwurf ihres Umhangs verschwinden, der das Spiel der visuellen Korrespondenzen noch weiter fortsetzt.

Diese vielfache Verschränkung der Arme, Hände und Füße macht deutlich, dass die Liebesbindung zwischen dem besten Ritter der Welt und der schönen Königin Galahot nicht unberührt lässt. Aus Liebe zu seinem Freund stellt er die Verbindung her, die ihm das Leben kosten wird. Um die Transgression des Liebespaares vor der höfischen Öffentlichkeit zu verdecken, schützt er Lancelot und Ginover mit seinem Körper vor fremden Blicken. Sein eigener Blick und die Komposition des Bildes jedoch lassen den Leser/Betrachter erahnen, dass dieses heimliche Stelldichein in der unermüdlichen Handlungsdynamik des erzählerischen *entrelacement* nicht ohne Folgen bleiben

---

[31] Zur erzählerischen Bedeutung des Suche-Motivs im ›Prosa-Lancelot‹ vgl. Uwe Ruberg, Die Suche im ›Prosa Lancelot‹, ZfdA 92 (1963), S. 122–157.

[32] Zu dieser Rivalität zwischen Galahot und Ginover vgl. Speckenbach [Anm. 9], S. 136f.

[33] Vgl. dazu Alison M. Stones, Images of Temptation, Seduction and Discovery in the ›Prose Lancelot‹: a Preliminary Note, Wiener Jahrbuch für Kunstgeschichte 47 (1994), S. 725–736, Abb. 1–21, S. 885–88. Die linke Hälfte der Miniatur ziert auch den ersten Band der Steinhoffschen Lancelot-Ausgabe.

[34] Vgl. dazu auch Matilda Tomaryn Bruckner, Reconstructing Arthurian History. Lancelot and the Vulgate Cycle, in: Nancy Netzer, Virginia Reinburg (Hgg.), Memory and the Middle Ages, Boston College Museum of Art, Chestnut Hill/MA 1995, S. 57–76, hier S. 63f.

wird. Die Längsminiatur ist nämlich – wie alle großen Miniaturen – farblich deutlich in zwei Bildhälften geteilt, die entweder zeitlich oder räumlich voneinander getrennte Handlungen darstellen. Galahot überbrückt diese visuelle Grenze, indem er nach rechts schaut, wo zur selben Zeit die Frau von Maloaut zusammen mit einer Dame und einem Truchsessen unter einer Baumgruppe sitzt. Durch diesen Blickkontakt wird eine Verbindung zu einer parallel verlaufenden Handlung hergestellt, so dass die erste Liebesbegegnung zwischen Lancelot und Ginover deshalb – anders als bei Chrétien – nicht isoliert, sondern in das komplexe Handlungsgeflecht des Zyklus eingebunden erscheint und dadurch zugleich die Bedrohung durch die Öffentlichkeit bewusst gemacht wird.[35] Auf paratextueller Ebene führen die Ikonographie und zweiteilige Bildkomposition somit die emotionale und raum-zeitliche Verflochtenheit eines jeden Geschehens im ›Prosa-Lancelot‹ bildhaft vor Augen.[36]

Doch nicht nur die Gleichzeitigkeit konfligierender Interessen und paralleler Handlungen wird Galahot im weiteren Verlauf des Zyklus zum Verhängnis, sondern gerade auch die Verschiebung von Zeit und Raum, die durch das *entrelacement* der Handlungsstränge entsteht. Das wird an der paratextuellen Gestaltung von Galahots Tod deutlich.[37] Auf langer vergeblicher Suche nach seinem *gesellen* ist Galahot ein paar Mal zwischen Logres und Sorelois hin- und hergeritten. Als er zum letzten Mal in seinem Reich ankommt, muss er von seinen Leuten erfahren, dass Lancelot gerade kurz vor ihm da gewesen war. Da Lancelot ihn aber nicht angetroffen hatte, habe er den Verstand verloren und sei mit blutender Nase davongerannt. Über diese Nachricht gerät der Sohn der schönen Riesin so in Verzweiflung, dass er sich niederlegt und kurz darauf stirbt. Dieses tragische *rendez-vous manqué* wird in der Pierpont-Morgan-

[35] Es handelt sich in diesem Fall zwar nicht um getrennte Handlungsstränge, sondern um Szenenwechsel (durch Ortswechsel) innerhalb eines Erzählstranges. Allerdings erlaubt die Miniatur noch eine zweite Lesart: Statt die männliche Figur in der rechten Bildhälfte als Truchsessen zu deuten, kann man eine zweite Darstellung Galahots in ihr sehen, der sich während der Aussprache der Liebenden zu den Damen gesellt (die Ähnlichkeit der Figuren und das gleiche blaue Gewand legen das nahe). Statt Gleichzeitigkeit werden also Vor- bzw. Nachzeitigkeit ins Bild gesetzt. Vgl. dazu Tomaryn Bruckner [Anm. 34], S. 63. Walter Haug, Das Land, von welchem niemand wiederkehrt. Mythos, Fiktion und Wahrheit in Chrétiens ›Chevalier de la Charrette‹, im ›Lanzelet‹ Ulrichs von Zatzikhoven und im Lancelot-Prosaroman, Tübingen 1978 (Untersuchungen zur deutschen Literaturgeschichte 21), zeigt, wie bei Chrétien die Liebesbegegnung in Gorre durch ihre Verortung im 'Totenreich' und ihre Einmaligkeit ausgeklammert wird, während sie im ›Prosa-Lancelot‹ zum wiederholten Handlungselement wird, das dementsprechend die Gesellschaft bedroht.

[36] Dadurch gewinnt das Bild auch an mnemonischer Kraft. Vgl. dazu Mary Carruthers, The Book of Memory. A Study of Memory in Medieval Culture, Cambridge 1990 (Cambridge Studies in Medieval Literature 10), bes. S. 221–257, die eindringlich zeigt, wie die Verkettung von Bild- und Textelementen in Handschriften auf die grundlegende memoriale Dimension der mittelalterlichen Kultur verweist.

[37] Dieser Textteil ist auch in überlieferungsgeschichtlicher Hinsicht interessant, weil die Pierpont-Morgan-Handschrift kurz vor Galahots Tod von der Sonderredaktion des nicht-zyklischen Lancelot-Romans auf die zyklische Langfassung überwechselt. Vgl. dazu von Merveldt [Anm. 28], S. 162, Anm. 53.

Handschrift im Zusammenspiel der verschiedenen Text- und Bildebenen in Szene gesetzt (Abb. 3).

Lancelots Handlungsstrang, der die erste Textspalte füllt und erst ganz am unteren Ende der dritten Spalte wieder aufgenommen wird, ist in einer der großen Längsminiaturen ins Bild übertragen. Gleich dreimal tritt Lancelot hier auf, so dass sich vor dem Auge des Betrachters die ganze Erzählsequenz entfaltet: Zunächst verlässt er in voller Rüstung eine Kampfszene in der linken Bildhälfte, um in die rechte Bildhälfte nach Sorelois zu reiten. Dort erscheint er erst verrückt und in blutrotem Hemd im Bett sitzend und kurz darauf bloßfüßig auf der Tür- oder Fensterschwelle. Fünf Textzeilen über dieser Miniatur, die sich quer über alle drei Textspalten erstreckt, sieht man in einer der historisierenden Suche-Initialen Galahot vom Artushof nach Sorelois aufbrechen – wie uns die leicht versetzte Anordnung der Bilder jedoch ahnen lässt, zu spät. Im rückblickenden Bericht der Leute von Sorelois werden die Bilder von Lancelots Wahnsinn noch einmal in Erinnerung gerufen, wodurch die Längsminiatur – je nach Textbezug – doppelt lesbar wird: einmal als Illustration der sich in realer Zeit abspielenden Lancelot-Handlung und einmal als retrospektives Erinnerungsbild, das durch die Erzählung in der Erzählung heraufbeschwört wird. Für Galahot verdichtet sich dieses Bild, dessen Spuren er in den Blutflecken auf dem Kissen erkennt, zu einem Phantasma. Er lässt sich Lancelots Schild an sein Sterbebett bringen, um sich im Andenken an seinen Freund zu versenken, bis ihm der Tod die Augen schließt. Insofern überrascht es kaum, dass die Initiale, die in der rechten unteren Textspalte die Wiederaufnahme von Lancelots Erzählstrang markiert, nicht historisiert ist, sondern ein verschlungenes Rankenwerk mit zwei Fabelwesen zeigt. Auf diese Weise wird die tragische Verschiebung der Handlungsstränge, die den einen *gesellen* in den Wahnsinn, den anderen in den Tod stürzt, im ornamentalen *entrelacement* noch einmal abschließend sichtbar gemacht.[38]

Zusammenfassend lässt sich festhalten, dass die visuellen Paratexte rund um Galahot in der Pierpont-Morgan-Handschrift M 805–806 zwar einerseits dazu dienen, Textgrenzen zu markieren und dem Leser im Wechsel der Handlungsstränge Orientierung zu bieten. Andererseits aber führt das komplexe Text-Bild-Geflecht eindringlich vor Augen, dass im Erzählgestus des *entrelacement* Grenzen immer wieder verschoben und verwischt werden. Gerade darin besteht die faszinierende, für ihre Figuren aber fatale Erzähldynamik des Prosazyklus.

Ein gewaltiger Sprung über Sprach- und Zeitgrenzen hinweg führt schließlich zur deutschen Lancelot-Handschrift Ms. allem. 8017–8120, die, so verrät uns das Explicit (fol. 925r), Christopherus Crispinus in jahrzehntelanger Fleißarbeit gestaltet hat.[39]

---

[38] Im Ganzen gibt es nur drei solcher ornamentalen Initialen: Die erste steht auf der selben Seite wie eine Längsminiatur, die Lancelots Erlösung des Cousins vom Lanzenritter und Gawans Entführung abbildet, Ritter im Koffer (fol. 125r), die letzte folgt direkt der oben erwähnten (fol. 155r), so dass nach Galahots Tod eine doppelte visuelle Pause entsteht.

[39] Vgl. dazu den Beitrag von Katja Rothstein in diesem Band und von Merveldt [Anm. 28], 300–324.

Besonders bemerkenswert ist bei dieser schon fast anachronistischen Schreiberleistung die paratextuelle Durchdringung des gewaltigen Prosazyklus.[40] Christopherus Crispinus hat dem ›Prosa-Lancelot‹ nicht nur Titel, Prolog und ein paar Federzeichnungen beigefügt, sondern den gesamten Erzählfluss in Kapitel eingeteilt und diese mit Überschriften versehen, die nach Prosaromanmanier die Handlung knapp zusammenfassen.[41] Außerdem hat er für sein 925 Blätter dickes Werk ein alphabetisches Register erstellt, ein *Vertzaichnůs der Fürnembsten Namen vnnd Argůmenten* (fol. 936r) das über Eigennamen – die sowohl im Register als auch im Verlaufstext typographisch durch Frakturschrift hervorgehoben sind – direkten Zugang zu ausgewählten Textpassagen gewährt (fol. 926r–935r). Der Leser muss sich also nicht mehr durch das *entrelacement* der wechselnden Handlungsstränge winden, sondern kann gezielt Information zu Personen, Orten und wichtigen Ereignissen suchen. Das hat natürlich weitreichende Folgen für die Wahrnehmung der Figuren und ihrer Schicksale.

Rekonstruiert man Galahots Biographie ausschließlich über das alphabetische Register und die Kapitelüberschriften, auf die die einzelnen Einträge verweisen, so entsteht ein Bild vom Fürsten von Sorelois, das die Ambivalenzen der Figur in den Hintergrund rückt (fol. 928v). In den 13 Einträgen, die unter »*Gallehaült*« stehen, tritt Lancelots *geselle* vor allem als mächtiger Heerführer und weiser Landesfürst von Sorelois auf (*Gallehaült bevihlet dem könnige Baüdemago seinn Lanndt zů verwarenn*, der das Artusreiches bedroht (*Gallehaült sagt dem Könige Arto abe*) und Lancelot fern vom Hof hält (*Gallehaült will sich unnd Lanntzeloten zue Könnigen krönen laßen* [...]). Die Erwähnung seiner Vermittlerrolle (*Gallehaült brinnget soviel zůwegenn, das die Köninigin Lanntzeloten sahe, unnd sich mitt ainannder ersprachtenn*) und seines Liebestods (*Gallehaült* [...] *kompt gen Soreloÿs, finndet Lanntzeloten nicht, darůmb er aůß zornn stirbet*) lassen allerdings ahnen, dass diese Herrscherexistenz nicht ganz konfliktlos ist. Dieser Eindruck verstärkt sich, wenn man unter den Namenseinträgen von *Könnigin Genifre* (fol. 931r) und *Lannzelot* (fol. 931r–932r) sucht. Dort steht der Name Galahots oft in Verbindung mit heimlichen Liebestreffen (fol. 931v: *Lannzelot unnd Gallehaůlt gehen spazieren mitt iren zwaën lieben fraůwenn*), die Versöhnung mit Artus und Bindung an die Tafelrunde rückt ins Blickfeld (fol. 931v: *Lannzelot, Gallehaůlt unnd Hector werden Gesellen der Tafellronde*) und selbst die unheimlichen Vor-

---

40 Allerdings ist zu betonen, dass selbst mehr als 100 Jahre nach Erfindung des Buchdrucks Handschriften weiter produziert wurden. Vgl. dazu Hans-Joachim Koppitz, Studien zur Tradierung der weltlichen mittelhochdeutschen Epik im 15. und beginnenden 16. Jahrhundert, München 1980, und Lieselotte E. Saurma-Jeltsch, Spätformen mittelalterlicher Buchherstellung. Bilderhandschriften aus der Werkstatt Diebold Laubers in Hagenau, Wiesbaden 2001.

41 Zu Kapitelüberschriften in deutschen Prosaromanen vgl. Ernst-Peter Wieckenberg, Zur Geschichte der Kapitelüberschrift im deutschen Roman vom 15. Jahrhundert bis zum Ausgang des Barock, Göttingen 1969 (Palaestra 253). Zu frz. Überlieferungszeugen der ›Lancelot‹-Tradition vgl. Pickford [Anm. 22], S. 163–168 und seine Faksimile-Ausgabe des Drucks von 1488: Lancelot du Lac. 1488. Facsimile, London 1975. Reprint der 1. Aufl. von 1973.

zeichen von Galahots bevorstehendem Tod werden erwähnt (fol. 931v: *Lannzelot und Gallehaüt ziehen wieder gen Soreloÿs, unnd inen begegnen selzame abenthewrenn*). So setzt sich das Galahotbild im alphabetisch (und innerhalb der einzelnen Einträge chronologisch) geordneten Register erst allmählich über die verschiedenen Figurenperspektiven zusammen. Obwohl sie das narrative Gefüge des *entrelacement* auflösen, spiegeln die Registereinträge also doch zumindest indirekt den »Ansatz zur Entwicklung einer *epistemischen Logik des Erzählens*«.[42] Wissen und Erkenntnis sind im ›Prosa-Lancelot‹ stets an die Figurenperspektive gebunden; die einzelnen Handlungsstränge, nach denen die Registereinträge geordnet sind, bieten jeweils nur einen Ausschnitt aus der Erzählwelt. Dadurch dass kein auktorialer Erzähler das im *entrelacement* verstreute Wissen zusammenführt, wird die Aufmerksamkeit auf die Grenzen menschlicher Wahrnehmung und Erkenntnis gelenkt.

Zum Abschluss dieses paratextuellen Teils sei noch ein Detail aus der Cambridger Handschrift genannt. Auf fol. 5r, in der berühmten, von Elspeth Kennedy immer wieder zitierten frühen Vorankündigung der Gralswunder, hat ein späterer Leser den ursprünglichen Namen des Gralshelden – nämlich Perceval – weggekratzt und am Rand durch 'Galaaz' ersetzt.[43] Diese Korrektur durch Rasur, die die spätere Royal-Handschrift 19 B VII der British Library übernommen hat,[44] scheint eindeutig motiviert: Sie zielt darauf, Unstimmigkeiten zu beseitigen und Kohärenz im Zyklus herzustellen, in dem ja nicht mehr – wie in der Verstradition – Perceval, sondern Lancelots Sohn Galaad das größte Abenteuer aller Zeiten zu Ende bringt. Die Rasur, die in ihrer Materialität als Paratext erscheint, ist somit eigentlich ein Hypertext, der einen (vielleicht) nicht-zyklischen Lancelotroman überschreibt, um die Schwelle zum Zyklus zu ebnen. Das Ergebnis ist ein Palimpsest – und damit komme ich zu meinem zweiten Teil.

II. Hyper- und Metatexte: Schwellen zum Zyklus

Das Spannende am ›Prosa-Lancelot‹ ist, dass das Bild des Palimpsests sowohl auf konkret überlieferungsgeschichtlicher als auch auf metaphorisch-poetologischer Ebene zutrifft. Die Namenspalimpseste des Gralshelden sind lediglich die greifbarsten Spuren eines großangelegten Prozesses des Um- und Weiterschreibens, der den Artusroman zum dreiteiligen (und im Französischen sogar zum fünfteiligen) Zyklus ausweitet.

Wo hier die Grenzen zwischen historischer Textgenese und immanenter Poetik verlaufen, ist nicht immer ganz klar zu erkennen. Kennedy macht an den Rasuren und einer in wenigen Handschriften überlieferten Sonderredaktion ihre bekannte These

---

[42] Klinger [Anm. 8], S. 443–58, hier S. 444 (Kursivierung J. K.).

[43] Kennedy [Anm. 23], S. 23, 27f. u. 30. Während in der deutschen Überlieferung an dieser Stelle allgemein Galaad genannt wird (Steinhoff I, 86,11), bleibt in 43 französischen Handschriften der Widerspruch bestehen (ebd., Anm. 5).

[44] Ebd.

eines ursprünglichen nicht-zyklischen Lancelotroman »ohne Gral« fest.[45] Dieser sei in einem zweiten Schritt strategischen Umschreibens zu einer zyklischen Fassung »mit Gral« ausgebaut, bzw. um- und weitergeschrieben worden. Ob man nun die beiden Fassungen tatsächlich als historische Entwicklungsstufen oder einfach als Überlieferungsvarianten ansieht, scheint mir hier nicht entscheidend. Auf jeden Fall macht die Varianz in der Überlieferung deutlich, welche narrative Strategien den episodischen Artusroman in einen Zyklus überführen und was das für Folgen für die erzählerische Sinnstiftung hat.

Auch hier kann die Figur des Galahot wieder helfen, textuelle Grenzen zu konturieren. Und zwar auf besonders eindringliche Weise: Die Schwelle zum Zyklus erweist sich nämlich für den melancholischen Fürsten zugleich als Grenze zwischen Leben und Tod. Die Varianz der bis dahin überraschend homogenen Überlieferung, setzt in der ›Zweiten Reise nach Sorelois‹ mit Galahots ersten Todesahnungen ein. Hier verzweigt sich die Überlieferung in eine nicht-zyklische Sonderredaktion, die nach einem knappen Bericht der Ereignisse um die Falsche Ginover dem Roman mit Galahots Tod ein jähes Ende setzt, und in eine zyklische Fassung, die diesen Tod noch so lange wie möglich im *entrelacement* paralleler Erzählfäden hinauszögert – denn, so folgert sie, *mors a si preudome com Galehout estoit ne fet pas ramentevoir devant le point* (Micha I, 1,1). Der Abschnitt ›Galahots Tod‹ übernimmt im Zyklus also eine Scharnierfunktion und wird zum Ort zyklischer *réécriture*: Auf inhaltlicher Ebene bildet er die Schwelle zwischen Lancelots Jugend, seiner ersten Liebesvereinigung mit der Königin und der Aufnahme in die Tafelrunde, auf struktureller Ebene bietet er intertextuellen Anschluss an den ›Karrenritter‹-Abschnitt.[46]

Noch entscheidender als der Zeitpunkt des Todes jedoch ist seine erzählerische Motivation. Diese erfolgt zwar in beiden Fassungen in verschlüsselter Form durch unheilvolle Vorzeichen und Träume, aber mit vielsagenden Unterschieden.[47] In der Sonderredaktion erscheint Galahot nur ein Traum, der in heraldischer Bildlichkeit (zwei kämpfende Löwen und ein schlichtender Leopard) ganz eindeutig auf seinen Konflikt mit Artus und Lancelots Vermittlerrolle verweist. Der Tod kommt also – das bestätigt auch der Zusammenbruch seiner *Hochfertig Garde* – als gerechte Strafe für

---

[45] Elspeth Kennedy, Lancelot and the Grail: a Study of the ›Prose Lancelot‹, Oxford, New York 1986, und zu den Schreibereingriffen dies., The Scribe as Editor, in: Mélanges de langue et de littérature du Moyen age et de la Renaissance offerts à Jean Frappier, Bd. 1, Genf 1970, S. 523–31.

[46] Vgl. dazu von Merveldt [Anm. 28], S. 156–178.

[47] Zu den Träumen vgl. den grundlegenden Aufsatz von Klaus Speckenbach, Form, Funktion und Bedeutung der Träume im Lancelot-Gral-Zyklus, in: Tullio Gregory (Hg.), I sogni nel medioevo. Seminario internazionale. Roma 2–4 ottobre 1983, Rom 1985 (Lessico intellettuale europeo 35), S. 317–55, und die neueren Aufsätze von Stephan Fuchs-Jolie, *Droom es al gheduas*. Traumwelt und Zeichenuniversum in deutschen, niederländischen und französischen ›Prosa-Lancelot‹-Überlieferungen, in: Angelika Lehmann-Benz, Ulrike Zellmann, Urban Küsters (Hgg.), Schnittpunkte. Deutsch-Niederländische Literaturbeziehungen im späten Mittelalter, Münster u. a. 2003, S. 193–214, bes. S. 198–204, und ders. [Anm. 5], bes. S. 327–336.

die *superbia* des ehemaligen Kriegerfürsten, der es gewagt hatte, König Artus zu bedrohen. Mit seinem Tod ist die Gefahr endgültig gebannt, uns so kann die nichtzyklische Fassung schemagerecht mit der Restitution arthurischer Ordnung schließen.

In der zyklischen Fassung dagegen quälen den Sohn der schönen Riesin zwei schwere Träume, die unverkennbar den leidenschaftlichen Charakter seiner tragischen Zuneigung zu Lancelot offenbaren: Im ersten speit ihm eine gekrönte Schlange, die aus der Kammer der Königin kommt, Feuer ins Gesicht. Im zweiten sieht er in seiner Brust zwei Herzen, von denen eines sich in einen Leoparden verwandelt und entspringt, woraufhin sein eigener Leib verdorrt.

In diesen Traumbildern, vor allem aber in ihrer Auslegung durch Meister Helies, ist in nuce die gesamte zyklische *réécriture* des Romans angelegt, die schon bald das Erzählgefüge des ›Prosa-Lancelot‹ bis zum Zerreißen spannen und die Artuswelt aus ihren Angeln heben wird: die Umorientierung auf die ›Queste‹ und die Vorwegnahme der Schicksalsverfallenheit der ›Mort Artu‹.[48] Im Zwiegespräch zwischen Galahot und dem Schriftgelehrten wird zum ersten Mal – auch für den Leser – die Lancelot-Ginover-Verbindung als sündhaft dargestellt und das Kommen eines Besseren angekündigt. Diese beiden Urteile stellen alles bisher Erzählte in ein neues Licht. Und alles weitere Erzählen wird bis zum Anbruch der Gralssuche darin bestehen, die Spannung zwischen früherer Idealität und jetziger *mescheance* im Wechsel von Erinnern und Vergessen auszutragen. Die narrative Strategie, die daraus resultiert, gehört in den Bereich der Hypertextualität: Frühere Texte werden in Erinnerung gerufen, nur um demonstrativ umgedeutet zu werden. Aus diesem hypertextuellen Erzählverfahren erwächst die Faszination dieses Zyklusteils.

Bezeichnenderweise findet die Umorientierung der Erzählung jedoch zunächst auf metatextueller Ebene statt: Der Schriftgelehrte Helies ergänzt nämlich die Traumbilder durch Merlins Prophezeiungen, die er ausführlich kommentiert und ausdeutet.[49] So wird hier bereits der Modus allegorischen Auserzählens eingeübt, der die ›Queste‹ bestimmen wird. Allerdings besteht ein wesentlicher Unterschied: Während sich die Auslegungen der Einsiedler in der ›Queste‹ immer auf Vergangenes beziehen, um es zu deuten, blickt Meister Helies in die Zukunft. Insofern eröffnet er dem Erzählen mit seinem Todesurteil auch schon den Raum des Fatums, das in der ›Mort Artu‹ herrschen wird.

---

[48] Vgl. dazu Klaus Speckenbach, Die Galahot-Träume im ›Prosa-Lancelot‹ und ihre Rolle bei der Zyklusbildung, in: Werner Schröder (Hg.), Schweinfurter ›Lancelot‹-Kolloquium 1984 (Wolfram-Studien 9), Berlin 1986, S. 119–133.

[49] Fuchs-Jolie betont in seinen beiden Traum-Aufsätzen den narrativen Überschuss und die oft widersprüchliche Ansammlung von Zeichen, die durch die mehrfachen Allegoresen und Momente des Phantastischen entstehen. Darin erkennt er die »erzählerische Energie und Potenz« (Traumwelt und Zeichenuniversum, S. 213) des vielstimmigen Romans, der in seiner Lust am Erzählen immer wieder die Grenzen zwischen Traum und Wirklichkeit, zwischen Zeichen und Auslegung, zwischen psychologischem Innen- und handlungsorientiertem Außenraum verwischt.

Die Träume der zyklischen Fassung eröffnen noch einen weiteren Raum, der dem Fatum diametral entgegengesetzt ist: den 'psychologischen' Innenraum. Sie dienen der »Bebilderung einer gegenwärtigen aporetischen Konfliktlage« und »schaff[en] verdichtete Symbolisationen eines an die Grenze der Bewusstheit gelangten Unbewussten«.[50] Obwohl Meister Helies Galahots Todesahnungen durch Merlins Prophezeiung bestätigt, lassen die bedrängenden Traumbilder erahnen, dass hier nicht nur äußere, sondern auch innere Kräfte am Wirken sind.

Durch Galahots Tod kommt es zu einer Verlagerung in der Personenkonstellation: Im Dreiecksverhältnis, das der Illuminator der Pierpont- Morgan- Handschrift so schön ins Bild gesetzt hat, rückt nun Artus an Galahots Stelle. Doch gewinnt die feudale Ehebruchsthematik im Licht des Grals noch nicht an Brisanz. Ihre Sprengkraft entwickelt sie erst in der ›Mort Artu‹ und zwar durch intertextuelle Verbindungen zum Tristanstoff. Doch damit gerate ich schon an die Schwelle zum 3. Abschnitt meines Beitrags.

III. Inter- und Architexte: Schwellen zum modernen Roman

Die Tristanreminiszenzen in der ›Mort Artu‹ treiben den Zyklus seinem Ende entgegen. Diese intertextuelle Grenzüberschreitung bleibt im ›Prosa-Lancelot‹ aber nur punktuell und vollzieht sich vor allem auf Diskursebene, so dass es nicht zu einer wahren Vernetzung von Artus- und Tristanwelt kommt. Diese erfolgt jedoch wenige Jahre später von der Tristanwelt aus: Der afrz. ›Prosa-Tristan‹, etwa um 1230 entstanden und in zahllosen Fassungen überliefert, nimmt im Modus intertextuellen Auserzählens eine konsequente Vernetzung der beiden Erzählwelten vor.[51] Die intertextuelle Erzählstrategie steigert sich sogar bis zur Kompilation, denn der ›Prosa-Tristan‹ übernimmt einfach ganze Passagen von seinem Vorgänger. Als Luce del Gat, der sich im Prolog als Autor nennt, jedoch versucht, die Grenzen zwischen Tristan- und Lancelotwelt durch die Bande der *geselleschaft* zu überbrücken, tritt der Kontrast zwischen den beiden Prosaromanen nur um so deutlicher hervor.

Dieser Versuch sei kurz geschildert.[52] Nachdem Tristan und Isolde, über ein Schachspiel auf freier See in Hitze geraten, ihren Durst versehentlich mit dem Liebestrank

---

50 Fuchs-Jolie [Anm. 5], S. 330. Vgl. auch Speckenbach [Anm. 48], S. 131.

51 Den Anfang des Prosaromans hat Renée Lee Curtis in drei Bänden herausgegeben: Le roman de ›Tristan en prose‹, Bd. 1–2, München 1963–1976, Bd. 3, Cambridge 1985 (Arthurian studies 14); die Fortsetzung ist in der neunbändigen Edition der Wiener Prosa-Tristan-Handschrift (Nationalbibl. Cod. 2542) erschienen: Le roman de ›Tristan en prose‹, publié sous la direction de Philippe Ménard, 9 Bde., Genf 1987–1997 (Textes littéraires français). Die drei Standardwerke zum ›Prosa-Tristan‹ sind der unentbehrliche Handlungsaufriss von Eilert Löseth, Le roman en prose de Tristan, le roman de Palamède et la compilation de Rusticien de Pise. Analyse critique d'après les manuscrits de Paris, Paris 1890 (Bibl. de l'Ecole des Hautes Etudes 82), und die beiden Werke von Emmanuèle Baumgartner, Le Tristan en prose. Essai d'interprétation d'un roman médiéval, Genf 1975 (Publications romanes et françaises 133), und dies., La harpe et l'épée. Tradition et renouvellement dans le ›Tristan en prose‹, Paris 1990.

52 Curtis [Anm. 51], Bd. 2, § 450–482.

gelöscht haben, treiben sie die Winde der Erzählung an die *Isles Lointaines* und somit geradewegs in Galahots Herrschaftsbereich. Dort treffen sie zur Verwunderung des Lancelotlesers nicht auf Galahot selbst, sondern auf dessen Eltern, die schöne Riesin und den starken Ritter Brunor. Die pflegen eine böse Sitte, die Galahots Urahn zu Zeiten von Joseph von Arimathia eingesetzt hatte: Jeder, der die Insel betritt, muss mit dem Inselherrn kämpfen. Verliert er, schmachtet er sein Leben lang im Gefängnis, gewinnt er aber, muss er seinen Gegner töten, dessen Frau köpfen und selber an die Stelle des Inselherrn treten. Tristan spielt das böse Spiel unbekümmert mit, ersticht im Zweikampf Galahots Vater und enthauptet die riesige Mutter, um sich dann glücklich und zufrieden mit Isolde auf der einsamen Insel den Liebesfreuden und dem süßen Vergessen hinzugeben.

Die beiden haben jedoch nicht mit Galahots Schwester Delicia gerechnet. Die hat den schmählichen Mord ihrer Eltern mitangesehen und verlangt nach Rache. So reitet sie mit den beiden Leichen im Gepäck zu Galahot und fordert ihn auf, die Ehre der Familie zu retten. Auf diese Weise kommt es zum Zweikampf zwischen Tristan und Galahot, der jedoch unentschieden bleibt. Daraufhin beschließt Galahot gegen den hartnäckigen Widerstand der Inselbewohner, der bösen *sitte* endlich ein Ende zu setzen. So bietet er Tristan, dessen vorbildliches Rittertum er erkannt hat, seine *geselleschaft* an. Dazu soll es jedoch nicht kommen: Tristan muss nach Cornwall zurückkehren, und bald danach erreicht ihn die Nachricht von Galahots Tod.

Dieses Scheitern der *geselleschaft* zwischen Tristan und Galahot scheint mir höchst aufschlussreich. An ihm lässt sich der Unterschied zwischen Lancelot- und Tristanzyklus veranschaulichen und somit auch ihr unterschiedliches Verhältnis zum Architext ‘Roman’. Neben der Verwandtschaft ist die *geselleschaft* die wichtigste Form der In-Beziehung-Setzung von Figuren, das zu den wesentlichen erzählerischen Verfahren des Prosaromans gehört.[53] Die Parallelisierung und Annäherung von Handlungssträngen zweier Figuren wird im Zyklus ganz gezielt eingesetzt, um Kohärenz zu stiften, Hierarchien aufzubauen und sowohl thematische als auch strukturelle Verlagerungen vorzunehmen. Die unterschiedlichen Konstellationen der Handlungsstränge, die dadurch entstehen, bestimmen das Schicksal des Zyklus wesentlich mit.

Warum also ist die *geselleschaft* zwischen Tristan und Galahot von vornherein zum Scheitern verurteilt? Das lässt sich, glaube ich, am besten am Kontrast zwischen Galahot und der Figur zeigen, die sich Tristan zum *gesellen* wählt: dem Artusritter Dinadan.[54] Auch der ist ein Neuling im arthurischen Figurenpersonal und ein Außenseiter, aber von ganz anderem Schlag. Während Galahot immer wieder dem schwermütigen *gedencken* verfällt, das er mit Lancelot teilt, ist Dinadan ähnlich wie Tristan durch nichts aus dem Gleichgewicht zu bringen. Immer ist er guter Laune, und für jede Situation hat er einen Spruch bereit. Schmerzliches Begehren und unerfüllte

---

[53] Vgl. dazu den Abschnitt »pairing of characters« in Kennedy [Anm. 45], S. 218–35.

[54] Zu Dinadan vgl. Eugène Vinaver, The ›Prose Tristan‹, in: Roger Sherman Loomis (Hg.), Arthurian Literature in the Middle Ages A Collaborative History, Oxford 1959, S. 339–347, bes. 344 und ders., À la recherche d’une poétique médiévale, Paris 1970, S. 163–177.

Liebe sind ihm vollkommen fremd. Und schon gar nicht lässt er sich von ritterlichen Pflichten, den Gesetzen der Aventiurewelt oder der Gralssuche beeindrucken. Meistens drückt er sich vor Ungemach, und sobald die *gesellesckaft* zu Tristan nur die geringste Anstrengung fordert, stellt er ihren Wert sofort in Frage.

Diese neue Unverbindlichkeit spiegelt sich auch in der Führung der Handlungsstränge und der variantenreichen Überlieferung wider: Das *entrelacement* ist im ›Prosa-Tristan‹ radikal aufgelockert, so dass Dinadan in langen Interpolationen mit König Marke ausreiten kann, ohne einen Gedanken an Tristan zu verschwenden. Das imaginative Potential des Zyklus wird im Laufe der Überlieferung voll ausgeschöpft, und fast jede Handschrift stellt eine eigene Fassung dar. Das enge Bezugsgeflecht, das sich im ›Prosa-Lancelot‹ zu einem komplexen Binnengedächtnis verdichtet, bricht hier in unbekümmerter Erzähllust auseinander. Episoden verselbständigen sich und nehmen ein Eigenleben an. So könnte man überspitzt formulieren: Die Poetik der *remembrance*, die den ›Prosa-Lancelot‹ charakterisiert,[55] entfesselt sich im ›Prosa-Tristan‹ zu einer Poetik der *jouissance*.[56]

Mit den Stichworten *remembrance* und *jouissance* kann auch das Verhältnis der beiden Prosatexte zum Architext der Gattung 'Roman' beschrieben werden. Die Auseinandersetzung mit den Ambivalenzen des Zyklus ist schließlich auch eine Auseinandersetzung mit der Tradition der Gattung, die auf Chrétien zurückgeht. Als »Verwilderung« hat Stierle diese Gattungsgeschichte beschrieben – »Verwilderung« als Bedingung der Möglichkeit des modernen Romans jedoch.[57] Das imaginative Potential, das in der *conjointure* des 'klassischen' Artusromans angelegt ist, führt zur *disjointure*[58] und wird in parallelen Handlungssträngen, zahllosen Vorgeschichten und einem fulminanten Endszenario ausgereizt. *Remembrance* bezeichnet das Erzählen im Gattungshorizont, *jouissance* seine Entfesselung.

Angesichts dieser Verwilderung des Romans verlagert sich die Sinnstiftung in beiden Romanen – zumindest ansatzweise – von der Erzählstruktur ins Subjekt.[59] Da-

---

55 Vgl. dazu von Merveldt [Anm. 28].

56 Den Begriff der *jouissance* übernehme ich von Roland Barthes, Le plaisir du texte, Paris 1973. Vinaver, À la recherche, [Anm. 54], S. 169, spricht von einer »philosophie du bonheur«.

57 Karlheinz Stierle, Die Verwilderung des Romans als Ursprung seiner Möglichkeit, in: Hans Ulrich Gumbrecht (Hg.), Literatur in der Gesellschaft des Spätmittelalters, Heidelberg 1980 (Begleitreihe zum GRLMA 1), S. 253–313. Auch Fuchs-Jolie [Anm. 5], bes. S. 338f. Siehe auch die Arbeiten von Gerhard Wild, Erzählen als Weltverneinung: Transformation von Erzählstrukturen im Ritterroman des 13. Jahrhunderts, Essen 1993 (Fora 1); u. ders., Die Geburt der neuen Texte aus dem Geiste von Artus' Tod. Das literarische Gespräch über die ›Mort Artu‹ in den *libros de caballerías*, in: Wolfzettel [Anm. 3], S. 215–234.

58 Zum Begriff der *disjointure* vgl. Douglas Kelly, *Disjointure* and the elaboration of prose romance: The example of the Seven Sages of Rome prose cycle, in: Glyn S. Burgess, Roberta A. Taylor (Hg.), The Spirit of the Court, Cambridge 1985, S. 208–16, und Richard Trachsler, *Disjointures – Conjointures*. Étude sur l'interférence des matières narratives dans la littérature française du Moyen Age, Tübingen, Basel 2000 (Romanica Helvetica 120).

59 Walter Haug, Über die Schwierigkeiten des Erzählens in 'nachklassischer' Zeit, in: Huber, Wachinger [Anm. 2], S. 338–365, bes. S. 360f.

durch wird der Typus, der in Funktion seiner Position in der Symbolstruktur agiert, zur Person, die oft quer zu den Erzählstrukturen steht und dadurch an Innerlichkeit und Komplexität gewinnt. Galahot ist das erste Opfer dieser Verwilderung, der er nicht mehr Herr wird. Dinadan dagegen stellt mit Nonchalance und Humor die Absurdität der entgrenzten Erzählwelt bloß, ohne jedoch wie Galahot an ihr zugrunde zu gehen. Sein Motto lautet: *Je suis un chevalier errant qui chascun jor voiz aventures querant et le sens du monde: mais point n'en puis trouver* [...][60] (Ich bin ein *aventiure*-Ritter, der täglich auf die Suche nach Abenteuern und nach dem Sinn der Welt auszieht – ohne ihn je zu finden). Damit spricht Dinadan dem Roman kein Todesurteil aus. Ganz im Gegenteil: Er weist dem Roman einen (metatextuellen) Weg, den Cervantes fast 400 Jahre später mit seinem ›Don Quixote‹ einschlagen wird.

Schluss

Schließen möchte ich diese Reflexionen zur Transtextualität des ›Prosa-Lancelot‹ auf inter- und metatextuelle Art mit einem Kommentar zu einem Zitat von Walter Haug aus seinem Aufsatz »Das Endspiel der arthurischen Tradition«. »Der ›Prosa Lancelot‹« schreibt er,

> steht an der Schwelle zu etwas Neuem, ohne sie überschreiten zu können. Was dieses Neue ist, läßt sich nur von jenseits der Schwelle her erkennen: Es ist die Wende von der *objektiven zur subjektiven Fiktion*, d. h. die Wende von der *fiktionalen Sinnkonstitution durch den Dichter zum fiktionalen Sinnentwurf des handelnden Subjekts*, der aber – selbstverständlich – doch wieder auf eine verdeckte Fiktion des Dichters auf höherer – oder tieferer Ebene angewiesen ist.[61]

Dass die beiden Prosazyklen um Lancelot und Tristan diese Schwelle zum 'Neuen' – zum 'modernen' Roman – noch nicht endgültig überschritten haben, wird man trotz aller Faszination nicht leugnen können. Doch ihr Verdienst ist es, diese Schwelle sichtbar gemacht zu haben: Nicht nur die Helden, auch ihre engsten *gesellen* konturieren diese Grenze zwischen Alt und Neu, Ordnung und Verwilderung, Sinn und Sinnlosigkeit. Und zwar auf radikal unterschiedliche Weise. Galahot verkörpert diese Gegensätze: Der höfische Riese verinnerlicht ihre Widersprüche im schwermütigen

---

[60] So die Fassung der Pariser Handschrift BN fr. 334 fol. 334 recto b., zit. nach Vinaver, À la recherche, [Anm. 54], S. 166. Die Fassung der Wiener Handschrift Cod. 2542 weicht leicht davon ab: *Je sui uns cevaliers errans, fait Dynadans, ki cascun jour vois querant sens, ne point n'em puis a mon oes* [Nutzen] *retenir* (Tristan en prose 6 [Anm. 51], S. 242). – Den Anfang des Prosaromans hat Renée Lee Curtis in drei Bänden herausgegeben: Le roman de ›Tristan en prose‹, Bd. 1–2, München 1963–1976, Bd. 3, Cambridge 1985 (Arthurian studies 14); die Fortsetzung ist in der neunbändigen Edition der Wiener Prosa-Tristan-Handschrift (Nationalbibl. Cod. 2542) erschienen: Le roman de ›Tristan en prose‹, publié sous la direction de Philippe Ménard, 9 Bde., Genf 1987–1997 (Textes littéraires français).

[61] Ders., Das Endspiel der arthurischen Tradition im ›Prosalancelot‹, in: Karlheinz Stierle, Rainer Warning (Hgg.), Das Ende. Figuren einer Denkform, München 1996 (Poetik und Hermeneutik 16), S. 251–266, hier S. 265. Hervorhebungen von mir.

gedencken oder dunklen Traumbildern so sehr, dass er an ihnen zugrunde gehen muss. Dinadan dagegen nähert sich den Grenzen mit spielerischer Distanz, was ihm den Blick auf die andere Seite gewährt. So nimmt die Schwelle zur 'Moderne' einmal im tragischen und einmal im ironischen Modus Profil an. Bleiben wir also zum Schluss auf der Schwelle stehen. Schließlich hat man von dort aus den besten Überblick.[62]

---

[62] Mit der Opposition 'Moderne' und 'Mittelalter' gerät man leicht in rhetorische Fallen. Das Faszinierende an den beiden Prosaromanen ist gerade ihre Ambivalenz und Vielstimmigkeit, die von uns zwar als 'modern' empfunden wird, aber vielmehr gerade als Signum (spät)mittelalterlichen Erzählens gelten kann.

Elizabeth A. Andersen

Das Heilige des Artus-, Minne- und Gralshelden im ›Prosa-Lancelot‹

In seinem Buch über Konrads von Würzburg kleine epischen Werke bemerkt Rüdiger Brandt beiläufig, dass »Zentralfiguren mittelalterlicher Literatur stets Helden, Heilige oder Liebende« sind.[1] Es ist ein Merkmal des ›Prosa-Lancelot‹,[2] dass in diesem Text alle drei Protagonistenarten vertreten und verarbeitet sind, vor allem durch die Figuren des Lancelot und des Galaad. In diesem umfassenden und umfangreichen Artusroman wird aus den verschiedenen Erzähltraditionen und -konventionen der *matière de Bretagne*, der chronikalischen Geschichte, der Hagiographie und der Heilsgeschichte geschöpft. Das führt zu einem mehrschichtigen und polyvalenten Werk, in dem der märchenhafte Zauber, der göttliche Eingriff und die geschichtliche Dokumentation verschmolzen sind. Die besondere Art dieser Verschmelzung lässt sich zunächst exemplarisch durch das Motiv der außerordentlichen Geburt und Kindheit des Helden veranschaulichen.

Außerordentliche Geburt und Kindheit des Helden

Merlin, Artus, Mordret, Lancelot und Galaad gehören zu den Figuren, die Gunhild und Uwe Pörksen in ihrer Studie über die Darstellung der Herkunft und Kindheit des Helden in mittelhochdeutschen und epischen Stoffen des Mittelalters berücksichtigen.[3] Sie kennzeichnen die folgenden (hier von mir verkürzten) Züge der Empfängnis, der Geburt und der Kindheit als typische Merkmale der frühen Laufbahn des Helden (S. 268–269):

1. Die Kinder sind hoher Abstammung.
2. Die Zeugung geht in ungewöhnlicher Weise vor sich. Mehrfach nimmt der Erzeuger eine andere Gestalt an.
3. Mehrfach wird vor oder bei der Geburt die Laufbahn des Helden geweissagt – durch Traum oder durch direkte Weissagung.
4. Das Kind verwaist früh. Der Vater stirbt vor oder nach der Geburt und spielt im Leben der Helden eine auffallend geringe Rolle.
5. Die Geburt findet öfter im Verborgenen statt, ist heimlich, die Mutter gelegentlich verstoßen.
6. Die Kinder sind früh Gefahren ausgesetzt. Sie sind von Nachstellung bedroht und werden durch List gerettet, oder sie werden ausgesetzt und entführt.

---

1 Rüdiger Brandt, Konrad von Würzburg: Kleinere epische Werke, Berlin 2000 (Klassiker-Lektüren), S. 86.

2 Der Text wird nach den Ausgaben von Steinhoff und Kluge zitiert.

3 Gunhild u. Uwe Pörksen, Die ‘Geburt’ des Helden in mittelhochdeutschen Epen und epischen Stoffen des Mittelalters, Euphorion 74 (1980), S. 257–286.

7. Sie werden auf wunderbare Weise gerettet, durch überirdische helfende Kräfte, durch die Hilfe der Elemente, durch die Treue der Pflegeeltern.
8. Fast alle Kinder wachsen in unangemessener Umgebung auf, sind ihrer eigentlichen Rechte beraubt, leben in erniedrigendem, unstandesgemäßem Milieu als Waisen oder Findelkinder.
9. Die Kinder offenbaren oft schon als Kinder die Eigenschaften, die sie im Mannesalter charakterisieren: Stärke und Klugheit, Heiligkeit und Bosheit.
10. Diese Wesenszüge treten meist überraschend hervor durch eine signifikante Handlung, die Erstaunen erregt und gleichzeitig die Art ihres Heldentums anzeigt oder es auch ausmacht. Das Alter, in dem sich ihre Außergewöhnlichkeit offenbart, liegt bei 12, 14 oder 15 Jahren.
11. Nach diesem entscheidenden Hervortreten erfahren die Kinder ihre Herkunft und manchmal auch erst ihren Namen.

Gunhild und Uwe Pörksen haben keine ‘mittelalterlichen Kindheiten’ gefunden, die aus diesem Muster herausfallen, seien sie zukünftige Helden, Liebende oder Heilige. Im ›Prosa-Lancelot‹ findet sich das Muster in höherem oder geringerem Maße in der Darstellung der Herkunft und Kindheit von Merlin, Artus, Mordret, Lancelot und Galaad. Es war das Hauptziel von Gunhild und Uwe Pörksen, auf die Parallelität der Kindheitsgeschichten in mittelhochdeutschen und epischen Stoffen[4] des Mittelalters hinzuweisen, obwohl es ihnen auch wichtig war zu betonen, »wie variabel der Typus ist und wie unterschiedlich sich die Stationen in dem einzelnen Werk ausprägen können.«[5] Diese Variabilität wohnt dem ›Prosa-Lancelot‹ inne.

Die Kindheit Christi war wohl im Mittelalter das vertrauteste Beispiel des Pörksenschen Musters. So wie sie in den Evangelien überliefert ist, erfüllt sie alle Stationen der Kindheitsgeschichte.[6] In der christlichen Welt des ›Prosa-Lancelot‹ stellt sie einen Bezugspunkt dar, worauf in den Berichten über die Herkunft Merlins und Galaads angespielt wird. Seit Geoffreys of Monmouth ›Historia Regum Britanniae‹ (ca. 1138) war der Zauberer und Prophet Merlin eng mit der Geschichte der Artuswelt und ihrer Tafelrunde verbunden. Der Bericht seiner Geburt in der ›Estoire de Merlin‹, dem der mhd. Text folgt,[7] stellt sie als eine Travestie der christlichen Inkarnation dar, als einen diabolischen Plan, die Erlösung der Menschheit zu durchkreuzen: Ein Teufel verkehrt mit einer keuschen Jungfrau, während sie schläft. Der Plan des Teufels schlägt aber wegen der Frommheit des Mädchens fehl und ihr Kind wird getauft. In Gottes Dienst erhält Merlin die Gabe der Prophetie: *und wust so vil von dem heiligen geist das er vor saget was geschehen solt* (Steinhoff I, 60,15–17).

---

[4] In Bezug auf die epischen Stoffe des Mittelalters stützen sich Gunhild und Uwe Pörksen (S. 271–274) auf die Arbeiten von Otto Rank, Karl Kerényi, Lord Raglan und Jan de Vries, die Beispiele aus dem Indischen, Persischen, Babylonischen, Ägyptischen, Germanischen, Finnischen, von den Südseeinseln und besonders aus der griechischen Heroen- und Göttermythologie bringen.

[5] Pörksen u. Pörksen [Anm. 3], S. 284.

[6] Pörksen u. Pörksen [Anm. 3], S. 272.

[7] Die jüngere Redaktion des dt. ›Prosa-Lancelot‹ (Hs. a) enthält die ursprüngliche Version, in der Merlin ungetauft bleibt und von böser Natur ist. Vgl. Kommentar zu Steinhoff I, 60,8–62,2.

In ›Lancelot und Ginover‹ wird kurz erwähnt, dass Artus unehelich gezeugt worden sei. Der *heilig man* (Steinhoff I, 654,13), der die beunruhigenden Träume von Artus deutet, wirft dem König seine uneheliche Herkunft vor: *nochdann weistu wol das du nit ein gerecht kauft kint bist und das du in uberhugung gewunnen wúrt* (Steinhoff I, 654,27–28). Dieser *wise man* (Steinhoff I, 654,11) bezieht sich auf das uneheliche Verhältnis des Vaters von Artus, Uther Pendragons, mit Ygerna, der Frau des Herzogs von Cornwall. Mit Merlins Hilfe nahm Uther Pendragon die Gestalt des Herzogs an, um mit Ygerna zu schlafen.[8] Außer an dieser einen Stelle wird die illegitime Geburt des Königs Artus nicht erwähnt, aber sie trägt trotzdem zum durchgängigen Thema der unehelichen Geburt im ›Prosa-Lancelot‹ bei.[9]

Als ehelicher Sohn des Königs Ban und der Königin Alene von *Bonewig* ist Lancelots Geburt makellos. Aber seine Entführung durch die Frau vom See angesichts der Bedrohung von Claudas, König vom *Wüsten Lant* und dem Usurpator von *Bonewig* und *Gaune*, seine Erziehung in einer durch Zauber verhüllten Welt, seine frühreife Natur sowie die spätere Entdeckung seines Namens stimmen mit dem Pörksenschen Muster überein.

Galaad wird mit Hilfe eines Zaubertranks gezeugt. Der Verfasser lässt keinen Zweifel daran, wie wir die Vereinigung Lancelots mit der Tochter des König Pelles zu verstehen haben. Er macht klar, dass Lancelot getäuscht wurde, während sie selbstlos den Gralsritter und den Erlöser ihres Landes zur Welt bringen wollte (Steinhoff III, 548,29–36). Galaads Zeugung darf mit der Geburt Christi verglichen werden, insofern als sie »nicht vom sexuellen Begehren initiiert« wurde.[10] Göttliches Eingreifen garantiert, dass trotz Lancelots sündhafter Vergangenheit Gutes aus dieser Verbindung hervorgeht (Steinhoff III, 550,4–14). Galaad wird weit weg von der höfischen Welt in einem Nonnenkloster erzogen. Mit fünfzehn Jahren wird er zu Pfingsten an den Artushof gebracht.

Erst gegen Ende von ›Lancelot und der Gral‹ erfahren wir, dass Mordret nicht Artus' Neffe ist, sondern das Ergebnis von Artus' inzestuösem Verhältnis mit seiner Schwester. Die Kunde über Mordrets Herkunft wird von einem heiligen Mann in einem Brief an Mordret aufs Knappste gefasst: *und wiß furware das konig Artus din vatter ist, der dich gemacht hat mit konig Loths wib von Dorcanie* (Steinhoff IV, 278,13–15). Ob Artus' Vereinigung mit seiner Schwester sowohl inzestuös als auch

---

8 Nach dem Tod des Herzogs heirate Uther Pendragon Ygerna, noch bevor Artus auf die Welt kam. Vgl. Kommentar zu Steinhoff I, 10,22.

9 Vgl. Elizabeth A. Andersen, Väter und Söhne im ›Prosa-Lancelot‹, in: Werner Schröder (Hg.), Schweinfurter ›Lancelot‹-Kolloquium 1984, Berlin 1986 (Wolfram-Studien 9), S. 213–227, hier S. 216–217. Die Geschichte von Artus' Zeugung wurde später in dem ›Merlin‹ nacherzählt (Sommer II, 58,18–74,13).

10 Elisabeth Schmid, Familiengeschichten und Heilsmythologie. Die Verwandtschaftsstrukturen in den französischen und deutschen Gralromanen des 12. und 13. Jahrhunderts, Tübingen 1986 (Beihefte zur ZfrPh 211), S. 230. Kommentar zu Steinhoff III, 548,20–550,27, weist auf das älteste Vorbild, die alttestamentliche Geschichte Jakobs mit Lea (Gn. 29, 20–26) sowie auf eine außerbiblische Tradition nach der Galaads Vorfahr David die Frucht eines 'Bettschwindels' sei. Auch hebt er eine Parallele mit Aigeus aus der Theseussage hervor.

ehebrecherisch war, wird nicht klar gemacht.[11] Das Motiv von Mordrets blutschänderischer Geburt stellt einen starken Kontrast zu der Zeugung Galaads dar. Dieser Kontrast wird weiter ausgearbeitet, denn in gewisser Hinsicht fungiert Mordret als Parallelfall und als Gegensatz zu Galaad. Beide üben einen unwiderruflichen Einfluss auf die Artuswelt aus – Galaad als der Vollender und Mordret als der Vernichter; Galaad zeigt seinem Vater Lancelot den Weg des Heils, Mordret führt Artus in seinen Tod.[12]

Die Verflechtung der geistlichen und der säkularen Welt

Die Figuren von Merlin, Artus, Mordret, Lancelot und Galaad vernetzen die verschiedenen Haupthandlungsfäden: die Welt des höfischen Romans mit dessen Assimilation des Mythischen und Märchenhaften, die (pseudo-)historische Welt und die geistliche Welt der Hagiographie und Heilsgeschichte. Die Verflechtung der geistlichen und der säkularen Welt wird durch die Schilderung des täglichen Lebens der höfischen Gesellschaft, innerhalb derer die Handlung des ›Prosa-Lancelot‹ sich entfaltet, hervorgehoben. Die religiöse Haltung der Ritter wird vor allem dadurch ausgedrückt, dass sie zur Messe gehen, bevor sie sich auf die Abenteuer des Tages einlassen.[13] Betont wird erzählt, wie sie bei den Heiligen oder auf Reliquien schwören.[14] Es gibt auch Vignetten von der Andacht einer Frau, wie zum Beispiel in der Schilderung der Königin Alene, die die Gewohnheit entwickelt, ihren Psalter am Ufer des Sees zu lesen, am Platz, an dem Lancelot verschwand (Steinhoff I, 50,23–27), oder in der Schilderung einer Einsiedlerin, die ihren Psalter in ihrer Zelle liest, die an die Kirche angrenzt (Steinhoff I, 550,13–15). Im Laufe des ›Prosa-Lancelot‹ tritt der weltliche Klerus hervor. So wendet sich Artus beispielsweise an seine Erzbischöfe und Bischöfe zwecks einer Deutung seiner beunruhigenden Träume über die Wohlfahrt seines Königreichs (Steinhoff I, 604,26–606,4). Im ›Tod des König Artus‹ greift kein Geringerer als Papst Leo in die Entfremdung von Artus und Ginover ein (Kluge III, 607,4–608,6).

---

[11] Vgl. Kommentar zu Steinhoff IV, 274,25–276,14: »Die näheren Umstände des Inzests formuliert die (später entstandene) ›Estoire de Merlin‹ aus: Bei der Versammlung, die einen Nachfolger für König Uterpendragon wählen sollte, verliebt sich Artus, damals noch ein einfacher Knappe, in Lots Frau, ohne zu wissen, daß sie seine Schwester ist; er legt sich zu ihr, während sie selbst glaubt, das Bett mit ihrem Mann zu teilen (Sommer II 128,31–129,33).«

[12] Andersen [Anm. 9], S. 220. Vgl. Judith Klinger, Der mißratene Ritter. Konzeptionen von Identität im ›Prosa-Lancelot‹, München 2001, S. 373.

[13] Repräsentative Beispiele aus ›Lancelot und Ginover‹: Steinhoff I, 438,26–29; Steinhoff I, 874,4–5; Steinhoff I, 882,28–30; Steinhoff I, 1086,20–22; Steinhoff I, 1112,9–13; Steinhoff I, 1182,16–17.

[14] Repräsentative Beispiele aus ›Lancelot und Ginover‹: Steinhoff I, 222,16–17; 247,35; 248,1; 274,17–21; 288,8–9; 288,30; 290,23–24; 296,35; 304,12; 966,11–13; 1076,17–18; 1198,14–15; 1272,8.

Die Landschaft ist dicht mit Eremiten besiedelt – einige wohnen allein, andere aber in Gemeinden.[15] Die übliche Unterscheidung zwischen den *geistlichen lúten* und dem Laienstand wird durch diese Figuren unscharf. Eine bedeutende Anzahl von Einsiedlern im Lancelotroman[16] sind *conversi*, am Auffälligsten ehemalige Ritter, die aus unterschiedlichen Gründen das religiöse Leben gewählt haben:[17] »Konverse sind Mönche, die nicht schon als Kind dem Kloster übergeben wurden (*oblati*, *nutriti*), sondern als Erwachsene eingetreten sind. Meist blieben sie Laien, konnten aber auch zu Priestertum und Klosterämtern aufsteigen« (Kommentar zu Steinhoff I, 46,22). Die Einsiedler im ›Prosa-Lancelot‹ nehmen also einen Platz zwischen der geistlichen und der säkularen Welt ein. Diese Zwischenstellung wird dadurch verstärkt, dass die fahrenden Ritter aus der Tafelrunde öfters in Einsiedeleien[18] oder Klöstern übernachten,[19] die von adligen Ritterfamilien gestiftet wurden.[20]

Der Rückzug hochrangiger Frauen ins klösterliche Leben, um den Schwierigkeiten des weltlichen Lebens zu entfliehen, umrahmt die Trilogie des ›Prosa-Lancelot‹. Ganz am Anfang des ›Lancelot und Ginover‹-Teils treten Lancelots Mutter, die Königin Alene, und seine mütterliche Tante, die Königin Evaine, in das *Königlich Münster* ein, ein Kloster, das von der väterlichen Familie Lancelots gestiftet wurde (Steinhoff I, 48,30–34). In ähnlicher Weise flieht Ginover vor Mordret, indem sie sich in *ein frauwencloster, das ir anherre hett gestifft* (Kluge III, 709,7) zurückzieht.[21] Am Ende des Romans zieht sich Lancelot in eine Einsiedelei zurück, sowie Bohort zusammen mit dem *erczbischoff von Conterbille* und *Beobleris Lanczlocz neffe* (Kluge III, 779,1–780,14). Vier Jahre lang bereitet er sich mit geistlichen Übungen auf seinen Tod vor. In einer Traumvision sieht der Erzbischof Lancelots Seele von Engeln zum Himmel emporgetragen, und »so beendet Lancelot seinen geistlichen Weg wie der Heilige der Legende, der ein Sünder war.«[22]

---

15 Zu der Funktion der Einsiedler als geistliche Instanz vgl. Monika Unzeitig-Herzog, Jungfrauen und Einsiedler. Studien zur Organisation der Aventiurewelt im ›Prosa-Lancelot‹, Heidelberg 1990, S. 100–115; 144–149 und Hans Fromm, Lancelot und die Einsiedler, in: Klaus Grubmüller, Ruth Schmidt-Wiegand, Klaus Speckenbach (Hgg.), Geistliche Denkformen des Mittelalters, München 1984, S. 198–209.

16 ›Lancelotroman‹ bezieht sich auf Steinhoffs ›Lancelot und Ginover‹ und ›Lancelot und der Gral‹.

17 Z. B. Steinhoff I, 142,13–16; 460,8–13; 488,28–32; 1281,9–16; Steinhoff II, 224,5–7; 354,30–32.

18 Z. B. Steinhoff I, 414,10–12; 458,28–32; 562,29–30; 1080,22–29; 1194,27–33; Steinhoff II, 504,32–506,7; 648,21–25.

19 Z. B. Steinhoff I, 524,20–26; 538,1–4; 1088,20–27; Steinhoff II, 718,12–15; 24,3–7; 656,10–14.

20 Z. B. Steinhoff I, 48,30–34; 938,31–940,3; Steinhoff II, 354,36–356,1; 534,18–22.

21 Vgl. auch die Jungfrau, die sich in ein Kloster zurückzieht, da sie sich nicht dazu bringen kann, der Frau vom See zu erzählen, dass Lancelot gefangen sei (Steinhoff I, 636,29–33); der Welt entsagen und Nonne zu werden wird der Frau, die von Segurates bedrängt wird, als eine Möglichkeit vorgeschlagen, ihn loszuwerden (Steinhoff I, 860,13–15); die Frau, die in ein Kloster eintritt, um Guerehes, Gawans Bruder, zu entkommen (Steinhoff III, 318,8–16).

22 Fromm [Anm. 15], S. 162.

Lancelot als Heiliger

Lancelot wird auf den Namen Galaad getauft, wie der Leser ganz am Anfang des ›Prosa-Lancelot‹ (Steinhoff I, 10,10–11) und Lancelot selbst später erfährt (Steinhoff II, 360,31–362,1). Ihm wäre es beschieden, hätte er sich nicht in Artus' Königin verliebt, der Gralsritter zu werden. In seinen letzten Jahren in der Einsiedelei gewinnt er also in gewissem Sinne etwas von der ihm bestimmten geistlichen Rolle zurück. In der höfischen Literatur des 12. und 13. Jh.s haben 'der Held, der Liebende und der Heilige' einige kennzeichnende Merkmale gemeinsam: Sie sind alle vorbildhaft und hingebungsvoll, sei es durch das Wahren ritterlicher Tugend oder das Wahren der absoluten Natur ihrer Liebe oder durch die Verkörperung und Verteidigung des christlichen Glaubens. Im Lancelotroman inspiriert Lancelots Liebe zu Ginover ihn dazu, die Rollen des Helden und des Liebenden glänzend zu erfüllen. Aber es haftet an ihm auch etwas von dem Heiligen.

Schon in Chrétiens de Troyes ›Le chevalier de la charrette‹ gehören Aspekte des Heiligen zur Schilderung Lancelots, auch wenn sie im übertragenen Sinne Verwendung finden. Die Art seiner Liebe zur Königin wird zum Teil durch seine Darstellung als 'Minneheiliger' ausgedrückt. Chrétien übersteigerte das traditionelle Bild der hohen Minneherrin zu geradezu religiöser Verehrung: Als Lancelot vor das Bett tritt, in dem Ginover liegt, kniet er und betet sie an, und beim Verlassen des Zimmers macht er einen Kniefall, als ob er vor einem Heiligtum stünde.[23] Trotz der weitgehenden »Entsakralisierung« durch »die kritische Distanz des Prosaautors zur höfischen Liebe« bewahrt Lancelot im Prosaroman seine Identität als 'Minneheiliger' durch seine totale Selbstentäußerung, die ihn »zu Verzicht auf Besitz, Ehe und Herrschaft treibt.«[24] Die Kamm-Episode in der Erzählung des ›Karrenritters‹ wird direkt, wenn auch mit Variationen, von Chrétien übernommen: Es wird erzählt, wie Ginover, genauso wie Lancelot später, einen Zoll entrichten musste. Sie bezahlt die Gebühr mit ihrem goldbemalten Kamm aus Elfenbein *vol ires hares* (Steinhoff II, 350,18–19). Lancelot gewinnt den Kamm für sich als Liebespfand, aber in dem Zusammenhang der Vergötterung seiner Minneherrin werden die Haare zu einer 'Minnereliquie': *Er nam die hare allesampt uß und stieß sie in synen busen nehste syner hut und gab der jungfrauwen den kamp* (Steinhoff II, 352,7–9).[25] Dieser »Minnereliquienkult« (Knapp, S. 26) wird explizit in der Wiederkehr des Haarmotivs ausgedrückt. Diesmal aber sind es Lancelots Haare, die ihm als Folge einer Vergiftung ausgefallen sind. Als Lyonel der Königin eine Büchse mit den ausgefallenen Haaren übergibt, heißt es: *Da sie das*

---

[23] Roques, 4651–53; 4716–18. Vgl. Clive S. Lewis, The Allegory of Love. A Study in Medieval Tradition, Oxford 1973 (erster Druck 1936), hier S. 29.

[24] Fritz Peter Knapp, *Chevalier errant* und *fin'amor*. Das Ritterideal des 13. Jahrhunderts in Nordfrankreich und im deutschsprachigen Südosten. Studien zum ›Lancelot en prose‹, zum ›Moriz von Craun‹, zur ›Krone‹ Heinrichs von dem Türlin, zu Werken des Strickers und zum ›Frauendienst‹ Ulrichs von Lichtenstein, Passau 1986, S. 22.

[25] Vgl. Steinhoff I, 1184,26–30, wo die Königin Lyonel *einen herlichen kamp, des zene irs hares vol steckten* als Liebespfand für Lancelot übergibt.

búchßlin off thete und das har gesah, da fing sie es an zu kúßen und ir augen damit zu bestrichen glicher wise als ob es heiltum were gewest (Steinhoff III, 456,17–20).[26]

Im Lancelotroman steht als Gegengewicht zu dem Liebesverhältnis Lancelots mit Ginover das Verhältnis zwischen Galahot und Lancelot. In der Schilderung der besonderen Art dieser Freundschaft kehrt das Motiv des Minnereliquienkults wieder, diesmal durch den Schild Lancelots ausgedrückt: Als Galahot zu dem umbenannten Heiteren Ascalon kommt, sieht er, wie die Burgleute einen Schild[27] ehrfürchtig behandeln: *Alda was ein groß dancz under der porten von frauwen und von rittern und von jungfrauwen. Mitten im tancz stund ein baum, und hing ein schilt daran, dem alle die neygten die an dem tancz gingen als sie gein dem schilt qwamen* (Steinhoff II, 292,1–5). Als er sich nach dem Schild erkundigt, beschreiben die Burgbewohner Lancelot als einen Erlöser (Steinhoff II, 292,11–17). Sie erzählen Galahot, dass Lancelot tot sei. Lancelots Schild fungiert als ein Gegenstand des Erinnerns für sie: »*und sin schilt wart uns erst necht herre bracht uns zu trösten; darumb sin wir des schildes also fro als ir wol sehen mögent*« (Steinhoff II, 292,19–21).[28] Galahot ergreift den Schild seines lieben Freundes für sich. Während er sich gegen die Burgleute verteidigt, wird ihm ein tödlicher Schlag versetzt. Er zieht sich auf sein Sterbebett zurück und vergegenwärtigt sich seinen Freund, indem er den Schild vor sich aufhängt (Steinhoff II, 309,34–35).

Sowie von den Burgbewohnern des Heiteren Ascalon wird Lancelots Schild von den Rittern der Tafelrunde als ritterliche Reliquie behandelt; er versinnbildlicht vorbildliches Artusrittertum: Als beispielsweise Morgane Lancelot vorübergehend aus ihrem Gefängnis entlässt, nimmt Lancelot an einem Turnier teil. Er beherrscht das Turnier, indem er incognito ständig die Seite wechselt und damit den jeweiligen Erfolg bestimmt. Dies gelingt ihm gut, bis Gawan und Iwein auch an dem Turnier teilnehmen, aber auf der gegnerischen Seite. Bedrückt wirft Lancelot seinen Schild zu Boden und geht weg. Iwein hebt ihn mit Ehrfurcht auf: *und sprach das nymer so gůtes rutters schilt off der erden bliebe liegende* (Steinhoff II, 304,11–12). Diese Szene wird in ›Lancelot und der Gral‹ wiederholt: Als Lancelot erfährt, dass die Gegner, die er vom Pferd gestochen hat, Gawan, Iwein, Segremor und Hector sind, ist er tiefst betrübt und wirft seinen Schild zu Boden. Nachdem er weggeritten ist, hebt Gawan den Schild auf und spricht ihn an: *»Herr schilt, ir hant gehangen an des bÿderbsten mannes hals den ich ye gesehen han. Darumb sol man uch off der erden*

26 Ähnlicherweise wird Lancelots Ring zum Reliquiengegenstand: *Da sie yn lang besach, gedacht sie an den ghenen der ir yn geben hatt, durch des willen sie solch pyn lyden must, und wust das es ein dingk was das er sere lieb gehabt hett. Die kust es, glich als ob es heyltum were* (Steinhoff III, 424, 29–33). Vgl. Klinger [Anm. 12], S. 222–223.

27 Zu Lancelots Schilden als Bedeutungsträger im ›Prosa-Lancelot‹ Zyklus vgl. Elspeth Kennedy, Lancelot and the Grail. A Study of the ›Prose Lancelot‹, Oxford 1986, S. 59–61; 111–143 und Nikola von Merveldt, Translatio und Memoria. Zur Poetik der Memoria des ›Prosa Lancelot‹, Bern u. a. 2004 (Mikrokosmos 72), S. 95–100.

28 Kurz danach berichtet der Burgherr, dass sie inzwischen gehört haben, dass Lancelot doch am Leben sei (Steinhoff II, 296,15–18). Als Galahot auf seinem Sterbebett liegt, scheint er aber von dem Tod Lancelots überzeugt zu sein (Steinhoff II, 308,27–29).

nit ligen laßen, man sol uch alle ere thun« (Steinhoff IV, 382,10–13). Zum folgenden großen Pfingstfest lässt Gawan Lancelots Schild *mitten in den sal* hängen, damit alle *die darinn weren exempel daran nemen sollent* (Steinhoff IV, 386,19–22).[29] Diese Verehrung wird in einer ähnlichen Szene ganz am Ende des ›Prosa-Lancelot‹ gesteigert in Erinnerung gerufen: Nach seiner Ablösung als Heilsbringer durch Galaad in der ›Gral-Queste‹ beherrscht Lancelot im ›Tod des König Artus‹ wieder die Szene. Als er schließlich das Königreich Logres verlassen muss, steht er wieder im Geruch der Heiligkeit. Er schenkt seinen Schild dem *Sant Steffan Mönster* [...] *damit sie gedencken der wunder die ich in dißem lande han begangen* (Kluge III, 620,12–14). Der Domklerus ist hocherfreut und Lancelot wird explizit mit einem Heiligen verglichen: *Da daten sie yn zu stunt hencken in die mitte des mónsters an eyn ketten von silber als rychlich, recht als es gewest were eyn helig man und das es were zu großer hochgezytt* (Kluge III, 621,11–13). Nach dem Verschwinden des Grals und Galaads in der ›Gral-Queste‹ »ersetzt der lebendige Kult um Lancelots Schild den tödlichen Kult um den Gral« (von Merveldt, S. 100).

In diesem Zusammenhang soll darauf aufmerksam gemacht werden, dass der Schild Galaads mit dem Wunderzeichen des blutigen Kreuzes eindeutig eine Reliquie ist. Ganz am Anfang seiner ritterlichen Laufbahn, nachdem er den Artushof verlassen hat und zu einem weißen Kloster gekommen ist, erhält Galaad den Schild, weiß mit rotem Kreuz, der seit der Frühzeit der Christianisierung Britanniens für ihn allein bestimmt ist. Galaad erfährt die Geschichte (Kluge III, 42,7–43,7) des Schildes, der dem König Morderas gehörte, vor seiner Taufe Evallet genannt, der durch Josephus zum christlichen Glauben bekehrt wurde. Es wird erzählt, wie Josephus auf seinem Sterbebett ein Kreuz mit seinem eigenem Blut, aus der Nase rinnend, als ewiges Andenken auf den Schild malte. Dieses Kreuz *sol alwegen sin also frisch und also nůw und also rot als lang der schilt weren sol* (Kluge III, 43,20–21).[30]

Das Motiv des charismatischen Blutes

Das Motiv der wunderbaren Kräfte des Bluts, vor allem seine therapeutische Kraft, durchzieht den ›Prosa- Lancelot‹. Parallelismus, Kontrast und Analogie in der variierenden Wiederholung ähnlicher Abenteuer kennzeichnet die Art der Erzählstruktur des ›Prosa-Lancelot‹. Dieser Erzählstrategie entsprechend kommt das Motiv der wunderbaren Heilkraft des Bluts mehrmals im Text vor, am Bemerkenswertesten bei drei Gelegenheiten, je einmal in ›Lancelot und Ginover‹, ›Lancelot und der Gral‹ und in der ›Gral-Queste‹, aber bemerkenswerterweise nicht im ›Tod des König Artus‹.

---

[29] Klinger interpretiert die Erhebung des Schildes zur ritterlichen Reliquie als eine Ausbeutung religiöser Bezugssysteme, um Artus als Garanten der arthurischen Ordnung, als Stifter und Zentrum höfischen Rittertums durch Lancelot zu ersetzen (vgl. Klinger [Anm. 12], S. 164–165).

[30] Klinger deutet das blutige Kreuz auf Josephus' Schild als ein Mittel, eine spirituelle Filiation zwischen Galaad und Josephus, der keine direkten Nachfahren hat, herzustellen (vgl. Klinger [Anm. 12], S. 342 und 345).

Bäder oder Waschungen in Menschenblut gehören von Plinius dem Älteren bis zu Paracelsus zur medizinischen Therapie. Trotz der medizinischen Belegquellen »wurzelt diese Anweisung im Magischen, ist Teil einer weitverbreiteten Blutmagie«.[31] Im Mittelalter tritt das Magische zugunsten einer christlichen Deutung zurück. Das Motiv kommt wesentlich in der hagiographischen Literatur vor und ist primär mit dem Heilen der Aussätzigen verbunden, wo der Aussatz als Gottesstrafe gedeutet wird.[32] In diesem Kontext stellt Kurt Ruh zwei paradigmatische Erzählmodelle heraus.[33] Die erste Gruppe umfasst die Bekehrungsgeschichte des Kaisers Konstantin in der Silvesterlegende und die Geschichte der treuen Freundschaft im Amicus- und Ameliusstoff; in diesen zwei Modellen sind Kinder die unschuldigen Opfer. In der zweiten Gruppe ist es das Blut einer opferbereiten Jungfrau, das die Heilung bewirkt. Als repräsentativ für diese Gruppe zitiert Ruh das Beispiel der opferbereiten Schwester Percevals in der ›Queste del Saint Graal‹.[34]

Durch das Motiv des heilenden Bluts im ›Prosa-Lancelot‹ umfasst der Text sowohl das heidnisch Magische als auch das Hagiographische. Das erzählerische Prinzip der variierenden Wiederholung im intratextuellen Wechselspiel in diesen 'Blutepisoden' dient dazu, die radikale Umwertung der höfischen Welt in der ›Gral-Queste‹ zu veranschaulichen und zu unterstreichen.

Der erste Vorfall (Steinhoff I, 940,16–966,28) kommt in der Suche Gawans nach Lancelot vor: Gawan trifft eine hübsche junge Frau, die ein Schwert trägt, das für den *besten ritter* gedacht ist. Gawan gesellt sich zu ihr, um die Identität des 'besten Ritters' herauszufinden. Sie führt ihn in eine Burg, wo er feindselig empfangen wird. Er muss gegen eine Reihe von Rittern kämpfen. Schließlich bahnt er sich gewaltsam einen Weg in das schönste Zimmer der Burg. Hier liegt ein sehr kranker Ritter. Es wird erzählt, dass es im Zimmer angenehm duftet.

In einem hagiographischen Kontext wird es als ein sicheres Indiz posthumer Heiligkeit verstanden, wenn ein Wohlgeruch aus dem Körper eines Heiligen strömt. Dies kommt in der ›Gral-Queste‹ vor, wenn Lancelot an Bord des Schiffes geht, das den Leichnam der Schwester Parzivals nach Sarras trägt. Er riecht den wohltuenden Duft ihrer Heiligkeit und fühlt sich glücklich: *Da ducht yne das er rúche allen den guten geruch der in der welt were. Da wardt er hůndert werb froer dann er vor was. Da*

[31] Christoph Cormeau und Wilhelm Störmer, Hartmann von Aue. Epoche – Werk – Wirkung, München 1985 (Beck'sche Elementarbücher), S. 146. In seinem ›Daniel‹ schildert der Stricker, wie der Usurpator der *Grüenen Ouwe* seine Krankheit mit einem wöchentlichen Bad in Menschenblut hindert: Daniel von dem blühenden Tal. Ein Artusroman, hrsg. v. Gustav Rosenhagen, Breslau 1894 (Neudruck: Hildesheim/New York 1976), V. 4413–25.

[32] Danielle Buschinger, Sang verse, sang guérriseur, sang aliment, sang du Christ dans la littérature médiévale allemande, in: Marcel Faure (Hg.), Le Sang au Moyen Âge, Montpellier 1999 (Cahiers du C.R.I.S.M.A. 4), S. 257–266, hier S. 258.

[33] Kurt Ruh, Hartmanns ›Armer Heinrich‹. Erzählmodell und theologische Implikation, in: Ursula Hennig, Herbert Kolb (Hgg.), Mediaevalia litteraria (FS Helmut de Boor), München 1971, S. 315–329.

[34] Obwohl diese Episode »singulär überliefert« ist, ist sie »als Erzählmodell bestimmt keine Erfindung des ›Queste‹-Autors« (Ruh [Anm. 33], S. 316).

ducht yne das er alles das hett das er ye begeret (Kluge III, 338,7–9). Dieser Duft der Heiligkeit wird auch mit dem Gral verbunden. In ›Lancelot und der Gral‹ besuchen Gawan, Lancelot und Bohort die Gralsburg. Bei dem jeweiligen Besuch wird das Gleiche von dem Erscheinen des Grals erzählt. Zuerst fliegt eine weiße Taube hinein, die ein kostbares Weihrauchfässchen aus Gold im Schnabel trägt, und sobald sie in den Saal kommt, wird er von dem schönsten Wohlgeruch erfüllt, den es auf Erden geben kann (Steinhoff III, 160,10–15; 542,13–16; Steinhoff IV, 13–16).

Im Fall des kranken Ritters in ›Lancelot und Ginover‹ aber kommt der Wohlgeruch von grünen Zweigen, die im Zimmer ausgestreut sind, um den Gestank der Wunden des Ritters zu maskieren, wie Gawan entdeckt, als er die Bettdecke aufhebt. Gawan erfährt, dass alle Ritter, die die Burg besuchen, den Einwohnern der Burg einen Zoll entrichten müssen, und zwar einen Helm ihres Blutes. Gawan weigert sich, der Bedingung nachzukommen, und es wird weiter gekämpft, bis seine Begleiterin ihm erklärt, wie es mit dem kranken Ritter steht. Er braucht das Blut des besten und zweitbesten Ritters für das Heilen seiner Wunden an Arm und Bein. Die junge Frau macht Gawan klar, was er zu gewinnen hat, wenn er einwilligt: *»Und kúndet yrn genern, das wer uch ymer me ein prise und ere, und detent auch groß almusen; es were uwer ere, wann ir der beste werent, on eynen. Ir hettent es auch almusen das ir im hulffent, auch were recht das er uch ümmer mere diende als sim herren der im den lip hett behalten«* (Steinhoff I, 954,10–15). Die zweifache Appell an sein Ehrgefühl und sein ritterliches Pflichtbewusstsein ist erfolgreich. Bereitwillig sticht sich Gawan in den Schenkel. Als sein Blut die Beinwunde des Ritters heilt, wird er als zweitbester Ritter bejubelt.

Es ergibt sich, dass der kranke Ritter kein anderer als der Bruder Gawans ist. Agravant erzählt Gawan, wie er die Wunden erlitt. In seinem offenen Bericht treten Züge des Magischen und Märchenhaften hervor. Während er im Schatten eines Bergahorns schlief, kamen zwei Frauen mit zwei Salbenbüchsen auf ihn zu. Sie schoben ein Zauberkissen unter seinen Kopf,[35] damit er nicht aufwache und schmierten ihm eine giftige Salbe auf seinen Arm und sein Bein.[36] Die erste Frau rächte sich an Agravant für die Verletzung, die er ihrem Ritter zugefügt hatte, in der Absicht, sie wegen ihrer Schönheit zu schänden. Sie hatte sich gewehrt, aber Agravant war gerade dabei, sie zu vergewaltigen, als er bemerkte, dass ihr Schenkel schorfig war. Das war ihm widerwärtig und er sagte ihr, er schliefe lieber mit einer Aussätzigen. Die verletzte Frau hatte ihm Rache geschworen.

Also ist Agravant kein ehrenwerter Empfänger des therapeutischen Bluts des besten und zweitbesten Ritters. Gawan tadelt Agravant wegen seines Benehmens: *»groß kundikeyt und unfuge bringent dick dem ubel der ein byderber man syn wil, und kömet*

[35] Dies erinnert an das einschläfernde Kissen in Eilharts von Oberge ›Tristrant‹, »das Brengien Kaerdin unter den Kopf legt, um sich seiner Liebe zu erwehren: Thomas ›Tristan‹, S. 183 (d. i. ›Tristrams saga‹, Cap. LXXXVII)«, (Kommentar zu Steinhoff I, 960,9).

[36] Die beiden Frauen sind ein negatives Pendant zu dem Fräulein, das den schlafenden Yvain vom Wahnsinn heilt, indem sie ihn von Kopf bis Fuß mit einer Büchse heilender Salbe bestreicht: Chrétien, ›Yvain‹, V. 2981–3011 (Kommentar zu Steinhoff I, 958,33–960,22).

alles leit und ungemach da von« (Steinhoff I, 966,24–26), und der Erzähler fügt hinzu: *Also was Egrevaim, sit er sich icht vermocht, ie und ie hohvertig und unbarmherczig* (Steinhoff I, 966,27–28). Die Heilung von Agravants Arm wird später durch List erreicht, als Gawan Lancelot überredet, sich mit ihm, Hector und Galahot einem Aderlass zu unterziehen.[37] Heimlich sammelt Gawan Lancelots Blut und schickt es Agravant (Steinhoff I, 1222,13–16).

Diese Episode stellt eine interessante Variante des Motivs des heilenden Blutes dar. Einerseits wird die Vorzüglichkeit der Ritterschaft Lancelots und Gawans bestätigt und durch die wundertätige Kraft ihres Blutes überträgt sich das Charisma des Heiligen auf sie.[38] Andererseits wird ein Ritter durch sie geheilt, dessen sexuelles Verhalten unmoralisch ist und der keine Spur von Reue zeigt. Der didaktische Zweck des Motivs, der in der hagiographischen Literatur so klar ist, fehlt in einer Welt, in der moralische Werte relativiert sind.

Das zweite Vorkommnis des Motivs des heilenden Blutes geschieht in ›Lancelot und der Gral‹. Diese Episode trägt entschieden hagiographische Züge (Steinhoff IV, 128,21–IV, 152, 32):[39] In einem Traum wird Lancelot von seinem Großvater gebeten, in den *Sörglichen Wald* zu gehen, wo ein Abenteuer, das er allein zu Ende bringen könne, auf ihn warte. Das ist eines der Abenteuer in ›Lancelot und der Gral‹, die die radikale Infragestellung der ritterlichen Werte in der ›Gral-Queste‹ vorausnehmen und die uns auf die Absetzung von Lancelot als bester Ritter aufmerksam macht. Ein Einsiedler erzählt Lancelot, wie er von einem reinen, jungfräulichen Ritter, seinem Sohn Galaad, abgelöst wird (Steinhoff IV, 136,30–35).

In seinem Traum erfährt Lancelot, dass sein Taufname Galaad ist. Er wird aber nach seinem Großvater Lancelot genannt, der König von der *Wissen Erden* war und aus dem Geschlecht Josephs von Arimathia stammte (Steinhoff IV, 128, 30–34). Lancelots Aufgabe ist es, den Kopf seines Großvaters, der tief in einem siedenden Brunnen liegt, mit dem Körper zu vereinen. Lancelot erfährt weiter, dass seit dem Tag, an dem sein Großvater ermordet worden war, heilige, wunderwirkende Blutstropfen aus seinem Sarkophag herausfließen, *die von so großer heilikeit waren, wann sich ein ritter*

---

[37] Phlebotomie, der Aderlass, wurde von der Antike bis zum 18. Jh. in westlicher Medizin ausgeübt. Im Mittelalter galt er als ein Allheilmittel. Vgl. Nancy C. Siraisi, Medieval and Early Renaissance Medicine. An Introduction to Knowledge and Practice, Chicago, London 1990, S. 139–140. Aus gesundheitlichen Gründen wurde der regelmäßige Aderlass empfohlen, um das Gleichgewicht der Körpersäfte zu regeln. In Erzählliteratur wird der gemeinsame Aderlass als Anlass zum geselligen und ritualisierten Beisammensein gehalten. Vgl. Peggy McCracken, The Curse of Eve, the Wound of the Hero. Blood, Gender, and Medieval Literature, Philadelphia 2003, S. 116.

[38] Ralf Simon, Einführung in die strukturalistische Poetik des mittelalterlichen Romans. Analyse zu deutschen Romanen der *matière de Bretagne*, Würzburg 1990, spricht von einer »weltliche[n] Heilskompetenz des Ritters«, S. 29.

[39] Vgl. Kommentar zu Steinhoff IV, 724–725: »Äußeres Symptom für das wachsende Gewicht der Gralsthematik ist das Hineinwirken des Grals und der Gralsdynastie in die Artuswelt [...]. Sie [Minneaventiuren der Artusritter] stehen im Kontrast zu einer Folge legendenhafter Episoden aus der Vorgeschichte der Gralswelt.«

damit bestrich wie sere er verwunt was, so genase er anstunt (Steinhoff IV, 148,32–34). In dieser Episode wird die Blutlinie von Lancelots Abstammung auf der väterlichen Seite betont.[40] Mit der Erklärung, Lancelot stamme von Joseph von Arimathia ab, gewinnt man eine Perspektive auf die Genealogie dieser Blutlinie, die in Galaad gipfelt. Lancelot und sein Großvater sind nicht nur Blutsverwandte, sondern es besteht durch die wundertätige Heilkraft ihres Blutes eine besondere Bindung zwischen ihnen. Wo aber in dem Fall Agravants Lancelots Blut in Verbindung mit einem moralisch verkommenen Ritter gebracht wird, liegt im Fall des Großvaters die Akzentsetzung auf der Reinheit und Frömmigkeit seines Lebens. Ein Einsiedler erzählt Lancelot, dass sein Namensvetter von einem eifersüchtigen Verwandten, dem Herzog von Bellegart, getötet wurde, der fälschlicherweise den Großvater des Ehebruchs mit seiner Frau verdächtigte. Die Frau starb aus großer Trauer, als sie von Lancelots Tod erfuhr. Eine tiefe Finsternis senkte sich über die Burg des eifersüchtigen Herzogs[41] und die Strafe Gottes suchte ihn mit dem Tod heim, als ein schweres Stück Mauer aus dem Burgtor auf ihn herabstürzte. Alle, die ihn begleitet und ihm geholfen hatten, fanden ihr Ende mit ihm.

Die uneingeschränkte, treue Natur von Lancelots Liebe zu Ginover hebt sich positiv von dem opportunistischen, unmoralischen Benehmen Agravants ab. Dagegen steht der ehebrecherische Aspekt von Lancelots Beziehung zu der Königin in scharfem Kontrast zum asketischen, völlig geistlichen und von Gott befürworteten Verhältnis des Großvaters mit seiner Dame. Lancelot bringt den ihm bestimmten Teil des Abenteuers zu Ende, indem er die sterblichen Überreste seines Großvaters ins Grab von dessen rechtmäßiger Ehefrau, der Königin Marche, trägt, so wie sie es angeordnet hatte (Steinhoff IV, 140,14–16).

In der ›Gral-Queste‹ erscheint das Motiv des heilenden Bluts zum dritten Mal (Kluge III, 324,20–337,2): Galaat, Bohort, Parzival und Parzivals Schwester werden von einem Ritter angesprochen, während sie an einer Burg vorbeigehen. Der Ritter verlangt, dass Parzivals Schwester dem örtlichen Brauch entspricht, indem sie eine Schale ihres Bluts aus ihrem rechten Arm spendet. Die drei Ritter lehnen diese Bitte ab und kämpfen stattdessen mit den zehn Rittern. Sie schaffen diese zehn schnell aus dem Weg, aber die Geschlagenen werden durch etwa 60 weitere Ritter ersetzt. Bei Einbruch der Nacht wird eine Waffenruhe vereinbart, und die Reisegefährten nehmen eine Einladung zum Übernachten in der Burg an. Dort erfahren sie den Grund für den Brauch des Blutspendens: *Nu geschahe es, das ist wol zwey jare, das sie* [die Burgherrin] *viel in ein sůcht mit gottes willen.* (Kluge III, 328,7–8). Das einzige Heilmittel sei das Blut einer reinen Jungfrau, vorzugshalber königlicher Abstammung, und wenn möglich der Schwester des keuschen Parzival. Die Schwester Parzivals, zum Teil aus Mitleid mit der Burgherrin und zum Teil aus dem Wunsch heraus, weiteres Kämpfen

---

40 In der ›Gral-Queste‹ hat Lancelots väterliche Linie ihren Ursprung in König Celidonie von Schottland. Vgl. Kommentar zu Steinhoff IV, 140,30–31 mit Verweis auf Schmid [Anm. 10], S. 231–232. Klinger hebt »die doppelte Bedeutung des Bluts als ein Zeichen der Gewalt und Medium eines adligen Charismas« hervor (Klinger [Anm. 12], S. 346).

41 Die Finsternis auf Bellegart erinnert an das Finstere Ascalon in ›Lancelot und Ginover‹.

zu verhindern (Kluge III, 329,5–11), entscheidet sich, ihr Blut zu spenden. Die Burgherrin wird sofort gesund: *Wann als bald als sie wart geweschen mit dem blůt der heiligen jungfrauwen, da wart sie gereyniget von der ußeczkeit, und ir fleisch kam wiedder in groß schonheit, das davor was gewest unreyne und heßlich zu sehen* (Kluge III, 331,17–332,1). Die Entscheidung zum Blutspenden ist aber von großer Tragweite, da die Gabe – entgegen der für Agravant – tödlich enden wird.

Die drei Ritter führen die Anweisungen der sterbenden Jungfrau aus. Ihr Körper wird einbalsamiert und in ein Boot gelegt, das steuerlos seinen Weg nach Sarras finden wird, wo die Gefährten schließlich wieder zusammenkommen werden. Kaum haben sich die Ritter auf den Weg gemacht, als ein Gewitter sich zusammenbraut, in dem die Burg der aussätzigen Burgherrin durch Feuer und Schwefel dem Erdboden gleich gemacht wird, genauso wie beim Untergang von Sodom und Gomorrah. Wie im Fall Agravants ist die Empfängerin dieses freiwillig gespendeten Blutes dieser Gabe nicht würdig. Das Blut hat die Schönheit des Körpers wiederhergestellt, aber die Frau ist sündhaft geblieben, wie eine Stimme den Rittern mitteilt: *»Diße rache ist von dem blůte der heiligen jungfrauwen, das hieinn ist verstört, umb des willen das ein böse sunderin genese«* (Kluge III, 335,14–15). Die Burgherrin zeigt überhaupt keine Reue oder Mitleidsgefühle für die Jungfrau, die um ihretwillen bereit ist zu sterben.

Die Deutung dieser Episode hat der Wissenschaft viele Schwierigkeiten bereitet. Das erlösende Blutopfer der Schwester Parzivals kann als eine *imitatio Christi* verstanden werden.[42] Aber der Wert dieses Opfers scheint durch die Gottesstrafe der sündigen Burgherrin nach ihrer Genesung negiert zu werden.[43] Die Zweideutigkeit lässt sich vielleicht klären, wenn man diese Episode mit der Heilung Agravants vergleicht. Wie die Burgherrin ist Agravant des heilenden Bluts nicht würdig. In der ›Agravant‹-Episode aber wird die Heilkraft von Lancelots Blut nicht christlich gedeutet. Agravants Genesung scheint einfach das Ergebnis der Blutmagie zu sein. In der Suche nach dem erlösenden Blut einer Jungfrau scheint die aussätzige Burgherrin ihr Vertrauen in diese Blutmagie zu setzen, um der Gottesstrafe des Aussatzes zu entgehen. Zuerst scheint es, als ob es ihr gelungen sei, ihre Gesundheit wiederherzustellen. Aber dem allegorischen Sinn der ›Gral-Queste‹ entsprechend wird ihr Benehmen in einen Zusammenhang gestellt, der von einem christlichen Blickpunkt

---

[42] Vgl. Martin B. Schichtman, Percival's Sister: Genealogy, Virginity, and Blood, Arthuriana 9 (1999), S. 11–20, hier S. 18. Wo die Figur von Galaad als messianischer Christus gedeutet wird, wird Parzivals Schwester als Maria mediatrix verstanden, als »außerzeitliche typologische Parallelen, heuristische Vorstellungsmodelle zur Spiritualisierung der Gralslegende« (Kurt Ruh, Der Gralsheld in der ›Queste del Saint Graal‹, Wolfram-Studien 1 (1970), S. 240–263, hier S. 256). Vgl. Pauline Matarasso, The Redemption of Chivalry. A Study of the ›Queste del Saint Graal‹, Genf 1979, S. 70–73.

[43] Diese Episode ist auch als ein patriarchalischer Ausschluss der Frau von der Suche nach dem Gral gedeutet worden. Vgl. Philippa Beckerling, Perceval's Sister: Aspects of the Virgin in the ›Quest of the Holy Grail‹ and Malory's ›Sankgreal‹, in: Hilary Fraser, Robert S. White (Hgg.), Constructing Gender, Nedlands 1994, S. 39–54; Susan Aronstein, Rewriting Perceval's Sister: Eucharistic Vision and Typological Destiny in the ›Queste del Saint Graal‹, Women's Studies 21 (1992), S. 211–230.

gedeutet wird. Von diesem Standpunkt aus liegt die Akzentsetzung eher auf der Sündhaftigkeit der Burgherrin als auf dem 'sinnlosen' Opfertod der Schwester Parzivals. In dieser Episode »il s'agit de deux systèmes difficilement compatibles dont la ›Queste‹ effectue plus ou moins adroitement la fusion.«[44] Die Zweideutigkeit des Todes der Schwester Parzivals gewährt einen Blick in die Werkstatt des ›Gral-Queste‹-Verfassers, wie er das Märchentypische mit dem Heilsgeschichtlichen verbindet.[45] Er schöpft gleichzeitig aus verschiedenen Traditionen: einerseits aus der Blutmagie, die zur profanen Märchenwelt gehört, und andererseits aus dem christlichen Paradigma des erlösenden Opfertods mit seinen eucharistischen Nachwirkungen.

Die Heilkraft Lancelots ist nicht auf die Art seines Blutes beschränkt: In einer Doublette der Geschichte des Ritters mit den Lanzensplittern in ›Lancelot und Ginover‹ (Steinhoff I, 368,12–374,38) wird erzählt, dass Lancelot die Kraft hat, allein durch das Handauflegen einen Verwundeten zu heilen. In der ersten dieser ähnlichen Episoden braucht der verwundete Ritter einen Arzt, um geheilt zu werden, nachdem ihm Lancelot das Schwertstück und die Lanzenstücke herausgezogen hatte (Steinhoff I, 372,17–20). Bei der zweiten Episode wird dem mit einem Pfeil schwer verwundeten Ritter von einer *jungfrauwe* erzählt: *»Werlich«, sprach sie, »ir sterbent nit also lichticlichen, dann ir mußent schmerczen lyden, biß uch die flietsche ußgezogen werd und der best ritter der welt sin hend daran gelegt; wan so bald er daran ruret, so sol er es gancz uß ziehen, und sollent dann genesen syn«* (Steinhoff IV, 68,17–21). Eben dies gelingt Lancelot. Genauso wie es eine Bindung zwischen Lancelot und seinem Großvater durch ihre Heilkraft gibt, besteht eine Bindung zwischen Lancelot und seinem Sohn Galaad, aber in diesem Fall ist sie bemerkenswerterweise nicht blutbezogen. Auch Galaad heilt durch Händeauflegen: In der ›Gral-Queste‹ stirbt der schwer verwundete König Morderans, der lange auf seinen Erlöser gewartet hat, glücklich in den Armen des keuschen Galaads. Es wird weiter erzählt: *Und da es die in dem closter gewar worden, da kamen sie zu der lichen und funden das die wunden, die er also lang het gehabt, die waren alle geheilet, und das hielten sie vor ein groß wunder* (Kluge III, 360,11–13).

---

[44] Vgl. (zur afrz. ›Queste del Saint Graal‹) Anne Berthelot, Sang et Lèpre, Sang et Feu, in: Faure [Anm. 32], S. 25–37, hier S. 33.

[45] Vgl. Ruh zum steuerlosen Schiff, das den Leichnam der Schwester Parzivals nach Sarras bringt: »Es ist funktional das Schiff, das den Ritter zu der Feenfrau führt, die ihn liebt und in ihren Bereich zieht (Marie de France: ›Guigemar‹, Partonopeus-Roman mit Konrads von Würzburg ›Partonopier‹ als deutschem Vertreter). Man sieht hier den ›Queste‹-Verfasser in der Werkstatt: Er formt ein märchentypisches Motiv zu einem heilsgeschichtlichen Instrumentarium um – ein für ihn charakteristisches Verfahren. Damit wird das Motiv auch zum Sinnträger; das selbststeuernde Schiff bedeutet göttliche Führung« (Ruh [Anm. 42], S. 253).

Heilkraft des Grals

In dem Zusammenhang des ganzen ›Prosa-Lancelot‹ ist das Motiv der Heilkraft des Bluts eng mit der therapeutischen Kraft des Grals verbunden: Nach seiner Erfahrung auf der Gralsburg erklärt ein Einsiedler Gawan, was der Gral ist: *»dieß ist geweßen der haylig groll, dorinn das haylige blut unßers herrn Jhesu Christji gelegt wardt«* (Steinhoff III, 178,1–2). Der Gral wird hier eindeutig als eine heilige Reliquie gedeutet.[46] Galaad heilt mit Blut, nur nicht mit seinem eigenen Blut. Das deutet auf einen Abbruch mit seiner Blutlinie.[47] Galaad heilt mit den Tropfen der blutenden Lanze, das heißt wohl mit dem Blut Christi. Bei der Messe auf Corbenic in der ›Gral-Queste‹ wird erzählt, wie der vierte Engel der Prozession *bracht ein spere, das blut also sere das die tropffen runnen wiedder tale in ein bůß die er in der hant hett* [...] *und der vierde hielt das spere stracks uber das heilige vaß, also das das blut das wiedder tale floß das ranne in das heilige vaß* (Kluge III, 368,6–10).[48] Als Bohort in ›Lancelot und der Gral‹ auf Corbenic ist, erklärt ihm der König Pelles, wie sein Vater Mahagine, der verwundete Fischerkönig, *númmer me genesen sol, biß der gut ritter kompt der yne mit den blutstropffen* [der Lanze] *syner wunden schmieren sol* (Steinhoff IV, 344,27–28). Die Erwähnung von 'Blutstropfen' in dieser eindrucksvollen Szene ruft die heilenden Blutstropfen des Sarkophags von Lancelots Großvater in Erinnerung. Als in der ›Gral-Queste‹ Galaad Mahagine begegnet, gelingt es ihm tatsächlich, den König zu heilen: *und* [Galaad] *bestreych im die beyn da er durch gestochen was. Und da det er sich zuhant an und sprang von dem bette gesunt und biederbe* (Kluge III, 372,8–9). Die Formulierung des 'Bestreichens der Wunde' mit Blut ruft wieder eine frühere Szene aus ›Lancelot und der Gral‹ in Erinnerung, diesmal das Heilen von Agravants Bein. Durch diese Reminiszenzen entsteht ein Nexus von Blutassoziationen, der märchenhafte und legendenhafte Szenen mit der eucharistischen Gralsszene in Verbindung setzt.

Trotz der Deutung des Grals als eine heilige Reliquie haftet ihm aber auch etwas von der märchenhaften Welt des Artusromans an. In ›Lancelot und der Gral‹ bewirkt er »ein ganz profanes Heilwunder« (Kommentar zu Steinhoff IV, 662,22–33), als er zum ersten Mal außerhalb von Corbenic erscheint: Bohort und Hector kämpfen in-

---

[46] Vgl. Matarasso: »On the literal level the Grail clearly is a relic, one whose unique holiness, derived from its use at certain historical moments, empowers it to embody in a real sense the significance of those events: certainly of the first sacrificial meal, perhaps also of the blood shed by Christ on the Cross, though this is not specifically stated in the text« (Matarasso [Anm. 42], S. 182).

[47] Vgl. Klinger: »Sein [Galaads] Heil entspringt nicht dem Charisma des Blutes, das immer auch das Blut der Gewalttat ist, sondern der Jungfräulichkeit« (Klinger [Anm. 12], S. 373).

[48] Vgl. Kommentar zu Steinhoff IV, 338,19: »Die blutende Lanze, die seit Chrétiens ›Perceval‹ (v. 3190–3201) zur Gralsszenen gehört [...]. Bei Wolfram handelt es sich um Blutstropfen aus der Wunde des Anfortas; die Lanzenspitze wird in die Wunde gestoßen, damit seine Schmerzen nachlassen (›Pz.‹ 231, 17–30; 489, 30; 492, 17–30). Robert de Boron kennt sie nicht, erst die ›Perceval‹-Fortsetzungen identifizieren sie mit der Longinuslegende (im Anschluß an Io 19,34)«.

cognito. Als beide vor dem Tode stehen, offenbaren sie sich gegenseitig ihre Identität. Der Gral erscheint ihnen und sie *gewunnen so groß gesuntheyt der wunden die hatten, das sie keyn we me enfulten* (Steinhoff IV, 662,31–32). Ganz ähnlich wird der Gral von König Pelles »als wohlkalkuliertes Medikament«[49] eingesetzt, um Lancelot vom Wahnsinn zu heilen: In der Nacht lässt er Lancelot in *das abenturlich pallast* tragen *wann er gůt zuversicht hatt zu den gnaden des heyligen grals, die sin zeichen und mirackel an im bewiesen wurde; und hatt die hoffnung das er da durch gesunt und zu syn rechten synnen wiedder komen solt, das auch geschah* (Steinhoff IV, 688,17–21). Dies ist mit einer Episode der Heilung durch den Gral aus der ›Gral-Queste‹ zu vergleichen: Lancelot kommt zu einer Kapelle, wo sich der Gral befindet. Er legt sich am Fuße eines Kreuzes hin. Er schläft nicht ein, liegt aber regungslos *als er verdůmmelt were* (Kluge III, 74,16) und beobachtet, wie ein kranker Ritter vorbeikommt und um Gottes Hilfe bittet: *»Lieber herre gott, der von dießem heiligen vas, das ich hie sehe komen, hat also großzeichen gethan in diesem lande und in anderen, lieber vatter, sehe zu mir durch din heilige erbermde in sölcher maßen das diß groß pin, damit ich ringen, wird mit gesenffert in kůrczer zit«* (Kluge III, 75,18– 76,4). Lancelots tranceartiger Zustand wird als Folge seiner schweren Sünden erklärt (Kluge III, 76,13–16).

Zusammenfassung

Die verschiedenartige Verarbeitung des vorherrschenden epischen Musters der außerordentlichen Geburt und Kindheit des Helden durch die Figuren von Merlin, Artus, Mordret, Lancelot und Galaad veranschaulicht ein Hauptmerkmal der Erzählstrategie des ›Prosa-Lancelot‹. Das Prinzip der intratextuell variierenden Wiederholung liegt der ›Lancelot‹- Trilogie zugrunde. Dadurch werden übergreifende Sinnzusammenhänge in diesem umfangreichen und breitangelegten Werk gestiftet, die die diversen Stränge der Trilogie miteinander verbinden.

Das Motiv des charismatischen Blutes umspannt die märchenhafte Abenteuerwelt des Lancelotromans und die allegorische, heilsgeschichtliche Welt der ›Gral-Queste‹ und trägt zur thematischen Kohärenz dieser Texte bei. An der Wiederkehr dieses Motivs lässt sich die Auswirkung der Gralsthematik verfolgen; gleichzeitig gewährt sie Einsicht in die Werkstatt des Verfassers, insofern als er gebräuchliche Erzählelemente des Artusromans variiert, in diesem Fall von der profanen Blutmagie zur christlichen Eucharistie.

Die Ablösung des Heilsbringers Lancelot durch den Gralshelden Galaad wird vor dem Hintergrund einer höfischen Gesellschaft gestaltet, in der das Aneinandergrenzende und die Verflechtung des weltlichen und des geistlichen Lebens hervorgehoben wird. Betont wird dies durch die häufig wiederholte biographische Auskunft über die allgegenwärtigen Einsiedler, dass sie ehemalige Ritter seien. Bei solchen Fällen ver-

---

[49] Cornelia Reil, Liebe und Herrschaft. Studien zum altfranzösischen und mittelhochdeutschen ›Prosa-Lancelot‹, Tübingen 1996, S. 199.

läuft die Erzählhandlung vom ritterlichen Leben zum geistlichen Leben, und nie umgekehrt. Das Verwischen von Grenzen in dem Zwischenreich, das die Einsiedler bewohnen, unterstützt die Schilderung Lancelots als eine Art Heiliger. Der Begriff des 'Minneheiligen', der dem Lancelotstoff seit Chrétien innewohnte, wird im Lancelotroman übernommen und weiter verarbeitet. Neben den Minnereliquienkult tritt ein Reliquienkult, der Lancelots Freundschaft zu Galahot, seinen Erlösertaten und seinem vorbildlichen Rittertum entspringt. Dieser Aspekt des Heiligen geht Lancelots Identität in der ›Gral-Queste‹ verloren; da tritt er als reuiger Sünder auf. Aber mit der Verehrung seines Schildes in dem *Sant Steffan Mönster* steht Lancelot wieder der Heiligkeit nahe. In diesem letzten Teil der Trilogie sind die allgegenwärtigen Einsiedler aus der Handlung verschwunden. Diese Existenzmöglichkeit wird aber von Lancelot wahrgenommen, und er zieht sich vom Ritterleben zurück, indem er Einsiedler wird. Er beendet »seinen geistlichen Weg wie der Heilige der Legende, der ein Sünder war.«[50] Dies steht im Kontrast zu Galaad, dem Typ des reinen, unverdorbenen Heiligen.

[50] Fromm [Anm. 15], S. 162.

Judith Klinger

Die Poetik der Träume

Zum Erzählen von und mit Traum-Bildern im ›Prosa-Lancelot‹

Träume und Traumvisionen sind ein bedeutsamer Bestandteil des ›Prosa-Lancelot‹.[1] Das lässt sich nicht allein an der Anzahl und dem Umfang der Traumberichte, Traumdeutungen und der mit ihnen verknüpften Handlungsketten ablesen, sondern auch an ihrer Funktion für den Fortgang der erzählten Handlung selbst. Träume erschließen vergangene und zukünftige Ereignisse, stoßen Erkenntnisprozesse an und können so das Verhalten der Subjekte wie auch weitere Handlungsabläufe motivieren. Insofern sind sie integraler Bestandteil der erzählten Welt und all jener Prozesse, die Weltdeutung und Wissen der Romanprotagonisten thematisieren und damit erheblich zur Differenzierung der dargestellten Wirklichkeit beitragen. Besonders offensichtlich wird diese welt- und handlungskonstitutive Rolle der Träume in der ›Queste del Saint Graal‹: Den suchenden Rittern (wie auch den Textrezipienten) eröffnen sich mittels visionärer Träume, Traumberichte und Auslegungen wichtige Einblicke, die über heilsgeschichtliche und dynastische Zusammenhänge und die sukzessive Umdeutung der ritterlichen Lebensweise den Sinn der Gralssuche entfalten und entscheidende Wendungen motivieren. Die Träume und Visionen haben damit wesentlichen Anteil an der Konstitution des Romantexts selbst: Dieser Beobachtung und ihren poetologischen Implikationen will der folgende Beitrag nachgehen.

---

[1] Entsprechend umfangreich ist auch die bereits vorliegende Forschung: vgl. Klaus Speckenbach, Handlungs- und Traumallegorese in der ›Gral-Queste‹, in: Walter Haug (Hg.), Formen und Funktionen der Allegorie. Symposium Wolfenbüttel 1978, Stuttgart 1979, S. 219–242; Mireille Demaules, Ecriture et imaginaire du rêve dans le ›Lancelot en prose‹, Médiévales 3 (1982), S. 18–27; Klaus Speckenbach, Form, Funktion und Bedeutung der Träume im ›Lancelot-Gral-Zyklus‹, in:Tullio Gregory (Hg.), I sogni nel medioevo. Seminario internazionale. Roma 2–4 ottobre 1983, Rom 1985 (Lessico intellettuale europeo 35), S. 317–355; Klaus Speckenbach, Die Galahot-Träume im ›Prosa-Lancelot‹ und ihre Rolle bei der Zyklusbildung, in: Werner Schröder (Hg.), Schweinfurter ›Lancelot‹-Kolloquium 1984, Berlin 1986 (Wolfram-Studien 9), S. 119–133; Mireille Demaules, Christiane Marchello-Nizia, Träume in der Dichtung. Die Ikonographie des ›Lancelot-Graal‹ (13.–15. Jh.), in: Agostino Paravicini Bagliani, Giorgio Stabile (Hgg.), Träume im Mittelalter. Ikonologische Studien, Stuttgart u. a. 1989, S. 209–226; Stefan Fuchs-Jolie, *Droom es al gheduas*. Traumwelt und Zeichenuniversum in deutschen, niederländischen und französischen ›Prosa-Lancelot‹-Überlieferungen, in: Angelika Lehmann-Benz, Ulrike Zellmann, Urban Küsters (Hgg.), Schnittpunkte. Deutsch-Niederländische Literaturbeziehungen im späten Mittelalter, Münster u. a. 2003, S. 193–214; Stefan Fuchs-Jolie, Bedeutungssuggestion und Phantastik der Träume im ›Prosa-Lancelot‹, in: Friedrich Wolfzettel (Hg.), Das Wunderbare in der arthurischen Literatur. Probleme und Perspektiven, Tübingen 2003, S. 313–340. – Zur Unterscheidung von ‘Traum’, ‘Traumvision’ und ‘Vision’ weiter unten.

Wenn vorausgesetzt werden kann, dass Traumerzählungen[2] konstitutiv für Handlung und Narration des ›Prosa-Lancelot‹ sind, dann muss sich daran die Frage anschließen, wie diese eingeschachtelten Erzählungen ihrerseits Erzählprozesse anstoßen, aber auch kommentieren und reflektieren: wie sie also für das Erzählen im Roman produktiv werden. In diesem Sinne ist von einer spezifischen Poetik der Träume zu sprechen. Grundsätzlich ist zunächst zu fragen: Wie wird ein Traum zur Erzählung? Welche Verfahren der Rahmung und Einlagerung in die erzählte Handlung, der Übersetzung und Deutung, aber auch der Verdichtung[3] und Vernetzung geträumter oder visionärer Zeichen strukturieren diesen Vorgang? Eine erste Annäherung soll hier unter der Perspektive eines Medienwechsels versucht werden, denn die bildreichen Traumerzählungen geben ihrerseits auch Anstoß zur Bildproduktion. So lässt König Artus seinen rätselhaften Traum von der Drachengeburt in ein Gemälde übertragen, das das Stefansmünster zu Camelot schmückt (Kluge II, 599,25–600,1). Die Betrachtung einiger spätmittelalterlicher Illustrationen der Lancelot-Träume kann im Weiteren den Blick dafür schärfen, welcher Stellenwert der jeweiligen Rahmung und Fokussierung für die sinnstiftende Vermittlung und Deutung von Traumerlebnissen zukommt.

In der frz. ›Lancelot‹-Handschrift B. N. fr. 115 (fol. 446r, Abb. 4) zeigt eine Miniatur Ginovers Traum von Lancelot. Der Romantext führt aus, wie Lancelot mit einer schönen Jungfrau an den Hof zurückkehrt. Als Ginover den untreuen Geliebten dann in der eigenen Schlafkammer mit der Fremden im Bett findet, weist sie ihn von sich, woraufhin Lancelot *nacket* und *unsinnig* davonläuft.[4] Die Illustration zeigt diese dramatischen Vorgänge allerdings nicht, sondern konzentriert die Traum-Eröffnung auf Lancelots Eintritt in Ginovers Schlafgemach. Dass es sich bei dem Eintretenden um eine Traumerscheinung handelt, signalisiert das Bild mit Hilfe minimaler und durchaus nicht eindeutiger Zeichen. Zwar entspricht die Figur der Schlafenden mit geschlossenen Augen im Vordergrund dem tradierten Bildmuster, doch fehlt die sonst geläufige Gebärde des in die Hand gestützten Kopfes.[5]

---

2 Mit 'Traumerzählungen' bezeichne ich im Folgenden die Gesamtheit jener Handlungsabschnitte im Roman, die neben der direkten Schilderung von Träumen (Traumbericht bzw. Traumtext) auch deren kommunikative Vermittlung und Deutung beinhalten.

3 Der Begriff der 'Verdichtung' ist hier nicht im engeren Sinne der psychoanalytischen Terminologie zu verstehen (vgl. Sigmund Freud, Die Traumdeutung [1900]. Nachwort von Hermann Beland, 11. Aufl., Frankfurt a. M. 1991, S. 285–309), sondern zielt auf die Beschreibung semantischer Überdeterminierung in (Sprach-)Bildern.

4 Kluge II, 227, 11–23; Micha IV, 74,2. Ich zitiere den ›Prosa-Lancelot‹ nach der Ausgabe von Kluge; den afrz. ›Lancelot propre‹ zitiere ich nach Micha. Angaben zur frz. ›Queste del Saint Graal‹ und zur ›Mort Artu‹ beziehen sich auf die Ausgaben von Pauphilet und Frappier.

5 Vgl. François Garnier, Le langage de l'image au Moyen Age, Paris 1982, S. 181–185 sowie S. 116–119 (zu den Schlafposen); vgl. weiter Sixten Ringbom, Some pictorial conventions for the recounting of thoughts and experiences in late medieval art, in: Flemming G. Andersen u. a. (Hgg.), Medieval Iconography and Narrative. A Symposium, 19.–20.11.1979, Odense 1980, S. 38–69, hier S. 45; Steffen Bogen, Träumen und Erzählen. Selbstreflexion der Bildkunst vor 1300, München 2001, S. 23–31. – Demaules, Marchello-Nizia [Anm. 1],

In der Gruppe der von mir betrachteten frz. Handschriften des Lancelot-Graal-Zyklus – die Hss. 111–120 der Bibliothèque Nationale (alle 15. Jh.)[6] – finden sich nur wenige Illustrationen wie diese. Von insgesamt 916 Miniaturen stellen bloß fünf zweifelsfrei Träume dar, von denen sich zumal zwei auf den Vorgang des Träumens beschränken, ohne aber dessen Inhalt zu visualisieren.[7] Häufiger werden demgegenüber Visionen und übernatürliche Erscheinungen verbildlicht. Obwohl Ginovers Traum in der ›Lancelot‹-Überlieferung insgesamt nur selten illustriert worden ist,[8] sticht die Darstellung im Kontext der Handschriftengruppe aber keineswegs ab, denn der Bildaufbau folgt einem dort häufig variierten Schema. Eine Illustration der Hs. B. N. fr. 112 (fol. 226r, Abb. 5), die den schlafenden Lancelot in Gefangenschaft Morganes zeigt, weist ein nahezu identisches Raumarrangement auf. Morgane und ihre Begleiterinnen treten unter den Baldachin an Lancelots Bett, doch sind diese Damen – trotz des Zeichens der geschlossenen Augen – eben real im selben Raum präsent, nicht etwa geträumte Besucherinnen. Ähnlich setzt eine weitere Miniatur (B. N. fr. 115, fol. 568v) Ginovers tatsächliche Entdeckung von Lancelots Treuebruch in Szene; dasselbe

S. 216, interpretieren diese Haltung im Anschluss an Garnier 1982 als Empfang einer Vision, doch schreibt ihr Garnier selbst die Bedeutung Schlaf bzw. Tod zu (S. 116).

6 Da keine bebilderten Hss. des ›Prosa-Lancelot‹ überliefert sind, beziehe ich mich hier auf frz. Illustrationen, die etwa im selben Zeitraum wie die Heidelberger Hs. *P* angefertigt wurden. Den Wortlaut des afrz. Texts habe ich entsprechend mitberücksichtigt und gebe kleinere Abweichungen der Fassungen in den Fußnoten an. Vgl. zu den illustrierten ›Lancelot‹-Hss. allgemein: Alison Stones, The Illustration of the French ›Prose Lancelot‹ in Belgium, Flanders and Paris, 1250–1340, Diss. London 1970/71; zu den hier betrachteten Hss. vgl. Susan A. Blackman, A Pictorial Synopsis of Arthurian Episodes for Jacques d'Armagnac, Duke of Nemours, in: Keith Busby (Hg.), Word and Image in Arthurian Literature, New York u. a. 1996, S. 3–57; Alison Stones, Aspects of Arthur's Death in Medieval Illumination, in: Christopher Baswell, W. Sharpe (Hgg.), The Passing of Arthur. New Essays in Arthurian Tradition, New York u. a. 1988, S. 52–101, hier S. 69–71 u. 89; Alison Stones, Illustrating Lancelot and Guinevere, in: Lori J. Walters (Hg.), Lancelot and Guinevere. A Casebook, New York u. a. 1996, S. 125–157, hier S. 132f. – B. N. fr. Hs. 111 entstand um die Mitte des 15. Jh.s; B. N. fr. 112 wurde 1470 von Michel Gonnot für Jacques d'Armagnac geschrieben; B. N. fr. 113–116 entstanden in der zweiten Hälfte des 15. Jh.s ebenfalls im Auftrag Jacques' d'Armagnac; B. N. fr. 117–120 wurden um 1405 für Jean de Berry angefertigt; den Illustrationszyklus hat Jacques d'Armagnac im späteren 15. Jh. teilweise neu gestalten lassen. Die Manuskriptgruppen 113–116 und 117–120 enthalten jeweils den vollständigen Lancelot-Graal-Zyklus, einschließlich der ›Estoire del Saint Graal‹ und der ›Estoire de Merlin‹. Vgl. weiter Demaules, Marchello-Nizia [Anm. 1].

7 Ich zähle fünf Bilder von Träumen bzw. Träumenden: B. N. fr. 111, fol. 22v (Evaines Traumvision); B. N. fr. 111, fol. 294v und B. N. fr. 116, fol. 725v (Artus' Traum vor der Schlacht von Salebiers); B. N. fr. 115, fol. 446r (Ginovers Traum); B. N. fr. 116, fol. 734r (Traumvision des Erzbischofs über die Entrückung von Lancelots Seele). – Die geringe Anzahl von Traumillustrationen relativiert sich indes im Blick auf die Manuskriptüberlieferung insgesamt: Demaules, Marchello-Nizia [Anm. 1] beschreiben anhand der Illustrationszyklen von B. N. fr. 113–120 ein besonderes Interesse am Traum- und Visionsthema und seinem weiteren Umfeld. Vgl. auch Stones 1988 [Anm. 6], S. 64, die für Artus' warnende Träume in der ›Mort Artu‹ nur sieben Illustrationen in der Gesamtüberlieferung zählt.

8 Vgl. Stones 1970/71 [Anm. 6], S. 147.

Bildmuster kommt ferner zur Anwendung, wenn sich Lancelot der liebeskranken Jungfrau von Escalot verweigert (B. N. fr. 116, fol. 690v).[9] Neben den geöffneten Augen der Jungfrau weist dort die gestische Interaktion, die in der Traumszene fehlt, auf die räumliche Kopräsenz beider Personen hin. Gemeinsam ist diesen und zahlreichen weiteren Illustrationen, dass sie mit dem stets tiefrot gemalten Bett und seinem vorspringenden Baldachin eine innere Raumzone in den äußeren Bildraum hineinschachteln, in der sich nicht-öffentliche Ereignisse abspielen. Als Bild-Gehäuse der (schlafenden, träumenden oder wachen) Person rahmt das Bett zwischen Liegefläche und Baldachin zugleich einen Zwischenraum, der sich Traumerscheinungen ebenso wie tatsächlichen Interaktionen öffnet. Im Fall der ersten Miniatur tritt das Traumbild Lancelots in diesen Raum ein, wobei jedoch – anders als in den Bebilderungen tatsächlicher Ereignisse – keine gestische Überschreitung der Grenzen stattfindet.

Prinzipiell lässt sich die Illustration des Ginover-Traums jener Traditionslinie mittelalterlicher Traumdarstellungen zuordnen, die Träumer und Traumerscheinung »ohne weitere Trennmarkierung« nebeneinander zeigt.[10] Allerdings kennt die spätmittelalterliche Traumikonographie auch subtile Nuancierungen, die über Rahmungen und Bildgrenzen eine Differenzierung und Hierarchisierung der Realitätsebenen erreichen. Anhand von Darstellungen des 14.–15. Jh.s beschreibt Sixten Ringbom verschiedene Strategien piktorialer Differenzierung: Mit Hilfe eines stilisierten Wolken- oder Strahlenkranzes,[11] durch Raum- und Türöffnungen oder das ins Bild integrierte Bild werden Abgrenzungen erzielt, die es dann auch erlauben, den Traum in der Alltagssphäre der Schlafkammer einzukapseln.[12] Einen komplementären Darstellungstypus bildet in der älteren Traumikonographie der räumliche »Einschluß des Träumers«, wie ihn Steffen Bogen beschrieben hat: Insbesondere in der Bebilderung göttlicher Traum-Botschaften wird der Träumende von der visionären Realität dominiert.[13] Dieses Bild-

---

9 Vgl. etwa B. N. fr. 112 I, fol. 244v, 248r; 112 III, fol. 91v; B. N. fr. 114, fol. 321v, 349v; B. N. fr. 115, fol. 370v, 410v, 463v, 568v; B. N. fr. 116, fol. 685v u. v. m.

10 Bogen [Anm. 5], S. 66 (vgl. weiter S. 66–75) resümiert und ergänzt hier die Typologie Ringboms [Anm. 5]. Vgl. auch Bogen [Anm. 5], S. 65: »Die Grenze zwischen Träumer und Traumerscheinung erscheint in der mittelalterlichen Traumdarstellung (...) nicht als unüberwindliche Grenze zwischen Realitätsebenen, sondern als Schwelle zwischen einer irdischen und himmlischen Sphäre, die in einer zeichenhaften Offenbarung überwunden wird.«

11 Von einer leuchtenden Aura umgeben ist auch die schwebende Traumerscheinung in einer Illustration der ›Estoire du Saint Graal‹ (B. N. fr. 113, fol. 1v), wobei auch hier das schon beschriebene Bett-Arrangement den Raum strukturiert.

12 Ringbom [Anm. 5], S. 52–63; vgl. weiter Sixten Ringbom, Direkte und indirekte Rede im Bild, Zeitschrift für Semiotik 14.1–2 (1992), S. 29–40.

13 Bogen [Anm. 5], S. 68–75. Vgl. dort Abb. 23 (S. 73): Traum Josefs im Brandenburger Evangelistar (Anf. 13. Jh.), fol. 1v. Während Josef in der Form seiner Matratze eingeschlossen ist, durchbricht der göttliche Sendbote gestisch die inneren Raumgrenzen, wobei das Schriftband seiner Rede die Hand des Träumenden berührt und ihn damit »bespricht« (ebd., S. 75). Bogen argumentiert insgesamt, dass die Illustratoren von Träumen der weltlichen Literatur die sakralen Bildformeln – nicht zuletzt aufgrund einer aristotelischen Traumskepsis – bewusst umbesetzen.

arrangement macht den Träumer zum »perfekten Medium der göttlichen Botschaft«, deren visuelles Übergewicht zugleich die Autorität der sakralen Wahrheit zur Geltung bringt. Nicht der vermittelnde Bericht des Träumenden, der stets von »Fehleinschätzungen, Wissenslücken und besonderen Interessen«[14] gefärbt sein kann, sondern allein die ungetrübte Botschaft soll sich hier übertragen, die dem Empfänger geradezu 'aufgesprochen' wird. Den beiden komplementären Formen der Einschachtelung ist gemeinsam, dass sie eine je spezifische Aussage über das Verhältnis des träumenden Subjekts zu Traum oder Vision sowie über deren Wirklichkeitsbezug und Wahrheitsanspruch treffen. Während bei der räumlichen Einkapselung des Traumgeschehens in der Schlafkammer die Lebens- und Wahrnehmungswelt des Träumenden dominiert, entwirft der ältere Bildtypus eine umgekehrte Hierarchie und betont die höhere, von subjektiver Wahrnehmung unabhängige Realität der Traumbotschaft.

Die Traumillustration der Handschrift 115 bleibt in dieser Hinsicht uneindeutig: Mit der im Traum-Text nicht beschriebenen Gruß- und Redegebärde Lancelots orientiert sich der Illustrator womöglich an der Ikonographie des göttlichen Sendboten; andererseits könnte das trüb flimmernde Spiegelbild über Ginovers Kopf als Bildreflex bloß illusionärer Traumwahrnehmung zu lesen sein.[15] Die räumliche Staffelung hält zudem die Ebenen des Traums und des Träumens in der Schwebe. Zwar wird Ginovers Gestalt vom Bett-Gehäuse umschlossen, doch dominiert der im Bildhintergrund an den Rand gerückte Lancelot die geträumte Begegnung nicht im gleichen Maße wie die Boten einer transzendenten Realität. Ob Lancelot real oder geträumt anwesend ist, ob der Traum eine verlässliche Wahrheit vermittelt oder über eine prognostische Dimension verfügt: Auf diese Fragen gibt das Bild keine eindeutigen Antworten. Die ausbleibende Hierarchisierung wird in der Handschrift allerdings durch eine weitere Rahmung ergänzt, denn der Text nimmt seinerseits Differenzierungen vor, die die Bildrezeption steuern.[16]

Nur der Erzählkontext erlaubt es auch, das verkleinerte Spiegelbild als Verweis auf einen früheren Traum zu verstehen, der die Konstellation von Untreue und Verstoßung aus Lancelots Perspektive spiegelt. Morganes Magie hatte ihm nächtens vorgegaukelt, er finde Ginover in den Armen eines fremden Ritters und werde von ihr verstoßen (Kluge I, 593,27–594,2; Micha III, 31,6); im weiteren Handlungsverlauf gewinnt dieses Traumbild derartige Übermacht, dass Lancelot letztlich von Sinnen kommt. Die Differenzierung des Traumeindrucks von der als real erfahrenen Umgebung bleibt in dieser Episode tatsächlich ebenso in der Schwebe, wie ich es anhand der Illustration skizziert habe. Als Lancelot morgens erwacht, findet er sich *in eim*

---

[14] Beide Zitate Bogen [Anm. 5], S. 75.

[15] So jedenfalls die Deutung von Demaules und Marchello-Nizia 1989, S. 216f. Vgl. auch Stones 1970/71 [Anm. 6], S. 147: »This scene acts as a pictorial substitute for the bed scene itself, and is consistent in approach with the omission, in this set [B. N. fr. 113–116], of any representation of the Lancelot-Guinevere adultery after the first kiss.«

[16] Insofern ist die Uneindeutigkeit der Illustration mit Bogen [Anm. 5], S. 312, als »versteckte Schwelle zwischen Träumer und Traumbild« zu charakterisieren, die spezifische Funktionen für die Bildrezeption erfüllt.

pavilun by eim schönen bette, und das schwert, da mit er den ritter solt han geslagen, fande er in siner hende albare. Da wonde er furware das ers – die verhängnisvolle Begegnung mit der Königin – *mit den augen gesehen hett* (Kluge I, 594,3–5; vgl. Micha III, 31,8: *verité provee*). Die von Morgane geschickt arrangierten Zeichen weisen dem *schalckhafft traum* (Kluge I, 594,9) den Status des tatsächlich Erlebten zu. Die Problematik, Traum und Realität zu differenzieren, vergegenwärtigt der Text dabei über eine doppelte Rahmung. Den ersten, handlungsinternen Rahmen bildet Morganes Inszenierung,[17] die geträumte und materielle Zeichen in Lancelots Wahrnehmung auf einer Ebene gleichschaltet, so dass sie auf dieselbe Realität zu verweisen scheinen. Dieser trügerischen Kohärenz der Zeichen tritt die Erzählung mit einer nur den Rezipienten zugänglichen zweiten Rahmung entgegen, indem sie Morganes Manipulationen offenlegt.

Die narrative Einbettung[18] und Rahmung von Träumen scheint mir insofern als besonders geeigneter Ausgangspunkt, um ihrer poetologischen Bedeutung nachzugehen. Nicht nur begegnet im ›Prosa-Lancelot‹ eine große Anzahl von Träumen und visionären Erlebnissen; ihre oft rätselhafte Bild- und Zeichensprache stimuliert mitunter mehrstufige Deutungsprozesse, die Träume sind darüberhinaus in lange Handlungsketten verstrickt und narrativ kunstvoll verschachtelt. Mit seinen Traumerzählungen erschließt und nutzt der Roman also einerseits ein narratives Potential, während sie andererseits den Prozess des Erzählens und insbesondere die Verfahren der Bedeutungsproduktion reflektieren.

Dies geschieht zunächst auf der textinternen Ebene der Handlung, über all jene Prozesse nämlich, die Träume in Erzählungen transformieren, sie also öffentlicher Kommunikation verfügbar machen und ihnen Bedeutung zuweisen. Hier schließen auch die Illustrationen der genannten Handschriftengruppe an, wie einige weitere Bildbeispiele zeigen können. Der Traum ist ursprünglich ein der Öffentlichkeit unzugängliches Ereignis, das mit seinen unverständlichen, irritierenden oder erschreckenden Zeichen in die Wahrnehmung der Träumenden einbricht. Seine Bedeutung konstituiert sich erst mit der Übertragung in die Realität des wachen Bewusstseins, die ihn der Kommunikation (zuletzt auch der öffentlichen) zugänglich macht. Während der Romantext den Trauminhalt allen weiteren Erzählungen voranstellen kann, unterbleibt die Visualisierung gerade dieses Ereignisses in den Bilderzyklen fast vollständig.

In der ›Mort Artu‹ werden König Artus zwei Warnträume zuteil, die ihn doch nicht davon abhalten können, in der verhängnisvollen Schlacht von Salebiers gegen Mordret anzutreten. Zuerst erscheint ihm der eben verstorbene Gawan, um Artus von seinem Kriegsvorhaben abzuraten (Kluge III, 722,17–724,6; Frappier, 176, 7–38). In seinem zweiten Traum wird der König auf das Rad der Fortuna erhoben und anschließend zur Erde gestürzt (Kluge III, 724,16–725,16; Frappier, 176, 56–79): ein

[17] In der französischen Langredaktion wird weiterhin erzählt, wie Morgane dieses Arrangement vornimmt (vgl. Micha I, 31,7).

[18] Zur Erzähltechnik der Einbettung vgl. grundsätzlich Mieke Bal, Notes on Narrative Embedding, Poetics Today 2.2 (1981), S. 41–59.

eloquenter und nicht weiter deutungsbedürftiger Bildtopos des Machtverlusts.[19] Die Handschrift B. N. fr. 116 enthält zwar eine Illustration der Traumerfahrung (fol. 725v; Abb. 6), doch konzentriert sich die Miniatur ganz auf Artus, den sie in der traditionellen Traumpose inszeniert. Die Schauöffnung[20] der ostentativ beiseite geschlagenen Zeltplanen markiert dabei den unmöglichen Übergang in eine dem Betrachter unzugängliche Wahrnehmungssphäre. Verspricht die kunstvoll gelüftete Zeltplane eine Enthüllung, dann wird diese Erwartung schon im nächsten Moment enttäuscht, denn der Blick des Betrachters fällt allein auf den Träumer. Pointiert stellt die Miniatur so die Unverfügbarkeit des Geträumten aus. Allerdings gibt die linke Bildhälfte zugleich eine Fluchtlinie vor, die den Blick aus der Belagerungssituation hinaus, zwischen Zelten und Festungsmauern hindurch in eine ferne Landschaft lenkt. Während sich der umgebende Raum auf einer schmalen Spur derart ins Ungefähre öffnet, lädt die Bildunterschrift dazu ein, die unsichtbare Traumbegegnung zu imaginieren. Sie gibt Ort und Handlung an (die kommende Schlacht mit Mordret auf dem Feld von Salebiers), nennt aber auch Gawans warnenden Auftritt in Artus' Traum. Die Fluchtperspektive des Bildes ließe sich damit auch als jener von Artus verweigerte Ausweg lesen, der es womöglich erlaubt hätte, den Untergang seines Reichs noch zu vermeiden. Indem die Miniatur über ihren eigenen Rahmen hinaus- und auf den Text zurückverweist, ermöglicht sie eine solche Deutung. Allein im Rückbezug auf den Text kann auch die Unverfügbarkeit des Traumbildes überwunden werden.[21]

In ihrer Untersuchung zur Bebilderung von Träumen des Lancelot-Graal-Zyklus haben Demaules und Marchello-Nizia bereits darauf hingewiesen, dass die Illustrationen der hier betrachteten Handschriftengruppe nicht die Träume selbst, sondern deren Konsequenzen, ihre kommunikative Vermittlung und Deutung akzentuieren.[22] So stellen etwa zwei Miniaturen der Hss. B. N. fr. 111 (fol. 41v) und 112 (fol. 158v) Artus und Galahot im Gespräch mit den Traumdeutern dar. Der Gesprächsinhalt ist indes nur dem Romantext zu entnehmen, der »das im Bild nicht darstellbare Geheimnis«[23] enthält. Diese Tendenz[24] der Bildzyklen, auf öffentlich zugängliche Kommunikationsvorgänge zu fokussieren, ist allerdings keinem Repräsentationsproblem geschuldet; sie folgt vielmehr einem klaren Interesse an den Vermittlungs- und Veröffentlichungsprozessen, wie auch die Visualisierung einer ganz anders gearteten Schlüsselszene der

---

[19] Vgl. Jehanne Joly, Rêves prémonitoires et fin du monde arthurien, in: Fins des temps et temps de la fin dans l'univers médiéval. Publ. du CUER MA, Aix-en-Provençe 1993 (Senefiance 33), S. 259–284, hier S. 273–276 sowie die Abb. einer Illustration des Fortuna-Traums in der Hs. British Library Add. 10292–4, fol. 89, ebd. S. 283.

[20] Der Begriff nach Wolfgang Kemp, Die Räume der Maler. Zur Bilderzählung seit Giotto, München 1996, S. 29f., passim.

[21] Ähnlich auch eine weitere Illustration von Artus' Traum in der Hs. B. N. fr. 111, fol. 294v: Zwar nähert sich dort dem Zelt, in dem Artus schläft, eine Gruppe von Rittern, doch spricht nichts dafür, eine dieser Gestalten mit der geträumten Erscheinung Gawans zu identifizieren.

[22] Demaules, Marchello-Nizia [Anm. 1], S. 211f.

[23] Demaules, Marchello-Nizia [Anm. 1], S. 212.

[24] Die vergleichsweise geringe Anzahl von Illustrationen im Umfeld von Traum und Vision erlaubt es m. E. nicht, von einer durchgängigen Programmatik zu sprechen.

›Mort Artu‹ in der Hs. B. N. fr. 116 (fol. 688v; Abb. 7) erkennen lässt. Diese Miniatur illustriert nun keinen Dialog über Traumbilder, sondern zeigt Artus und Morgane bei der Betrachtung von Lancelots Fresken, die seine ehebrecherische Minnebeziehung zu Ginover enthüllen. Im Gespräch mit Morgane versichert sich der König, dass Lancelot tatsächlich Urheber dieser Bilder ist (Kluge III, 466,10–467, 5; Frappier, 53,20–24). Anders als in der Illustration von Ginovers Traumerlebnis sind die Wandmalereien durch Farbgebung und räumliche Anordnung deutlich als Bilder im Bild abgesetzt. Signifikanter im hier diskutierten Zusammenhang ist es aber, dass nicht etwa Lancelot bei der Ausmalung seines Kerkers,[25] sondern der Moment der Veröffentlichung seiner – nur für den Eigengebrauch verfertigten – Memorialbilder visualisiert wird.[26] Diese Präferenz kann weiteren Aufschluss darüber geben, weshalb die Handschriften dieser Gruppe visionäre Erlebnisse und übernatürliche Erscheinungen häufiger als Träume ins Bild setzen.

In der Hs. B. N. fr. 120 (fol. 546r; Abb. 8) setzt die Illustration einer Traumepisode der ›Queste‹ einen insgesamt symptomatischen Schwerpunkt. In einer Nacht haben Gawan und Hector gleichzeitig zwei Träume, die anhand unterschiedlicher Bilder die Heils- und Unheilspositionen des Ritterkollektivs vor dem Gral symbolisieren und später einer ausführlichen Deutung unterzogen werden (Kluge III, 203,8–205,2; 211,19–219,12; Pauphilet, 149f., 155–162). Durch ihre Träume geweckt beobachten beide Ritter die Erscheinung einer Hand, die Zaumzeug und eine brennende Kerze hält (Kluge III, 205,12–16; Pauphilet, 150f.). Die Miniatur konzentriert diese komplexe Episode auf den Vorgang des Träumens und die mirakulöse Erscheinung der Hand mit ihren zeichenhaften Requisiten, wobei die geschlossenen Augen der beiden Ritter womöglich nicht nur auf den Traumvorgang verweisen, sondern auch auf ihre sündenbedingte Blindheit gegenüber den Gralsgeheimnissen.[27] Deutlich gibt die Miniatur dem für beide Protagonisten wahrnehmbaren Ereignis den Vorzug; eine Illustration der jeder Öffentlichkeit unzugänglichen Traumbilder unterbleibt. Die Differenzierung der Realitätsebenen ist mit der schwebenden Hand und ihrem Eindringen

---

[25] Vgl. dazu Alison Stones, Images of temptation, seduction and discovery in the ›Prose-Lancelot‹: A preliminary note, Wiener Jahrbuch für Kunstgeschichte 46/47 (1993/94), S. 725–735, 885–888, hier S. 726–729. – Eine weitere Visualisierung dieser Szene findet sich in B. N. fr. 112 III, fol. 193v. Offensichtlich handelt es sich bei diesen beiden Miniaturen um die einzigen überlieferten Illustrationen der Lancelot-Fresken; Illustrationen der Ausmalung selbst sind bislang nicht bekannt.

[26] Zu Lancelots Fresken vgl. weiter: Horst Wenzel, Hören und Sehen – Schrift und Bild. Kultur und Gedächtnis im Mittelalter, München 1995, S. 302–320; Klaus Ridder, Ästhetisierte Erinnerung – erzählte Kunstwerke. Tristans Lieder, Blanscheflurs Scheingrab, Lancelots Wandgemälde, LiLi 105 (1997), S. 62–85; Uwe Ruberg, ‘Lancelot malt sein Gefängnis aus.’ Bildkunstwerke als kollektive und individuelle Memorialzeichen in den Aeneas-, Lancelot- und Tristan-Romanen, in: Dietmar Peil, Michael Schilling, Peter Strohschneider in Verb. m. Wolfgang Frühwald (Hgg.), Erkennen und Erinnern in Kunst und Literatur. Kolloquium Reisensburg 4.–7. Januar 1996, Tübingen 1998, S. 181–194.

[27] Man könnte sie dann auch zu jenen zwei Illustrationen der Handschriftengruppe in Bezug setzen, die Lancelot schlafend in der Präsenz des Grals zeigen (B. N. fr. 116, fol. 621r; B. N. fr. 117, fol. 1v).

aus einem jenseitigen Raum zudem deutlich markiert: ein weiterer Hinweis darauf, dass die fehlende Visualisierung von Traumbildern keineswegs einem Mangel an piktorialen Differenzierungsmöglichkeiten zuzuschreiben ist.

Analog verfährt der Illustrator in der Hs. B.N. fr. 118 (fol. 270r; Abb. 9): Als einzige Bebilderung der Sequenz um Galahots verschlüsselte Todesträume und ihre sukzessive Deutung, die in nekromantischer Beschwörung gipfelt, findet sich hier die Darstellung einer übernatürlichen Erscheinung. Eine feuerrote Hand dringt schwertführend in die Kapelle ein und durchschlägt die an die Wand gezeichneten Ringe, die Galahots verbleibende Lebenszeit symbolisieren.[28] Abermals wird anstelle unzugänglicher Traumbilder der Übergang in die Sphäre interpersonaler Kommunikation visualisiert: zugleich der Moment der finalen Deutung eines ganzen Bündels rätselhafter Zeichen. Die Bild-Architektur vergegenwärtigt die Koexistenz eines irdischen und eines transzendenten Raums im Moment der Grenzüberschreitung. Wie in der vorhergehenden Miniatur dient das vorspringende Gebäude am linken Bildrand dazu, den sakralen Kirchenraum als geheimnisvolle Übergangszone zwischen Diesseits und Jenseits darzustellen. Dem Blick des Betrachters von vorn verschlossen, öffnet er sich seitwärts in der Ebene der Protagonisten und gibt ihnen Gelegenheit zur Erkenntnis höherer Wahrheit.[29] Der Blick des weisen Traumdeuters richtet sich freilich auf das Buch, und »zeigt damit deutlich, daß die Erklärung sich im Text findet.«[30]

Die Miniaturen im Umfeld von Traum und Vision weisen aber nicht nur über den eigenen Rahmen hinaus und zurück in den Text, sie akzentuieren auch die oben genannte Ebene der textinternen Kommunikations- und Deutungsprozesse und lenken damit die Textlektüre. Ohne dies weiter auszuführen, schreiben Demaules und Marchello-Nizia: »Der Traum und seine Erläuterung gibt dem Text die Möglichkeit, über seine bildschaffende Kraft nachzudenken.«[31] Hinzuzufügen wäre, dass sich den Traumerzählungen auch eine implizite Reflexion spezifisch narrativer Produktionspotentiale ablesen lässt. Steven Kruger hat vor dem Hintergrund spätantiker, patristischer und mittelalterlicher Traumtheorie deutlich gemacht, dass der verschlüsselte Traum und die literarische Fabel im zeitgenössischen Diskurs nah beieinander liegen können, zumal beide Fragen nach der richtigen Zeichendeutung, nach Sinnvermittlung und

---

[28] Vgl. Kluge I, 506,10–507,35; Micha I, 4,61 f. Anders als der französische Text beschreibt die deutsche Hs. *P* eine schneeweiße Hand (Kluge I, 507,26). Vgl. zu dieser Illustration auch Demaules, Marchello-Nizia [Anm. 1], S. 213.

[29] Kemp [Anm. 20], S. 29 unterscheidet solche Durchgänge als 'Handlungsöffnungen' von den für den Bildbetrachter frontal eingerichteten 'Schauöffnungen.' In analoger Unterscheidung wäre hier von einer bildinternen oder sekundären Schau- bzw. Erkenntnis-Öffnung zu sprechen.

[30] Demaules, Marchello-Nizia [Anm. 1], S. 213.

[31] Der sich anschließenden Bemerkung vermag ich allerdings nicht zu folgen: »das Bild jedoch verpaßt die Gelegenheit, sich von den Regeln des 'discours clérical' zu befreien und die Fähigkeit zu erobern, die nächtliche Vision einer Seele darzustellen« (Demaules, Marchello-Nizia [Anm. 1], S. 213). Von einer 'verpassten Gelegenheit' wäre nur dann zu sprechen, wenn unterstellt werden könnte, dass auch die Illustratoren dieser Handschriftengruppe das gänzlich moderne Interesse an den Artikulationen innerster Subjektivität teilen.

Wahrheitsfindung aufwerfen.[32] Als Bestandteil literarischer Texte haben Traumerzählungen insofern immer selbstreflexives Potential und können zur 'Metafiktion' werden, indem sie Probleme der Repräsentation und Interpretation thematisieren.[33] Wie sich diese impliziten poetologischen Reflexionen im ›Prosa-Lancelot‹ gestalten, soll nun anhand einiger Textbeispiele weiter verfolgt werden. Besondere Aufmerksamkeit wird hier zum einen den erzählerischen Verschachtelungen, Verflechtungen und Rahmungen gelten, mit deren Hilfe Träume Erzählungen und Erzählungen Träume organisieren,[34] zum anderen der Entwicklung einer sich verselbständigenden Bildsprache, die sich über die Vernetzung unterschiedlicher Träume herstellt. Vorauszuschicken ist zunächst eine Systematisierung der vielfältigen, z. T. visionären Traumerfahrungen im ›Prosa-Lancelot‹.

Der Roman unterscheidet verschlüsselte Träume von Traumvisionen mit Offenbarungscharakter, die schlafend oder in Entrückung empfangen werden, ohne dies allerdings kategorial zu reflektieren. Weitere Differentialmerkmale ergeben sich vielmehr über die Form der Wahrnehmung, Grad und Modus der Verschlüsselung, sowie über die jeweilige Quelle und Bedeutungsreichweite einer Visions- oder Traum-Erfahrung. Im Schlaf geschaute Visionen können dem Blick eine transzendente Wahrheit eröffnen (so etwa Salomos Traum; Kluge III, 308,9–18), während die Entrückung der Seele aus dem Körper umgekehrt nicht an die Erkenntnis transpersonaler Heilszusammenhänge gebunden ist. In dieser Hinsicht unterscheidet sich Evaines Vision der verloren geglaubten Kinder (Kluge I, 113,1–17) erheblich von den visionären Offenbarungen der ›Queste‹.[35] Unverschlüsselte Träume können zwar Ereignisse prognostizieren oder – wie in Evaines Fall – ihren Empfängern Einblick in sonst unzugängliche Tatbestände gewähren, doch weist der von Morgane magisch erzeugte Traum darauf hin, dass gerade die vermeintliche Offensichtlichkeit trügerisch sein

[32] Steven F. Kruger, Dreaming in the Middle Ages, Cambridge 1992, S. 131–140 spricht von einer »parallel complexity of oneiric and literary realms« (S. 131) und macht unter anderem auf die expliziten Parallelen in Macrobius' Systematisierung von Träumen und unterschiedlichen Typen literarischen Erzählens aufmerksam: »Both dreams and fiction are 'double' experiences, and both are capable of bridging the opposed terms of falsehood and truth« (S. 133).

[33] Kruger [Anm. 32], S. 134: »The dream fiction, by representing in the dream an imaginative entity like fiction itself, often becomes self-reflexive. Dream vision is especially liable to become metafiction, thematizing issues of representation and interpretation.« Vgl. Bogen [Anm. 5], S. 316, zur Bildrezeption und der 'impliziten Gleichsetzung von Bild und Traum' in spätmittelalterlichen Illustrationen des ›Roman de la Rose‹: »Nicht konventionelle ikonographische Floskeln sollen die Bilder als Darstellung eines Traums ausweisen, sondern der Leser soll zur Erkenntnis geführt werden, daß das Betrachten der Illustrationen bereits durch ihren Bildstatus dem Träumen analog ist.«

[34] Eine ähnliche Fragestellung findet sich bei Hans-Jürgen Bachorski, Dreams that have never been dreamt at all. Interpreting dreams in medieaval literature, History Workshop Journal 49 (2000), S. 95–127, der sich mit der komplexen Verschachtelung verschiedener Sprechersubjekte (»complex nesting of speaking subjects«, S. 96) in literarischen Träumen beschäftigt.

[35] Sowohl Salomo als auch Evaine können das visionär Erlebte nachträglich durch wundersame Inschriften (am Schiff respektive am eigenen Körper) verifizieren: vgl. Kluge I, 113,16f.; Kluge. 308,13–16 und 308,18–309,7.

kann.[36] Ein reduziertes Klassifikationsschema, das die Träume ausschließlich gemäß ihrem Ursprung – der bei Gott, dem Teufel oder allein den Sinnesregungen des Träumenden zu suchen sein kann[37] – unterscheidet, lässt sich hier nicht anlegen.

Zu unterscheiden sind prinzipiell die insgesamt sechzehn verschlüsselten oder mantischen Träume (von denen fünfzehn einer expliziten, teils umfangreichen Deutung unterzogen werden)[38] von den zwölf nicht weiter interpretationsbedürftigen Offenbarungsträumen, die Einblicke in vergangene, gegenwärtige oder zukünftige Ereignisse sowie Heilstatsachen gewähren oder Aufforderungen und Mahnungen enthalten.[39] Der zweiten Gruppe wäre auch – allerdings nur gemäß seiner Form, nicht aber

[36] In der Terminologie Gregors des Großen handelt es sich hier um dämonische *illusio*; vgl. Klaus Speckenbach, *Von den troimen.* Über den Traum in Theorie und Dichtung, in: Helmut Rücker, Kurt Otto Seidel (Hgg.), *Sagen mit sinne* (FS Marie-Luise Dittrich), Göppingen 1976 (GAG 180), S. 169–204, hier S. 176, sowie Speckenbach, Form, Funktion und Bedeutung der Träume [Anm. 1], S. 321. Die textimmanente Reflexion der unterschiedlichen Urheberschaft und Bedeutungshaltigkeit von Träumen, wie sie sich hier andeutet, hat eine lange Tradition: Kruger [Anm. 32], S. 126–128 weist sie bereits für die *Visio Wettini* des 9. Jh.s nach und resümiert (S. 128): »Exploiting the opposite poles of medieval dream hierarchies, revelatory and meaningless, or deceptive, dream fictions represent the ideal boundaries of the genre dream vision.«

[37] Vgl. den Überblick bei Speckenbach [Anm. 36] und Speckenbach, Form, Funktion und Bedeutung der Träume [Anm. 1], S. 320f. sowie Stefan Niessen, Traum und Realität – ihre neuzeitliche Trennung, Darmstadt 1989, S. 41.

[38] In die Gruppe der mantischen Träume gehören: Artus' drei Träume (Kluge I, 222,13–23); Hectors Traum von der schwarzen Wolke (Kluge I, 319,25–31); Galahots Todesträume (Kluge I, 483,1–14); der Traum einer Jungfrau von Lancelot als Leopard (Kluge II, 379,16–27); Artus' Drachentraum (Kluge II, 599,18–24); Gawans Traum von den 150 Stieren (Kluge III, 203,8–204,5); Hectors Traum von Lancelot auf der Gralssuche (Kluge III, 204,6–205,2); Lancelots Traum von seinen Vorvätern und der damit verknüpfte Traum seines Ahnherrn Morderas (Kluge III, 177,8–178,14; 183,6–184,5); Parcivals Traum von der Drachen- und der Löwenreiterin (Kluge III, 129,6–131,13); Bohorts zwei Träume von den beiden Vögeln sowie den Lilien und dem verfaulten Holz (Kluge III, 233,6–234,18). Ungedeutet bleibt nur Artus' Fortuna-Traum (Kluge III, 724,16–725,16).

[39] Vgl. Speckenbach, Die Galahot-Träume [Anm. 1], S. 119: »Die Traumvisionen enthalten in der Regel für den Träumer eine Aufforderung oder Unterweisung durch Gott oder einen Toten, ohne daß sie dadurch eine herausgehobene Funktion gewännen. Eher sind sie beiläufig erzählt, gelegentlich erschöpfen sie sich in der Eröffnung einer Handlung.« – Einblick in vergangene Ereignisse geben Parcivals Träume von seiner Mutter (Kluge III, 97,5–11); Einblick in gegenwärtige Ereignisse erlangen Königin Evaine (Kluge I, 113,1–19) und der Erzbischof von Canterbury, der Lancelots postmortale Entrückung schaut (Kluge III, 783,11–784,5). Eine unverschlüsselte Prognose künftiger Ereignisse enthalten: Helains Traum vom Ritterschlag durch Gawan (Kluge I, 335,6–15); der Traum eines Mönchs, der das Sargabenteuer um König Galaas ankündigt (Kluge I, 618,3–5); Ginovers Traum von Lancelots Untreue (Kluge II, 227,12–25). Ankündigungen, Aufforderungen und Warnungen erfahren: König Helie, den Gott im Schlaf die Wiederaufnahme seiner Herrschaft befiehlt, da Helies Tod kurz bevorsteht (Kluge II, 500,21–501,6); Lancelot in einer Traumbegegnung mit seinem verstorbenen Großvater (Kluge II, 520,26–521,8); Salomo, der das wunderbare Schiff bauen ließ (Kluge III, 308,9–19); Lancelot, bevor er eben dieses Schiff besteigt (Kluge III, 337,14–338,3) sowie schon früher in der ›Queste‹, nach seiner Niederlage im Turnier (Kluge III, 193,1–8); Artus in seinem Traum von Gawan (Kluge III, 722,17–724,5).

seinem Wahrheitsgehalt nach – Morganes illusionärer Traum zuzurechnen. Aufgrund der Bedeutung, die ihm Lancelot beimisst, bleibt selbst dieser Spuktraum jedoch nicht folgenlos. Mit nur dieser einen Ausnahme erweisen sich sämtliche Träume als wahrheitshaltig,[40] geben Auskunft über die weltlichen Angelegenheiten der Träumer, repräsentieren aber (insbesondere in der ›Queste‹) auch den Heilsstatus der Individuen und des Gralssucherkollektivs.[41] Trotz gelegentlicher traumskeptischer Äußerungen der Protagonisten[42] wird also die prinzipielle Bedeutungshaltigkeit der Träume ausgestellt, doch kann sich der Prozess der Bedeutungsfindung auch derart verselbständigen, dass seine sekundäre Sinnstiftung die ursprünglichen Traumtexte völlig in den Schatten stellt.

Während die unverschlüsselten oder theorematischen Träume Handlung anstoßen oder schon eingetretene Ereignisse nachträglich aufschlüsseln können, sind es die mantischen Träume, die Anlass zu komplexen Traumerzählungen bieten und damit im Roman nicht bloß quantitativ überwiegen.[43] Ihre Symbolsprache wird einer expliziten Deutung unterzogen, wobei die Exegese u. U. auf lehrhafte Exempla, Allegorien, Erzählungen aus biblischer Vorzeit und der Vorgeschichte des Artusreichs sowie frü-

---

[40] Vgl. Speckenbach 1984 [Anm. 1], S. 332f.: »Offenbar wird im literarischen Zusammenhang unverhältnismäßig mehr Wert auf den bedeutsamen Traum gelegt, als man nach den Traumtheorien vermuten könnte.«

[41] Vgl. auch den Überblick bei Speckenbach 1984 [Anm. 1], S. 333. – Eine scharfe Abgrenzung der Traumgegenstände ist nicht immer möglich, daher nehme ich hier nur eine grobe Einteilung vor. Weltliche Angelegenheiten mit vorwiegend personenbezogenem Inhalt (insbesondere *minne* und *aventiure*) dominieren in den Träumen Hectors, Helains', Galahots, Ginovers sowie in Morganes magischem Traum und dem Leopardentraum einer namenlosen Jungfrau. Evaines Traumvision der Kinder, Lancelots Traumbegegnung mit dem Großvater, Parcivals Träume von seiner Mutter sowie der Offenbarungstraum über König Galaas richten sich vorrangig auf familiäre und dynastische Zusammenhänge. Eine prononciert politisch-militärische Dimension eignet allen Artus-Träumen. Träume mit unmittelbar religiöser Bedeutung können sich auf den eigenen Heilsstatus beziehen (hierzu zähle ich Lancelots Träume in der ›Queste‹, den Traum seines Ahnherrn Morderas sowie Parcivals und Bohorts Träume während der Gralssuche), den Heilsstatus Dritter enthüllen (Gawans und Hectors Träume in der ›Queste‹ sowie der Traum des Bischofs von Canterbury) oder schließlich eine Ankündigung von Gottes Wirken in der Geschichte enthalten (König Helies und Salomos Traumvision).

[42] Vgl. z. B. Kluge I, 222,18–25 (Artus' Hofkaplan, Ginover); Kluge I, 489,4–6 (Lancelot). Der Roman reflektiert insofern auch die zeitgenössische Traumskepsis und verwirft sie. Zu Genese und Aspekten der traumkritischen Haltung, die sich auf Aristoteles berufen kann, vgl. Maria-Elisabeth Wittmer-Butsch, Zur Bedeutung von Schlaf und Traum im Mittelalter, Krems 1990, S. 126–141; Kruger [Anm. 32], S. 83–122.

[43] In der Terminologie des Macrobius wäre hier von einem Übergewicht des *somnium* (also des Traums, der eine verschlüsselte Wahrheit enthält) gegenüber *visio* und *oraculum* (Traumvisionen, die weltliche Ereignisse oder transzendente Geheimnisse offenbaren) zu sprechen. Vgl. *Macrobii Ambrosii Theodosii Commentarii in Somnium Scipionis*, hrsg. v. Jacob Willis, Leipzig 1963, I.3; dazu weiter Kruger [Anm. 32], S. 21–23 sowie Guntram Haag, Traum und Traumdeutung in mittelhochdeutscher Literatur. Theoretische Grundlagen und Fallstudien, Stuttgart 2003, S. 49–59. Zur mittelalterlichen Macrobius-Rezeption vgl. Wittmer-Butsch [Anm. 42], S. 117–119 und 134–136; Kruger [Anm. 32], S. 58–73.

here Traumerlebnisse zugreift, so dass letztlich »Träume andere Träume generieren«.[44] Der Deutungsprozess kann weiterhin chiffrierte Offenbarungen und Zeichen einschließen, die ihrerseits erklärungsbedürftig sind. Galahots Träume, die den Verlust Lancelots und (daraus folgend) den eigenen Tod ankündigen (Kluge I, 483,1–14[45]), bilden in diesem Zusammenhang ein besonders prägnantes Beispiel für die narrative Produktivität von Träumen.[46]

Auf die beängstigende Traumerfahrung folgt eine detaillierte Schilderung der emotionalen Konsequenzen, die nicht allein Galahot, sondern mittelbar auch Lancelot betreffen. Die stark affektiven Reaktionen beider Männer setzen nicht nur die Intensität ihrer Bindung pointiert in Szene (Kluge I, 483,20–484,21), sondern regen einen Dialog über Verbindlichkeit und Konsequenzen ihrer Freundschaft an (vgl. Kluge I, 484,26–487,24). Diese interpersonale Kontextualisierung der Träume knüpft unmittelbar an deren Gehalt an, ohne jedoch eine Deutung der Traumbilder zu beinhalten.[47] Eine solche Auslegung vollzieht sich vielmehr im Gespräch Galahots mit ausgewiesenen Experten, wobei der exegetische Diskurs und der Freundschaftsdialog deutlich separiert werden[48] und so zwei ganz unterschiedliche Sphären in Galahots Auseinandersetzung mit den Träumen und ihrem Kernthema bilden: Galahots unbedingte Hingabe an die Freundschaftsbindung, die erst zu Todesangst, dann aber zu Todesbereitschaft führt. Die eigentliche Exegese mündet zwar in einer exakten Vorhersage über Galahots Todeszeitpunkt, vollzieht sich aber in einem komplizierten Dreischritt. Eine erste Auslegung gelingt mit Hilfe der Visionen zweier Deuter, die fortgesetzt in Galahots Traumbildern sprechen, dabei jedoch Thema und Gehalt der Träume um-

---

[44] Fuchs-Jolie, *Droom* [Anm. 1], S. 202.

[45] Micha I, 2,10. Anders als im deutschen Text wird der Traumtext den weiteren Ereignissen in der französischen Fassung nicht vorangestellt, er wird vielmehr als retrospektive Erzählung Galahots eingeführt. Beide Träume, wie sie auch der ›Prosa-Lancelot‹ überliefert, erscheinen ausschließlich in der langen Redaktion der Galahot- Partie. Die kurze Redaktion des ›Lancelot en prose‹ enthält demgegenüber nur einen einzigen Traum, der in der Langfassung als Bestandteil der Traumdeutung wiederkehrt (vgl. weiter Speckenbach 1986 [Anm. 1], S. 122–124). Ich verzichte hier auf eine Darstellung der Differenzen in Ablauf und Detail des Auslegungsprozesses (Micha II, 4,11–65), erwähnt sei jedoch, dass der Dialog mit den Traumdeutern mit einer längeren Rede Galahots über die Krankheit (*maladie*) seines Herzens einsetzt, die von Meister Helies mit grundsätzlichen Ausführungen beantwortet wird (Micha I, 4,12–18). Dieser Auftakt stellt eine unmittelbare Verbindung zum Liebes- und Freundschaftsthema der voraufgehenden Szenen her, die im deutschen Text fehlt.

[46] Vgl. ausführlich zu den Galahot-Träumen Speckenbacht 1986 [Anm. 1] sowie Speckenbach 1984 [Anm. 1], S. 342–355; Fuchs-Jolie, *Droom* [Anm. 1], S. 204–206.

[47] Tatsächlich spricht Lancelot den Träumen explizit jede Bedeutung ab und interessiert sich ausschließlich für die Seelenverfassung Galahots (Kluge I, 489,4–6).

[48] Die ersten, noch unvollständigen Deutungen versetzen Lancelot in heftigen Zorn (Kluge I, 501,24–29; 502,4–6). Durch Meister Helies von den weiteren Gesprächen ausgeschlossen, vermag Lancelot nicht zu begreifen, wie er jemals den Tod seines Freundes verursachen könnte (Kluge I, 503,10–19). Galahot verschweigt dem Freund die letzte Enthüllung seiner geringen Lebenserwartung schließlich bewusst, da er Lancelot nicht mit der Sorge um ihn belasten will (Kluge I, 508,20–509,1).

formulieren und erweitern (Kluge I, 500,4–502,23). Meister Helies, der weiseste Exeget, eröffnet Galahot weitere Einblicke in die Geschichte des Artusreichs, wobei die Traumbilder nun mit einer vorhergehenden Prophezeiung Merlins kombiniert werden (Kluge I, 503,22–505,30). Einerseits konstituiert sich im Deutungsprozess eine personenabstrakte, kohärente Zeichen-Sprache, die Träume, Visionen und verschriftlichte Prophezeiungen zusammenschließt und damit auch die Auslegungsfähigkeit der Träume legitimiert,[49] andererseits kehrt die komplizierte Exegese aber die Vieldeutigkeit der Zeichen hervor.[50] Im letzten Schritt führt die nekromantische Beschwörung Helies' dann zur schon erwähnten Erscheinung der Schwerthand, die Galahot klare Auskunft über seine Lebenserwartung gibt (Kluge I, 506,10–508,13).

Der verschlüsselte Traumtext wird dem Roman so zum Anlass, Galahots grenzenlose Liebe zu Lancelot aus zwei ganz unterschiedlichen Perspektiven zu beleuchten. Stehen Affirmation und Intensivierung der gelebten Bindung im Zentrum des einen Handlungsstrangs, so entspinnt der andere eine bilderreiche Vor- und Rückschau auf Lancelots und Galahots Bedeutung für die Geschicke des Artusreichs und schließt mit einer Prognose des Todeszeitpunkts, der im Traum gänzlich vage blieb. Die resultierende Traumerzählung übertrifft den Bedeutungsumfang des ursprünglichen Traumtexts damit bei weitem. Einerseits gelangt sie zu einer komplexen Entfaltung des Freundschaftsthemas in seinen affektiven, sozialen und politischen Dimensionen. Andererseits eröffnen der Deutungsprozess und die Multiplikation der auslegungsfähigen Signifikanten neue erzählerische Spielräume, die lineare Zeitstruktur zu durchbrechen[51] und anspielungsreiche Bildbezüge zu stiften, von denen weiter unten noch die Rede sein wird.

Der narrative Überschuss dieser Episode demonstriert, wie der ›Prosa-Lancelot‹ das besondere erzählerische Potential mantischer Träume zu nutzen versteht.[52] Ein weiteres Beispiel kann indes zeigen, wie selbst Träume, an die sich kein expandie-

---

49 Vgl. dazu auch die Überlegungen bei Haag [Anm. 43], S. 75, der hier und in den folgenden Analysen literarischer Träume deren »legitimatorische Eignung« und die »strategische[] Verfügbarkeit von Traum und Traumdeutung« in den Mittelpunkt rückt.

50 Vgl. Fuchs-Jolie, *Droom* [Anm. 1], S. 201: »Der Beziehungsmodus der Zeichen auf die Dinge ist durchaus Vieldeutigkeit, und das ist als Problem hier erkannt und geradezu formuliert. Das Signifikans hat keine eindeutige, keine immergleiche Beziehung zu seiner Res, die Beziehung ist durch Außenbedingungen determiniert.« – Bereits im 12. Jh. hat Johannes von Salisbury im ›Policraticus‹eine Theorie der Polysemie von Traumzeichen entwickelt und daraus die Notwendigkeit der Vereindeutigung durch kompetente Exegeten abgeleitet (Ioannes Saresberiensis Episcopi Carnotensis Policratici sive De nugis curialium et vestigiis philosophorum libri VIII, 2 Bde, hrsg. v. Clemens C. I. Webb, unveränderter Nachdruck der Ausgabe Oxford 1909, Frankfurt a. M. 1965, Bd. 1, Lib. II 16: 432a-c).

51 Vgl. dazu auch Meister Helies' Beschreibung der besonderen Kräfte seines Beschwörungsbuchs: *Ich det ein waßer wiedder berg da mit fließen* (Kluge I, 506,12f.). Zur Linearität des Erzählens im ›Prosa-Lancelot‹ vgl. weiter Judith Klinger, Der mißratene Ritter. Konzeptionen von Identität im ›Prosa-Lancelot‹, München 2001, S. 460–466.

52 So auch Fuchs-Jolie, *Droom* [Anm. 1], S. 203: »Die Träume sind gar nicht mehr die Allegorie zu der Allegorese, die der Text braucht um seine Handlung zu konstruieren.« Zum 'narrativen Überschuss' vgl. auch ebd., S. 211.

render exegetischer Diskurs anlagert, als Knotenpunkte poetischer Strategien fungieren. So nämlich Hectors Traum, der für sich genommen eher schlicht daherkommt: Der junge Ritter träumt davon, wie er sich trotz des Verbots seiner Freundin in den Kampf stürzt, dabei von einer schwarzen Wolke voll kleiner Sterne umfangen wird, zum Schluss aber dennoch siegt (Kluge I, 319,25–31; Micha VIII, 56a, 9–10). Unschwer lässt sich das einzig rätselhafte Element – die finstere Wolke – auf die angedrohte *unfrúntschafft* der Geliebten und Hectors *trurikeit* (vgl. Kluge I, 319,24; 320,15) beziehen, die dem gebrochenen Versprechen folgen müssen.[53]

Der Traumbericht tritt indes als letztes Glied in einer Verkettung sonderbarer Zeichen auf, die Gawan zu enträtseln sucht, und ist seinerseits in die Erzählung eines Dritten – nämlich eines Zwergs, des Onkels der Geliebten – eingebettet. Ihren Ausgang nimmt diese Episode von der irritierenden Begegnung Gawans mit dem unbekannten jungen Ritter, der angesichts eines schwarz-silbernen Schildes von so heftigen wie widersprüchlichen *freude*- und *jamer*-Affekten geschüttelt wird, zwischendurch aber auch vier der besten Artusritter aus dem Sattel sticht. Da Gawan durch die Intervention des Zwergs daran gehindert wird, seinerseits mit dem Fremden zu kämpfen, nimmt er sich vor, dessen seltsames Gebaren zu ergründen. Das Aventiure-Ziel verschiebt sich hier, wie so häufig im ›Prosa-Lancelot‹, von der unmittelbar-physischen Bewältigung einer Konfliktsituation, von Kampf, Eroberung und Ehrerwerb, zur Suche nach einer Erklärung für merkwürdige Erscheinungen und findet ihr (wenigstens vorläufiges) Ziel in der Erzählung des Zwergs.[54] Interessant für die hier gewählte Fragestellung ist die doppelte Leistung dieser eingelagerten Erzählung. Einerseits verknüpft sie separate Handlungsstränge, denn Gawan erfährt nicht allein von Hectors Minne-Werbung, sondern auch von der akuten Notlage der Herrin von Rodestock.[55] Andererseits kommt es zu einer emblematischen Verdichtung der persönlichen Konfliktlage Hectors.

Diese Verdichtung vollzieht sich über die Verknüpfung eines materiellen Zeichens, Hectors Schild, mit den Traum-Zeichen, und realisiert sich als widersprüchliche

---

[53] Hier wäre eine Verbindung zu jenen mittelalterlichen Traumtheorien herzustellen, die in der Macrobius-Nachfolge dessen Kategorien weiter differenzieren. Zumal schon Macrobius davon ausgeht, dass sich in einem einzigen Traum Anteile von *visio* und *somnium* – also des prophetisch-offenbaren und des rätselhaft-symbolischen Traums – verbinden können, ergibt sich die Möglichkeit eines 'kombinatorischen Systems' (so schon in der Traumtheorie Gregors des Großen; vgl. Haag [Anm. 43], S. 50 und 52–54), das in der Zuschreibung von Bedeutung unterschiedliche Faktoren und Merkmale bündelt.

[54] Vgl. dazu allg. Tzvetan Todorov, Die Suche nach der Erzählung, in: ders., Poetik der Prosa, Frankfurt a. M. 1972, S. 126–145; E. Jane Burns, Arthurian Fictions: Rereading the Vulgate Cycle, Columbus, Ohio 1985, S. 7–21. Elisabeth Schmid, Wahrheitsspiele in der ›Mort Artu‹, GRM N. F. 49 (1999), S. 373–389, hier S. 389, weist aus der Rückschau der ›Mort Artu‹ nochmals darauf hin, dass »die nicht eindeutige Rede und das Hinausschieben der Auflösung die permanente Verwandlung von Signifikaten in neue Signifikanten« bewirkt und so den »Selbsterhaltungstrieb« dieses Romans ausmachen.

[55] In der Folge zieht Gawan nach Rodestock, um der bedrängten Dame Beistand zu leisten (vgl. Kluge I, 327–329).

Gleichzeitigkeit unvereinbarer Affekte. Der Schild dient der Geliebten als Medium der Kommunikation und bringt Hector gegenüber den Verlust ihrer *frúntschafft* zum Ausdruck. Schwarze Färbung und Silbersprengsel deutet ihr Onkel als Repräsentationen von Trauer und Tränen: *Das schwarcz von dem schilt bezeichent trurikeit, das er mit silber clein besprenget ist, das bezeichet die trehen die er weynen sol; wann wer recht unfro ist der muß weynen* (Kluge I, 319,23f.; vgl. Micha VIII, 56a,9). Unklar bleibt allerdings, ob diese Farbcodierung tatsächlich der Gestaltung des Schilds zugrunde lag oder dem schon eingetretenen Trauer-Affekt erst nachträglich abgewonnen ist. Hector trägt ihn seinerseits als Zeichen des Minne-Verlusts, doch überlagert das Traumbild die primäre Symbolsprache mit einer alternativen Deutung, die den gegenteiligen Affekt auslöst. Der Traum transformiert den silberbesprenkelten Schild zur *schwarcze*[n] *wolcken* [...] *vol kleyner stern* (Kluge I, 319,29f.; Micha VIII, 56a,9–10: *une nue plaine de menues estoiles*), die Hectors Erfolg nicht verhindern kann und ihm so zum Vorschein seines künftigen Glücks wird. Einerseits identifiziert er den Schild unmittelbar mit der geträumten Wolke und macht den Signifikanten damit zum Signifikat: *Da Hector den schilt sah, da wust er wol das er úbel gefarn hett; das was das schwarcz wolcken da von im getraumet hett* (Kluge I, 320,13f.; vgl. Micha VIII, 56a,11). Andererseits beschwört dieser Anblick die freudig-hoffnungsvolle Stimmung beim Erwachen aus dem Traum herauf (vgl. Kluge I, 319,31–320,1).

Der Traumbericht erläutert also jenes rätselhafte Tableau, mit dem die Hector-Aventiure einsetzt, und erhält von daher seinen Sinn, wobei die von Hector selbst vermutete, prognostische Bedeutung des Traumbilds allerdings ins Schwimmen gerät: Die Grenzen zwischen realem Geschehen, Geschehen mit prophetischem Zeichencharakter, real manipuliertem Geschehen und möglicherweise magischem Geschehen werden hier in höchstem Maße unklar, und dies gerade für den Leser.[56]

Die Leistung der Binnenerzählung besteht aber darin, Schild- und Traum-Zeichen einander in der sukzessiven Überlagerung konträrer Deutungen zuzuordnen. In der Erzählung des Zwergs wird der Traum von der Kommentierung des Schilds derart gerahmt, dass sich die Analogie der bedeutungstragenden Farben Gawan (und dem Textrezipienten) bei der Wiedergabe des Traums unmittelbar eröffnet.[57] Die nachträgliche Verdichtung der Zeichen- und Bedeutungsverhältnisse tritt damit an die Stelle einer verbindlichen Traumdeutung. Während unklar bleiben muss, ob das Zeichen der schwarzen Wolke ursprünglich an die Färbung des Schilds geknüpft war – ob Hectors 'Traumarbeit' also darin bestand, dies Zeichen seinen eigenen Wünschen anzuverwandeln – oder darüber hinaus prognostische Bedeutung hatte, installiert die Erzählung des Zwergs eine Logik miteinander verschränkter semantischer Bezüge, die Ga-

---

[56] Fuchs-Jolie, Bedeutungssuggestion [Anm. 1], S. 325, vgl. auch ebd. S. 324.

[57] Als Hector von der schwarzen Wolke träumt, kennt er ausschließlich die Bedeutung des Schilds für das Minneverhältnis. Erst im nachhinein wird ihm der Schild zur materiellen Bestätigung des Geträumten, stellt damit aber auch seine optimistische Deutung des Traumbilds in Frage und ruft spontan eben jene *trurikeit* hervor, die der Zwerg als bewusst konzipierten Sinn der Schildfarben identifiziert.

wans Frage nach Hectors Identität und befremdlichem Verhalten (Kluge I, 316,34–36; Micha VIII, 56a,2) lückenlos beantwortet. Hectors scheinbar sinnloses Gebaren vor dem Schild wird nun als Ausdruck einer spezifischen Konfliktlage lesbar. Die Binnenerzählung führt vor, wie die 'retrospektive' Narration die von unterschiedlichen Urhebern, in unterschiedlichen Medien gesetzten Zeichen in einem kohärenten Sinnzusammenhang organisiert.[58] Damit schreibt sie die sinnstiftende Leistung der rückwärts gewandten Erzählperspektive zu.

Diese implizite poetologische Reflexion verfügt allerdings über einen ironischen Auftakt. Von Gawan angegriffen verweist der Zwerg auf die (angebliche) Prophezeiung seiner Mutter, er werde dereinst von einem ehrlosen Gegner getötet (Kluge I, 316,31 f.: *das mich ein unwert wicht solt töten*; Micha VIII, 56a,3: *que malvaise merde me tueroit*). Will Gawan sich nicht mit dieser beleidigenden Vorhersage identifizieren, muss er nun von unmittelbarer Gewalt Abstand nehmen. Die retrospektiv eingeführte Prognose erfüllt hier offensichtlich strategischen Zweck: Sie unterbricht erfolgreich die Gewalthandlungen und nötigt Gawan dazu, Auskunft über Hector zu erbitten statt sie aggressiv zu erzwingen. Zugleich muss ihr Status in diesem Zusammenhang fragwürdig werden, denn es drängt sich der Verdacht auf, dass die frühere Prophezeiung im Augenblick äußerster Not nur erfunden wurde, um die eigene Position zu legitimieren und die Gegenwart im eigenen Interesse zu beeinflussen. Dieser ironischen Arabeske wäre wohl zuviel Gewicht beigemessen, wollte man sie als grundsätzliche Infragestellung allen retrospektiven Erzählens lesen; sie verweist aber auf ein textuelles Bewusstsein des Manipulationspotentials, das solchem Erzählen innewohnt. Oder, anders formuliert: Der Roman gibt hier zu erkennen, dass ein retrospektiv konstruierter Sinnzusammenhang dem gegenwärtigen Interesse (und jeweiligen Erkenntnisstand) eines Erzählers anstelle einer höheren, zeit- und personenabstrakten Wahrheit zuzuschreiben sein kann.

Diese Beobachtung hat Relevanz für den gesamten Roman, dessen Erzählung sich im Zeichen der Geschichtlichkeit und eines unausweichlichen Endes der beschriebenen Welt konstituiert[59] – und damit immer schon in Hinblick auf eine zukünftige Retrospektive. Mit der Zeitlichkeit aller Aventiure und des Artusreichs korrespondieren die Bemühungen der Hofgesellschaft, alle Erlebnisse der fahrenden Ritter schriftlich zu archivieren, korrespondiert aber auch eine Roman-Poetik der *memoria*, wie sie Nikola von Merveldt jüngst beschrieben hat. In unterschiedlichen 'Überlieferungsszenarien' entwirft der Roman »Gedächtniskonzepte, die verschiedene Strategien des Bewahrens und der Sinnstiftung erproben.«[60] Der Artushof gewinnt Einblick in die Erlebnisse der Ritter nur über deren retrospektive (und bisweilen unvollständige)

---

[58] Vgl. Bal [Anm. 18], S. 48, zur Herstellung von Kohärenz zwischen Rahmentext und eingebettetem Text.

[59] Vgl. dazu Walter Haug, Das Endspiel der arthurischen Tradition im ›Prosalancelot‹, in: Karlheinz Stierle, Rainer Warning (Hgg.), Das Ende. Figuren einer Denkform, München 1996 (Poetik und Hermeneutik 16), S. 251–266.

[60] Nikola von Merveldt, Translatio und Memoria. Zur Poetik der Memoria des Prosa Lancelot, Frankfurt a. M. u. a. 2003 (Mikrokosmos 72), S. 108.

Erzählungen, die ihrerseits vielfach retrospektive Erzählungen Dritter übermitteln. Diesen Vermittlungsprozess mitsamt seinen Leerstellen, verbleibenden Rätseln und nur unvollständig erfahrenen Bedeutungszusammenhängen thematisiert der ›Prosa-Lancelot‹ wiederholt und macht damit sichtbar, in welchem Maße Überlieferung und Sinnstiftung von den Bedingungen ihrer Kommunikation abhängen.[61] In diesem Zusammenhang ist es keineswegs nebensächlich, dass insgesamt acht Träume (also ein Viertel aller Träume und Visionen) retrospektiv in die Handlung integriert und damit als Binnenerzählung in einer Erzählung Dritter doppelt gerahmt sind.[62]

Im Folgenden sei nun ein weiterer Traum diskutiert, der einerseits die Krisen- und Störanfälligkeit der eben angesprochenen Kommunikationsbedingungen profiliert, der sich andererseits aber einer Verkettung und Multiplikation von Traum-Bildern zuordnet. Artus träumt, aus seinem Leib gehe ein Drache hervor, der sein Reich verwüstet und zuletzt von ihm erschlagen wird (Kluge II, 599,18–24; Micha V, 96,24). Der Trauminhalt verweist unmittelbar auf Ende und Endlichkeit des Artusreichs; die komplexen Zeichenbezüge, in die er sich einreiht, geben zudem weiteren Aufschluss über Grenzen und Potentiale der Gedächtnispflege im Roman.

Der Initialbericht dieses Traums wird als nachträgliche Enthüllung eines alten Geistlichen eingeschaltet, dem Mordret und Lancelot auf gemeinsamer Fahrt begegnen. Der Alte wendet sich mit einer doppelten Unheilsprophezeiung zunächst an Mordret und eröffnet diesem gleich darauf seine inzestuöse Abstammung von Artus selbst. Seine Enthüllung kulminiert im Traumbericht, dessen bildhafte Elemente im bereits etablierten Kontext eigentlich selbsterklärlich sind: Nur Mordret kann schließlich jener widernatürlich geborene Drache sein. Als Wahrheitsbeleg für seine Erzählung verweist der Geistliche Mordret auf das Drachenfresko im Stefansmünster zu Camelot: *din vatter dete es malen im allsyn leptag des ein gedechtniß zu haben* (Kluge II, 599,25–600,1; Micha V, 96,25: *semblance*). Er schließt eine Deutung des Drachen an, die dessen Verwandlung von *gute und erbermde* zu späterer *boßheit* expliziert (Kluge II, 600,2–7).[63] Mordret erfüllt sogleich die Vorhersage des Alten, er werde dessen Mörder sein, und gesteht ihm dabei zu (ironisch, so scheint es), sich wenigstens als *warhafftiger warsager* des eigenen Schicksals erwiesen zu haben (Kluge II, 600,15). Die im Traum als ihrer originären, wenngleich verschlüssel-

---

[61] Vgl. auch Hans-Joachim Ziegeler, Schrift und Wahrheit im deutschen ›Lancelot‹, in: Ingrid Kasten, Werner Paravicini, René Pérennec (Hgg.), Kultureller Austausch und Literaturgeschichte im Mittelalter. Transfers culturels et histoire littéraire au moyen âge. Kolloquium im Deutschen Historischen Institut Paris 16.–18.3.1995, Sigmaringen 1998 (Beihefte der Francia 43), S. 201–213, hier S. 212.

[62] Es sind dies neben Hectors Traum: Artus' Traum von der Drachengeburt, der von einem Eremiten kolportiert wird; der Traum des Knappen Helains von Tavingies über den von Gawan erhaltenen Ritterschlag (der sich unmittelbar darauf erfüllt); der Traum eines namenlosen Mönchs über die Galaat-Symeu-Aventiure; König Helies Offenbarungstraum; sowie in der ›Queste‹ Parcivals Träume von seiner verstorbenen Mutter; Morderas' genealogischer Traum und Salomos Traum.

[63] Micha V, 96,25. Hier weichen die deutschen Textfassungen voneinander ab: Die Erläuterung des Drachen fehlt in Z; vgl. Kluges Kommentar zur Stelle.

ten Offenbarung verankerte Unheilsprophezeiung ist damit gleich wieder von Missachtung und Vergessen bedroht.[64]

Lancelot findet bei dem Getöteten jedoch einen Brief, der dessen Vorhersage wiederholt (Kluge II, 601,8–15; Micha V, 96,28). Dieser schriftliche Text wendet sich an Mordret und beschreibt den eigenen Tod prognostisch in der Vergangenheitsform. Nicht nur die Identität seines Mörders, sondern auch die exakte Todesart (durch Enthauptung) nimmt der geistliche Autor hier vorweg, so dass sich die Vorhersage des eigenen Endes mit der auf Mordret und Artus gerichteten Prophezeiung verknüpft und ihren Wahrheitsgehalt stützt. Die Doppelung der prognostischen Erzählung, die die Gegenwart an unterschiedlichen Punkten der Vergangenheit verankert (am Zeitpunkt des Traums und jenem der Abfassung des Briefs), erfüllt insofern den Zweck, sie zu legitimieren und an Dritte weiterzuvermitteln. Damit zeichnet sich ein Erzähl- und Kommunikationsprozess ab, der zur Veröffentlichung der gedeuteten Traumprognose sowie zur Identifikation von Artus' Sohn und künftigem Todfeind führen könnte. Diese Veröffentlichungsperspektive ist zudem mit einem doppelten Medienwechsel verknüpft: Mit dem schriftlichen Vermächtnis des Briefs und der Evidenz des Bildes, das Lancelot später in der Stefanskirche vorfindet, sprechen alle Zeichen nachdrücklich für die Legitimität der Traumdeutung. In der Tat hält Lancelot das Fresko später für einen Wahrheitsbeweis, kann sich aber dennoch nicht entschließen, Mordret zu erschlagen, da ihm dies die Feindschaft von Gawans Geschlecht eintragen würde (Kluge II, 671,11–20; Micha VI, 100,33). Nur Ginover berichtet er schließlich davon (unterschlägt allerdings die Inzestzeugung), doch die Königin verschweigt die Geschichte, *darumb das sie nit glaubt das er* [Lancelot] *die warheit davon wißen mocht* (Kluge II, 703,14f.; Micha VI, 101,14–15). Hätte sie Artus davon berichtet, so fügt der Erzählerkommentar hinzu, dann wäre *der groß mortlich stryt underwegen bliben* (Kluge II, 703,19; Micha VI, 101,15).

Das geheimnisvolle Memorialbild und die verschriftlichte Enthüllungsrede des Geistlichen, ihrerseits Gedächtnisreste einer schon überholten Vergangenheit, könnten in der Gegenwart dazu genutzt werden, die prophezeite Zukunft abzuwenden, indem Bild und Text aufeinander bezogen werden.[65] Allein, diese Chance geht ungenutzt vorüber, und die in allen verfügbaren Medien – von den Traumbildern über mündliche Rede und schriftlichen Text bis hin zum Memorialbild in der Kirche – beschworene Erinnerung an eine unheilvolle Zukunft fällt dem Vergessen anheim. Die Gründe dafür sind zum einen in der begrenzten Einsicht der Subjekte und der scheiternden Vermittlung unterschiedlicher Wissensstandpunkte,[66] zum anderen in der Unzuverläs-

---

[64] Während Visualisierungen des Traums fehlen, wird die Ermordung des Geistlichen durch Mordret in den illustrierten Handschriften besonders häufig bebildert; vgl. Demaules, Marchello-Nizia [Anm. 1], S. 211.

[65] Dass eine solche Perspektive der Veränderung nicht illusionär ist, zeigt Artus' Reaktion auf die Deutung seiner drei Angstträume: Der Machtverlust wird hier (zumindest vorübergehend) vermieden (vgl. Kluge I, 250,18–22).

[66] Dies ein Grundzug im ›Prosa-Lancelot‹, der die Vermittlung unterschiedlicher Wahrnehmungsstandpunkte im Erzählen thematisiert und damit auch die Unzulänglichkeit der arthu-

sigkeit bzw. Uneindeutigkeit von Schrift und *gemelde* zu suchen, die der Roman wiederholt hervorhebt. Mit Fälschungen ist im Universum des ›Prosa-Lancelot‹ allemal zu rechnen, die vielfältigen Zeichen stehen unterschiedlichen, bisweilen widersprüchlichen Deutungen offen.[67] Gegen die Veröffentlichungsperspektive setzt der Roman zudem eine Sequenz von Heimlichkeiten (beginnend mit Lancelots heimlicher Lektüre des Briefs; vgl. Kluge II, 600,25–27; 601,5f.), die ihrerseits auf Lancelots selektive Berichterstattung verweist, wenn er vor dem versammelten Artushof seine gesamten Erlebnisse zum Zweck ihrer Verschriftlichung und Archivierung erzählen soll. Die Transformation des persönlichen ins kollektive Gedächtnis misslingt also nicht nur hier.[68] Mit dem Versickern dieses hoch bedeutsamen Wissens um die Zukunft des Artusreichs wird vielmehr auf das 'Scheitern der arthurischen Memorialpolitik'[69] insgesamt hingewiesen. Im Folgenden ist aber noch einem weiteren Aspekt nachzugehen, der sich jenseits der Figurenperspektiven eröffnet und zur Produktivität der Traumbilder und -erzählungen zurückführt.

Gegen Vergessen, Verschweigen und Fehldeutungen arbeitet der Roman an einem Bildgedächtnis, das nur Textrezipienten vollständig zugänglich ist und zugleich dazu anleitet, die Variabilität und Deutbarkeit der Bild-Zeichen zu reflektieren. Artus' Traum von der Drachengeburt reiht sich in eine Verkettung gleicher und verwandter Bilder ein, die die Erzählung des ›Lancelot propre‹ durchzieht. An Galahots Träume, in denen Ginover als gekrönter *serpant*[70] und Lancelot als Leopard erscheinen, heftet sich in der ersten Deutungsschicht die Symbolisierung Galahots und Artus' als kriegführender Drachen, die durch den Leoparden miteinander versöhnt werden (vgl. Kluge I, 500,31–501,10).[71] Damit ist ein bildlicher Verweiszusammenhang gesetzt, der sich in einer ganzen Serie von Träumen und Erscheinungen expandierend verselbständigt. Noch vor der Episode um die Mordret-Prophezeiung träumt eine namenlose

rischen Verschriftlichung von Aventiure sowie die Unvollständigkeit des am Artushof angelegten Archivs begründet. Ich habe dies bereits als epistemische Erzähllogik des Romans beschrieben (vgl. Klinger [Anm. 51], S. 444) und gehe hier wie in früheren Arbeiten von einem erkenntnistheoretischen Subjektbegriff aus (vgl. Judith Klinger, Möglichkeiten und Strategien der Subjekt-Reflexion im höfischen Roman: Tristan und Lancelot, in: Jan-Dirk Müller, Horst Wenzel (Hgg.), Mittelalter. Neue Wege durch einen alten Kontinent, Stuttgart u. a. 1999, S. 127–148; Klinger [Anm. 51], S. 19–26).

67 Briefe können gefälscht sein und auch *gemelde* sind keine zuverlässigen Wahrheitszeugen: vgl. Ziegeler [Anm. 61], S. 210f. Ruberg [Anm. 26], S. 189, beschreibt anhand von Lancelots Fresken, wie es misslingt, die »privaten […] Memorialbilder den Regeln der kollektiven Memoria auszusetzen« (vgl. zum Drachenfresko ebd. S. 188f.).

68 Vgl. dazu auch Ziegeler [Anm. 61], S. 208f.; Klinger [Anm. 51], S. 482–489.

69 Vgl. Merveldt [Anm. 60], S. 343.

70 Vgl. zum Sprachgebrauch von *serpant* Claude Lecouteux, Der Drache, ZfdA 108 (1979), S. 13–31, hier S. 17. Im altfranzösischen Text begegnet für Drache überwiegend *serpent*; vgl. etwa Micha II, 66,19; Micha IV, 78,46; Micha V, 96,24; Micha VI, 100,33 u. ö.

71 In der von Micha edierten Fassung des afrz. Romans begegnen anstelle der Drachen ein gekrönter und ein ungekrönter Löwe (vgl. Micha I, 4,21–22). Erst in einer späteren Redaktion werden die Löwen wiederum durch Drachen ersetzt (vgl. Sommer IV, 22,6–25; dazu weiter Speckenbach 1986 [Anm. 1], S. 122f.). Es sind auch diese Drachen, die Ende des 14. Jh.s in der Hs. 16999 fol. 156r visualisiert werden (vgl. Demaules, Marchello-Nizia [Anm. 1], Farbabb. 39), nicht aber die originären Traumbilder.

Jungfrau in derselben Bildsprache: Vom Leoparden allein gelassen droht ein Drache sie zu verbrennen (Kluge II, 379,16–27).[72] Wenig später erfüllt sich dieser prognostische Traum, denn nachdem sie von Lancelot getrennt wurde, will der Bruder der Jungfrau sie aufgrund ihres vermeintlichen Vatermords auf den Scheiterhaufen bringen. Von Lancelot glücklich befreit deutet die Gerettete nun den eigenen Traum: *ir sint der lepart der mir im traum herscheyn* [...]; *und der böß verreter das was myn bruder* (Kluge II, 387,7f.; Micha IV, 83,54: *vos estes li liepart que je vi en mon songe [...] et li viautres si fu mes freres*).

Handelt es sich hier auch um ein vergleichsweise schlichtes Traum-Arrangement, das schnell und ohne rätselhafte Restbestände aufgelöst wird, so lenkt gerade die 'erzählerische Redundanz'[73] der Episode die Aufmerksamkeit auf ihre weiterreichenden Funktionen für die verschlungenen Bilderzählungen des Romans. Erstens macht sie sichtbar, dass die Symbolsprache der Traumbilder nicht an spezifische Subjekte geknüpft ist und etabliert den Leoparden als Signum Lancelots: eine Zeichenverbindung, die im gesamten Roman stabil bleibt. Zweitens führt sie aber die Ambivalenz des Drachen-Zeichens ein und bereitet so die Deutung des Geistlichen vor, der Mordret seine Zukunft als Vatermörder und seine Verwandlung in den Zerstörer des Artusreichs vorhält. Drachen können die Macht und Stärke von Herrschaftsträgern repräsentieren, eignen sich damit als symbolische Repräsentationen Galahots und Artus';[74] der destruktive Aspekt feuriger Zerstörungskraft dient zugleich als Anknüpfungspunkt einer negativierenden Auslegung. In Richtung auf die Textrezipienten, die diese Bildverknüpfungen mitverfolgen, erfolgt hier implizit der Appell, sich der Mehrdeutigkeit des Zeichens bewusst zu werden. So zuverlässig das Bild des Leoparden auf Lancelot verweist, so unsicher muss der Signifikant des Drachen bleiben – und zwar in Hinblick auf die Identität der gemeinten Person wie auch die Bewertung ihrer Handlungen.

Die serielle Vernetzung dieser Traumbilder lässt sich weiter im ›Schwarzen Kreuz‹ verfolgen, einem in der Pariser Hs. *a* (16. Jh.) sowie der französischen Überlieferung enthaltenen Handlungsabschnitt, der in der Leithandschrift *P* der Kluge-Edition fehlt (vgl. Kluge II, 129f.). Auf Corbenic beobachtet Gawan die Erscheinung eines Drachen, der in Begleitung von fünfhundert Jungen gegen einen Leoparden kämpft, ohne ihn besiegen zu können. Zuletzt töten sich die Drachen gegenseitig. Ein Eremit deutet Gawan später das Gesehene: Der Drache sei König Artus, der sein Land ver-

[72] Während die französische Version des Traums auch die Rettung ankündigt (vgl. Micha IV, 83,39), bricht die Heidelberger Hs. *P* vorher ab; vgl. dazu Fuchs-Jolie, *Droom* [Anm. 1], S. 197f.

[73] So Fuchs-Jolie, *Droom* [Anm. 1], S. 194.

[74] Vgl. dazu Arthur T. Hatto, Herzeloydes's Dragon-Dream, German Life and Letters 22 (1968/69), S. 16–31, hier S. 18–22; Lecouteux [Anm. 70], S. 21. – Entsprechend wird das Zeichen des Drachens auch andernorts zur adligen Repräsentation genutzt; vgl. z. B. Kluge II, 135,12–16: *Da er* [Agravant] *unden an den bergk kam, da fand er zu mal ein schön felt grüne vol blůmen und linden stan an wege wiedder und füre und ein gezelt uffgeschlagen von grünem zindale mit lilien und lewen gestickt. Daroben stund eyn gulden knopff und ein fliegender serpent mit zumal behendiglicher arbeyt gemacht.*

lassen werde, um einen Ritter erfolglos zu bekämpfen und dann zurückzukehren.[75] Während Gawan schwören muss, diese Auslegung für sich zu behalten, und die Identität des Ritters ungeklärt bleibt, verfügt der Rezipient bereits über einen Referenzrahmen, der es erlaubt, den Leoparden mit Lancelot zu identifizieren. Auch die Hs. *P* überliefert dann, mit der Erzählung von Lancelots erstem Aufenthalt auf Corbenic, eine weitere Prophezeiung über den Leoparden (und seinen Sohn Galaad), die in einen Sarg graviert ist. Als Lancelot den Sarg öffnet, erhebt sich daraus ein feuerspeiender Drache, den Lancelot zuletzt erschlägt (Kluge II, 289,21–290,25; Micha IV, 78,46–47). Diese Variation der Bildkombination Leopard-Drache verkompliziert die Zeichenverhältnisse auch insofern, als eins der symbolischen Tiere dem Ritter nun auf der Handlungsebene begegnet, und damit Anlass geben kann, das Verhältnis von Traum und Wirklichkeit, also den Status unterschiedlicher zeichenhafter Erscheinungen sowie die textuellen Differenzierungsmöglichkeiten zu überdenken.[76] Ist es hier etwa der Leoparden-Signifikant, der den realen Drachen auf den Plan ruft? Drängt sich diese Vermutung erst einmal auf, dann müssen auch die zeichen- und sinnstiftenden Operationen des Erzählens selbst in den Blick kommen.[77]

Die diskutierten Beispiele bestätigen insgesamt die oben zitierte Vermutung, dass der Roman anhand der Träume und ihrer Erläuterungen über seine bildschaffende Kraft nachdenke. Aus den Traumbildern und ihren Auslegungen generiert er weitere Zeichen und Bedeutungen, weitere Träume und Prophezeiungen wie quer einschießende Erzählfäden, die durch Bildzitate und intratextuelle Verweise miteinander verknüpft sind, ohne sich aber zu einem einzigen Sinnzusammenhang zu verbinden. Dem Bild des Leoparden kommt dabei die Signalfunktion eines Metazeichens zu, da es die Deutbarkeit angelagerter Zeichen und Erscheinungen indiziert, ohne deren Signifikate freilich näher zu bestimmen. Ebenso geben auch die Variationen des mehrdeutigen Drachen-Zeichens eine rezeptionsorientierte poetische Strategie zu erkennen, denn neben den Bildern selbst wird ihr Bedeutungsspielraum und ihre je unterschiedliche Geltung wiederholt ins Gedächtnis gerufen. Sie können insofern dazu anleiten, sich der Bildsequenzen und ihrer jeweiligen Implikationen zu erinnern und auf diesem Wege Verbindungen herzustellen, Zeichen zu enträtseln, die am Artushof ganz oder teilweise unbekannt, ungedeutet bleiben. Entsteht so in der Imagination der Rezipien-

---

[75] Vgl. Micha II, 66,19–21 und Micha II, 66,35–39. (Deutung); Bohort beobachtet später die Erscheinung eines Löwen eines Drachen und eines Leoparden (Micha V, 98,35–37).

[76] Der ›Prosa-Lancelot‹ eröffnet damit implizit eine metatextuelle Reflexionsebene, wie sie Haag [Anm. 43], S. 65, für Traumkonstellationen in mittelalterlicher Lyrik beschreibt: »Im Vordergrund steht dann nicht mehr, wie der Charakter eines Traums einzuschätzen ist, sondern die Identifizierung von Traum und Wirklichkeit schlechthin.«

[77] Diese Reihe wäre in die ›Queste‹ hinein zu verlängern, wo Drachenerscheinungen sowie geträumte und gedeutete Drachen eine zentrale Stelle in Parcivals Gralssuche besetzen und zugleich Anstoß zu einer nahezu endlosen Semiose geben, die ein Zeichen fortwährend durch ein neues ersetzt, ohne zu einer abschließend orientierenden Deutung zu gelangen. Die Zeichenhaftigkeit der Welt als ganzer wird hier derart radikalisiert, dass zuvor etablierte Differenzierungen von Traum und Wirklichkeit fragwürdig werden müssen (vgl. dazu Klinger [Anm. 51], S. 430–438).

ten eine Galerie der Memorialbilder (anhand derer Eckpunkte der Handlung, der Identitätsbildung, Krisen und Konflikte u. v. m. vergegenwärtigt werden können), dann ergänzt und konterkariert diese Gedächtnisproduktion das Vergessen am Artushof. Die Strategie der visuellen Verdichtung (wie sie am Beispiel der Hector-Aventiure zu verzeichnen war) wird allerdings mit genuin narrativer Serialisierung verbunden, die über Wiederholung und Variation dazu stimuliert, die Prozesse der Zeichendeutung und Sinnstiftung mitzureflektieren. Die bloße Bewahrung der Bilder, darauf weist schon das zuletzt wirkungslose Drachen-Fresko im Stefansmünster hin, kann sie dem Vergessen nicht entziehen; ihre Vervielfältigung in unterschiedlichen Erzählsequenzen erinnert dagegen nachdrücklich an die Polysemie der Bild-Zeichen, deren Bedeutung von ihrer je kontextspezifischen Interpretation abhängt.[78] Die hier angestellten Überlegungen lassen sich narratologisch folgendermaßen auf den Punkt bringen: Diachron ergänzt die variierende Wiederholung von Traumbildern das synchrone Verfahren der retrospektiven Integration und der komplexen Einschachtelung von Traumtexten.

Literarische Träume bieten der Erzählung stets Gelegenheit, ihr Register zu wechseln und eine andere Ordnung der Dinge – beispielsweise eine Logik der Bildbezüge – einzuführen oder zu entwickeln. Sie konstituieren sich also zum einen im Übergang oder Bruch, zum anderen über die Verweis- und Bedeutungszusammenhänge, die sie mit der Handlungsebene verbinden: Beide Dimensionen organisiert die jeweilige Rahmung des Traumberichts.[79] Ihre Produktivität lässt sich ferner als Mechanismus der Komplexitätssteigerung beschreiben: Implizit oder explizit generieren sie Kommunikations- und Sinnstiftungsprozesse, reflektieren nicht nur den Zeichengebrauch, sondern auch die Zeit- und Motivationsstrukturen im Roman, indem sie Steuerungsfunktionen übernehmen, Handlungen motivieren oder Erwartungen (der Protagonisten wie der Rezipienten) wecken. In der Einschachtelung des retrospektiv-prognostischen Erzählens spiegelt sich zudem das Zusammenspiel kausaler und finaler Zeit- und Motivationsstrukturen.[80] Einige dieser Aspekte konnten hier nurmehr gestreift werden. Weiter wäre darüber nachzudenken, wie Traumerzählungen mit den jeweiligen Strategien der Vergegenwärtigung und Legitimierung eben diese Aspekte des Erzählens selbst reflektieren, wie sie jeweils eine Autor- oder Erzählerinstanz konturieren, wenn sie den einzelnen Traum an das träumende Subjekt binden oder von ihm ablösen. Nicht zuletzt radikalisiert der Traum auch die im ›Prosa-Lancelot‹ stets virulente Frage nach der Kommunizierbarkeit von Wahrnehmung und Wissen der vereinzelten Subjekte,[81] indem er gerade anhand transpersonaler Traumbilder deren Wirkungslosigkeit und eingeschränkte Geltung vorführt. Eine noch grundlegendere Frage stellt sich aber mit den Strategien textueller Differenzierung von 'Wirklichkeit' auf der einen Seite, 'Traum' und 'Vision' mit ihrer jeweiligen Geltung für Wahrnehmen, Wis-

---

78 In dieser Hinsicht steht der ›Prosa-Lancelot‹ den Ausführungen über die grundsätzliche Vieldeutigkeit der Traumzeichen Johannes' von Salisbury außerordentlich nahe (vgl. ›Policraticus‹ Lib. II 16 sowie oben Anm. 50).

79 Vgl. dazu grundsätzlich Bal [Anm. 18], S. 48.

80 Vgl. Klinger [Anm. 51], S. 87–96 und 169–172.

81 Vgl. Klinger [Anm. 51], S. 443f.

sen und Handeln der Protagonisten auf der anderen.[82] Diese Differenzierung hängt abermals vom Modus der Rahmung ab, die ihrerseits die Traumerzählung als implizite poetologische Reflexion profilieren kann.

Auch für diese Fragestellung ist Ginovers Traum von Lancelots Untreue besonders interessant. Für sich genommen lässt er sich leichterdings den theorematischen Wahrträumen zuordnen, die ohne jede Mehrdeutigkeit kommende Ereignisse ankündigen. Die narrative Einbettung des Traums stellt jedoch genau diese Offensichtlichkeit in Frage.[83] Zum einen folgt unmittelbar auf den Traumtext eine Szene, in der die erwachte, vor Sehnsucht krank gewordene Ginover ein Ritterbild in ihrer Kammer mit Lancelots physischer Gegenwart verwechselt (Kluge II, 228,6–229,2; Micha IV, 74,4). Angesichts dieser um Bildvergegenwärtigung und Realpräsenz kreisenden Verwirrung müssen beim Textrezipienten Fragen nach der Unterscheidbarkeit von Wahrheit und Illusion aufkeimen; der Verdacht liegt nahe, dass Ginover einen bloßen 'Leibreiztraum'[84] erlebt haben könnte. Zum anderen relativiert auch der weitere Kontext die prognostische Dimension dieses Traums, stellt er sich doch als gespiegeltes Gegenstück zu Morganes magischer Traumsuggestion dar, die in eine nur fingierte Realität eingebettet war. Vor diesem Hintergrund verfügt der Textrezipient also über keine verlässlichen Kriterien, die den Wahrheitsgehalt von Ginovers Traum und seine Bedeutsamkeit absichern könnten. Beide Träume kulminieren jeweils – über unterschiedliche Handlungs- und Motivationsketten sowie unterschiedlich lange Erzählstrecken hinweg – in Lancelots neuerlichem Wahnsinnsausbruch. Noch rückblickend wirft diese unabweisbare Evidenz des Effekts Fragen zum Realitätsstatus und der Realitätsmächtigkeit des Traums auf, denn sie verwischt die Differenz zwischen dem magisch fingierten und dem tatsächlich prognostischen Traum. Eine klare Differenzierung und Hierarchisierung der Ebenen fehlt auch in der Miniatur zu Ginovers Traum, doch nimmt sie damit eine Sonderstellung ein: Im Übrigen betonen die Illustrationen der Handschriftengruppe B. N. fr. 111–120 Differenzierungen, indem sie neben der Unverfügbarkeit der Traumbilder den kommunikativen Prozess hervorheben. Sie ordnen sich damit der Konfiguration von verschachtelten Traumerzählungen nicht nur zu, sondern transponieren sie – insbesondere über die Bildarchitektur – in visuelle Grenzen und Schwellen und akzentuieren so ihre Signifikanz für das Erzählen von und mit Traum-Bildern.

---

[82] Vgl. Fuchs-Jolie, *Droom* [Anm. 1], S. 211: »Träume entwerfen Geschichten, und sie postulieren dabei eine Wirklichkeit, die [...] mit der 'wirklichen' Wirklichkeit nicht nur der Erzählgegenwart, sondern auch der Zukunft konfligiert (...) Als projektierte Geschichten in der Geschichte vervielfältigen Träume das Problem der Sinnstiftung.«

[83] Vgl. zu diesem Traum mit gleicher Tendenz auch Fuchs-Jolie, *Droom* [Anm. 1], S. 206f., der die Verunsicherung über prognostische Elemente vom Trauminhalt ableitet, zumal in der späteren Verwirklichung des Geträumten Lancelots Selbstverteidigung fehlt.

[84] Ein solcher, bloß von den irdischen Sinnen, von individuellen Wünschen und Ängsten hervorgerufener Traum bildet in den mittelalterlichen Traumtheorien stets die unterste Stufe, der keinerlei Wahrheit zukommt (vgl. Wittmer-Butsch [Anm. 42], S. 135, 144f.; Kruger [Anm. 32], S. 70–74). In der Terminologie Macrobius' wäre ein solcher Traum als *insomnium* zu klassifizieren.

Fritz Peter Knapp

Erzählen, als ob es Geschichte sei

Antifiktionalität und Geschichtstheologie im ›Prosa-Lancelot‹*

I.

»In keinem Zeitalter der europäischen Geschichte dürften Fälschungen eine größere Rolle gespielt haben als im Mittelalter« stellte Horst Fuhrmann 1963 fest[1] und sah wie viele andere Historiker den wichtigsten Grund dafür in einem Kernbegriff des mittelalterlichen Rechtsempfindens, der *aequitas*. Diese passt als eine dem positiven Recht vorgegebene Größe die allgemeine Norm den Eigenheiten des konkreten Falls an und füllt eine Lücke, wenn das gesetzte Recht schweigt. Davon machen die mittelalterlichen, meist klerikalen Urkundenfälscher freilich exzessiven Gebrauch, der sich auch auf andere Rechtstexte und Rechtszeugnisse sowie historiographische, hagiographische und theologische Texte ausdehnt. Die formale Echtheitskritik bleibt demgegenüber bis zum Humanismus unterentwickelt und die Ausnahme.

Aber die Notwendigkeit, Feststellungen historischer Tatsachen zu beglaubigen, wird allenthalben empfunden. Was nicht aus dem Munde eines Augenzeugen stammt, muss irgendwie auf eine Tradition gestützt werden, die letztlich irgendwie auf einen solchen Augenzeugen zurückgeht, wobei der schriftliche Weg viel größeres Vertrauen verdient als der mündliche. Der von Fuhrmann zitierte Satz *Mundus vult decipi* ist niemals etwas anderes als eine Unterstellung gewesen. Jedenfalls auf die erkannte oder vermeintliche Lüge des anderen zeigt man selbstverständlich auch im Mittelalter mit dem Finger und beruft sich dabei auf Augustins striktes Verdikt. Der mittelalterliche Geschichtsschreiber konnte sich freilich auf seine antiken Vorläufer stützen, die nach dem Prinzip des *verisimile* Lücken in der Überlieferung füllten, insbesondere Reden und Briefe einfügten, wie sie so zwar nie gehalten bzw. geschrieben wurden, aber durchaus hätten werden können. Aber auch wenn die antiken Historiographen ihre Werke schufen, »um zu erzählen, nicht um zu beweisen« *(ad narrandum non ad*

---

* Bis auf die Hinzufügung der Anmerkungen ist die Vortragsfassung nahezu beibehalten. Eine etwas erweiterte Fassung ist im zweiten Band meiner Aufsatzsammlung ›Historie und Fiktion in der mittelalterlichen Gattungspoetik‹, Heidelberg 2005, S. 169–189, erschienen. Dem Max Niemeyer Verlag sei für die Erlaubnis, die Zweitfassung etwa zeitgleich veröffentlichen zu dürfen, gedankt. In jenem Sammelband kann sie in der Umgebung anderer Beiträge erscheinen, welche die hier vertretene provokante These stützen und v. a. auch durch den allgemeinen philosophisch-theologischen Hintergrund ergänzen.

1 Horst Fuhrmann, *Mundus vult decipi*. Über den Wunsch des Menschen, betrogen zu werden, Historische Zeitschrift 241 (1985), S. 529–541, hier S. 531. Vgl. schon ders., Die Fälschungen im Mittelalter. Überlegungen zum mittelalterlichen Wahrheitsbegriff, Historische Zeitschrift 197 (1963), S. 529–544.

probandum), wie es der Rhetor Quintilian zur Abgrenzung gegenüber der Gerichtsrede formulierte,[2] so versäumten sie es keineswegs, immer wieder auf die faktische Wahrheit des Erzählten hinzuweisen. Seit Augustinus erhob sich die Forderung nach solchen Beweisen natürlich umso eher.

Das spielte sich bis ins 12. Jh. vor allem auf Latein ab. Nur selten gesellte sich volkssprachliche Geschichtsdichtung in gebundener Rede hinzu, die jedoch im fortschrittlicheren Westen rasch in den Verdacht der Lüge geriet. In der ›Histoire de Charlemagne et de Roland‹ heißt es: »Keine gereimte Erzählung ist wahr, alles ist Lüge, was man darin sagt, denn man weiß hier alles nur vom Hörensagen.«[3] So entstanden denn bereits zu Anfang des 13. Jh.s die ersten Geschichtswerke in französischer Prosa, und ihnen folgte der Prosaroman, zuerst die Trilogie ›Joseph-Merlin-Perceval‹ nach Robert de Boron, hierauf, wohl auch noch im ersten Drittel des 13. Jh.s, der Lancelot-Graal-Zyklus. Erich Köhler beurteilte in den fünfziger Jahren des 20. Jh.s diese epochale Neuerung so:

Der Vorwurf der Lüge wurde gleichsam zum Anstoß für die hochgespannte Dichtung, ihrer inneren Notwendigkeit folgend, sich wieder der Chronik zuzuwenden, von der sie ausgegangen war und die jetzt nicht nur auf breiterem, auch volkssprachlichem Raum, sondern bereits auch in dem erneut zur wichtigsten Quelle werdenden Galfried von Monmouth in Prosa vorlag.[4]

In neuerer Zeit (1998) hat sich Hans-Joachim Ziegeler[5] mit dem Wahrheitsanspruch im ›Prosa-Lancelot‹ beschäftigt und auf bemerkenswerte innere Widersprüche hingewiesen. Entsprechend der – schon von Isidor von Sevilla erhobenen und seither offenbar zu kanonischer Geltung aufgestiegenen – Forderung der Augenzeugenschaft insinuiert der Autor erstmals am Ende des ersten Teiles des ›Lancelot propre A‹ (nach dem schottischen Krieg) dem Leser die erstmalige authentische Verschriftlichung der Aventüre nach den Berichten der Protagonisten selbst. Er behauptet, vier Schreiber, Herodianus (Arodien) von Köln, Tantalides von Vercelli (Vergeaus), Thomas von Toledo und Sapiens von Bagdad (Baldac, Baudas), hätten auf Befehl des Königs Artus die Heldentaten der Artusritter Gauvain, Hector und ihrer achtzehn Gefährten bei der Suche nach Lancelot aufgeschrieben, klärlich auf Latein, was zwar nicht

---

2 M. Fabius Quintilianus, Institutio oratoria, X,i,31.

3 Übers. bei Erich Köhler, Zur Entstehung des altfranzösischen Prosaromans (1955/56), in: ders., Trobadorlyrik und höfischer Roman. Aufsätze zur französischen und provenzalischen Literatur des Mittelalters, Berlin 1962 (Neue Beiträge zur Literaturwissenschaft 15), S. 213–223 u. 294–296, hier S. 295, Anm. 8. – Text ebenda, S. 215, und in: Französische Literarästhetik des 12. und 13. Jahrhunderts. Prologe – Exkurse – Epiloge, ausgewählt v. Ulrich Mölk (Sammlung romanischer Übungstexte 54), Tübingen 1965, Nr. 79, Z. 9–11: *Nus contes rimés n'est verais, tot est mençongie co qu'il en dient; car il n'en sievent riens fors quant por oïr dire.*

4 Köhler [Anm. 3], S. 219. Köhler geht allerdings S. 217f. von der irrigen Meinung aus, auch Chrétien de Troyes habe im ›Erec‹ einen ähnlichen Anspruch erhoben, nämlich eine »gültige Interpretation eines exemplarischen geschichtlichen Geschehens zu bieten.«

5 Hans-Joachim Ziegeler, Schrift und Wahrheit im deutschen ›Lancelot‹, in: Ingrid Kasten, Werner Paravicini, René Pérennec (Hgg.), Kultureller Austausch und Literaturgeschichte des Mittelalters (Beihefte zur Francia 43), Sigmaringen 1998, S. 201–213.

gesagt wird, aber schon aus den Namen der Gelehrten hervorgeht, und setzt hinzu: *ne ja lor grant feit ne fusent autrement seu* (Micha VIII, 71a,48) (sonst hätte man von ihren großen Taten niemals gewusst).[6]

Am Beginn der Fortsetzung der Karrenepisode (nach dem Tode Meleagants) muss dann Lancelot gemäß einem Eid dem Königspaar seine Aventüren erzählen, welche wiederum aufgezeichnet werden, *por ce que aprés lor mort fuissent amenteu* (Micha II, 43,6) (damit sie nach ihrem Tode im Gedächtnis bleiben würden). Das wiederholt sich am Ende der ›Suite de la Charrette‹ in ähnlichen Worten (Micha II, 50,60), nur dass an der zuvor genannten Stelle ausdrücklich betont wird, Lancelot habe nicht alles berichtet, sondern vieles verschwiegen *(il l'en pluisors conta et pluisors l'en cela:* Micha II, 43,6). Das Gebot der heimlichen Liebe geht ihm also über das Wahrheitsgebot.

Dieses verletzt er abermals, diesmal, um die Liebe der Königin nicht zu verlieren, am Ende des ersten Teils des ›Lancelot propre B‹ (Micha IV, 84,68), obwohl ihn, Gauvain, Bohort und Gaheriet der König diesmal einen Eid auf Reliquien ablegen lässt, dass sie nichts Unwahres sagen und nichts verheimlichen würden. Auch unter Eid verschweigt Lancelot die durch Zauberei zustande gekommene Liebesnacht mit der Tochter des Graalskönigs. Verhütet er damit vielleicht größeres Unheil, so tut er eindeutig das Gegenteil, indem er dem König nichts von der Prophezeiung von Mordrets Verrat verrät, sondern nur der Königin. Anlässlich des Hoftages zu Pfingsten in Camaalot nach den Graalsabenteuern Bohorts lässt Artus abermals die Berichte Lancelots und anderer Artusritter für die Nachwelt aufzeichnen (Micha VI, 101,6). Von dem Brief des von Mordret erschlagenen Einsiedlers erfährt er jedoch von Lancelot nichts. Hätte Artus ihn gekannt, wäre die Katastrophe noch abzuwenden gewesen, bemerkt der Erzähler ausdrücklich (Micha VI, 101,15). Aber er begründet auch das Schweigen. Lancelot vermag nicht einmal seiner Geliebten von der inzestuösen Zeugung Mordrets zu erzählen, da er den König zu sehr liebt, als seine Schande aufdecken zu können. Guenievre aber glaubt schlichtweg an die Wahrheit der Prophezeiung nicht.

Die beiden letzten Wahrheitsbezeugungen im Zyklus mittels Verweis auf die Verschriftlichung der Geschichte innerhalb dieser selbst stehen am Ende der ›Queste del Saint Graal‹ und am Anfang der ›Mort le roi Artu‹. Dort heißt es:

> Und als Boort die Aventüren vom Heiligen Graal erzählt hatte, so wie er sie gesehen hatte, so wurden sie aufgezeichnet und aufbewahrt im Armarium von Salisbury, von wo Meister Gautier Map sie bezog, um daraus sein Buch vom Heiligen Graal zu machen, dem König Heinrich, seinem Herrn, zuliebe, welcher die Geschichte aus dem Lateinischen ins Französische übersetzen ließ.[7]

---

6 Der Satz fehlt sowohl in der von Elspeth Kennedy herausgegebenen französischen (Kennedy I, 571,25) als auch in der deutschen Fassung (Steinhoff I, 1288,23).

7 *Et quant Boorz ot contees les aventures del Seint Graal telles come il les avoit veues, si furent mies en escrit et gardees en l'almiere de Salesbieres, dont* ***Mestre Gautier Map*** *les trest a fere son livre del Seint Graal por l'amor del roi Henri son seignor, qui fist l'estoire translater de latin en françois* (Pauphilet, 279,31–280,3).

An Bohorts Bericht wird gleich kurz nach Beginn der ›Mort Artu‹ nochmals erinnert, dabei aber zusätzlich erwähnt, Artus habe die Erzählungen aller Teilnehmer an der Graalssuche aufschreiben lassen (vgl. Frappier, 2,1–17). Die Rolle von Meister Gautier Map greifen aber bereits die Anfangsworte des Romans auf:

> Nachdem Meister Gautier Map von den ›Aventüren vom Heiligen Graal‹ durchaus genug aufgezeichnet hatte, wie ihm schien, war König Heinrich, sein Herr, der Meinung, daß das, was er gemacht hatte, nicht genügen würde, wenn er nicht auch die Erinnerung an das Ende derjenigen, welche er vorher erwähnt hatte, bewahrte und (auch) daran, wie sie gestorben seien, deren Heldentaten er in seinem Buch erwähnte. Deshalb begann er diesen letzten Teil. Und als er ihn zusammengefügt hatte, nannte er ihn den ›Tod des Königs Artus‹ [...].[8]

Ziegeler bringt die vorsätzlich unvollständigen Berichte der Augenzeugen in dem Romanzyklus mit den darin vorgeführten zahlreichen trügerischen und betrügerischen Zeichen und Schriftstücken in Zusammenhang, um daraus zu schließen, die Aufzeichnungen jener Berichte sollten dem Publikum keineswegs als Garanten der Wahrheit vor Augen gestellt werden. Als einziger Garant solle vielmehr der Erzähler gelten, der allein »nicht in diesen Sog falsch gedeuteter Zeichen hineinzugeraten scheint.« Damit erhebe sich aber gerade der Roman über die Historiographie, die im Vertrauen auf schriftliche Berichte angeblicher Wahrheit diese doch nur verfehle. »Die Fiktion« dagegen »ist eine sehr widersprüchliche Wahrheit, vielleicht gerade weil sie die einzige Möglichkeit bietet, Wahrheit und Lüge zu unterscheiden [...].«[9]

Diesen Triumph, den sich hier die Literaturwissenschaft über die Geschichtswissenschaft gönnt, gewährt ihr der mittelalterliche Prosaroman höchstens, wie ich meine, wenn man die nicht ganz konsequente Legitimationsstrategie des Pseudohistoriographen als raffinierte Fiktionssignale deutet. Die Aufzeichnungen im Auftrag des Königs wollen ja niemanden täuschen. Sie sind nur für die Nachwelt gedacht. Sie sollen die *memoria* der großen Taten bewahren, die sonst ausgelöscht worden wäre, wie es VIII, 71a,48 ausdrücklich heißt (s. o.). Und sie erfüllen diese Funktion auch. Walter (Gautier) Map bedient sich angeblich ihrer, um das ›Buch vom Heiligen Graal‹ daraus zusammenzustellen, noch immer ein lateinisches Buch, das erst König Heinrich in die Volkssprache übertragen lässt.[10] Wir wissen inzwischen, dass der ›Lancelot en prose‹ erst nach dem Tode Walter Maps entstanden sein und größtenteils keine lateinische Vorlage gehabt haben kann. Aber die Zeitgenossen wussten es nicht, sondern sollten glauben, der Oxforder Archidiakon und Hofkleriker Heinrichs II. von England sei der Autor gewesen, der jedoch nur alte Historien zusammenfügte und

---

[8] *Aprés ce que mestres Gautiers Map ot mis en escrit des ›Aventures de Seint Graal‹ assez soufisanment si com li sembloit, si fu avis au roi Henri son seigneur que ce qu'il avoit fet ne devoit pas soufire, s'il ne ramentavoit la fin de ceus dont il avoit fet devant mention et conment cil morurent dont il avoit amenteües les proesces en son livre; er por ce commença il ceste derrienne partie. Et quant il l'ot ensemble mise, si l'apela ›La Mort le Roi Artu‹* [...] (Frappier, 1,1–10).

[9] Ziegeler [Anm. 5], S. 212.

[10] Der spätmittelalterliche deutsche Übersetzer des letzten Zyklusteils hat dies wie so vieles missverstanden und Map zum Übersetzer gemacht (Kluge III, 384,3f.).

bearbeitete. Dass er so manches aus den im Roman selbst erwähnten alten Aufzeichnungen gar nicht erfahren haben konnte, weil sie unvollständig waren, wie der Erzähler eigens vermerkt, wird den wenigsten Lesern aufgefallen sein. Fiel es ihnen auf, mochten sie sich den Widerspruch mit der Annahme weiterer Quellen Walter Maps, schriftlicher wie mündlicher, oder aus dessen ingeniösen Konjekturen erklären. Mit der Nase werden sie jedenfalls auf den Widerspruch nicht gestoßen, so dass man gezwungen wäre, dahinter eine bewusste Selbstentlarvung des Fälschers zu vermuten.

II.

Man hat den Faktizitätsanspruch jedenfalls *grosso modo* für bare Münze genommen, wie schon zuvor bei der Fälschung Galfr??eds von Monmouth. Das bezeugt uns noch im 13. Jh. die ›Histoire de Philippe-Auguste‹, deren Autor seinen Anspruch so formuliert:

> Daher werde ich, wie es sich für einen Erzähler gehört, meine Erzählung nicht in Reime fassen, wie zum Beispiel das Buch Lancelot, in dem kein einziges Wort im Reime steht, um besser die Wahrheit zu sagen und ohne Verfälschung zu berichten; denn schwerlich kann eine Geschichte gereimt sein, in die keine Lüge um des Reimes willen eingefügt ist.[11]

Deutlicher wäre in der Übersetzung noch »Geschichte« statt »eine Geschichte« für *estoire*, denn nur um *historia* geht es, natürlich nicht in unserem modernen Sinne, wie immer wieder betont werden muss. Uns erscheint es absurd, einen Roman wie den ›Prosa-Lancelot‹ als *historia* auszugeben, und noch absurder, daran den Wahrheitsgrad eines Geschichtswerks zu messen. Daher die endlosen Versuche, dieses als Missverständnis und jenes als Scheinmanöver zu entlarven. Man meinte, auch das mittelalterliche Publikum hätte den ›Prosa-Lancelot‹ unbedingt als wahrheitsindifferente Fiktion durchschauen müssen. Natürlich hat man auch gesehen, dass diesen Prosaroman Welten vom arthurischen Roman Chrétienscher Prägung trennen, dies aber aus der gattungsimmanenten Entwicklung erklärt. Walter Haug fasst 1994 deren Endpunkt so zusammen:

> Im Lancelot en prose wird sichtbar gemacht, daß die traditionelle arthurische Konstitution von Sinn über das Aventürenmuster nicht mehr trägt. Was erscheint und geschieht, wird vieldeutig, ja widersprüchlich. Alles kann Täuschung und Verstellung sein. Die Liebe zwischen Lancelot und der Königin wird zum Paradefall dieser Zweideutigkeit nach außen und nach innen. Die ›Queste‹ stellt die Bedingungen neu: es gibt hier nun zwar wieder eine klare

---

11 Übers. bei Köhler [Anm. 3], S. 295, Anm. 10. – Text in: Französische Literaturästhetik des 12. und 13. Jahrhunderts: Prologe, Exkurse, Epiloge. Ausgewählt von Ulrich Mölk, Tübingen 1969 (Sammlung romanischer Übungstexte 54), Nr. 80, V. 99–107: *Issi vos an feré le conte / Non pas rimé, qui an droit conte, / Si con li livres Lancelot / Ou il n'a de rime un seul mot, / Por mielz dire la verité / Et por tretier sans fauseté; / Quar anviz puet estre rimee / Estoire ou n'ait ajostee / Mançonge por fere la rime.* Von dem Werk hat sich nur der Prolog in einer Miszellaneenhandschrift (British Museum, Add. 21212, fol. 4) erhalten. Vgl. Paul Meyer, Mélanges de poésie française III: Prologue en vers français d'une histoire perdue de Philippe Auguste, Romania 6 (1977), S. 494–498.

> Bedeutung der Aventüren, aber sie ist von den Handelnden aus nicht erreichbar. Der Sinn kann bestenfalls zugewiesen werden. Und die ›Mort Artu‹ schließlich zeigt eine Welt, der der Sinn überhaupt entzogen ist, so daß sich nun jenes Potential des Truges und der Täuschung, das im ersten Teil aufgebaut worden ist, haltlos entladen kann.[12]

In einem kurz darauf erschienenen Aufsatz steuert Haug auf die Konsequenz für die fragliche Fiktionalität dieses Romans noch deutlicher zu:

> Der Prosalancelot klammert den strukturierenden Dichter aus, und er unterläuft gewissermaßen seine eigene Fiktionalität, ja, er präsentiert seinen Stoff als historische Wirklichkeit; dies im Rückgriff auf die chronikale Artusüberlieferung. Es wird [...] zwar mit gängigen fiktionalen Strukturen gearbeitet, es wird ihnen jedoch der Sinn entzogen.[13]

Aber dann kehrt Haug auf seinem Weg um. Zwar sieht er auch weiterhin im ›Prosa-Lancelot‹ »die Sinnkonstitution am Prinzip des Geschichtlichen [...] scheitern«, postuliert jedoch ausgehend von seiner These, »daß beim Einbau von Fakten in die Fiktion die Fiktionalität sich durchsetzt,« auch für den ›Prosa-Lancelot‹, »daß die geschichtliche Tradition dabei fiktionalisiert worden ist.«[14] Selbst wenn wir jene These als allgemein und nicht nur für neuere Zeiten gültig akzeptieren wollten, stellt sich die Frage: Sind hier wirklich Fakten in die Fiktion eingebaut worden? Füllt nicht vielmehr Erfundenes den historischen Rahmen?[15] Was Haug aber in erster Linie hindert, vollends jene Konsequenz zu ziehen, das ist sein Wahrheitsbegriff. Seine Alternative lautet: »Wahrheit als etwas, was vorgegeben ist, gegenüber einer Wahrheit, die einem aufgegeben ist,«[16] wobei diese Wahrheit die des fiktionalen Romans ist, jene

---

[12] Walter Haug, Versuch über die zyklische Idee des ›Prosa-Lancelot‹, in: Bart Besamusca u. a. (Hgg.), Cyclification. The Development of Narrative Cycles in the Chanson de Geste and the Arthurian Romance, Amsterdam u. a. 1994, S. 210–214, hier S. 214.

[13] Walter Haug, Das Endspiel der arthurischen Tradition im ›Prosalancelot‹ (überarbeitete Version), in: ders., Brechungen auf dem Weg zur Individualität. Kleine Schriften zur Literatur des Mittelalters, Tübingen 1995, S. 288–300, hier S. 298.

[14] Walter Haug, Die Entdeckung der Fiktionalität (überarbeitete Fassung), in: ders., Die Wahrheit der Fiktion. Studien zur weltlichen und geistlichen Literatur des Mittelalters und der frühen Neuzeit, Tübingen 2003, S. 128–144, hier S. 142f.

[15] Zur Entscheidung kann wohl die quantitative Relation nicht ausreichen. Joseph J. Duggan hat etwa für die *Chanson de geste* (und ihr spanisches Pendant) festgestellt, dass von den darin erzählten angeblichen Fakten nach heutiger Erkenntnis nicht einmal ein Prozent wirklich in der historischen Realität begründet ist, die Jongleurs jedoch keinen Zweifel an der Historizität gelten lassen wollen und damit selbst bei klerikalen Chronisten und gelehrten Autoren, wenn auch nicht überall (s. o.), so doch vielfach Glauben gefunden haben (Joseph J. Duggan, Medieval Epic as Popular Historiography, GRLMA XI/1: La littérature historiographique des origines à 1500, Heidelberg 1986, S. 285–311, hier S. 304–311). Nun mochten die Jongleurs selbst vieles von dem aus der Tiefe der Jahrhunderte Überlieferten für historisch halten, konnten sich zugleich aber doch nicht darüber hinwegtäuschen, wie frei sie in ihrer Zunft mit dem Überlieferten umgingen. Die Autoren des ›Prosa-Lancelot‹ verwendeten die »gängigen fiktionalen Strukturen« des Romans (s. o.) gewiss auch mit voller Absicht, aber ebenso gewiss nicht zu dem Zweck, sie in dem neuen Rahmen als fiktional erscheinen zu lassen.

[16] Haug [Anm. 14], S. 134.

Wahrheit aber die der Religion und der Geschichte. So bleibt es Haug verwehrt, aus der von ihm im Prosaroman so eindrucksvoll aufgedeckten Verschlossenheit, Entrückung oder Auflösung des Sinns anderes zu schließen, als »daß das Prinzip des Geschichtlichen zum Thema der Fiktion wird.« Denn es ist, meint er, »nicht mehr die alte, sinngeprägte Geschichte, die sich zurückmeldet, sondern eine Geschichte, die gewissermaßen durch die Freiheit der Fiktion hindurchgegangen ist [...].«[17]

III.

Wo haben wir sie aber unversehrt vor uns, »die alte, sinngeprägte Geschichte«? Doch wohl nur dort, wo Heilsgeschichte nacherzählt und nach anerkannten kirchlichen Autoritäten gedeutet wird, also nur im Extremfall. In Frage steht sie sogleich bei der Geschichtsepik, ja schon der Geschichtsschreibung, welche die biblische Grundlage verlässt. Selbst im augustinischen Weltbild standen nur das heilsgeschichtliche Schema und Ziel sowie das ständige strafende und lohnende Eingreifen Gottes ins Geschehen fest. Aber wo keine göttliche Offenbarung wie bei der biblischen Geschichte zur Verfügung stand, dort war ihre Deutung und Wertung Aufgabe des Historiographen, eine Aufgabe, die mit der Auswahl, Verknüpfung und Auffüllung der Fakten begann und in deren Manipulation münden konnte.

Wir sind damit wieder bei den Fälschungen angelangt. Der für den Literaturhistoriker klassische Fall großangelegter historiographischer Fälschung ist eben die ›Historia regum Britanniae‹ Geoffreys of Monmouth. »Die moderne Forschung sieht in der *Hist*[*oria*] eher einen hist[orischen] Roman als Geschichtsschreibung,«[18] vermerkt Herbert Pilch, hält aber selbst zurecht daran fest, dass das Werk gattungsmäßig eindeutig zur Geschichtsschreibung gehört. Brigitte Burrichter hat dies glänzend bestätigt.[19] Man geht völlig in die Irre, wenn man die eingearbeiteten Mythen und Sagen und die offenkundig freien Erfindungen aus modernem Empfinden als romanhaft qualifiziert und den klaren Anspruch des Autors, historische Fakten zu vermitteln, nicht als Gattungssignal gelten lässt.

Auf diesem pseudohistorischen Fundament ruht der ›Prosa-Lancelot‹, und zwar in ganz anderer Weise als Chrétiens Artusromane, die den ruhmreichen Britenkönig nur als exemplarische Bezugsgröße einbeziehen und gleichzeitig in die statuarische Passivität zurückdrängen, die erzählten Aventüren aber aus Zeit und Raum der Geschichte herausnehmen. Die Geographie im ›Prosa-Lancelot‹ weist zwar auch Widersprüche, Lücken und fingierte Zusätze auf, erscheint jedoch nicht absichtlich verunklärt wie bei Chrétien, sondern bewusst als pseudorealer Geschehensraum gezeichnet.[20] Noch penibler fällt das Zeitgerüst aus. Alle wichtigen Ereignisse werden relativ in ihrem zeitlichen Abstand voneinander und teilweise auch auf bestimmte Feste im

[17] Haug [Anm. 14], S. 144.

[18] Herbert Pilch, Geoffrey von Monmouth, in: Lexikon des Mittelalters IV (1989), Sp. 1263f.

[19] Brigitte Burrichter, Wahrheit und Fiktion. Der Status der Fiktionalität in der Artusliteratur des 12. Jahrhunderts (Beihefte zur Poetica 21), München 1996.

[20] Vgl. Alexandre Micha, Essais sur le cycle du Lancelot-Graal, Genf 1987, S. 251–282.

Kirchenjahr festgelegt. Und einmal im Zyklus findet sich sogar eine Jahreszahl: Am Beginn der ›Quête‹ erscheint zu Pfingsten auf dem Gefährlichen Sitz die Aufschrift: *.cccc. anz et .liiii. sont acompli emprés la Passion Jhesucrist; et au jor de la Pentecouste doit cist sieges trover son mestre* (Pauphilet, 4,9–11). Und von diesem Ausgangspunkt, dem Jahr 454 nach Christi Passion, d. i. nach der gewöhnlichen Zählung das Jahr 487 nach Christi Geburt, kann man durch Zurückrechnen eine absolute Chronologie aufstellen: Lancelots Geburt 443, Lancelots Schwertleite 461, Meleagants Tod 470, Galaads Geburt 472 usw. Schon in der ›Quête‹ werden die Zeitangaben freilich rarer und vager, und das steigert sich noch in der ›Mort Artu‹. Bis ans Ende des 5. Jh.s oder wenig darüber hinaus reicht jedenfalls die Lebenszeit des Britenkönigs. Das scheint der ›Historia regum Britanniae‹ zu widersprechen, da Geoffrey von Monmouth Arthurs Tod wohl ins Jahr 542 gesetzt haben dürfte.[21] Doch diese Zahl entspricht zwar der vermutlich besten, aber keineswegs der gesamten Überlieferung. Die Weltchroniken des 13. Jh.s schieben die Regierung Arthurs in die Ereignisse der sechziger Jahre des 5. Jh.s ein.[22] Was aber vielleicht noch mehr ins Gewicht fällt, ist der Umstand, dass jene Jahreszahl bei Geoffrey auch so ziemlich allein steht. Auch diesbezüglich fällt der ›Prosa-Lancelot‹ also nicht aus dem Rahmen. Es kommt also weder hier noch in der ›Historia regum Britanniae‹ auf eine absolute Chronologie an – sie hätte auch den Wahrscheinlichkeitsgrad der Ereignisse in der ›Mort Artu‹ eher geschwächt, da die Protagonisten bei genauer Rechnung als zu alt, Artus selbst schon als 96–jährig, erscheinen mussten –, sondern nur auf eine grundsätzliche historische Verortung.

Auch das sich im ›Prosa-Lancelot‹ epidemisch verbreitende Phänomen der Täuschung und des Betrugs ist in der ›Historia‹ an prominenten Stellen vorgeprägt, nämlich bei der Zeugung Arthurs und bei Mordreds Verrat. Doch dieses Phänomen bestimmt nur die eine Seite des Romanzyklus und darf nicht verabsolutiert werden. Der Welt der ›Mort Artu‹ wird auch nicht jeder Sinn entzogen, sondern nur der Sinn ritterlicher Aventüren, ja irdisch-sozialen Handelns überhaupt. *Sub specie aeternitatis* sieht alles anders aus. Im Wesentlichen hat hier die großartige Deutung durch Jean Frappier von 1972 immer noch Geltung.[23] Ich versuche aus meiner Sicht und mit gelegentlicher Umakzentuierung die entscheidenden Punkte in aller gebotenen Kürze herauszuheben. Vorauszuschicken gilt es, dass Frappier gewisse im Text selbst vorhandene gedankliche Brüche in weiser Zurückhaltung nicht zu übertünchen sucht. Wir haben hier eben keinen philosophischen oder theologischen Traktat vor uns.

---

[21] Vgl. z. B. die Ausgabe von Neil Wright nach der Hs. 568 der Berner Burgerbibliothek, Cambridge 1984, S. 132.

[22] Vgl. Vinzenz von Beauvais (gest. 1264), Seculum historiale, XX,55f. u. XXI,74 (Ausgabe Douai 1624, Nachdruck Graz 1965); Martin von Troppau (gest. 1278), Chronicon, Ad annum 465, Monumenta Germaniae Historica – Scriptores XXII (1872), S. 419 Z. 17–20.

[23] Jean Frappier, Etude sur ›la Mort le Roi Artu‹, roman du XIIIe siècle, dernière partie du ›Lancelot en prose‹, 3. Aufl., Genf 1972. Eine prägnante Zusammenfassung liefert Frappier dann GRLMA IV/1: Le roman jusqu'à la fin du XIIIe siècle, Heidelberg 1978, im Rahmen der Gesamtinterpretation des Zyklus S. 536–589.

Gehen wir zudem über die ›Mort Artu‹ im Zyklus weiter zurück, so ist mit einer partiell abweichenden Sinngebung durch mehrere Autoren und Redaktoren zu rechnen. Am weitesten ab steht die Welt der ›Quête‹ mit ihrem monastischen Rigorismus. Sie muss hier weitgehend ausgespart bleiben.

Als Ausgangspunkt der Betrachtung wählen wir die Rolle Fortunas in der ›Mort Artu‹. Schon vor der Schlacht von Salisbury spricht Sagremor von den »Spielen Fortunas.«[24] Vor der Schlacht erscheint Fortuna dem König sogar persönlich im Traum, zuvor jedoch der kürzlich verstorbene Gauvain, der ihm dringend abrät, in die Schlacht zu ziehen, sofern er nicht zuvor Lancelot zu Hilfe geholt habe. Artus antwortet, er könne um seiner Ehre willen sein Reich nicht einem Verräter überlassen, aber auch nicht nach Lancelot senden, denn er habe ihm so Übles zugefügt, dass er sicher nicht käme.[25] Am Morgen vom Schlaf erwacht, betet Artus zu Christus, er möge ihm den Sieg schenken. In der folgenden Nacht sieht er im Traum Fortuna. Die wunderschöne Dame trägt ihn auf einen Berg und setzt ihn auf ein großes Rad, und zwar auf den höchsten der rundum am Rad befestigten Sitze, von wo aus er die Welt überblickt. Sie erklärt ihm, er habe als mächtigster König bisher fast alles davon beherrscht.

> Mes tel sont li orgueil terrien qu'il n'i a nul si haut assiz qu'il ne le conviegne cheoir de la poesté del monde.[26]
>
> (Aber so bestellt ist es um alle Hoffart dieser Welt, daß es niemand gibt, der so hoch sitzt, daß er nicht von der Weltherrschaft herabstürzen müsste.)

Damit schleudert Fortuna den König grausam zur Erde.

Frappier warnt zu Recht davor, dieses eindrucksvolle Bild allein unter diesem ersten Eindruck allzu hoch zu bewerten, handelt es sich doch um einen ungemein verbreiteten Gemeinplatz.[27] Der Autor der ›Mort Artu‹ könnte ihn z. B. aus Waces ›Brut‹ oder dem ›Roman d'Eneas‹ bezogen haben. Boethius hatte das Bild des Fortunarades geprägt, um den jähen Wechsel irdischen Geschickes als bloß scheinbare, weil vom Menschen nicht als gerecht zu durchschauende Unordnung zu symbolisieren, die jedoch tatsächlich in der gerechten Ordnung der oberen göttlichen Instanzen Fatum und Providenz aufgehoben sei. In der ›Mort Artu‹ und bis zu einem gewissen Grade schon im ›Lancelot propre‹ scheint dagegen das irdische Geschick eine düstere Größe und Eigenmacht zu gewinnen, die an die griechische Tragödie gemahnen. Die

[24] Als König Artus sich darüber beklagt, dass Mordret, der übelste Verräter, Yvain, einen der edelsten Ritter, erschlagen habe, antwortet ihm Sagremor: »Herr, das sind die Spiele Fortunas. Nun könnt ihr sehen, wie teuer sie Euch die großen Güter und hohen Ehren verkauft, die ihr zuvor besessen habt, indem sie Euch Eure besten Freunde raubt.« Frappier 190,5–8: *Sire, ce sont li geu de Fortune; or poez veoir qu'ele vos vent chierement les granz biens et les granz honors que vos avez eü pieça qu'ele vos tolt de voz meilleurs amis.*

[25] Ebd. Frappier, 176,7–37. Aus dem Satz *car il li a tant forfet* (Z. 34) ist nicht sicher zu entnehmen, wer das Subjekt ist. Vermutlich weist aber Artus sich hier nicht selbst die Schuld zu. Im dt. ›Prosa-Lancelot‹ findet sich hier wie so oft eine Lücke.

[26] Frappier, 176,73–75.

[27] Frappier, Etude [Anm. 23], S. 571.

Protagonisten werden von Überzeugungen, Sehnsüchten, Emotionen und Schwächen unwiderstehlich getrieben, die sich rationalen Einsichten ebenso entziehen wie christlichen Geboten. Das Ehrgefühl verbaut dem König die beiden von Gauvain eröffneten Auswege. Die unerwiderte Liebe bricht den Lebenswillen des Fräuleins von Escalot. Die erfüllte, aber nie ganz zu stillende Liebesleidenschaft Lancelots und Guenievres provoziert zuletzt den unüberwindlichen Hass Gauvains und des Königs.

So bleiben auch nahezu alle Helden und Heldinnen blind und taub gegenüber den zahlreichen Weissagungen, die sich schon im zweiten Teil des ›Lancelot propre‹ immer mehr häufen. Spätestens die Warnungen des Fräuleins vor der Joyeuse Garde in der ›Mort Artu‹ (Frappier, 110,36–55) hätten Gauvain und Artus die Augen öffnen und vor der Rache an Lancelot abhalten müssen. Doch sie wollen davon nichts wissen. Die Einsicht kommt viel später, zu spät. Das prophetische Fräulein nennt die Instanzen, welche sie ins Verderben treiben: ihr böses Herz (*maus cuers*) und ihr großes Unheil (*granz mescheance*; Frappier, 110,53), und deutet damit ein unauflösbares In- und Miteinander äußerer Irreführung und innerer psychischer Disposition an. Mögen darin nun bloß zwei Seiten derselben Fatalität zum Ausdruck kommen oder nicht, der Mensch erscheint jedenfalls nicht willenlos und daher auch nicht ohne eigene Verantwortung einer sinnentleerten Welt ausgeliefert. Wie ihr wieder ein Sinn abzutrotzen wäre, zeigt Lancelots innere Wandlung nach der Entdeckung des Ehebruchs. Seine nunmehr erreichte Verzichtsbereitschaft, Selbstentäußerung, Demut und Feindesliebe sind Vorboten seines Einsiedlerlebens und Todes im Geruch der Heiligkeit. Gauvains Rachsucht und Artus' Stolz aber bleiben vorläufig unbesiegbar. Erst kurz vor ihrem Tod erfasst sie die Reue. Da kann die Katastrophe des Reiches aber nicht mehr abgewendet werden.

Hier macht Fortuna wahrlich *tabula rasa*. Nichts bleibt übrig von all der Macht und Herrlichkeit, Reichtum, Prachtentfaltung und höfisch-ritterlicher Lebensform, wie sie der ›Lancelot propre‹ weithin gefeiert, die ›Graalssuche‹ aber verdammt hatte. Böse und Gute werden ohne Unterschied in den Untergang gerissen. Aber die Seelen der Guten gehören Gott, der sie in sein himmlisches Reich aufnimmt. Er lässt Buße und Umkehr des Sünders gelten und übt Gnade. Und er sieht dabei nur auf Verfehlungen und Verdienste des einzelnen Menschen. Der kollektiven irdischen Vernichtung steht die individuelle himmlische Begnadigung entgegen. Das alles geht weit über die von Geoffrey und Wace berichtete Ereignisfolge hinaus. Ein entscheidender Unterschied besteht schon darin, dass der Autor der ›Mort Artu‹ den König wirklich sterben und keine Hoffnung auf eine Rückkehr aus einem Feenreich offen lässt.

Was jedoch Frappier für die ›Mort Artu‹ festgestellt hat, die grundsätzliche Trennung von Diesseits und Jenseits, herrscht auch bei Geoffrey und Wace. Ganz verschwindet das Mirakel zwar nicht aus der Welt, wenn man die Visionen und Weissagungen als solches gelten lässt. Und in den vorangehenden Teilen des Romanzyklus ist das religiöse Wunder in Gestalt des Graals und seiner gesamten Entourage natürlich gegenwärtig. Aber in die irdischen Handlungen des Menschen greift Gott niemals sichtbar ein, weder helfend noch lohnend oder strafend, wie dies im augustinischen Weltbild zu erwarten wäre.

IV.

Die anonymen Verfasser haben sich also vermutlich doch in der – von Frederik P. Pickering[28] so formulierten – Frage »Augustinus oder Boethius« für Boethius entschieden. Obwohl Pickering keines der hier besprochenen Werke im Auge gehabt und die in seiner Frage genannte Alternative zu Unrecht generell absolut gesetzt hat, kann wohl doch ein Blick auf die ›Consolatio philosophiae› und ihre überreiche Rezeption entscheidende Wesenszüge des Lancelot-Zyklus – ausgenommen die eher augustinische ›Queste‹ – zutreffend erklären.

Das spätantike Gespräch zwischen dem ganz real vom Tode bedrohten und bald danach tatsächlich hingerichteten Autor Boethius und der Philosophie geht aus von der Anklage gegen die ungerechte Fortuna, die den Autor ohne seine Schuld aus großer Höhe in tiefste Tiefe fallen ließ. Philosophie belehrt den Unglücklichen, dass es ihm wie den meisten Menschen an dem Durchblick durch die Wirrnis irdischer Einzelschicksale auf die dahinterstehende gottgewollte Ordnung fehle, die letztlich alles auf das Gute ausrichtet. Vom transzendenten Standpunkt ist jedes irdische Geschick *(fortuna)* durchaus gut – »denn jedes, das hart erscheint – wenn es nicht entweder übt oder bessert, so straft es.«[29] Der Weise vermöge dies nach langem, heißem Bemühen einzusehen. Den anderen aber bleibe nur die Klage: *Quid tragoediarum clamor aliud deflet nisi indiscreto ictu fortunam felicia regna vertentem?* (Was anderes beweint die Wehklage der Tragödien, als daß das Schicksal wahllos zuschlägt und glückliche Reiche zugrunde richtet?)[30] In Wahrheit bleibe der gerechte Lohn für Gute und Böse niemals aus. Denn

> das höchste Gut [die wahre Glückseligkeit], das den Bösen und den Guten in gleicher Weise vor Augen gestellt ist, erstreben die Guten durch die natürliche Verrichtung der Tugenden, während die Bösen eben dasselbe durch Begierde von mannigfacher Art [...] zu erlangen suchen.[31]

Nur Gott aber vermöge ins Herz der Menschen zu schauen. »Der Mensch hat« daher nach Boethius

> kein Recht, das gesamte Gefüge des göttlichen Werkes im Geiste zu erfassen und mit Worten auseinanderzusetzen. Es mag genügen, nur so viel eingesehen zu haben, daß Gott [...] alles insgesamt regelt, indem er es zugleich zum Guten hinlenkt.[32]

---

28 Frederik P. Pickering, Augustinus oder Boethius? Geschichtsschreibung und epische Dichtung im Mittelalter – und in der Neuzeit (PhStQ 39 u. 80), 2 Bde., Berlin 1967–1976.

29 *omnis enim, quae videtur aspera, nisi aut exercet aut corrigit, punit:* De consolatione philosophiae, hrsg. v. Karl Büchner, 2. Aufl., Heidelberg 1960, liber IV prosa 7; dt. Übers. v. Ernst Neitzke: Boëthius, Trost der Philosophie, Stuttgart 1959, S. 140.

30 Ebd., II prosa 2; Übers., S. 46.

31 Ebd. S. 113.

32 Ebd. S. 136.

Diese demütige Selbstbescheidung des Menschen steht natürlich in bester biblischer Tradition – welche Boethius in dieser prononciert philosophischen Schrift bewusst als ganze ausblendet: »O Tiefe des Reichtums und der Weisheit und der Erkenntnis Gottes! Wie unerforschlich sind seine Entscheidungen und wie unaufspürbar seine Wege!« heißt es im Römerbrief 11,33. Auch Augustinus zitiert die Stelle, weist aber gleichwohl mit seiner Autorität der heilsgeschichtlich orientierten Weltchronistik den Weg einer immer wiederkehrenden exakten Aufrechnung von Schuld und Sühne, die entweder durch Gottes Eingreifen in irdisches Geschehen vollzogen oder im Jenseits mit Sicherheit erwartet wird.

Dynastische Geschichtsschreibung hält sich von solchen Rechnungen meist frei, wie Pickering gezeigt hat. Als Beispiel hätte er auch die ›Historia regum Britanniae‹ wählen können. Aber ebenso wie gelegentlich Fortuna auch in der augustinisch geprägten Weltchronistik beschworen wird, so ist auch in der boethianischen Historiographie immer wieder vom Seelenheil der Fürsten und anderen Hauptpersonen die Rede, so auch im ›Prosa-Lancelot‹. Aber sie scheut ganz deutlich davor zurück, irdischen Erfolg und Misserfolg unmittelbar von guten und bösen Intentionen abhängig zu machen. Solche Intentionen werden überhaupt meist nur vorsichtig vermutet. Der Leser der Bibel weiß ganz gewiss, dass der babylonische Fürst Belsazar Reich und Leben wegen seines gotteslästerlichen Hochmuts verliert. Warum aber ereilt den König Artus in der ›Historia regum Britanniae‹ dasselbe Schicksal?

Geoffrey hält sich mit Kommentaren ganz zurück. Nur die Niedertracht des Verräters Mordred wird allenthalben betont, noch mehr dann von Meister Wace. Warum aber lässt Gott es zu, dass in diesem Bürgerkrieg Artus mit seiner ganzen Tafelrunde und der Blüte der britischen Jugend umkommt?[33] Einen vergleichbaren Fall, den Bürgerkrieg im alten Rom zwischen den Parteien Caesars und Pompeius', schildert der etwa gleichzeitige Historiograph Otto von Freising. Er gilt mit Recht als der größte Vertreter der augustinischen Geschichtsschreibung. Aber selbst er kann sich hier der *lamentatio* nicht enthalten: »An dieser Stelle müssen wir laute Klage erheben über den Jammer der wechselnden Schicksale« *(Exclamare hic contra mutabilium rerum miserias cogimur)*.[34]

Auch wenn der fromme Zisterziensermönch auf dem Bischofsstuhl gewiss nicht daran zweifelt, dass nur aus dem beschränkten Blick des Menschen Fortuna die wechselnden Schicksale zu bewirken scheint, gesteht er als ebenfalls in einer Krisensituation handelndes politisches Subjekt seine persönliche Betroffenheit offen ein und damit natürlich auch seinen mangelnden Durchblick. Die Wahrheit der Geschichte ist eben nur in einem ganz allgemeinen Sinn vorgegeben. Im konkreten Einzelfall kann kein Mensch sie auf natürlichem Wege mit Sicherheit herausfinden. Aber man kann sich darüber Gedanken machen, mögliche Lösungen narrativ vorschlagen. Genau dies

---

[33] Vgl. Wace, Le roman de Brut. Par Ivor Arnold, Bd. 2, Paris 1949 (Société des anciens textes français), V. 13266–13274.

[34] Otto Bischof von Freising, Chronica sive historia de duabus civitatibus, hrsg. v. Walther Lammers, übers. v. Adolf Schmidt, Darmstadt 1961 (Ausgewählte Quellen zur deutschen Geschichte des Mittelalters 16), S. 202,6 (II, 51).

tut die Geschichtsepik in weit höherem Maße als die Geschichtsschreibung und hebt sich dadurch von dieser ab, gleichgültig, ob sie es, wie Wolframs ›Willehalm‹, überdies durch die Versform tut oder nicht, wie die ›Mort Artu‹.

Geschichte ist in beiden Fällen wohl nicht »durch die Freiheit der Fiktion hindurchgegangen« (s. o.), sondern in suppletive Fiktion ausgewichen. Geschichtsdeutung ist ein mühsames Geschäft, das für den Geschichtsschreiber und Geschichtsepiker erst einmal mit dem Erzählen selbst begann. Wolfram von Eschenbach richtet in dieser Absicht zu Beginn des ›Willehalm‹ ein inständiges Inspirationsgebet an die Dreifaltigkeit. Dabei liegt der Handlungsgang hier sogar bereits vollständig narrativ geformt vor. Aber der Sinn, den Wolfram darin verborgen sieht, ist eben nicht »gegeben«, sondern dem Bearbeiter »aufgegeben«. Das ist weit entfernt von der Arbeit eines modernen Historikers, aber noch weiter von der eines mittelalterlichen Romanciers wie Chrétien de Troyes, der den überlieferten Stoff nur als Rohmaterial seiner *bele conjointure* verwendet, um 'echte' substitutive Fiktion zu schaffen.

V.

Nur wenn man sich vom modernen Begriff der 'Historie' löst, wird auch verständlich, wieso man in der mittelalterlichen Poetik die historische Epik zum edelsten Geschäft des Dichters erklären und die 'echte' Fiktion im Sinne Chrétiens so erschweren und auch eher an den Rand drängen konnte. Dass seine Erzählmuster auch in der Pseudohistorie wie dem ›Prosa-Lancelot‹ Verwendung gefunden haben, ist nicht zu leugnen, weist den Prosaroman aber noch lange nicht als intendierte Fiktion aus, da alle deren Signale durch Signale der Historizität ersetzt sind. Auf die Darstellung von Raum und Zeit haben wir schon hingewiesen. Doch auch das Wunderbare hat alles selbstverständlich Märchenhafte verloren und wird rational als göttliches Mirakel oder als schwarze oder weiße Magie erklärt und selbst deren historische Herkunft benannt.[35] Damit fallen jene Phänomene entsprechend dem damaligen Weltbild grundsätzlich nicht unter die Rubrik des Irrealen. Sie lassen gleichwohl den zauberunkundigen Protagonisten diese Welt vielfach als Labyrinth oder Spiegelkabinett erscheinen. Gerade Verräter und Betrüger bedienen sich oft der Zauberei, aber nicht nur sie. So einfach sind Gut und Böse in diesem Roman – wiederum mit Ausnahme der ›Queste‹ – nicht zu unterscheiden.[36]

[35] Dies wird erst in der Langfassung dieses Beitrags in dem zu Anfang genannten Sammelband näher ausgeführt.

[36] Die zahlreichen ideologischen Widersprüche zwischen der ›Queste‹ und den übrigen Teilen des Zyklus vermag ich weder wegzudisputieren noch wirklich zu erklären. Entgegen der landläufigen Ansicht (vgl. z. B. Jean-Marie Fritz in: Dictionnaire des lettres françaises. Le Moyen Âge, 2. Aufl., Paris 1992, S. 561–563) möchte ich annehmen, dass die ›Queste‹ relativ früh, vielleicht sogar zuerst, dann erst der erste Teil des ›Lancelot propre‹, dann die ›Mort‹, zuletzt der ›Lancelot B‹ entstanden sein könnte. Während dieser deutlich und nicht nur handlungsmäßig eine Brücke zur ›Queste‹ herzustellen sucht, geht die ›Mort‹ offenbar bewusst eigene Wege, die jedoch mit dem ›Lancelot A‹ ganz gut harmonieren. Trotz dieser vermuteten Entstehungsgeschichte halte ich es nicht für gerechtfertigt, den Zyklus von der ›Queste‹ her zu deuten, da mir ›Lancelot A‹ und ›Mort‹ gegen diese anzuschreiben scheinen.

Sie sind es ebensowenig wie in der Historie. Daher der ständige Versuch, sie neu zu verstehen, ja, wenn nötig, sie neu zu schreiben, ohne ihr dadurch den Status eines realen Geschehens zu bestreiten. Dies gilt auch für das Geschehen um König Artus und seine Tafelrunde. Dante Alighieri hat bekanntlich im ›Inferno‹ der ›Göttlichen Komödie‹ im ewigen Eis des untersten Kreises der Hölle neben Kain auch den Verräter und Vatermörder Mordret untergebracht. Dass er hier nur historische Gestalten gebrauchen konnte, wird wohl niemand leugnen wollen. Allerdings hat der ›Prosa-Lancelot‹ Mordrets Verbrechen natürlich mit der ›Historia regum Britanniae‹ gemein, so dass man zweifeln könnte, ob der Prosaroman hier als Quelle gedient hat. Auch die berühmte Erwähnung Galehots in der Geschichte von Paolo und Francesca im fünften Gesang des ›Inferno› kann hier nicht den Ausschlag geben, da dabei nur von der verführerischen Lektüre des Romans die Rede ist.

Aber Dante hat auch an weniger prominenter Stelle seines Œuvres ein Exempel aus der Lancelot-Geschichte bezogen, und hier kann er nur den Prosaroman meinen, da die Episode bei Geoffrey oder Wace nicht vorkommt. Im ›Convivio‹ philosophiert Dante über das Alter und den Rückzug aus dem weltlichen Leben. Wie in der philosophischen Ethik seit Alters her üblich, belegt er seine These mit historischen Beispielen, die als rhetorisch und dialektisch viel wirksamer galten als fiktive, und zwar zum einen mit dem Ghibellinenführer der Romagna, Guido da Montefeltre (gest. 1298), der vor seinem Tode Franziskaner wurde. Ihm getreulich zur Seite aber stellt er – *lo cavaliere Lancelotto*: *Bene questi nobili calaro le vele de le mondane operazioni* (Trefflich strichen diese Edlen die Segel der weltlichen Geschäfte).[37]

Was Dante als historische Quelle recht war, sollte uns billig sein. In diesem Punkt werden wir bei der Suche nach poetologischen Universalien nicht fündig. Aber es bleibt gerade in diesem riesigen Text noch genug davon übrig. Sonst fände er nicht immer noch begeisterte Leser.

---

[37] Dante Alighieri, Convivio IV,28, in: ders., Tutte le opere. A cura di Luigi Blasucci, Florenz 1981, S. 196.

Walter Haug

Das erotische und das religiöse Konzept des ›Prosa-Lancelot‹

Wenngleich der ›Prosa-Lancelot‹ in seiner offenen Vielschichtigkeit auf einen mehrstufig-komplexen Entstehungsprozess verweist, liegt es doch nahe, anzunehmen, dass er, zumindest was die letzte Überarbeitungsphase betrifft, als klerikaler Gegenentwurf zum arthurischen Roman konzipiert worden ist. Und man kann dann sagen, die Methode, mit der diese Replik durchgeführt wurde, sei ebenso klar erkennbar wie das Geschick, mit dem man sie handhabte. Es werde hier – so lässt sich das Verfahren kennzeichnen – der volkssprachliche Roman nicht mehr in traditioneller Invektive als lügenhafte Erfindung gebrandmarkt und einfach abgelehnt, vielmehr habe man mit dem ›Lancelot propre‹ zunächst die arthurische Tradition aufgenommen, sie dann aber Schritt für Schritt unterhöhlt. In ersten Andeutungen schon dadurch, dass man den als besten Ritter gepriesenen Lancelot vor Aventüren stellte, die er nicht zu bewältigen vermag, wobei ihm explizit gesagt wird, dass sie einem andern, besseren vorbehalten seien. Die neue Figur wird sein Sohn, Galaad, der *guote*, der vollkommene Ritter sein. Die ›Queste del Saint Graal‹ bringt dann die radikale Wende: Lancelot erscheint vollends als sündiger Versager; der Gralsheld Galaad übernimmt als Verkörperung eines neuen, geistlichen Rittertums die Führung, und nachdem er seinen Weg bis zur Schau des Gralsgeheimnisses gegangen ist, kann in ›La Mort le Roi Artu‹ die arthurische Welt dem Untergang anheimgegeben werden. Es hätten also kirchliche Kreise die höfisch-arthurischen Romane nicht mehr wie bislang – und vergeblich – als Lügengespinste zu verdammen versucht, sondern den Typus aufgegriffen, um ihn von innen her zu zerstören. Fritz Peter Knapp spricht von »unnachahmlich raffinierter [...] Usurpation«.[1]

So einleuchtend diese These erscheint, es ist doch zu fragen, ob eine solche interessenorientierte Sicht für ein Verständnis wirklich ausreicht. Ist nicht auch mit Faktoren zu rechnen, durch die die arthurische Tradition innerliterarisch zu einer selbstzerstörerischen Umgestaltung getrieben worden sein könnte? Die Voraussetzung für diese Möglichkeit ist jedoch, dass man den Artusroman Chrétiens de Troyes nicht als einen in sich geschlossenen, in sich vollendeten Typus betrachtet, sondern in der

---

[1] Fritz Peter Knapp, Chevalier errant und fin'amor. Das Ritterideal des 13. Jahrhunderts in Nordfrankreich und im deutschsprachigen Südosten, Passau 1986 (Schriften der Universität Passau, Reihe Geisteswissenschaften 8), S. 73. Oder in Joachim Heinzles Formulierung: »Daß im ›Lancelot‹ die Artuswelt rehistorisiert und aufs radikalste mit den Ansprüchen des Jenseits konfrontiert wird, bedeutet Verurteilung der höfisch ritterlichen Ideologie im Medium der Darstellung dieser Ideologie selbst: im Roman, dessen Tradition noch über die Form als lügenhaft denunziert wird«: Geschichte der deutschen Literatur von den Anfängen bis zum Beginn der Neuzeit II/2. Wandlungen und Neuansätze im 13. Jahrhundert, 2. Aufl., Tübingen 1994, S. 183.

Abfolge vom ›Erec‹ bis zum ›Gralsroman‹ einen poetischen Prozess sieht, der, durch spezifische Fragestellungen angestoßen, immer wieder neu eine bestimmte narrative Konstellation durchspielte, ohne zu einem abschließenden Ergebnis zu kommen. Ich habe des Öfteren darauf hingewiesen, dass Chrétiens Romane, genau gesehen, aporetisch enden, d. h., dass mit der von ihm entworfenen Struktur zwar die Handlungslinien am Ende zusammengebogen und auf diese Weise narrativ-oberflächlich Lösungen geboten werden, dass damit aber die Grundfragen nicht wirklich bewältigt sind, dass es vielmehr angesichts der unverkennbar künstlichen Harmonisierung gerade darum geht, sie in ihrer Problematik zum Bewusstsein zu bringen. Die Sinnkonstruktion über den charakteristischen Doppelweg macht sich selbst fragwürdig.[2] So bleibt es vom ›Erec‹ über den ›Yvain‹ zum ›Chevalier de la Charrete‹ offen, wie in der Geschlechterbeziehung der absolute Anspruch der Liebe im Hinblick auf die arthurische Idealgesellschaft sein Recht behalten kann. Von Roman zu Roman erscheint das Problem immer weiter verschärft und die Lösung immer prekärer: Am Ende, im ›Chevalier de la Charrete‹, wird die Liebeserfüllung zu einem einmaligen Akt in einer quasi-jenseitigen Welt. Die Frage nach einer möglichen Integration in das arthurische Konzept ist hier einfach gekappt.[3] Zugleich aber wird die erotische Unbedingtheit in einer Weise forciert, dass der Held des Romans, Lancelot, immer wieder eine bizarre Figur abgibt.[4] – Im ›Perceval‹ schließlich öffnet sich Chrétiens Artusroman einer anderen, neuen Dimension: Mit dem Versagen des Helden gegenüber dem leidenden Fischerkönig deutet sich eine Schuldproblematik an, die Fragen religiöser Natur aufwirft. Bedauerlicherweise findet sich in Chrétiens Fragment keine Andeutung, wie er sie zu lösen im Sinne hatte. Doch Wolfram hat sie begriffen und die Aporie der Schuldthematik offengelegt.[5] Er führt die Ohnmacht des Helden gegenüber seinem eigenen Versagen vor, um schließlich die Gnade uneingeschränkt, d. h. in ihrer

---

2 Zusammenfassend: Für eine Ästhetik des Widerspruchs, in: Walter Haug, Die Wahrheit der Fiktion. Studien zur weltlichen und geistlichen Literatur des Mittelalters und der frühen Neuzeit, Tübingen 2003, S. 172–184. – Es sei dazu noch angemerkt: Man hat es beim Chrétienschen Roman mit einem Paradefall literarischer Sinnkonstruktion zu tun. Sinnkonstruktionen erweisen sich grundsätzlich als trivial, wenn sie sich nicht als solche mit reflektieren oder zumindest ihre Problematik für den aufmerksamen Leser offenlegen.

3 Vgl. Walter Haug, »Das Land, von welchem niemand wiederkehrt«. Mythos, Fiktion und Wahrheit in Chrétiens ›Chevalier de la Charrete‹, im ›Lanzelet‹ Ulrichs von Zatzikhoven und im ›Lancelot‹-Prosaroman, Tübingen 1978 (Untersuchungen zur deutschen Literaturgeschichte 21), S. 45, 49, 86f.; ders., Das Endspiel der arthurischen Tradition im ›Prosalancelot‹, in: Walter Haug, Brechungen auf dem Weg zur Individualität. Kleine Schriften zur Literatur des Mittelalters, Tübingen 1995, S. 288–300, hier S. 291f.

4 Es sei z. B. an die Episode erinnert, in der Lancelot, der Königin nachblickend, aus dem Fenster gestürzt wäre, wenn man ihn nicht gewaltsam zurückgehalten hätte, oder an die Episode, in der er beim Anblick von ein paar Haaren im Kamm der Königin beinahe ohnmächtig vom Pferd gefallen wäre.

5 Inwieweit er dabei Chrétiens Intentionen genau getroffen hat, ist eine offene Frage. Vgl. dazu Walter Haug, Hat Wolfram von Eschenbach Chrétiens ›Conte du graal‹ kongenial ergänzt? In: Haug, Brechungen [Anm. 3], S. 109–124.

Unverfügbarkeit und Grundlosigkeit einbrechen zu lassen.[6] In Frankreich ist dann zwar der Gralsroman auch in vielfältiger Verzweigung, doch eher unproblematisch fortgesetzt worden. Wichtiger im Blick auf den ›Prosa-Lancelot‹ wurde die heilsgeschichtliche Neuinterpretation des Gralthemas durch Robert de Boron. Er arbeitet mit einem dreistufigen Geschichtskonzept: von der Abendmahlsgemeinschaft über die arthurische Tafelrunde zur Gralsgemeinschaft. Kurt Ruh vermutete einen Einfluss der Drei-Status-Lehre Joachims von Fiore.[7] Doch stehen, schon weil diese vor den 40er Jahren des 13. Jh.s kaum zur Kenntnis genommen worden ist, eher allgemein gängige geschichtstheologische Vorstellungen im Hintergrund.[8] Jedenfalls aber war bei Robert ein Stufenmodell vorgegeben, auf das der ›Prosa-Lancelot‹ bei seiner Wende zu einem religiös orientierten Ritterbild zurückgreifen konnte.[9] Dass dabei auch hier schwerlich mit einer Anlehnung an joachitische Vorstellungen zu rechnen ist, wie man dies verschiedentlich glaubhaft zu machen suchte, hat Klaus Speckenbach überzeugend dargelegt.[10] Der Gedanke, dass es den Autoren des ›Prosa-Lancelot‹ darum ging, eine in irgendeiner Weise neue Geschichtsideologie zu propagieren, führt in die Irre.

Es gab also zwei Fragen, die bei Chrétien offen geblieben waren, die Frage nach der Bewältigung des Erotischen im Sinne eines unbedingten Anspruchs, der in das arthurische Balance-Konzept nicht zu integrieren war, und die Frage nach dem Verhältnis zwischen höfischer Ritteridealität und der menschlichen Verstrickung in Schuld, das aufgrund der Inkongruenz zwischen Tugend und Gnade erzählerisch nur mit Schwierigkeiten umgesetzt werden konnte.[11] Da beide Fragen im ›Prosa-Lancelot‹

---

6 Siehe Walter Haug, Warum versteht Parzival nicht, was er hört und sieht? Erzählen zwischen Handlungsschematik und Figurenperspektive bei Hartmann und Wolfram, in: John Greenfield (Hg.), Wahrnehmung im ›Parzival‹ Wolframs von Eschenbach. Actas do Colóquio Internacional 15 e 16 de Novembro de 2002, Porto 2004, S. 37–65.

7 Kurt Ruh, Joachitische Spiritualität im Werke Roberts von Boron, in: Typologia litterarum (FS Max Wehrli), Zürich 1969, S. 167–196.

8 Selbst bei der Verurteilung Joachims auf dem Laterankonzil von 1215 wird seine Drei-Status-Lehre nicht erwähnt. Sie wird erst virulent, als die Bettelorden sie aufgreifen. Es ist also sehr unwahrscheinlich, dass Robert sie gekannt hat. Siehe zur Joachim-Rezeption: Marjorie Reeves, The Influence of Prophecy in the Later Middle Ages. A Study in Joachimism, Oxford 1969, S. 37–58; dies., Joachim of Fiore and the Prophetic Future, London 1976, S. 27–58; Klaus Speckenbach, Endzeiterwartung im Lancelot-Gral-Zyklus. Zur Problematik des Joachitischen Einflusses auf den Prosaroman, in: Klaus Grubmüller, Ruth Schmidt-Wiegand, Klaus Speckenbach (Hgg.), Geistliche Denkformen in der Literatur des Mittelalters, München 1984 (Münstersche Mittelalter-Schriften 51), S. 210–225, hier S. 214, mit weiterer Lit. – Für eine Überprüfung dieses negativen Befunds habe ich Matthias Riedl, Erlangen, zu danken. Zu Joachims Drei-Status-Lehre sei auf seine Monographie verwiesen: Joachim von Fiore. Denker der vollendeten Menschheit, Würzburg 2004 (Epistemata. Reihe Philosophie 361), S. 280–308.

9 Es wird explizit auf Roberts de Boron ›Estoire dou Graal‹ Bezug genommen, und es gibt eine Fülle motivlicher Verknüpfungen; vgl. Friedrich Wolfzettel, Ein Evangelium für Ritter: ›La Queste del Saint Graal‹ und die ›Estoire dou Graal‹ von Robert de Boron, Speculum medii aevi 3 (1997), S. 53–64.

10 Speckenbach [Anm. 8], S. 215–221.

11 Siehe zu Wolframs Lösung: Haug [Anm. 6], S. 64f.

drängend wieder auftauchen – die erotische Problematik in direkter Anknüpfung an die ›Charrete‹[12] –, sollte man nicht nur die Ablösung der einen durch die andere in den Blick nehmen, sondern auch darauf achten, wie die narrative Aporiediskussion in der Erotik sich zu jener auf religiöser Ebene verhält.

Ist man unvoreingenommen dazu bereit, fallen eine Reihe von Analogien auf zwischen dem Weg Lancelots vor allem im ›Lancelot propre‹ und dem Weg des oder der Gralshelden in der ›Queste del Saint Graal‹. Ich hebe in fünf Punkten die Motivkonstellationen heraus, in denen solche Analogien sichtbar werden:[13]

1. Lancelot und Galaad wachsen fern von der arthurischen Hofwelt heran, Lancelot, elternlos, im magischen Land der Frau vom See, Galaad, nach Kinderjahren bei seiner Mutter, in einem Nonnenkloster unter der Aufsicht eines geistlichen Lehrers. In ritterfähigem Alter werden beide von ihren Mentoren zu König Artus gebracht. Dort demonstrieren sie durch spektakuläre Gesten ihren Sonderstatus, Lancelot, indem er einem Ritter, der auf einer Bahre an den Hof gebracht wird, unter unerhörten Bedingungen zwei Lanzenspitzen aus dem Leib und ein Schwertstück aus dem Kopf zieht, Galaad, indem er sich schadlos auf den Gefährlichen Sitz in der Tafelrunde setzt und indem er mühelos ein Schwert aus einer Säule zieht, was bislang noch keinem gelungen war.
2. Beiden Helden begegnet bei ihrem Auftritt am Artushof das, was das Ziel ihres ritterlichen Lebens ausmachen wird. Bei Lancelot ist es die Königin, bei Galaad der Gral. Die Manifestation dieses Ziels hat etwas Schockartig-Zwingendes. Lancelot wird von der unvergleichlichen Schönheit der Königin dermaßen überwältigt, dass er wie betäubt ist und kaum sprechen kann. Der Gral erscheint unvermittelt in einem übermächtigen Glanz in der Tafelrunde, und alle erstarren in Sprachlosigkeit.
3. Nach dieser schicksalhaften Erfahrung brechen beide Helden vom Hof auf. Galaad jedoch – anders als Lancelot – nicht allein, sondern zusammen mit allen übrigen Rittern der Tafelrunde. Doch wird vorweg schon gesagt, dass nur drei das Ziel erreichen werden[14] : neben Galaad noch Bohort und Parceval, wobei jedoch

---

[12] Das heißt, man hat den Chrétienschen ›Karrenritter‹ nicht nur eingebaut, sondern im Blick darauf die vorgängige und nachfolgende Liebesgeschichte zwischen Lancelot und der Königin frei entfaltet. Dabei musste gerade das, was Chrétien durch die Auslagerung der einen Liebesnacht in ein quasi-jenseitiges Land zu verhindern sich bemühte, der Ehebruchs-Konflikt am Hof, voll aufbrechen. Siehe Haug, Das Endspiel [Anm. 3], S. 292.

[13] Ich arbeite im Folgenden, soweit nicht Textvarianten zu berücksichtigen sind, mit der von Hans-Hugo Steinhoff neu herausgegebenen, übersetzten und kommentierten mhd. Version des ›Prosa-Lancelot‹. Dies rechtfertigt sich dadurch, dass »der mittelhochdeutsche Text als gleichberechtigte Redaktion innerhalb des französisch-deutschen Textcorpus« gelten kann; so: Cornelia Reil, Liebe und Herrschaft. Studien zum altfranzösischen und mittelhochdeutschen Prosa-Lancelot, Tübingen 1996 (Hermaea NF 78), S. 10.

[14] Eine Klausnerin kündigt dies vorweg an, wobei sie sich auf eine Prophetie Merlins beruft: Steinhoff V, 154,7–14. – Man sollte diese Prophetie im Blick behalten, wenn man die Frage diskutiert, inwieweit auch Lancelot eine Gralsschau zuteil wurde; siehe zur Diskussion Kommentar zu Steinhoff V, 490,13–500,25.

allein Galaad das ganze Geheimnis des Grals schauen wird. Der Auszug erfolgt nach Aventürenart, d. h., es wird mit jener Strukturvorgabe gearbeitet, die für den Artusroman konstitutiv ist: Die Helden wissen um keinen Weg zu ihrem Ziel; sie brechen auf unter der Prämisse, dass sich Aventüren einstellen werden, die wegweisend sind. Und das bleibt wie üblich unreflektiert; die Garantie durch den Typus scheint ausreichend zu sein.

4. Diese Strukturvorgabe unterscheidet sich jedoch in einer Hinsicht wesentlich von jener des klassischen Artusromans, denn die Aventüren Lancelots und Galaads besitzen keine Funktion mehr in einem Konzept, das den Auszug des Protagonisten auf den Hof bezieht, sie sind vielmehr auf das quer zu ihm oder jenseits von ihm liegende Ziel bezogen, und dies in indirekter, zeichenhafter Art. Lancelot setzt seine Aventüren als Zeichen der Liebe für die Königin, Galaad erfährt seine Aventüren als Zeichen seiner Auserwähltheit.
5. Beide Helden erreichen schließlich ihr Ziel. Doch die Erfüllung ist prekär. Die Königin gibt sich Lancelot plötzlich und unerwartet hin, und wann immer das geschieht, bleibt es augenblickshaft. Als Frau des Königs ist sie für Lancelot nicht auf Dauer zu gewinnen, d. h., die Erfüllung der Liebe bricht stets um in den Verlust und immer wieder in die psychische Katastrophe. Galaads volle Gralsschau ist einmalig; er wünscht sich danach nichts mehr als den Tod, damit er in den Himmel eingehen kann, und der Wunsch wird ihm von Gott gewährt.

Diese bei allen Differenzen doch recht auffälligen Entsprechungen zwischen Lancelots Weg zur Königin und Galaads Weg zum Gral dürften die Frage legitimieren, ob sie möglicherweise auf einem Denkmodell beruhen, das zumindest im Prinzip für die Wege beider Helden bestimmend war.

Ich gehe die fünf Punkte noch einmal im Blick auf die konzeptuellen Bedingungen durch, denen die Analogien sich verdanken könnten.

Ad 1: Die Herkunft der Helden von außerhalb der arthurischen Welt und ihr spektakulärer Auftritt am Artushof[15]

Diese Eröffnung findet sich in den ersten Artusromanen Chrétiens nicht, er hat sie erst in seinem letzten Werk, im ›Gralsroman‹, verwendet. Anders jedoch als Perceval ist sowohl Lancelot wie Galaad eine Ausbildung zuteil geworden, die sie nach der Schwertleite als vollendete Ritter erscheinen lässt. Was Lancelot betrifft, so dürfte eine spezifische Tradition Pate gestanden haben, denn für seine Erziehung in einem Feenreich gab es ältere Überlieferungen.[16] Während Lancelot aber immerhin noch etwas von der Naivität des Außenseiters hat, ist Galaad in jeder Hinsicht von Anfang an vollendet, und seine Identität ist getragen vom Bewusstsein seiner Bestimmung.

[15] Zu dem narrativen Muster, das dahinter steht, vgl. Walter Haug, Einsame Erfahrung und gesellschaftliche Integration: Zur Anthropologie eines narrativen Musters, in: Haug, Die Wahrheit der Fiktion [Anm. 2], S. 35–48.

[16] Der ›Lanzelet‹ Ulrichs von Zatzikhoven belegt dies ebenso wie eine Andeutung in Chrétiens ›Le Chevalier de la Charrete‹ (Roques, 2345–2350); vgl. Kommentar zu Steinhoff II, 60,2.

Dass sie außerhalb der arthurischen Welt aufwachsen, heißt aber für beide Helden, dass sie nicht in der üblichen Weise sozialisiert sind. Ihr Verhalten durchbricht schon gleich bei ihrem Auftritt die gesellschaftlichen Regeln oder zumindest Erwartungen. Es gelten für sie Sonderbedingungen, sei es, dass diese einfach in Anspruch genommen werden, weil sie von vornherein feststehen – so bei Galaad –, oder sei es, dass man sie schlichtweg und bedenkenlos fordert – so Lancelot. Diese Ansprüche beziehen sich zunächst auf Aufgaben, die die arthurische Ritterschaft nicht lösen konnte oder nicht zu lösen wagte: das Schwert in der Säule auf der einen, die Heilung des Ritters auf der Bahre auf der andern Seite.

Ein wesentlicher Unterschied besteht jedoch darin, dass man auf Galaad gewartet hat; er ist als der Gralsheld angekündigt, es wird schon früh im ›Lancelot propre‹ gesagt, dass er die ungelösten Aventüren bewältigen werde.[17] Die Inschrift auf dem Gefährlichen Sitz legt dann seinen Sonderstatus objektiv fest. Für Lancelot gibt es keine solche objektive Bestimmung, sie ist vielmehr ganz in seine Person verlegt. Er ist physisch idealtypisch proportioniert, doch hat er ein zu großes Herz.[18]

Ad 2: Die Begegnung mit dem absoluten Ziel

Die besondere Prädisposition durch den außerarthurischen Status zielt dann auch wieder insofern über die Artuswelt hinaus, als die Ziele beider Helden quer zu ihr stehen, ja die Artuswelt zurücklassen und letztlich in Frage stellen. In der ›Queste‹ ist man sich dessen auffälligerweise von Anfang an bewusst: Artus und die Königin trauern über den Auszug der Ritter, da sie hellsichtig wissen, dass nur wenige die Suche überleben werden. Die Tafelrunde ist im Prinzip zerstört, auch wenn Artus sie nach dem Verlust der meisten Mitglieder durch Neuernennungen wieder auffüllt.

Dass das Ziel ein absolutes ist, heißt: Es geht nicht mehr wie im Chrétienschen Artusroman um die Bewältigung einer Aufgabe, die dem Hof gestellt worden wäre, etwa die Abwehr einer Provokation, die der Held stellvertretend für die Gesellschaft zu bewältigen hätte, sondern es handelt sich nun um Unternehmungen, die in erster Linie auf die Person des Helden bezogen sind, die nur für ihn Sinn haben und bei denen er keinerlei Rücksicht auf die Gesellschaft nimmt.

Wenn Lancelot durch die Schönheit der Königin überwältigt wird, so bedeutet dies bedingungslose Liebe, und es verlangt dies bedingungslose Liebe. Der Gral bedeutet für den Gralshelden die absolute religiöse Erfahrung, die Begegnung mit ihm zielt auf eine personale Schau des göttlichen Geheimnisses selbst. Die Demonstration der Sonderrollen durch die spektakulären Gesten beim Auftritt am Hof ist letztlich auf diese absoluten Ziele bezogen. Sie signalisieren, dass der Rahmen der arthurischen Welt überstiegen wird.

---

[17] Die erste Ankündigung erfolgt durch den Erzähler: Steinhoff I, 86,11–14.

[18] Grundlegend zur physiognomischen Bedeutung dieser Normabweichung: Michael Waltenberger, Das große Herz der Erzählung. Studien zu Narration und Interdiskursivität im ›Prosa-Lancelot‹, Frankfurt a. M. u. a. 1999 (Mikrokosmos 51).

Ad 3: Der Aufbruch zur Aventürenfahrt

Er folgt, wie gesagt, dem traditionellen Strukturmuster: Man begibt sich auf den Weg in der unbestimmten Erwartung von Aventüren, und man nimmt sie so an, wie sie sich anbieten. Es gibt somit weder bei Lancelot noch bei Galaad ein planvolles Ansteuern des absoluten Ziels, im Gegenteil, es besteht kein direkter Zusammenhang zwischen der Lösung von Aventüren und dem letztlich anvisierten Ziel. Es sind nicht die Aventüren, die Lancelot zur Königin führen, vielmehr sind die Begegnungen mit ihr ungeplant, sie werden für den Helden arrangiert. Kennzeichnend ist schon der erste Kuss, der durch den Freund ermöglicht, ja forciert wird. Auch für Galaad gilt, wenngleich in anderer Weise, dass die Aventüren, die er besteht, ihn nicht zum Ziel führen, vielmehr löst er die noch offenen Aventüren, um die Welt ein für allemal von Aventüren zu befreien. Es wird, wenn er am Ziel ist, keine Aventüren mehr geben. Die Aventüren sind also nicht als Weg zum Ziel zu verstehen; sie heben sich als Weg vielmehr auf. Galaad wird ohne zielstrebige Taten, ja das letzte Wegstück schlafend, zum Ziel geführt.

Ad 4: Die Zeichenfunktion der Aventüren

Wenn die Aventüren nicht mehr ein Weg zum Ziel sind, können sie, wenn sie Sinn haben sollen, nur noch Zeichen sein. Bei Lancelot Zeichen seiner Liebe, Zeichen, die zu entschlüsseln der Königin aufgegeben ist: Das Unerhörte seiner Unternehmungen soll das Inkognito durchbrechen helfen, in das er sich begeben hat. Es ist ein Spiel von Verheimlichung und Offenbarung gegenüber der Geliebten, Demonstration der Unmöglichkeit, einen Weg zu ihr zu finden, doch letztlich in der untergründigen, unausgesprochenen Absicht, den Weg von ihr her zu ihm zu forcieren:[19] die absolute Liebe als ein Mysterium, das nur durch einen Umschlag aus der radikalen Distanz zu erreichen ist.[20] Bei Galaad sind die Aventüren, die er lösen kann, hingegen nicht Zeichen, die er setzt, sondern Zeichen, die für ihn gesetzt sind, Zeichen dafür, dass das absolute Ziel für ihn bestimmt ist. Zeichenhaft sind auch die Aventüren der beiden andern Gralsritter: Auch Bohort und Parceval geraten in Aventüren, die sie in richtiger Weise bewältigen, was soviel bedeutet, wie dass sie auf dem richtigen Weg sind. Aber anders als bei Galaad können sie problematisch werden, sie können Täuschungen sein, jedenfalls bedürfen sie der Interpretation, für die Einsiedler und Geistliche stets zu gegebener Zeit zur Verfügung stehen. Galaad bedarf solcher Hilfen

---

[19] Dieses Spiel hat seinerzeit schon Uwe Ruberg eindringlich nachgezeichnet: Raum und Zeit im ›Prosa-Lancelot‹, München 1965; ders., Die Suche im ›Prosa-Lancelot‹, ZfdA 92 (1963), S. 122–157. Zur Zeichenhaftigkeit der Aventüren: Haug, Das Endspiel [Anm. 3], S. 295f.

[20] Treffend zu dieser Dialektik von Distanz und Hingabe: Judith Klinger, Möglichkeiten und Strategien der Subjekt-Reflexion im höfischen Roman. Tristan und Lancelot, in: Jan-Dirk Müller, Horst Wenzel (Hgg.), Mittelalter. Neue Wege durch einen alten Kontinent, Stuttgart, Leipzig 1999, S. 139–141; dies., Der mißratene Ritter. Konzeptionen von Identität im Prosa-Lancelot, München 2001 (Forschungen zur Geschichte der älteren deutschen Literatur 26), S. 215–227.

nicht. Die Figur des Galaad ist ein übermenschliches Konstrukt. Dass Bohort und Parceval eine solche Vollkommenheit fehlt, dass sie in Anfechtungen geraten, macht sie demgegenüber menschlich. Sie repräsentieren gewissermaßen das, was diesseits der begnadeten Heiligkeit für 'normale' Menschen möglich ist. Es gibt einen Läuterungsweg über Beichte und Buße – das wird unermüdlich eingeschärft –, und doch sind auch Bohort und Parceval letztlich auf die Fügung von oben angewiesen. Sie sind nicht begnadet, weil sie richtig handeln, sondern sie handeln richtig, weil sie begnadet sind. Die Steuerung des Geschehens durch eine Regie von einer übergeordneten Sinnebene her lässt die Helden geradezu zu Marionetten werden.

Ad 5: Die Problematik des absoluten Ziels

Die Königin ist für Lancelot nur augenblickshaft erreichbar. Er ist darauf angewiesen, dass sie ihm entgegenkommt, dass sie sich ihm hingibt. Es ist nicht eine Ehebruchsliebe, bei der wie im ›Tristan‹ beide Partner in gleicher Weise und auf gleicher Ebene ihre Person aufs Spiel setzen.[21] Zwischen Lancelot und der Königin bleibt immer eine Distanz, an der auch Lancelot dezidiert festhält. Wenn er sie für immer für sich haben könnte, gibt er sie dem König zurück. Sie muss Königin bleiben, um dem Prinzip der Unerreichbarkeit, die die Bedingung seiner absoluten Liebe ist, zu genügen.

Lancelots Weg ist deshalb immer wieder gekennzeichnet durch Verzweiflungen, durch Hoffnungslosigkeit, ja durch Wahnsinn. Im Bann der Königin wird er immer wieder zu einer grotesken Figur: In ihren Anblick versunken, reitet er in einen Fluss, und er wäre ertrunken, wenn die Königin nicht jemanden ausgeschickt hätte, um ihn an Land zu bringen. Oder er fällt ihr gegenüber in eine solche Erstarrung, dass man ihm einen Dreckklumpen ins Visier werfen muss, damit er wieder zur Besinnung kommt.[22] Seine Liebe ist von unerbittlicher Unbedingtheit. Er verweigert sich dem ihm verfallenen Fräulein von Challot, obschon er weiß, dass sie an seiner Härte zugrunde gehen wird.[23] Was Guenievre betrifft, so manifestiert sich bei ihr das Unfassbar-Absolute als Willkür, es äußert sich in irrationalen spontanen Aktionen, auch Brüskierungen, zugleich korrespondiert dies aber mit subjektiver Unsicherheit, mit Selbsttäuschungen, mit Schuldbewusstsein.

Auf Galaads Weg zum Gral geschieht nichts dergleichen. Galaad ruht völlig in sich selbst, es gibt für ihn keinerlei Anfechtungen. Desto deutlicher aber spiegelt sich die Problematik des Irdischen gegenüber dem Göttlichen in den Wegen Parcevals und Bohorts. Sie werden massiv in Versuchung geführt, geraten in zwiespältige Situati-

---

[21] Zum Liebeskonzept des ›Tristan‹: Haug, Das Endspiel [Anm. 3], S. 291 und 295.

[22] Steinhoff I, 616,31–618,27, bzw. 650,20–31 – Damit werden die bizarren Züge, die sich, wie gesagt, schon in der ›Charrette‹ finden, nicht nur aufgenommen, sondern noch gesteigert. – Zur Umgestaltung des traditionellen *penser*-Motivs im ›Prosa-Lancelot‹ siehe Reil [Anm. 13], S. 29–33.

[23] Siehe dazu und weiteren von Lancelot abgewiesenen Frauen und Mädchen: Klinger, Der mißratene Ritter [Anm. 20], S. 217–219 – Artus wird übrigens Lancelots Verhalten gegenüber dem Fräulein von Challot ausdrücklich tadeln: Steinhoff V, 472,13–17.

onen, sie sind hilflos und letztlich auf die Rettung von oben angewiesen. Bohort nimmt es in Kauf, dass sich, damit er seine Keuschheit bewahren kann, 200 Frauen von einem Turm in den Tod stürzen. Das entspricht Lancelots Verhalten gegenüber dem Fräulein von Challot, aber anders als dort handelt es sich hier nur um einen teuflischen Trug – doch das konnte er nicht wissen. Vieles wendet sich nur zufällig zum Guten, wobei der Zufall natürlich auch arrangiert ist. Die negative Willkür der Regie zeigt sich bei den versagenden Figuren. Gawan wird aufgefordert, zu beichten und Buße zu tun. Er weigert sich in Verstocktheit, ohne dass dafür eine Erklärung gegeben würde. Das Verhalten Lionels dem Bruder gegenüber, der ihm in einer Notsituation nicht geholfen hat, zeugt von einem starren Hass, der einem kaum verständlich ist. Er erfüllt die Funktion, Bohort in seiner vollen Tugendhaftigkeit zu zeigen: Er würde sich eher töten lassen, als seinem Bruder ein Leid anzutun. Aber die Situation entbehrt nicht grotesker Züge. Bohort sieht tatenlos zu, wie ein Eremit und sein Freund Bandemagus, die ihn schützen wollen, von seinem Bruder erschlagen werden. Gott muss mit einem Blitzschlag eingreifen, um Bohort zu retten. Man denkt, er hätte sich eigentlich etwas früher dazu herablassen können! Die Unfassbarkeit des Absoluten manifestiert sich in der totalen Willkür, mit der es einbricht. Und das evoziert auf Seiten der Helden ein Verhalten, das immer wieder in rücksichtslose Absurdität mündet. Wenn das einen Sinn haben soll, dann den, dass einem damit eingeprägt wird, in welchem Maße die übermenschlichen Anforderungen an die Helden sie unmenschlich machen. Man kann eine solche Bedingungslosigkeit zwar vielleicht bewundern, doch zugleich weckt sie Irritationen, die man schwer los wird. An welchem Punkt schlägt die bedingungslose Suche nach dem eigenen Glück und Heil in Menschenverachtung um?

Das betrifft, wie gesagt, Lancelot auf der einen und Bohort und Parceval auf der andern Seite, nicht aber Galaad. Für ihn gibt es, wie gesagt, keine Probleme auf dem Weg zum Göttlichen. Deshalb kann man Bohort und Parceval als die eigentlichen Parallelfiguren zu Lancelot ansehen, und das ist wohl auch der Grund dafür, dass der Gralsheld in drei Figuren aufgespalten ist. Während Galaad eine unwirkliche Figur ist und man seinen Weg nicht nachvollziehen kann, repräsentieren die beiden andern sozusagen den normal-menschlichen Gralssucher und seine Problematik: die Problematik, dass der eigene Wille am Absoluten scheitern muss.

Das wird auch erzählerisch-intern reflektiert, und zwar in einem Gespräch zwischen Bohort und einem Priester, der ihm ins Gewissen redet, ihn mahnt, zu beichten und Buße zu tun, da er anders sein Ziel nicht erreiche. Dann fragt er ihn, wer er sei, und als Bohort seinen Namen und sein Geschlecht nennt, meint der fromme Mann: Ihr müsst ein guter Ritter sein, denn ihr seid die Frucht eines guten Baumes. Bohort entgegnet, man könne auch von schlechten Eltern abstammen und doch durch die heilige Taufe ein guter Mensch werden, denn nicht die Abkunft zähle, sondern das gute Herz. Das Herz sei wie das Steuerruder[24] eines Schiffes, es könne zum Hafen

---

[24] Im deutschen Text fälschlich: *ein segel* (Steinhoff V, 326,18); in der ›Queste del Saint Graal‹ (Pauphilet, 165,11f.) steht: *l'aviron de la nef.* Vgl. Kommentar zu Steinhoff V, 326,18f.

oder in den Untergang steuern. Doch der Priester widerspricht: Das sei nicht eine Frage des Steuerruders, sondern des Steuermanns, der das Ruder führe, und das sei entweder der Heilige Geist oder der Böse Feind.[25]

Das heißt also, dass der menschliche Wille nur ein Instrument ist in der Hand Gottes – oder auch des Teufels. Und das führt in einen Zwiespalt hinein. Denn die Ermahnung des Priesters zu Beichte und Buße wird insofern fragwürdig, als Beichte und Buße zwar Bedingung für den Weg zum Heil sind, ihn aber nicht garantieren. Das Problem bleibt ungelöst; es scheint zwar immer wieder Spielräume zu geben. Sie erweisen sich aber als beschränkt; dies einerseits durch die Unfähigkeit des Menschen, Gut und Böse zu unterscheiden – nur ein zufälliger Blick auf das Kreuz auf seinem Schwert rettet Parceval vor dem Teufel –, anderseits durch Vorgaben, die nicht aufzuheben sind: Lancelot zeigt tiefste Reue und kommt doch nicht wirklich zum Ziel. Die Planung von oben, die undurchschaubare göttliche Regie, ist letztlich mächtiger als der gute Wille des Einzelnen.

Die Schiffsmetaphorik, mit der im Gespräch zwischen Bohort und seinem geistlichen Ratgeber operiert wird, wird übrigens demonstrativ erzählerisch real: Immer wieder tauchen aus dem Nichts steuerlose Schiffe auf; sie führen die Gralshelden zu vorbestimmten Zeitpunkten an vorbestimmte Orte, führen sie zusammen und sorgen so dafür, dass das Ziel ohne eigene Kraft erreicht wird.[26]

Zwischenbilanz: Es hat sich gezeigt, dass die erotische und die religiöse Erfahrung im ›Prosa-Lancelot‹ sich im Prinzip unter denselben Kategorien vollzieht. Lässt sich ein Denkmodell namhaft machen, das diese eigentümliche Analogie tragen könnte? Man kann antworten: Sie basiert auf dem Absolutheitscharakter der hier verhandelten Erfahrungen. Wo immer ein Ziel in radikaler Weise absolut gesetzt wird, sei es die Liebe, sei es das Göttliche, evoziert dies unausweichlich Differenzerfahrung. Was im strengen Sinn des Begriffs absolut ist, ist im Prinzip unerreichbar, es muss also auch narrativ, wenn es seinen absoluten Charakter nicht einbüßen soll, dem Zugriff entzogen bleiben. Es kann bestenfalls momentan einbrechen, und dieser querstehende Einbruch wirft einen Schatten auf alles, was außerhalb dieser Erfahrung liegt. Es gibt keinen Weg, d. h., er hebt sich immer an der Grenze zum Radikal-Andern auf. Wenn es überhaupt eine Vermittlung gibt, dann über einen Umschlag auf die andere Ebene. Die Welt wird zeichenhaft, sie wird in der ›Queste‹ geradezu zur Allegorie. Und Allegorien sind aus sich selbst nicht auflösbar. Es müssen Deuter mit überirdischer Kompetenz auftreten, Sprachrohre des Absoluten, die den Sinn enthüllen.

Es wird also unter dem Absolutheitsanspruch der Erfahrungen weltlich wie geistlich, erotisch wie religiös unter denselben Bedingungen agiert, Galaad ist ein zweiter Lancelot, nicht zufällig ist Lancelots Taufname auch Galaad.[27] Es sind Varianten einer

---

[25] Ebd., 324,30–33; 326,1–24.

[26] Siehe ebd., Kommentar zu 194,33 und zu 396,7f.

[27] Zur Bedeutung dieses Spiels mit dem Namen Galaad: Klinger, Der mißratene Ritter [Anm. 20], S. 310 u. 315–320.

Figur. Unter diesem Aspekt geht es weniger um eine Ablösung des erotischen durch ein religiöses Konzept, als um das Durchspielen ein und desselben Denkmodells auf zwei unterschiedlichen Ebenen.

Man kann dieser These entgegenhalten, dass meine Parallelisierung allzu forciert sei, die Unterschiede zwischen dem ehebrecherischen Lancelot, der durch seine Leidenschaft für die Königin mitschuldig wird am Untergang des Artusreiches, und dem Gralshelden Galaad, der in schuldloser Reinheit der unmittelbaren Gottesschau teilhaftig wird – dieser Kontrast sei so fundamental, dass alle Analogien ihm gegenüber zweitrangig erscheinen müssten. Erfordert es nicht unstatthafte Abstraktionen, wenn man versucht, den sündenverstrickten Lancelot und Galaad als quasi-heilsgeschichtliche Figur in einer übergreifenden Perspektive zu parallelisieren? Wie gesagt, sind es ja eher Bohort und Parceval, die sich mit Lancelot vergleichen lassen, als Galaad. Aber an Galaad hängt in erster Linie das neue Konzept. Und so entscheidet sich alles am richtigen Verständnis dieser Figur, doch gerade sie hat der Forschung die meisten Rätsel aufgegeben.

Das Hauptproblem der Interpretation liegt darin, den heilsgeschichtlichen Aspekt der Galaad-Gestalt und ihres Weges zutreffend zu beurteilen, konkret: zu durchschauen, in welchem Verhältnis Galaad zu Christus steht. Dass Galaad Christus in gewisser Weise angenähert wird, ist nicht zu verkennen. Doch wie geschieht dies und mit welcher Absicht? Darf man soweit gehen wie Christoph Huber und Galaad »christusförmig« nennen?[28] Und das ist noch vorsichtig formuliert gegenüber andern, sehr bedenkenlosen heilsgeschichtlichen Anbindungen.[29] Es ist ja in der Tat so, dass einzelne seiner Aventüren explizit auf die Erlösungstat Christi bezogen werden. Als Paradebeispiel kann die Mädchenburgepisode dienen.[30] Galaad befreit hier eine Schar Mädchen aus der Gefangenschaft von sieben Brüdern. Später[31] wird dann von einem Einsiedler erklärt, darin stecke ein tieferer Sinn, es verweise diese Befreiung nämlich auf die Erlösung der Altväter aus der Hölle durch Christus. Die sieben Brüder aber bedeuten die sieben Todsünden, die in die Hölle führen.

Um was für eine Form der Auslegung handelt es sich hier und was ist ihr Sinn im Romanzusammenhang? Huber spricht von Postfiguration, und dies, allen Bedenken gegen den umstrittenen Begriff zum Trotz, doch wohl zu Recht.[32] Doch wenn man das akzeptiert, muss zugleich eines ganz klar festgehalten werden: Ein typologischer Bezug sagt von der Bedeutung her nichts über das Gedeutete aus; die Typologese beruht auf einer Ähnlichkeit von Einzelzügen, aber sie stiftet keine rückwirkende Ähnlich-

---

28 Christoph Huber, Von der ›Gral-Queste‹ zum ›Tod des Königs Artus‹. Zum Einheitsproblem des ›Prosa-Lancelot‹, in: Walter Haug, Burghart Wachinger (Hgg.), Positionen des Romans im späten Mittelalter, Tübingen 1991 (Fortuna vitrea 1), S. 21–38, hier S. 28.

29 Insbes. Frederick W. Locke, The Quest for the Holy Grail. A Literary Study of a Thirteenth-Century French Romance, Stanford Univ. Press 1960; Pauline Matarasso, The Redemption of Chivalry. A Study of the ›Queste del Saint Graal‹, Genève 1979.

30 Steinhoff V, 94,27–102,24.

31 Ebd., 108,27–110,7.

32 Huber [Anm. 28], S. 28. Kritisch dazu: Kommentar zu Steinhoff V, 80,9.

keit vom figuralen Sinn her. So wenig die figurale Deutung des Odysseus am Mastbaum auf Christus am Kreuz den homerischen Helden in irgendeiner Weise christusähnlich macht,[33] so wenig macht die Mädchenburgepisode Galaad christusähnlich. Im Gegenteil: Wenn man den Sprung auf die Bedeutungsebene nicht bewusst hält, dann erscheint die Entsprechung geradezu abwegig: Die Befreiung einer Schar von Mädchen aus der Gefangenschaft übler Ritter ist eine schlichte Banalität gegenüber der Erlösung der Vorväter aus der Hölle, d. h. gegenüber der heilsgeschichtlichen Zeitenwende durch die Inkarnation des Gottessohnes. Im Erzählzusammenhang handelt es sich um eine Befreiungs-Aventüre der üblichen Art, nicht um eine Erlösungstat im religiösen Sinn des Wortes. Sie hat auch keinen der Deutung entsprechenden Stellenwert in Galaads Lebenslauf.

Postfigurale Deutungen von Taten Galaads auf Christus – die Auslegung der Mädchenburg-Episode ist ja nicht die einzige[34] – machen den Gralshelden also nicht christusähnlich. Christusähnlichkeit könnte nur über eine Imitatio auf der Erzählebene selbst zustande kommen. Geschieht dies? Kann man die Gralssuche Galaads als Imitatio des Heilswegs Christi verstehen? Man mag versucht sein, eine Analogie herauszulesen. Sie wird schon insinuiert durch Galaads Genealogie, die in offenkundiger Parallelität zu jener Christi konstruiert ist.[35] Und dies zudem in Verbindung mit einer kuriosen Abwandlung der Kreuzholzlegende, jener Legende, nach der der Sündenfallbaum schließlich das Holz für Christi Kreuz liefert.[36] Doch im ›Prosa-Lancelot‹ wird aus dem Paradiesbaum kein Analogon zum Kreuz hergestellt, sondern man holt sich von ihm und seinen Ablegern Holz in drei Farben für drei Stäbe:[37] weißes Holz vom ursprünglichen Baum des Lebens, grünes Holz von einem Ableger nach dem Fall und rotes Holz von einem entsprechend verwandelten Baum nach der Ermordung Abels. Mit diesen drei Stäben wird auf Geheiß Salomos ein Gestell über einem Bett auf einem Schiff angebracht und mit einem Überwurf bedeckt. Auf dem Bett liegen eine Krone und das Schwert Davids. Beides ist für den künftigen Gralshelden bestimmt. Und Galaad wird sich schließlich bei der Fahrt nach Sarras auf dieses Bett legen. Über die Bedeutung dieses Symbolzusammenhangs wird kein Wort gesagt. Man kann nur darüber rätseln. Das Gestell aus den drei Hölzern über dem Bett soll jedenfalls die Verstoßung aus dem Paradies und den Mord an Abel präsent halten – eine Tat, die den Verrat durch Judas und Christi Tod – so wird explizit gesagt – präfiguriere: also gewissermaßen eine Heilsgeschichte in nuce als Überdachung für Galaad, der in dieser Behütung schlafend Sarras und letztlich das Paradies erreichen kann. Von einer Imitatio Christi wird man dabei schwerlich sprechen dürfen, vielmehr

[33] Siehe zu dieser Figur: Hugo Rahner, Symbole der Kirche. Die Ekklesiologie der Väter, Salzburg 1964, S. 239–271.

[34] Huber [Anm. 28], S. 25–28.

[35] Kommentar zu Steinhoff V, 22,9f.

[36] Ebd., Kommentar zu 414,14–442,2.

[37] Afrz. *fuissel* kann einfach ein Holzstück meinen; die mhd. Version übersetzt mit ‘Spindel’, was im Blick auf deren spitz zulaufende Enden für die beabsichtigte Konstruktion nicht sonderlich sinnvoll ist.

muss man wohl sagen, dass Galaads Geschichte von der Heilsgeschichte getragen wird. Die Heilsgeschichte greift aus über die genealogische Konstruktion und über die Translatio der Abendmahlsschüssel, die als ‘Gral’ zum Kelch und zur Patene der Eucharistie wird. Die Heilsgeschichte wird also bis in die arthurische Zeit hinein verlängert.

Diese Konstruktionen vermögen also die These von Galaads Gralssuche als Imitatio Christi kaum zu stützen. Was aber jedenfalls ganz entschieden dagegen spricht, ist, dass das zentrale Moment einer Christusnachfolge fehlt: ein Analogon zur Passion.

An der Stelle der Passion steht die Ekstasis, an der Stelle des Abstiegs in Leiden und Tod der Durchbruch zur Schau des Göttlichen und dann ein Aufstieg ins Paradies. Und wenn sich Galaad nach dieser Schau selbst den Tod wünscht, dann fließt dieser Wunsch aus der Freude, die ihn beim Anblick des Grals überwältigt. Nicht einmal die einjährige Kerkerhaft in Sarras kann als Leidensphase verstanden werden, denn der Gral versorgt die Eingekerkerten auf das köstlichste. Gerade in diesem kritischen Stadium wird die Tischlein-deck-dich-Funktion des Grals – unmittelbar vor seiner Manifestation als höchstem Gottesgeheimnis fast irritierend – noch einmal ins Spiel gebracht. Im Übrigen ist diese Gefangenschaft wohl in Korrespondenz zu jener Josephs bei Robert de Boron zu verstehen.[38]

Die Geschichte Galaads ist keine Heilsgeschichte; vielmehr geht mit dem Gral das Heil verloren: Das Heil, das Christus in die Welt gebracht hat und das präsent ist in der Eucharistie, wird in den Himmel zurückgeholt. Und die Welt ist dadurch heillos dem Untergang preisgegeben. Galaad löst zwar viele unbewältigte Aventüren, aber er ist kein Erlöser in einem heilsgeschichtlichen Sinne. Er bestätigt damit seine Ausnahmerolle. Galaad erlöst nicht die Welt, sein Weg bleibt singulär; er erlöst letztlich nur sich selbst.

Es gibt demgegenüber eine einzige Figur, die sich als Opfer darbringt: Parcevals Schwester. Sie gibt ihr Blut, um eine Aussätzige zu heilen. Doch dieses Opfer wird hinterher radikal diskreditiert. Gott vernichtet die Burg und ihre Bewohner, die es gefordert haben. Man kann den Verdacht schwer abweisen, dass Parcevals Schwester sich weniger für die Kranke als um ihres eigenen Seelenheils willen opfert. Sie drängt sich geradezu zum Opfer. Und wenn ihr schließlich das Privileg zuteil wird, als einzige neben den drei Gralsrittern auf einem eigenen Wunderschiff Sarras zu erreichen, dann eben nur als Leiche. Und so sollte man denn das Groteske dieses Opferweges und die Ironie, die darin steckt, nicht übersehen. Das Problem dürfte, nebenbei bemerkt, eine gewisse Aktualität besessen haben: Hartmann hat es bekanntlich im ›Armen Heinrich‹ bizarr-heiter vor Augen geführt. Jedenfalls erscheint Parcevals Schwester in ihrer Verkörperung selbstbezogener Selbstlosigkeit als Leitfigur für die Gralsritter.[39] Man könnte übrigens im Fräulein von Challot eine Parallelgestalt zu ihr

---

[38] Wolfzettel [Anm. 9], S. 53.

[39] Eine Leitfigur nicht nur ihren Funktionen in der Handlung nach – siehe dazu Monika Unzeitig-Herzog, Jungfrauen und Einsiedler. Studien zur Organisation der Aventiurewelt im ›Prosalancelot‹, Heidelberg 1990, S. 125–132 –, sondern auch dem Geiste nach.

auf der Lancelot-Ebene sehen. Nachdem sie aus unerwiderter Liebe gestorben ist, erreicht ihre Leiche den Artushof auf einem prachtvoll ausgestatteten, offenbar menschenleeren Schiff. Das ist die erotische Groteske in Analogie zur religiösen Groteske der Geschichte von Parcevals Schwester. Man stirbt am absoluten Anspruch, ja man bringt sich selbst um, so wie ja auch Galaad am Ende nichts mehr will als sterben. Überall bleiben nur Gräber zurück – Nikola von Merveldt hat jüngst nachdrücklich auf dieses makabre Panorama aufmerksam gemacht[40] –, es sind memoriale Opferstätten entlang der Wege zum Absoluten.

So tritt das persönliche Heil in Gegensatz zur Heilsgeschichte. Der Held, der auf sein persönliches absolutes Ziel ausgerichtet ist, kann keine Funktion mehr haben im Rahmen einer Gemeinschaft oder Gesellschaft. Galaad fehlt jeder Gemeinschaftsbezug, er ist ein religiöser Held ohne ein Verhältnis zur Kirche. Der Bereich des Institutionell-Religiösen ist aufgelöst in eine universale Vereinzelung, die Welt ist erfüllt von lauter Eremiten und Klausnerinnen.[41] Sie sind im Besitz des Heilswissens; sie tauchen punktuell auf dem Weg der Gralsritter auf und offenbaren es, aber für die Welt sind sie ohne Bedeutung.[42] Für die Helden, die nicht gleich sterben, ist denn auch die Einsiedelei die letzte Station. Man hat es fast ausschließlich mit isolierten Einzelnen zu tun. Es gibt deshalb – entgegen der allgemeinen Ansicht – kein neues, geistliches Rittertum, das ein weltlich-arthurisches Rittertum ablösen sollte, es gibt keine Gralsgemeinschaft wie etwa bei Wolfram, sondern es werden, positiv, nur drei singuläre Viten vorgeführt. An ihrer Spitze Galaad, und gerade er ist keine Leitfigur, die ein solches religiöses Ritterbild zu prägen vermöchte, er ist ein unnachahmlicher, irrealer Sonderfall. Und auch Bohorts und Parcevals Wege sind so determiniert, dass sie nicht paradigmatisch sein können. Es ist deshalb auch müßig, eine solche egozentrische Religiosität an irgendeine zeitgenössische monastische Bewegung, etwa an die zisterziensische Religiosität anschließen zu wollen, wie man dies immer wieder versucht hat.[43] Es geht um ein narratives Experiment, ohne dass man es direkt in einen kulturgeschichtlichen Kontext einzubinden vermöchte. Man könnte nur ganz allgemein an mystische Tendenzen denken, die auf eine individuelle Gottessuche unter Umgehung der kirchlichen Vermittlung zielten. Dabei kam es entsprechend zur Verabsolutierung der Differenz, d. h. zur Erfahrung der eigenen Ohnmacht gegenüber einem unfassbaren Gott, einem Gott der gnadenhaften Willkür.

Die Selbstbezogenheit der Gralshelden, die nicht nur quer zur Gesellschaft steht, sondern sich letztlich gegen sie wendet, gilt auch für Lancelot. Lancelots Weg der absoluten Liebe wie die auf das Jenseits gerichtete Gralssuche Galaads zerstören –

---

[40] Translatio und Memoria. Zur Poetik der Memoria des Prosa Lancelot, Frankfurt a. M. u. a. 2004 (Mikrokosmos 72).

[41] Zu diesen Figuren: Kommentar zu Steinhoff V, 32,15.

[42] Hans Fromm, Lancelot und die Einsiedler, in: Hans Fromm, Arbeiten zur deutschen Literatur des Mittelalters, Tübingen 1989, S. 219–234, spricht von »Prädestinationswissen« (hier S. 203).

[43] Steinhoff V, Einleitung zum Kommentar, 1045 f. Dezidiert und mit guten Gründen ablehnend: Wolfzettel [Anm. 9], S. 56–58.

jeder auf seine Weise – die arthurische Welt, sie wirken ursächlich in den Prozess hinein, der zum Untergang führt. Es heißt zwar – so der Erzähler –, dass Gott dem Königreich Logres den Gral entzieht, weil es in Sünde gefallen sei, aber das ganze Geschehen ist dermaßen stark von oben her programmiert, dass letztlich jeder freie Spielraum aufgezehrt wird. Die Welt wird schließlich der Fortuna, d. h. der unerbittlichen Mechanik ihres Rades ausgeliefert.

Das Fazit: Der ›Prosa-Lancelot‹ greift die Fragen auf, ja forciert sie, die die Chrétienschen Romanentwürfe überdeckt, aber untergründig offen gelassen haben. Er nimmt sich dessen an, was jenseits der Grenzen des Verstehbaren und Integrierbaren liegt. Er ist ein narratives Experiment mit dem Absoluten, mit der Liebe als Absolutum, mit dem Göttlichen als Absolutum. Es gibt keine Vermittlung, sondern nur den Sprung über die Willkür der Zeichen. Wenn dieses Absolute erscheint, dann als Einbruch in bedingungsloser Präsenz. Wer davon betroffen ist, wird zum Narren, zum Wahnsinnigen oder zum Heiligen. Die Figuren finden zwar möglicherweise ihr persönliches Glück und Heil, aber die Welt geht dabei zugrunde.

Überlieferung, Rezeption und Wirkung

Jürgen Wolf

Lancelot – kein Held für deutsche Höfe?

Im frz. Sprachraum avancierten die Chrétienschen Artusepen schnell zu höfischen 'Bestsellern'. Das Publikum machte dabei prinzipiell keine Unterschiede zwischen den einzelnen Werken bzw. den einzelnen Helden. Erec, Cligés, Yvain, Lancelot und Perceval erfreuten sich gleichermaßen großer Beliebtheit. Überhaupt wird das gesamte Artusmaterial schnell in umfangreichen Sammelhandschriften vereinigt und häufig im Paket tradiert.[1] Im frz. Prosazyklus ist bald sogar so etwas wie eine literarische Gesamtkonzeption von Artuswelt und Gral präsent. Beide Varianten sind in der Romania überaus erfolgreich,[2] und eine Zentralgestalt des 'literarischen' Artushofs ist Lancelot. Mit Kurt Ruh »stellen wir fest, daß wohl kaum ein anderer Held der höfisch-ritterlichen Welt Lancelot an Popularität gleichkam.«[3] Um so merkwürdiger mutet es an, dass wir bei der Rezeption dieser Werke und Helden in den benachbarten Kulturkreisen völlig unterschiedliche Muster erkennen können. Yvain, Erec und Perceval treten umgehend einen Siegeszug durch ganz Europa an. Sie tauchen im Süden, Westen ebenso wie in Norwegen, Island und im Reich auf. Um Cligés bleibt es vergleichsweise still. Und was geschieht mit Lancelot?

Nach einer kurzen Bestandsaufnahme und einem kritischen Blick auf die Forschungslage soll versucht werden, dem Mysterium der deutschen ›Lancelot‹-Abstinenz an den fernen Höfen in Norwegen und Wales auf die Spur zu kommen, um dann in einem Schlussplädoyer die gewonnen Beweismittel am dt. ›Lancelot‹ zu erproben. Beginnen wir mit einer auf die deutsche Lancelotrezeption fokussierten Bestandsaufname.

---

1 Zur Überlieferung (vorzugsweise in Sammelhandschriften) vgl. grundlegend Les Manuscrits de Chrétien de Troyes, 2. Bde., hrsg. v. Keith Busby, Terry Nixon, Alison Stones, Lori Walters, Amsterdam, Atlanta 1993 (Faux Titre 71).

2 Zur Überlieferung der Prosaversionen vgl. nach wie vor grundlegend Alexandre Micha, Les manuscrits du ›Merlin en prose‹ de Robert de Boron, Romania 79 (1958), S. 78–94, 145–174 und ders., Les manuscrits du ›Lancelot en prose‹, Romania 81 (1960), S. 145–187 u. 84 (1963), S. 28–60, 478–499. Eine knappe Übersicht bietet Thordis Hennings, Altfranzösischer und mittelhochdeutscher ›Prosa-Lancelot‹, Heidelberg 2001, S. 8–12. Die Überlieferung wird zurzeit in einem internationalen Forschungsprojekt umfassend aufgearbeitet.

3 Kurt Ruh, Lancelot, DVjs 33 (1959), S. 269–282, wieder abgedruckt und mit einer Ergänzung versehen in Kurt Wais, Der Arthurische Roman, Darmstadt 1970 (Wege der Forschung 157), S. 237–255, hier S. 237. Ruh sieht übrigens keinen Bruch zwischen der ›Lancelot‹-Begeisterung in der Romania und Deutschland, was allerdings nur möglich ist, weil er die mndl. Lancelot-Texte und den Prosazyklus sowohl zu genuin deutschen wie literarisch überaus wirkmächtigen Werken (bes. S. 242f.) erhebt. Diese Einschätzung entspricht weder der Überlieferungslage noch der zeitgenössischen ›Lancelot‹-Rezeption.

I. Spurensuche: Lancelot in Deutschland

In Frankreich lassen Chrétien mit seinem ›Chevalier de la Charrette‹ und ein bald als Ergänzungs- oder Konkurrenzunternehmen entstehender ›Prosa-Lancelot-Gral-Zyklus‹ den Artusritter Lancelot zu einer zentralen Figur der Artusliteratur werden. Vervielfältigt in weit über einhundert Handschriften,[4] präsent in unzähligen Rezeptionszeugnissen und unmittelbar sichtbar in Miniaturen zahlreicher Bilderhandschriften, in Plastiken wie der Schwertbrücke von Caen und in Bilderzyklen wie den von F. P. Knapp auf der Tagung vorgestellten Lancelot-Fresken von Frugarolo bei Alessandria[5] oder dem Lancelot-Zyklus im schlesischen Siedlçin bei Jelenia Góra (um 1345/46) sind der Held und seine Abenteuer schnell in aller Munde. Nimmt man nur allein den überwältigenden Erfolg der Chrétienschen Artusepen als Maßstab, sollte auch der ›Karrenritter‹ bald an den deutschen Höfen Einzug gehalten haben, aber Chrétiens ›Chevalier de la Charrette‹ wird nicht übersetzt – und selbst der in der Romania noch erfolgreichere Prosa-Artus-Gralzyklus kann für die deutsche Literaturszene des 13. und des 14. Jh.s keine größere literarische Wirkung entfalten. Er wird vermutlich nur teilweise übertragen, die übertragenen Passagen kaum kopiert und das Ganze lange Zeit nahezu nicht rezipiert.[6]

Bezeichnend für das gebrochene Verhältnis zu unserem Helden mag sein, dass mit Ulrichs von Zatzikoven ›Lanzilet‹ eine aus arturisch-höfischer Perspektive merkwürdig anmutende, geradezu parodistische Variante des Stoffs in der Blütezeit der deutschen Artusbegeisterung auf der literarischen Bühne erscheint.[7] Ulrichs Lanzelot, der *sige* und *minnesaelige* Frauenheld ohne Fehl und Tadel, will als Leitfigur für ein ideales Rittertum zwar nicht recht taugen,[8] doch beim deutschen Publikum hat zu-

---

4 Vgl. Anm. 1 u. 2.

5 Vgl. die Einleitung zu diesem Band, S. 6, Anm. 4.

6 Zur Überlieferung vgl. den Überblick bei Hennings [Anm. 2], S. 1–8. Prinzipiell rücken Stoff und Held erst im 15. Jh. unter dem Eindruck einer umfassenden Ritterrenaissance, die zahlreiche französische Texte wieder neu, viele auch erstmals in den literarischen Fokus des deutschen Publikums bringt, zu literarischen Größen auf. Einige der fehlenden Zyklusteile werden schließlich aus einer französischen Vorlage ergänzt und Ulrich Füetrer nimmt sich im Auftrag des bayerischen Herzogs im ›Lannzilet‹ und im ›Buch der Abenteuer‹ gleich zweimal des Stoffs an (vgl. Bernd Bastert, Der Münchner Hof und Fuetrers Buch der Abenteuer, Frankfurt a. M. 1993, bes. S. 139–151 u. 289–296). Heimisch wurde Lancelot aber auch nach dieser Wiederbelebung nicht. Das Interesse konzentrierte sich primär auf den Heidelberger und den Münchner Hof. Die Überlieferungsdecke blieb dünn.

7 Vgl. Ruh, Lancelot [Anm. 3], S. 241 f., Klaus Grubmüller, Die Konzeption der Artusfigur bei Chrestien und in Ulrichs Lanzelet: Mißverständnis, Kritik oder Selbständigkeit? Ein Diskussionsbeitrag, in: Martin H. Jones, Roy Wisbey (Hgg.), Chrétien de Troyes and the German Middle Ages. Paper from an International Symposium, Cambridge 1993 (Arthurian Studies 26), S. 137–149, und Edith Feistner, Der ›Lanzelet‹ Ulrichs von Zatzikhofen als ironische Replik auf den Problemhelden des klassischen Artusromans, Archiv für das Studium der neueren Sprachen und Literaturen 232/147 (1995), S. 241–254.

8 Vgl. den Überblick von Hans-Hugo Steinhoff, Lancelot in Germany, in: Carol Dover (Hg.), A Companion to the Lancelot-Grail Cycle, Cambridge 2003 (Arthurian Studies 54), S. 173–184.

nächst nur dieser Lanzelot sichtbare Spuren hinterlassen: Die Liebe dieses Lanzelots zu Iblis rückt sogar zu einem beinahe sprichwörtlich verwendeten Bild von idealer Liebe auf.[9] Im Manessekodex ist dieses Buch von ›Lanzilet‹ direkt sicht- und lesbar Gegenstand einer höfischen Leseszene (Heidelberg, UB, Cpg 848, Bl. 311r: Alram von Gresten).[10]

Merkwürdig mutet dabei an, dass man an den deutschen Höfen schon seit den ersten Tagen der Artusrezeption selbstverständlich mit dem Artusritter Lancelot vertraut war. Schon in Hartmanns ›Erec‹ nimmt *Lanzelot von Arlac* (1631, nach Chrétien, ›Erec et Enite‹, V. 1694) seinen rechtmäßigen Platz an der Tafelrunde ein.[11] Im ›Parzival‹ wird im 7. und 12. Buch sogar detailliert auf das zentrale Lancelot-Abenteuer *von der swertbrücken phat* (387,5 u. 583,8–10) angespielt.[12] Im ›Wigalois‹ gehört *Lanzelet der Arlac* dann ebenso selbstverständlich wie die Tafelrunder *Êrec, Îwein* und *Gawein* zu den *hundert rîtern wol geborn*, die im Gefolge des Königs von Korntîn zum Artushof reisen (11285–93). Der Stricker berichtet im ›Daniel‹ nicht weniger selbstverständlich davon, dass *Lanzelet und herre Erec* am Hof des König Artus in Britannien *wâren dâ ze hûs* (7998f.). Vergleichbare Hinweise und Anspielungen finden wir im ›Garel‹, in ›Tandareis und Flordibel‹, im ›Wigamur‹, in Ulrichs ›Frauendienst‹, in Heinrichs ›Crône‹ [13] und sogar in Rudolfs ›Alexander‹, wo Lancelot indirekt als ritterliches Vorbild präsentiert wird:

wie Lanzelet mit werdekeit
mangen hôhen prîs erstreit. (Alexander 3203f.)

Es kann also kein Zweifel daran bestehen, Lancelot gehörte zum festen Inventar auch der deutschen Artuswelt. Aber niemand mochte mit diesem Ritter näher in Kontakt treten. Auch wenn im Prosaroman gleich mehrfach versichert wird, unser Held sei die *bluome der ritterschaft, der beste ritter der in der werlt lebet* (Ruh [Anm. 3], S. 237), fand sich kein Interessent für eine Übersetzung des Chrétienschen Lancelot, und auch der umfänglichere Prosazyklus wird nur teilweise übersetzt, wobei selbst diese wenigen Teile kaum überliefert lange in engen regionalen Traditionszusammenhängen

---

9 Vgl. Kurt Ruh, Der ›Lanzelet‹ Ulrichs von Zatzikhoven, in: ders., Kleine Schriften, Berlin 1984, S. 63.

10 Hier wäre zu überlegen, ob mit den zitierten Anfangsversen und dem *amor*-Banner Ulrichs ›Lanzilet‹ als Werk an sich imaginiert werden sollte oder die Kritik an dessen Minnekonzept. In jedem Fall kann man die Kenntnis des ›Lanzilet‹ bei dem intendierten Publikum des Mannessekodex voraussetzen, denn eine intertextuelle Referenz dieser Art funktioniert nur, wenn der anzitierte Text aktiv präsent ist.

11 Vgl. Danielle Buschinger, Le personnage de Lancelot dans la littérature allemande du Moyen Age, in: dies., Lancelot. Actes du Colloque d'Amiens 1984, Göppingen 1984 (GAG 415), S. 17–28.

12 Wolfram von Eschenbach, Parzival, nach der Ausgabe v. Karl Lachmann revidiert und kommentiert v. Eberhard Nellmann, übertragen v. Dieter Kühn, Frankfurt a. M. 1994 (Bibliothek des Mittelalters 8).

13 Vgl. Christoph Cormeau, ›Wigalois‹ und ›Diu Crône‹, München 1977, S. 178–189.

verbleiben.[14] Vor diesem Hintergrund stellt sich umso mehr die Frage, warum gerade *der beste ritter der in der werlt lebet* letztlich keinen Einlass an den deutschen Höfen fand? Alles Zufälle oder lassen sich literar- und kulturhistorische Beweggründe für die merkwürdige Lancelot-Abwesenheit erkennen?

Ein erstes Merkzeichen auf der Suche nach den Charakteristika der deutschen Lancelotskepsis halten die bekannten Exempellisten des ›Welschen Gasts‹ (V. 1041–78) und des ›Renner‹ (V. 21640–43) bereit. An großen Vorbildern aus der Tafelrunde nennt Thomasin *Gawan, Clies, Erech, Iwain, Artus, Tristande, Saigrimors, Kalogriande, Kay* und *Parcival* (›Welscher Gast‹, V. 1041–78).[15] Im ›Renner‹ sind es *Parcifâl und Tristrant,/ Wigolais und Enêas,/ Erec, Iwân und swer ouch was/ Ze der tafelrunne in Kardiôl* (Renner, V. 21640–43).[16] Einer fehlt bei beiden: der schillerndste aller 'französischen' (Chrétienschen) Artusritter: Lancelot.

Da seit dem ausgehenden 12. Jh. die frz. Vers- und im fortschreitenden 13. Jh. die frz. Prosaversionen in so großer Zahl kursierten, dass sie bei jedem Besuch eines deutschen Adligen an einem Hof im Westen geradezu ins Auge stechen mussten, Miniaturen, Fresken und plastische Zeugnisse ebenfalls in großer Zahl die Lancelotgeschichte illustrierten (s. o.), scheiden Überlieferungszufälle von vorneherein aus dem Begründungsfundus aus. Bleiben innerliterarische und kulturhistorische Erklärungsmöglichkeiten für die Lancelot-Abstinenz. Ambitionierte Erklärungsversuche in diese Richtung haben zuletzt Walter Blank,[17] Neil Thomas[18] und Hans-Hugo Steinhoff[19] unternommen. Blank verzeichnet im umfänglichsten Indizien-Tableau unter dem Stichwort: 'besetzte Felder' fünf entscheidende Rezeptionshemmnisse:

---

14 Aus dem 13. Jh. haben wir nur zwei mosel- bzw. ostfränkische Fragmente (A = Amorbach, Fürstl. Leiningensche Bibliothek, ohne Sign.: 4. Viertel 13. Jh., obd., wohl ostfrk.; M = München, BS, Cgm 5250/25 [früher Cgm 5250/5]: 3. Viertel 13. Jh., mittelfrk., wohl moselfrk.).

15 Hugo von Trimberg, Der Renner, hrsg. v. Gustav Ehrismann, Tübingen 1908–1912 (Bibliothek des Litterarischen Vereins Stuttgart 247f., 252, 256); Der Wälsche Gast des Thomasin von Zirclaria, hrsg. v. Heinrich Rückert. Mit einer Einleitung und einem Register von Friedrich Naumann, Berlin 1965 (Photomechan. Nachdr. d. Ausg., Quedlinburg, Leipzig 1852 = Deutsche Neudrucke; Reihe: Texte des Mittelalters). Es ist allerdings unklar, inwieweit Thomasin hier von den adaptierten 'deutschen' oder direkt von den 'französischen' Artushelden spricht. Thomasin war (wie Wolfram) in beiden Literaturen bewandert, dürfte also über Chrétiens ›Charrette‹ zumindest rudimentär informiert gewesen zu sein.

16 Zu Hugos Zeiten waren im Reich längst unzählige Artustexte präsent, die auch ohne Chrétien-Kenntnis mehr als eine Ahnung von Lancelot boten (zu entsprechenden Textstellen s. o.). Dass Hugo von den deutschen Prosazyklusteilen Kenntnis hatte, scheint allerdings eher unwahrscheinlich.

17 Walter Blank, Zu den Schwierigkeiten der Lancelot-Rezeption in Deutschland, in: Jones, Wisbey [Anm. 7], 1993, S. 121–136.

18 Neil Thomas, The Reception of the Prose ›Lancelot‹ in France and Germany: A contest between visible and invisible worlds, in: Richard Maber (Hg.), Nouveaux Mondes, Durham 1994 (Durham French Colloquies 4), S. 19–35.

19 Steinhoff, Lancelot in Germany [Anm. 8], S. 183f.

Zuerst hebt er auf die ahistorische Rolle des König Artus auf dem Festland ab (Blank, S. 134). Zweitens sei »die arthurische Reichs- und Herrschaftsidee als abstrakte Vorstellung von einem künftigen Friedensreich« in Deutschland von Wolframs Artus-Gral-Konzeption überlagert, wo die Idee eines irdischen Gralsreichs in der Figur des Gralskönigs und des Priesterkönigs Johannes personifiziert ist. »Insofern steht in Deutschland eine negativ besetzte Lancelot-Artus-Perspektive der durch Wolfram positiv gefüllten Parzival-Gral-Utopie gegenüber.« Drittens sei die Figur des absolut Liebenden durch ›Tristan‹ besetzt (ebd., S. 135). Viertens haben neben Parzival Konkurrenzfiguren wie Lancelot und Galaat als religiöse Leitfiguren keinen Platz. Und fünftens weist er als formales Ausschlusskriterium auf die avantgardistische bzw. für die Bibelliteratur reklamierte Prosaform hin. Steinhoff fügte mit dem Hinweis auf das vom Nibelungenlied besetzte Katastrophenszenario ein sechstes 'besetztes Feld' hinzu. Für einen dt. ›Lancelot‹ war demnach kein Platz mehr frei.

Klopft man die vorgebrachten Beweismittel auf ihre Stichhaltigkeit ab, müssen allerdings Zweifel aufkommen. Sind Artus und seine Tafelrunder in Deutschland nicht per se weitgehend enthistorisierte Figuren, was dem Erfolg der Artusbestseller ›Parzival‹ und ›Iwein‹ übrigens nicht im Mindesten schadete. Ist das Motiv der unbedingt, z. T. auch tragisch Liebenden etwa in den Tristanen, in Veldekes ›Eneas‹, in ›Flore und Blanscheflur‹ und in ›Pyramus und Thisbe‹ nicht gleich mehrfach, parallel in Szene gesetzt worden? Wird nicht auch das Erlösungsmotiv in verschiedenen Spielarten sogar in mehreren Gattungen an verschiedenen Helden durchexerziert? Bliebe die Prosa, aber da gäbe es Chrétiens Vers-Lancelot. Doch gerade der wurde nicht übertragen. Außerdem war die Prosa auch außerhalb von Medizin, Recht und Bibel zumindest im Norden des Reichs eine – vielleicht sogar d i e – gängige Form für volkssprachige Literatur. Für unsere Frage von Bedeutung sind z. B. der noch vor 1200 entstandene ›Lucidarius‹, die um 1230 in Prosa verfasste ›Sächsische Weltchronik‹ und die um 1240 vielleicht im welfischen Kontext prosaisierte ›Kaiserchronik‹.[20] Man war also sowohl auf Seiten der Literaturproduzenten wie der Rezipienten mit der Prosa vertraut. Fraglich bleibt allerdings, ob sich ein höfisches Publikum einen im deutschen Geschichtsdiskurs so weitgehend enthistorisierten Helden wie Lancelot in diesem für bedeutungsschwere Stoffe prädestinierten Darstellungsmedium hätte vorstellen können.

Generell ist jedoch festzuhalten, dass der Lösungsansatz 'besetzt' letztlich mehr Fragen offen lässt, als er beantworten kann. Für eine revidierte Bestandsaufnahme stehen die Aktien allerdings denkbar schlecht: Es fehlen die Primärquellen, es fehlen die Rezeptionszeugnisse, es fehlen zeitgenössische Reflektionen; es fehlen schlichtweg Beweise jeder Art. *Ex nihilo* bliebe nur das Fabulieren. Doch vielleicht gelingt

---

[20] Vgl. zu beiden Werkkomplexen Hubert Herkommer, Überlieferungsgeschichte der ›Sächsischen Weltchronik‹. Ein Beitrag zur deutschen Geschichtsschreibung des Mittelalters, München 1972 (MTU 38) und Jürgen Wolf, Die sächsische Weltchronik im Spiegel ihrer Handschriften. Überlieferung, Textentwicklung, Rezeption, München 1997 (MMS 75).

es, mit einem Umweg über den norwegischen Königshof Hákon Hákonarsons (1217–1263) und die walisischen Artusritter diesem Dilemma zu entkommen.[21]

II. Lancelot-Abstinenz in Norwegen

Kaum anders als die deutschen Fürsten ist der norwegische König Hákon Hákonarson[22] von der frz. Literatur an sich und von der Artusliteratur im Besonderen begeistert. Die von Vincent Almazan zusammengestellte, schier endlose Liste von Übersetzungen im königlichen Umfeld vermittelt einen Eindruck davon, wie intensiv man sich am norwegischen Königshof für die frz. Literatur interessierte.[23] König Hákon selbst, Matthew Paris nennt ihn *bene litteratus*,[24] lässt in der ersten Hälfte des 13. Jh.s die bereits übersetzten Artustexte wie den ›Roman de Brut‹ (›Breta sögur‹) und den ›Merlin‹ (›Merlinuspa‹) beschaffen sowie die Epen Chrétiens und einige kleinere Artustexte übersetzen bzw. genauer: in die eigene Hofkultur übertragen. Innerhalb kürzester Zeit erhalten Artus, seine heldenhaften Gefährten Perceval, Erec, Gauvain und die anderen Tafelrunder einen hervorragenden Platz im kulturellen Gedächtnis der Nordmänner.[25] Einer dieser Helden, der schillerndste, schafft den Sprung in die neue literarische Umgebung allerdings nicht: Lancelot.[26] Und wie in Deutschland war dieser Lancelot auch am norwegischen Hof kein Unbekannter. Aufgrund verschiedener Anspielungen beispielsweise in der ›Ívens saga‹, wo er zu den Rittern gehört,

[21] In der Lancelotfrage hatten bereits Ruh, Lancelot [Anm. 3], S. 269–282; ders., Der Gralsheld in der ›Queste del saint Graal‹, in: ders., Kleine Schriften, Bd. 1, Berlin 1984, S. 274–297 und Walter Haug, Das Land, von welchem niemand wiederkehrt, Tübingen 1978, den Blick auf gesamteuropäische Phänomene gerichtet. Ihnen ging es freilich nicht um eine Begründung der Nicht-Wahrnehmung, sondern um geistesgeschichtliche Rezeptionshintergründe.

[22] Zu Hákon IV. vgl. Sverre Bagge, Hákon IV., in: Lexikon des Mittelalters 4 (1989), Sp. 1868 und zur historischen Situation etwa Geraldine Barnes, Arthurian Chivalry in Old Norse, Arthurian Literature 7 (1987), S. 50–102, hier S. 67–71; Stefanie Würth, Der 'Antikenroman' in der isländischen Literatur des Mittelalters. Eine Untersuchung zur Übersetzung und Rezeption lateinischer Literatur im Norden, Basel, Frankfurt a. M. 1998 (Beiträge zur nordischen Philologie 26), passim, Thomas Behrmann, Norwegen und das Reich unter Hákon IV. (1217–1263) und Friedrich II. (1212–1250), in: Susanne Kramarz-Bein (Hg.), Hansische Literaturbeziehungen. Das Beispiel der Þiđreks saga und verwandter Literatur, Berlin, New York 1996 (Ergänzungsbände zum Reallexikon der Germanischen Altertumskunde 14), S. 27–50 und Arnved Nedkvitne, The Social Consequences of Literacy in Medeival Scandinavia, Turnhout 2004 (Utrecht Studies in Medieval Literacy 11), bes. S. 188f. u. 215f. zu Bildungsstand und literarischen Interessen Hákons.

[23] Vincent Almazan, Translations at the Castilian and Norwegian courts in the thirteenth century: parallels and patterns, Mediaeval Scandinavia 12 (1988), S. 213–232, hier S. 215.

[24] Behrmann [Anm. 22], S. 47 (Matthaei Parisiensis Chronica Majora, Bd. 4, S. 652).

[25] Vgl. den instruktiven Überblick von Barnes [Anm. 22], S. 50–102, und die knappe Übersicht bei Carola L. Gotzmann, Artusdichtung, Stuttgart 1989 (Slg. Metzler 249), S. 234–240, sowie (teilweise veraltet) Marianne E. Kalinke, King Arthur North-by-Northwest: The matière de Bretagne in Old Norse-Icelandic Romances, Kopenhagen 1981 und Jan de Vries, Altnordische Literaturgeschichte. 3. Aufl., mit einem Vorwort von Stefanie Würth, Berlin, New York 1999 (Grundriß german. Philol. 15, 16).

[26] Vgl. Barnes [Anm. 22], S. 74.

die sich zu Beginn der Erzählung im königlichen Schlafgemach aufhalten – übrigens ohne Chrétiensche Vorlage! –, den ›Breta Sögur‹, wo er unter den Schwestersöhnen König Arthurs genannt wird,[27] der ›Samsons saga‹ und der ›Rémundar saga keisarasonar‹, wo der Titelheld in direkter Anspielung auf das entsprechende Lancelot-Abenteuer auf einem Karren fährt und als »kranker Karrenmann« bezeichnet wird,[28] kann man die Figur ebenso wie die Texte als bekannt am Hof voraussetzen.[29]

Interessant wird es nun, weil wir über die Hintergründe des Literaturtransfers in den Norden vergleichsweise genau unterrichtet sind. Kulminationsfigur der Übersetzungsarbeiten ist der offensichtlich bestens mit der frz. Literatur vertraute König Hákon selbst. Als Bindeglied zur anglonormannischen Hofkultur stand mit dem Geschichtsschreiber Matthew Paris aus dem Kloster St. Albans[30] ein hervorragender Kenner der literarischen Szene im anglonormannischen England in engem Kontakt mit dem König. Auf einer seiner Visitationsreisen ins norwegische Benediktinerkloster Holm könnte er den König nicht nur persönlich beraten, sondern ihm auch die frz. Bücher mitgebracht haben. Für den Literaturtransfer standen freilich auch zahlreiche andere norwegische wie englische Priester und nicht zuletzt die spätestens seit 1229 in größerer Zahl nachweisbaren Handlungsreisenden[31] bereit. Aber, und das ist zentral: Einen ›Lancelot‹ bestellte der König nie. Selbst auch nur entfernt an Lancelot erinnernde Werke und Textpassagen blieben vollständig vom königlichen Übersetzungsprogramm ausgespart, obwohl sonst fast jede Zeile rund um die Tafelrunde begierig aufgesogen wurde. Es ging darum, Exempla für die richtige höfische Lebensführung, für ein nordisches Ritterideal nach frz. Muster bei der Hand zu haben; und auch den Unterhaltungsaspekt wird man nicht zu gering zu beurteilen haben. Geraldine Barnes rückt die aus dieser Initiative entstehenden Riddarasögur sicher zu Recht in die Nähe der Fürstenspiegelliteratur.[32] Von der ›Tristrams saga‹ (Thomas' ›Tris-

---

27 Vgl. Würth [Anm. 22].

28 Vgl. zu diesem Motiv detailliert Bernd Kretschmer, Höfische und altwestnordische Erzähltradition in den Riddarasögur. Studien zur Rezeption der altfranzösischen Artusepik am Beispiel der ›Erex saga‹, ›Ívens sage‹ und ›Parcevals saga‹, Hattingen 1982, S. 23f.

29 Zahlreiche Spuren des Lancelotstoffs im Norden sind nachgewiesen in Rudolf Simek, Lancelot in Iceland, in: Régis Boyer (Hg.), Les Sagas de Chevaliers. Riddarasögur, Paris 1985 (Civilisations 10), S. 205–216. Einiges steht dabei dem dt. ›Lanzelet‹ Ulrichs von Zatzikhoven auffällig nahe (ebd. S. 210f.).

30 Zur Rolle des Matthew Paris vgl. Barnes, Arthurian Chivalry [Anm. 22], S. 70 und Würth [Anm. 22], S. 130 u. 221 sowie ebd. S. 219–226 zu den anglonormannischen Charakteristika (Namensformen, Wortformen) in den norwegischen Artusbearbeitungen.

31 Vgl. Behrmann [Anm. 22], S. 29–33, mit dem Nachweis intensiver Handelsverbindungen und regelmäßiger Handelsfahrten (ebd. S. 32f.) zwischen Norwegen, England und den Ostseestädten.

32 Dies gilt vielleicht am deutlichsten für die ›Parcevals saga‹; vgl. Geraldine Barnes, The Riddarasögur. A Medieval Exercise in Translation, Saga-Book 19 (1977), S. 403–441, hier S. 412 u. 438, sowie speziell zur Didaxe in der ›Parcevals saga‹ Susanne Kramarz-Bein, Die Þiđreks saga im Kontext der altnorwegischen Literatur, Tübingen, Basel 2002, S. 237–239 und zum soziologischen Rezeptionsumfeld Hermann Reichert, Soziologische Voraussetzungen für die Rezeption der arturischen Tafelrunde in Skandinavien, in: Boyer [Anm. 29], S. 121–142.

tan‹),[33] der ›Ívens saga‹ (›Yvain‹) und der ›Mötturs saga‹ (Lai ›Mantel‹)[34] wissen wir außerdem, dass der König die Übersetzungsarbeiten persönlich überwachte.[35] Doch ein Exemplum blieb ausgespart: Lancelots Aventiureweg rund um Minne, Königin, Gral und Untergang. Der im intendierten Sinn 'missratene' Held passte offensichtlich nicht in das anvisierte Idealbild einer höfischen Gesellschaft, ließ sich nicht positiv instrumentalisieren, die Handlungsstränge führten ein ums andere Mal an die Abgründe der arturischen Welt und die Geschichte selbst galt als völlig überfrachtet mit surrealen Motiven, wie man sie im Norden weder Lesen noch Hören wollte. Noch nicht einmal die unterhaltenden Momente – *sex and crime* waren durchaus begehrt – scheinen dem nordischen Geschmack entsprochen zu haben. Lancelot war ein hoffnungsloser Fall. Hákon wünschte sich einen anderen, gradlinigen Heldentypus in einer idealen höfischen Welt.

Entsprechende Modelle standen in großer Zahl zur Verfügung, so z. B. in der ›Erex Saga‹.[36] Dem nordischen Geschmack geschuldet ist in dieser Chrétien-Übertragung die Tatsache, dass kriegerische Hochtaten mehr gelten als die Minne. Entsprechend werden Minnepassagen rigoros zusammengestrichen, sexuell-erotische Szenen wenn möglich sogar komplett entfernt. So dürfen Erex und Evida zwar heiraten, aber der Hörer erfährt mit keinem Wort etwas über den körperlichen Genuss der Ehefreuden. Der Übersetzer vermerkt lapidar: 'Diese Hochzeit dauerte einen Monat'. Auch das *verligen*-Motiv wird geradezu entsexualisiert.[37] Ähnlich steht es um übernatürliche Dinge. Sie müssen einem unbedingten Realismus weichen. Susanne Kramarz-Bein spricht hier von 'Versachlichung'[38] und Geraldine Barnes regelrecht von 'demystification'.[39] Das galt freilich nicht für den heimischen Flugdrachen (*flugdreki*), den Robert geradezu selbstverständlich in die ›Erex saga‹ einbaute.[40] Untragbar waren aber das erzählerische Pathos und alle den Verlauf der Handlung hemmenden Reflektionen, Moralisierungen, Beschreibungen, Nebenhandlungen und Erzählerkommentare. Das Werk wird auf eine strikte Folge der Abenteuer mit dem idealen Helden im Zentrum reduziert,[41] wobei ein didaktischer Anspruch weit stärker als in den frz.

---

33 Eine Überblick mit den wichtigsten Forschungsarbeiten bietet Kramarz-Bein [Anm. 32], S. 207–215.

34 Eine Überblick mit den wichtigsten Forschungsarbeiten bietet Kramarz-Bein [Anm. 32], S. 255–263.

35 Almazan [Anm. 23], S. 217, sowie mit Abdruck der entsprechenden Textstellen Kretschmer [Anm. 28], S. 25–27, und Barnes [Anm. 22], S. 58.

36 Vgl. Kramarz-Bein [Anm. 32], S. 251 f. u. 289–297.

37 Vgl. Kretschmer [Anm. 28], S. 207–216, mit Abdruck und Übersetzung der entsprechenden Passage ebd. S. 215 sowie Kramarz-Bein [Anm. 32], S. 251 f.

38 Kramarz-Bein [Anm. 32], S. 252.

39 Barnes [Anm. 22], S. 84.

40 Vgl. Kretschmer [Anm. 28], S. 28.

41 Vgl. mit einer Zusammenfassung der nordischen Charakteristika Olivier Gouchet, Die altisländische Bearbeitung von Chretiens ›Erec et Enide‹, in: Boyer [Anm. 29], S. 145–155, hier S. 147–149, sowie allgemein zu den Bearbeitungskriterien Würth [Anm. 22], S. 131–135, Kretschmer [Anm. 28], passim und Barnes [Anm. 22], S. 57.

Vorlagen herausgestellt wird. Und für die Riddarasögur ebenfalls ganz typisch: König Artus und seine Gemahlin erfahren eine erhebliche Aufwertung. Er, der König, wird selbst zum Handlungsträger. Den König und die Integrität seiner Macht in Frage zu stellen, käme dem nordischen Bearbeiter anders als Chrétien nie in den Sinn. Der Übersetzer versäumt ganz im Gegenteil an keiner Stelle, Macht und Pracht des Artushofes gebührend herauszustellen.[42] Und »das idyllische Bild des höfischen Lebens wäre nicht vollständig, wenn die Saga nicht oft genug von der Frömmigkeit der verschiedenen Protagonisten Zeugnis ablegte.«[43] Die Übersetzer waren schließlich Geistliche und Hákons Königtum ein durch und durch christliches.

Dieses in der ›Erex Saga‹ wie in den Riddarasögur allgemein entworfene Idealbild des Artushofs avanciert im Norden zu dem Idealbild des höfischen Lebens schlechthin. Aber dies alles war nicht mit dem Chrétienschen ›Karrenritter‹ und schon gar nicht mit dem Prosazyklus zu vereinbaren. Der missratene Held, ein lächerlicher König, ehebrecherische, zerstörerische Minne, schändliche Entführungsszenen, Sex und eine in Auflösung befindliche Hofkultur passten nicht – zumindest nicht in dieser Dichte, nicht mit dieser dramatischen Konsequenz[44] – in die didaktischen Konzeptionen des Königshofs, der in den Riddarasögur Treue, Demut, Frömmigkeit, ritterliche Stärke, Mäßigung, Kurzweil – also letztlich das Lebensgefühl des höfischen Rittertums transparent gemacht sehen wollte.[45] Der in jeder Beziehung verdächtige Lancelot erhielt folgerichtig keinen Zutritt. Er war bewusst aus dem höfischen Diskurs ‘aussortiert’ worden. Dies gilt schon für Chrétiens ›Karrenritter‹ und dann um so mehr für den Helden des Prosazyklus, in dem alle angedeuteten inhaltlichen, literaturästhetischen, erzähltechnischen und kulturhistorisch-anthropologischen Aspekte in ihrer Wirkmächtigkeit potenziert erscheinen. Ob und inwieweit auch Vorbehalte gegen eine epische Prosa dabei eine Rolle spielten, wären noch zu prüfen. In jedem Falle bleiben frz. Prosatexte generell von der Rezeption ausgespart. In unserem Fall hätte man freilich auch auf einen Vers-Lancelot – Chrétiens ›Charrette‹ – zurückgreifen können, was das Prosaargument relativiert.

---

42 Zum nordischen Verständnis des Artus-Königtums vgl. Barnes [Anm. 22], S. 71–85 und Kretschmer [Anm. 28], S. 149–154, sowie ebd. S. 155–159, zur Rolle der Königin.

43 Gouchet [Anm. 41]; vgl. zur ›Erex Saga‹ auch Marianne Kalinke, A Structural Comparison of Chrétien de Troyes' ›Erec et Enide‹ and the Norse Erex saga, Mediaeval Scandinavia 4 (1971), S. 54–65.

44 Dass solche Momente nicht per se verpönt waren, wird in der Übersetzung von Thomas' ›Tristan‹ deutlich. Die in der ›Tristrams saga‹ verhandelten Minneprobleme haben jedoch letztlich eine andere Konsequenz als die schon bei Chrétien angedeuteten bzw. im Prosazyklus ausgeführten. Das Königtum bzw. die höfische Gesellschaft sind nicht existenziell bedroht.

45 Vgl. Barnes [Anm. 22], S. 84.

III. Lancelot-Abstinenz in Wales

Auf der Matrix der entfalteten Indizien werden im Norden die Konturen einer regelrechten Lancelot-Phobie sichtbar. Das eine solche 'Phobie' Methode hatte, wird in einem weiteren fernen Land zur Gewissheit: Lancelot fehlt auch in Wales.

In der Forschung gilt die kymrische Sagenwelt als eine der Hauptquellen der Artusgeschichten. Zahlreiche Motive und Personen können ihre keltischen Wurzeln nicht verhehlen. Für uns sind allerdings nicht diese Wurzeln des Artusmythos von Interesse, sondern die seit dem 13. Jh. nach Wales reimportierten altfranzösischen Artustexte.[46] Wie nicht anders zu erwarten, avancieren auch dort die Chrétienschen Artusepen verwoben mit heimischen Motiven und Helden in Windeseile zu Erfolgstexten. Und erneut bleibt ein Artusritter ausgespart: Lancelot.[47] Da nicht sein kann, was nicht sein darf, versuchte die kymrische Forschung allen voran Robert Sherman Loomis zwar auch diesen Held im kymrischen Heldeninventar dingfest zu machen, aber alle diesbezüglichen Versuche können seit der nüchternen Bestandsaufnahme von Ceridwen Lloyd-Morgan in ihrem grundlegenden Lancelot-Aufsatz von 1994 als gescheitert zu den Akten gelegt werden:[48] Lancelot stammt nicht aus Wales und ist auch nie in Wales heimisch geworden! Er stellt sich nun erneut die Frage, warum auch dort nicht? Und da scheinen teilweise ähnliche Gesichtspunkte wie in Norwegen gegen Lancelot zu sprechen. Auch in Wales war man primär an einem linear-eindimensionalen Handlungsstrang, reduziert auf den ritterlichen Kampf, interessiert. Exkurse über Minne, Reflektionen des Helden oder des Erzählers, Wortgefechte, Traumsequenzen, ehebrecherische Liebesverhältnisse und andere Verwicklungen auf und hinter der primären Handlungsebene wurden in der Regel eliminiert. Übrig blieben etwa in den drei auf Chrétien basierenden Romanzen – in der ›Ystoria Gereint uab Erbin‹ (›Erec et Enide‹), in ›Owain‹ bzw. ›Chwedyl Iarlles Y Ffynnawn‹ (›Yvain‹) und der ›Historia Peredur vab Efrawc‹ (›Perceval‹) – eine sich oft pyramidal steigernde, relativ formelhafte Reihe von Aktionseinheiten, wobei den Elementen des *curtoisen* ausweislich ausladender Stoff- und Ausstattungsbeschreibungen größte Bedeutung beigemessen wurde. Man wollte augenscheinlich den Glanz der französisch-anglonormannischen Hofkultur einerseits über das faktische Nacherzählen der französischen Romane[49] und andererseits über die noch ausgeweiteten Sachbeschreibungen

---

46 Überblicke bieten Rachel Bromwich et al. (Hgg.), The Arthur of the Welsh, Cardiff 1991 (Ndr. 1999), William R. J. Barron (Hg.), The Arthur of the English, Cardiff 1999 (Arthurian Literature in the Middle Ages 2) und Oliver J. Padel, Arthur in Medieval Welsh, Cardiff 2000. Die wichtigsten Handschriften sind vorbildlich erschlossen in Daniel Huws, Medieval Welsh Manuskripts, Aberystwyth 2000, und die arturischen Texte in deutscher Übersetzung leicht zugänglich bei Helmut Birkhan, Keltische Erzählungen vom Kaiser Arthur I, Wien, Köln, Graz 1985 (Fabulae mediaevales 5).

47 Grundlegend: Ceridwen Lloyd-Morgan, Lancelot in Wales, in: Karen Pratt (Hg.), Shifts and Transpositions in Medieval Narrative (FS E. Kennedy), Cambridge 1994, S. 169–181.

48 Lloyd-Morgan [Anm. 47], S. 169f.

49 Vgl. z. B. Ceridwen Lloyd-Morgan, The Celtic Tradition, in: Barron [Anm. 46], S. 1–9, hier bes. S. 7.

direkt und unmittelbar für die eigene Hofkultur fruchtbar machen. Fundamente einer solchen Adaption waren dabei die eigenen, mit vielen Wunderelementen durchsetzten arturischen Heldengeschichten, deren Konturen in den neuen höfischen Epen französischer Prägung allerdings nur noch vage durchscheinen.

Für unseren Lancelot fand sich keine der eigenen Heldenfiguren als Projektionsfläche. Einen solchen Heldentypus suchte man in der kymrischen Literatur vergeblich. Auch scheint unser Lancelot mit dem verwickelten Minnegeschehen[50] rund um die Königin, der keinesfalls gradlinigen Gralssuche und einer per se zweifelhaften Heldenvita[51] für einen walisischen Bearbeiter so unerhört gewesen zu sein, dass eine Aufarbeitung im Sinne der heimischen Literaturtraditionen für unmöglich gehalten wurde. All dies bekommt wieder sein besonderes Gewicht, weil die Figur Lancelot aufgrund diverser Querverweise in kymrischen Texten auch in Wales als sicher bekannt vorausgesetzt werden kann[52] und demzufolge erneut als bewusst aussortiert klassifiziert werden muss.

Wie nachhaltig diese Lancelot-Phobie war, lässt sich daran erkennen, dass selbst nach der englischen Eroberung (1277–1283) und der darauf folgenden englischen Zuwanderung der merkwürdige Held eine *persona non grata* blieb. Erst um 1400 erscheint Lancelot in der aus ›Queste‹ und ›Perlesvaus‹ geschöpften ›Ystoryaeu Seint Gral‹ erstmals als aktiver Artusritter in Wales. Richtig anfreunden mochte man sich aber auch jetzt noch nicht mit diesem Ritter, denn seine Rolle wird soweit es geht auf die des Galaad-Vaters, auf die eines ‘echten’ positiven Helden reduziert.[53] Am Schluss der letztlich erfolglosen Suche nach Lancelot in Wales schließt Lloyd-Morgan ihren Lancelot-Aufsatz denn auch mit der richtungweisenden Feststellung: »But is it significant that no Welsh redactor, either before or after the production of ›Y Seint Graal‹, was ever inspired, or commissioned by a patron, to produce a Welsh version of any complete Lancelot story.«[54] Lancelot blieb im Land des König Artus auf ewig ein – nicht gern gesehener – Fremder.

IV. Thesen zur deutschen Lancelot-Skepsis

Kehrt man nach diesem Parforceritt durch die norwegische und walisische Artustradition zurück zum heimisch-deutschen Lancelot, bleibt viertens und letztens die Frage, ob mit den vorgelegten, aus fernen Kulturzusammenhängen gewonnenen Beweisketten tatsächlich weitere, bisher unberücksichtigte Indizien für die deutsche Lancelot-Skepsis bzw. Lancelot-Abstinenz zu gewinnen sind. Was haben wir: In Norwegen eine elementare Abneigung gegen einen letztlich ‘missratenen’ Helden,

[50] Wie die Tristan-Bearbeitung in ›Trystan ac Esyllt‹ zeigt, war man aber durchaus an Minne in all ihren Ausformungen interessiert.
[51] Mit ähnlichen Argumenten auch Lloyd-Morgan [Anm. 47], S. 178f.
[52] Nachweise bei Lloyd-Morgan [Anm. 47], S. 170–177.
[53] Vgl. Lloyd-Morgan [Anm. 47], S. 170f. mit Nachweis der wichtigsten Forschungsliteratur ebd. Anm. 3 und Lloyd-Morgan [Anm. 49], S. 7.
[54] Lloyd-Morgan [Anm. 47], S. 179.

gegen einen lächerlichen, schwachen König, gegen eine ehebrecherische Königin, gegen die drohenden Abgründe der arturischen Welt, gegen irreale Motivketten, gegen alles Mystische, gegen das Faktum der unbedingten, gesellschaftszerstörenden Minne, gegen zu viel Sex. Untragbar waren alle den Verlauf der Handlung hemmenden Reflektionen, Moralisierungen, Beschreibungen, Nebenhandlungen und Erzählerkommentare. Spannung und Kurzweil ja, aber von den beschriebenen Störfaktoren boten schon Chrétiens ›Karrenritter‹ und dann erst recht der Prosazyklus ein so unerträgliches Übermaß, dass Lancelot aussortiert werden musste. In Wales hätte man wohl mit den anderweltlichen Momenten und auch mit einem schwachen König Artus gut leben können, aber die exzessiven Minne-Eskapaden des Helden, die Dekonstruktion der höfischen Welt schlechthin und der durch unzählige Reflektion, Nebenhandlungen und Kommentare verschüttete primäre Handlungsstrang waren in ähnlicher Perspektive wie am norwegischen Königshof unerhört, untragbar. Man bevorzugte gradlinige, kriegerische, treue und keine verwirrten Heldenfiguren, die sich auch noch in mehrschichtigen Handlungs- und Reflektionsebenen verfingen.

Reduziert man nun diese Indizienketten auf den für den dt. ›Lancelot‹ relevanten Kern, bleiben ein missratener Held, ein lächerlicher König, die schlechthin existenzielle Bedrohung der Hofkultur, irreal-mystische Motive, vielleicht auch das ehebrecherische Verhältnis des Helden zur Königin, aber eher kaum die zerstörerische Kraft der absoluten Minne, Sex und die erzähltechnischen Momente als mögliche Ergänzungen des Blankschen Tableaus der besetzten Felder.[55] Offensichtlich wird man im vorliegenden Kontext ein mehrschichtiges Erklärungsspektrum zu berücksichtigen haben. Neben den von Blank, Thomas und Steinhoff ins Zentrum der Überlegungen gerückten literar- und kulturhistorischen Momenten sind auch kulturelle Eigenheiten und mentale Befindlichkeiten wie die Skepsis gegen spezifische Charakteristika der Lancelotvita, seine Irrungen und Wirrungen, eine Abneigung gegen verschlungene, ausufernde Handlungslinien, gegen zu exzessive Minneverwicklungen sowie gegen höfische Normen sprengende Darstellungsmuster ernstzunehmen. Hans-Hugo Steinhoff legt mit Recht den Finger in diese Wunde, wenn er bei der Bewertung des höfischen Rittertums im ›Prosa-Lancelot‹ feststellt, dass unser Held »in seiner Singularität nicht als Identifikationsfigur taugte.«[56] Und mir scheint fast, die im wahrsten Sinne des Wortes beispiellose Heldenvita könnte vor dem Hintergrund der in ganz verschiedenen literatur- und kulturhistorischen Zusammenhängen in bemerkenswerter Parallelität sichtbar gewordenen mentalen Befindlichkeiten der Rezipienten die größere Rolle für die ‘grenzenlosen Misserfolge’ gespielt haben. Wenn dies so wäre,

[55] Ein sehr genaues Bild dieses zwiespältigen Rittertums Lancelots zeichnet Hans-Hugo Steinhoff, Zur Bewertung des höfischen Rittertums im ›Prosa-Lancelot‹, in: Harald Scholler (Hg.), The Epic in medieval Society. Aesthetic and Moral Values, Tübingen 1977, S. 271–289; vgl. auch Fritz Peter Knapp, Chevalier errant und fin'amor. Das Ritterideal des 13. Jahrhunderts in Nordfrankreich und im deutschsprachigen Raum, Passau 1986, S. 9–45 u. 76–89, und Cornelia Reil, Liebe und Herrschaft. Studien zum altfranzösischen und mittelhochdeutschen ›Prosa-Lancelot‹, Tübingen 1996, passim.

[56] Steinhoff [Anm. 55], S. 288.

ließe sich das deutsche Publikum irgendwo zwischen dem 'kühlen, sachlichen' Norden, der von Lancelot gar nichts wissen wollte, und dem 'heißblütigen, freizügigeren' Süden, der Lancelot geradezu abgöttisch verehrte, verorten, was dann auch die eigenartige Zurückhaltung in Deutschland erklären würde. In Deutschland hatte man zwar das unerhörte, narrative Experiment – so Walter Haug – gewagt, den verdächtigen Helden in den heimischen Literaturdiskurs zu überführen, »zum allgemeinen geistigen Besitz des deutschen Adels wurde das Werk jedoch nicht. [...] Ja, es blieb auch in der Übersetzung, die sich um wirkliche Treue bemüht, ein fremdländischer Roman, den mit den Dichtungen Hartmanns, Wolframs oder Gottfrieds in einem Atem zu nennen wir keine Berechtigung haben.«[57]

[57] Knapp [Anm. 55], S. 10.

Katja Rothstein

Eine Entstehungsgeschichte der Lancelot-Handschrift Ms. allem. 8017–8020 (a)

Am 12. September 1576 wurde eine Handschrift fertig gestellt, die – zum ersten Mal seit dem Beginn der Übersetzungsarbeiten am ›Lancelot en prose‹ im deutschen Sprachraum – eine vollständige Übersetzung dieses populären altfranzösischen Romans ins Deutsche bot. Es handelt sich um die vierbändige Handschrift Ms. allem. 8017–8020, die heute in der Pariser Bibliothèque de l'Arsenal aufbewahrt wird. Die Geschichte dieser Handschrift, deren Vollständigkeit lange als ihr einziger Vorzug gegenüber der durch die für sie typischen Textlücke gekennzeichneten Redaktion *P galt,[1] ist neben der Frage, was die Untersuchung des Kodex für die Interpretation der Überlieferungsverhältnisse des mhd. ›Prosa-Lancelot‹ leistet, Thema dieses Beitrags.[2]

Die Handschrift, die in der Forschung unter der Sigle a bekannt ist, besteht aus vier Büchern; es handelt sich um eine sehr gut erhaltene Papierhandschrift, die augenscheinlich durchgehend von einer Hand geschrieben wurde – bei 935 sorgfältig, gleichmäßig und praktisch fehlerlos beschriebenen Blättern eine imponierende Leistung. Der Text, der wie die *P-Redaktion – maßgeblich repräsentiert durch die Heidelberger Handschrift Cpg 147, bezeichnet mit der Sigle P – den aus den Teilen ›Lancelot propre‹, ›Queste‹ und ›Mort Artu‹ bestehenden ›Lancelot en prose‹ in frühnhd. Übersetzung enthält, wurde in Abschnitte unterteilt, denen jeweils kurze Inhaltsangaben vorausgehen. Die letzten zehn Folien füllt ein Register, das auf besonders wichtige Aventiuren unter Angabe des Namens der Figur, die die besagte Episode erlebt, hinweist.[3]

Der Kodex enthält einige Federzeichnungen: U. a. wurden auf Fol. Bv über einem längeren Gedicht zwei Ritter abgebildet; es handelt sich aller Wahrscheinlichkeit nach um Lancelot und Artus, erkennbar jeweils an den drei Schrägstreifen bzw. dem gekrönten Doppeladler auf dem Wappenschild sowie dem Banner mit dem flammenden Herz bzw. dem gekrönten Löwen. Eine weitere Federzeichnung zeigt ebenfalls einen Ritter, dem als Insignien schräge Balken und ein Herz in Flammen mitgegeben wurden, sowie eine gekrönte Frau – unschwer zu deuten als Lancelot und Ginover. Diese Federzeichnungen fallen meist mit dem Ende eines der vier Bücher zusammen; le-

---

1 S. das Vorwort zum ›Prosa-Lancelot‹ in: Kluge I, XLVIIIf.

2 Die hier aufgeführten Ergebnisse zur Geschichte der Handschrift Ms. allem. 8017 – 8020 sowie zur Rezeption des ›Prosa-Lancelot‹ im 15. und 16. Jh. habe ich, soweit sie nicht durch Fußnoten gekennzeichnet sind, meiner demnächst erscheinenden Dissertation zur Entstehungs- und Überlieferungsgeschichte des mhd. ›Prosa-Lancelot‹ entnommen.

3 Zur Beschreibung der Handschrift Ms. allem. 8017 – 8020 vgl. die Einleitung zum ›Prosa-Lancelot‹ in: Kluge I, XLV–LI.

diglich am Fuß von Fol. 317v erscheint nur der kurze Vermerk, dass dieses Buch im Jahr 1539 beendet wurde.

Hiermit steht also ein gesicherter Terminus ante quem für den Beginn der Übersetzungsarbeiten fest. Wann genau damit begonnen wurde, kann nur vermutet werden; aber das genaue Datum dürfte doch einige Jahre vor 1539 liegen, wenn man die Sorgfalt bedenkt, die bei der Entstehung des Kodex waltete. Beendet wurde die Handschrift im Jahr 1576.[4] Als Schreiber nennt sich Christophorus Crispinus. Ob er zugleich als Übersetzer fungierte, ist nicht zu sagen. Unmöglich ist das nicht – so oder so dürfte die Produktion der Handschrift a für ihn zur Lebensaufgabe geworden sein.

Als Auftraggeber dieser liebevoll gestalteten Handschrift fungierte vermutlich der auf Fol. Br verewigte J. Wolffhelm Bock. Unter einem Spruchband mit diesem Namenszug erscheint sein Wappen, ein nach links springender Geißbock. Dabei handelt es sich jedoch nicht – wie Kluge vermutete[5] – um das Wappen des Rosenheimer Kaplans Caspar Bock, gestorben 1526, der ebenfalls einen springenden Geißbock im Wappen führte. Der Bock auf dem Wappenschild des Kaplans ist heraldisch links gerichtet, während das in a abgebildete Wappen einen heraldisch rechts gerichteten Bock zeigt. Vielmehr handelt es sich hier um das Wappen einer sehr bedeutenden Straßburger Patrizierfamilie, der Bock, bekannt auch unter den Namen Böckle oder Böcklin, die sich spätestens seit dem 13. Jh. in Straßburg nachweisen lassen.[6]

Über das Schicksal der ›Lancelot‹-Handschrift a wissen wir ansonsten lediglich, dass sie im 18. Jh. Teil der Sammlung des elsässischen Bibliophilen Baron Joseph-Louis d'Heiß war. Dessen Sammlung wurde gegen Ende des 18. Jh.s vom Begründer der Bibliothèque de l'Arsenal erworben.

Diese Daten zur Geschichte der Handschrift a können als gesichert gelten. Es bleiben jedoch noch weitere Fragen offen, deren erste die nach der Art und Weise des Zustandekommens der in a überlieferten Übersetzung ist.

Eine Möglichkeit könnte die im Folgenden dargestellte sein: Ein reicher Straßburger Patrizier – J. Wolffhelm Bock – war ein großer Liebhaber des ›Prosa-Lancelot‹. Von diesem Roman gab es jedoch nur wenige und auch nur handschriftliche Exemplare – angesichts des Umfangs des Romans wenig verwunderlich. Einige adelige Literaturliebhaber besaßen Teilhandschriften des Romans, eine nicht ganz vollständige Abschrift existierte lediglich am Hof der Heidelberger Kurfürsten. J. Wolffhelm Bock lag jedoch an einer vollständigen Übersetzung, die auch noch möglichst prächtig aussehen sollte. Da spielte ihm der Zufall, das Glück oder sein intensives Be-

4 Die Angabe dieses Datums und des Namens des Schreibers findet sich auf Fol. 925r.

5 Vgl. die Beschreibung Kluges im Vorwort zum ›Prosa-Lancelot‹: Kluge I, XLVI.

6 Das Wappen des Rosenheimer Kaplans, auf das Kluge [vgl. Anm. 5] anspielt, findet sich in: Johann Siebmachers grosses und allgemeines Wappenbuch, Bd. 5,1: Die Wappen bürgerlicher Geschlechter Deutschlands und der Schweiz, neu hrsg. v. Dr. Otto Titan von Hefner, Nürnberg 1857, S. 45 und Tafel 62. Ein Vergleich mit dem Wappen der Straßburger Familie, das ebenfalls bei Siebmacher, allerdings in Bd. 2,10: Der Adel des Elsaß, S. 4 und Tafel 5 beschrieben und abgebildet wurde, erweist jedoch die Unwahrscheinlichkeit von Kluges Vermutung.

mühen einen französischen Text in die Hände.[7] Er ließ also eine neue Übersetzung anfertigen, die aber der schon bestehenden dt. ›Lancelot‹-Tradition nach Möglichkeit angeglichen werden sollte. Der damit betraute Übersetzer übertrug den Text aus dem Französischen ins Deutsche und verglich gleichzeitig den Text der Vorlage mit dem der *P-Redaktion; das Ergebnis seiner Bemühungen schrieb er nieder und Christophorus Crispinus, der vielleicht auch als Urheber der Übersetzung anzusehen ist, verfertigte die prächtige Abschrift, die uns heute noch erhalten ist.

Für diese Version der Rekonstruktion der Entstehungsgeschichte sprechen einige schlagkräftige Indizien:

Der in a überlieferte Text bietet eine hervorragende und sehr genaue Übersetzung des ›Lancelot en prose‹, die sich offensichtlich eng an ihre französische Vorlage hält, wie der Vergleich mit dem Druck Incunabulum 1488 zeigt: Beide Texte stimmen fast Wort für Wort überein. Doch abgesehen von den Abweichungen zwischen a und dem Druck, die darauf verweisen, dass a nicht nach einem Exemplar der Auflage von 1488 entstanden sein kann, gibt es Stellen, an denen a in Übereinstimmung mit dem Text der Redaktion *P von ihrer Vorlage abweicht. Diese Berührungspunkte zwischen a und der *P-Redaktion sind schon Kluge aufgefallen; er interpretierte sie dahingehend, dass a von P bzw. einer der Redaktion *P zugehörigen Handschrift abhängig sei. Diese Abhängigkeit bezeichnete er ganz allgemein als Unterwerfung unter die »sichere[...] Führung durch die Redaktionsgruppe der P-Hss.« (Kluge I, XLIX).

Die Sorgfalt, mit der die in der Pariser Handschrift überlieferte Übersetzung angefertigt wurde, und die Genauigkeit der Übereinstimmung mit dem frz. Druck lassen darauf schließen, dass diese Abweichungen von der frz. Vorlage weder Fehler, Verlesungen noch simple Diskrepanzen zwischen dem Druck und der Vorlage von a darstellen; die gleichzeitige Übereinstimmung mit dem Wortlaut des Textes nach der *P-Redaktion spricht darüber hinaus dafür, dass hier absichtlich auf einen der schon existierenden Textzeugen der mhd. Tradition zurückgegriffen wurde.

Es stellt sich nun die Frage, wie man diese Überschneidungen deutet: wie Kluge als Orientierung an Cpg 147 (Kluge I, XLIX) oder wie Unzeitig-Herzog als Versuch der Distanzierung von *P.[8]

---

7 Dabei handelte es sich nicht – wie Waltraud Zucha-Glass, Die mittelhochdeutsche Übersetzung der ›Queste del Saint Graal‹, Diss., Wien 1989, S. 151f., vermutete – um ein Exemplar der französischen *editio princeps* (vgl. dazu auch den Kommentar zu Lancelot und Ginover in: Steinhoff II, 770), obwohl der Text von Incunablum 1488 sich bei genauerer Untersuchung als dem Text der Vorlage von a als überaus ähnlich erwiesen hat. Lücken im Text des Drucks, die a nicht hat, belegen allerdings, dass der Druck als Quelle nicht in Frage kommt. Die Schreibung einiger Namen spricht darüber hinaus dafür, dass die in a vorliegende Übersetzung nach einem handschriftlichen Text entstanden ist, und es gibt weitere Hinweise, an denen sich zeigen lässt, dass es sich dabei um eine deutschsprachige handschriftliche Vorlage handelte. Es ist daher und aufgrund des Fehlens jeglicher weiterer Textzeugen für diese Redaktion davon auszugehen, dass die frühnhd. Übersetzung angefertigt und dann noch einmal sorgfältig abgeschrieben wurde.

8 Monika Unzeitig-Herzog, Zu Fragen der Wirkungsäquivalenz zwischen der altfranzösischen ›Queste del Saint Graal‹ und den deutschen Fassungen der ›Gral-Queste‹ des ›Prosa-Lan-

M. E. treffen beide Erklärungsversuche nicht zu. Bei genauerem Hinsehen fällt zunächst auf, dass diese Überschneidungen zwischen a und der Redaktion *P in markanterer Zahl nur bis zum Beginn der ›Merlin‹-Passage – i. e. in der Handschrift a Fol. 10r – auftreten. Danach finden sich entsprechende Stellen nur selten und sie lassen sich auch anders interpretieren, d. h. die Abhängigkeit von der Redaktion *P ist nicht mehr so eindeutig wie zuvor. Des Weiteren zeigt der Vergleich der Texte nach a bzw. der *P-Redaktion, dass bis zum Einsetzen der ›Merlin‹-Episode beide Redaktionen weitgehend, d. h. zwar nicht im Wortlaut, aber in Bezug auf die Handlung, übereinstimmen. Die ›Merlin‹-Episode wird jedoch in beiden Redaktionen denkbar unterschiedlich überliefert, denn die Redaktion *P folgt bekanntlich der wahrscheinlich jüngeren christianisierten französischen Version, während a auf die offensichtlich ältere Version zurückgreift.[9] Von dieser Episode an ist ein Satz-für-Satz-Vergleich beider Texte nicht mehr möglich, denn auch nach der Schilderung der Geschichte Merlins häufen sich die redaktionell bedingten Unterschiede. Insofern lassen sich die von Fol. 1–10r feststellbaren Überschneidungen zwischen a und P offensichtlich dahingehend erklären, dass dem Übersetzer der französische und ein deutscher Text vorlagen, dass er beide verglich und bei Abweichungen dem deutschen Text den Vorzug gab.

Über die Ursache hierfür kann ich nur spekulieren: Der Text der deutschen Redaktion war bekannter, was ihm mehr Autorität verlieh; die französische Handschrift war jünger, weshalb der Text für jünger gehalten wurde o. ä. Schon zu Beginn der ›Merlin‹-Passage hörten dieses Vergleichen und Integrieren von Elementen der *P-Redaktion in die frühnhd. Übersetzung auf – sei es, weil die Diskrepanzen zu groß waren, sei es, weil der Übersetzer nur über einen unvollständigen Textzeugen der Redaktion *P verfügte (Das wäre möglich, ich halte es aber eher für unwahrscheinlich, da dieses Zusammentreffen des Abbrechens der stellenweisen Überschneidungen und des Einsetzens der Unterschiedlichkeit beider Versionen einen zu großen Zufall darstellte).

Tatsächlich zeigt sich m. E. hier der Versuch, den Text der frz. Vorlage und den Text der Redaktion *P zu einer möglichst vollständigen und genauen Version zu integrieren, die kein Detail auslässt. Das wiederum belegt ein deutlich über den Wunsch nach einem lückenlosen Text hinausgehendes Interesse: Der Befund zeigt, dass bei Beginn der Übersetzung der Text nach der *P-Redaktion bekannt war. Es lag demnach der Plan vor, den Inhalt beider Texte zu vergleichen und im Falle des Auftretens von Unterschieden integrativ zu verarbeiten, um den Roman nicht nur erneut, sondern auch möglichst genau und vollständig ins Deutsche zu übertragen. Dabei wird bei genauerer Überlegung auch deutlich, dass zunächst offensichtlich nicht darüber reflektiert wurde, dass die französische Tradition über so unterschiedliche Versionen verfügte, denn – wie auch das tatsächliche Ergebnis zeigt – dieser Bauplan der Übersetzung musste ja an einer Unterschiedlichkeit der Versionen schei-

celot‹, in: Joachim Heinzle, L. Peter Johnson, Gisela Vollmann-Profe (Hgg.), Übersetzen im Mittelalter. Cambridger Kolloquium 1994, Berlin 1996 (Wolfram-Studien 14), S. 149–170, hier S. 163 und S. 170, Anm. 49.

9 Vgl. hierzu den Kommentar Steinhoff II, 809–812.

tern. Offensichtlich wurde der Roman im deutschen Sprachraum kaum in französischer Sprache rezipiert, und es lag mit hoher Wahrscheinlichkeit kein Austausch französischer Textzeugen vor. Sollte das zutreffen, spräche auch das wieder für eine über das Leseinteresse hinausgehende Absicht bei der Erstellung der Handschrift a: Hier wurde letztendlich der noch nicht bekannten Version der Vorzug gegeben.

Doch wie könnte J. Wolffhelm Bock, der Auftraggeber dieses Mammutwerks, an die deutsche Handschrift gekommen sein? Ohne über Wolffhelm mehr zu wissen, als dass er ein Mitglied einer der ältesten Patrizierfamilien der Stadt Straßburg war und die Handschrift a in Auftrag gegeben hat, können aufgrund seiner Familienzugehörigkeit doch einige interessante Schlüsse bezüglich der Entstehungsgeschichte der Pariser ›Lancelot‹-Handschrift gezogen werden. Zuvor sollte jedoch darauf hingewiesen werden, dass für ihre Zeitgenossen eine Verwandte J. Wolffhelms, Sophia Bock, offensichtlich interessanter war als dieser selbst. Zumindest lässt sich das dem Zeugnis der ›Zimmerischen Chronik‹ entnehmen, dem zufolge sich Johann Werner von Zimmern nach dem Tod von Sophias erstem Mann, Grafen Konrad III. von Tübingen, um sie bewarb.[10] Sie schlug die Verbindung jedoch nach einigen Verhandlungen aus und heiratete stattdessen 1503 den Grafen Ludwig von Löwenstein und Scharfeneck , einen Sohn Friedrichs I. des Siegreichen von der Pfalz aus dessen morganatischen Verbindung mit Clara Tott. Dank dieser ehelichen Verbindung zwischen dem Sohn eines von zwei Heidelberger Kurfürsten, die als mögliche Auftraggeber von Cpg 147 in Frage kommen – denn unter der Ägide Friedrichs I. des Siegreichen oder seines Nachfolgers Philipps des Aufrichtigen ist diese Handschrift wahrscheinlich entstanden[11] –, und einer Verwandten des Auftraggebers von a ist es möglich, eine Verbindung herzustellen, die das Auftreten der punktuell begegnenden Überschneidungen zwischen a und der *P-Redaktion möglicherweise erklärt, da ein greifbares Indiz dafür vorliegt, dass der Übersetzer, der im Auftrag J. Wolffhelm Bocks tätig war, durch die Verbindung von dessen Familie zum Heidelberger Hof über einen Textzeugen der *P-Redaktion verfügen konnte.

An dieser Stelle lohnt es sich nun innezuhalten und sich der Frage zu widmen, inwiefern die Einbeziehung des bisher – wie Steinhoff im Kommentar zu seiner Neuedition feststellte[12] – noch nicht genügend beachteten jüngsten Textzeugen der dt. ›Lancelot‹-Tradition hilfreich für die Neuinterpretation der Überlieferungsverhältnisse ist.

Dabei sollte zunächst daran erinnert werden, dass das Hauptaugenmerk der deutschsprachigen Tradition auf der Textvermittlung liegt. Die einzige Bearbeitung ist die durch Ulrich Fuetrer. Die Geschichte eines Textes, der im eigentlichen Sinne des

---

[10] Froben Christoph Graf von Zimmern, Die Chronik der Grafen von Zimmern, Handschriften 580 und 581 der Fürstlich Fürstenbergischen Hofbibliothek Donaueschingen, hrsg. v. Hansmartin Decker-Hauff, Darmstadt 1964, S. 358–361.

[11] Zur Datierung und Lokalisierung der Heidelberger Handschrift P vgl. Georg Steer, Der Heidelberger ›Prosa-Lancelot‹-Codex Pal. Germ. 147, in: Werner Schröder (Hg.), Schweinfurter ›Lancelot‹-Kolloquium 1984, Berlin 1986 (Wolfram-Studien 9), S. 10–16.

[12] Vgl. Anm. 7.

Wortes vornehmlich rezipiert wurde, weist eine enge Verbindung von Entstehungs- und Rezeptionsgeschichte auf, was im Falle des ›Prosa-Lancelot‹ darüber hinaus noch durch die Tatsache unterstrichen wird, dass die drei Teile der *P-Redaktion erstens in chronologisch nicht korrekter Reihenfolge, zweitens mit großem zeitlichen Abstand und drittens unter Zurückgreifen auf unterschiedliche Versionen des frz. Romans entstanden sind. Des Weiteren überliefert die *P-Redaktion nur eine unvollständige Übersetzung: die Lücke zwischen dem Beginn der ›Charrette‹ und dem ›Agravain‹ ist bekanntlich ihr Markenzeichen.

Die in a repräsentierte Übersetzung zeigt ein anderes Bild: Es handelt sich um eine uniforme Übersetzung, die – abgesehen von den Überschneidungen mit der Redaktion *P – treu ihrer Vorlage folgt.[13] Die wenigen Abweichungen, die dem Text allerdings z. T. tatsächlich zum Nachteil gereichen, beruhen auf dem Bestreben nach Genauigkeit und Vollständigkeit in Bezug auf Textgestalt und Verständlichkeit.[14] Durch diese Unterschiedlichkeit der Texte, die trotzdem nicht unabhängig voneinander gesehen werden können, erweist sich a als geeigneter Parameter für Thesen zur Textgeschichte der *P-Redaktion, zumal eben der Versuch der Positionierung dieser Handschrift im Gesamtgefüge der mhd. Überlieferung eine Neuinterpretation der Überlieferungsverhältnisse notwendig macht. Dies wird besonders interessant, wenn man einen Blick auf die Verbreitung des ›Prosa-Lancelot‹ im 15. und 16. Jh. wirft.

Wesentliche Änderungen bezüglich der schon von Kluge und anderen erbrachten Ergebnisse ergab ein erneuter Textvergleich allerdings nicht. Auffälligkeiten konnten lediglich im Hinblick auf die Handschriften s und k, also die Schaffhausener ›Agravain‹-Handschrift und die Kölner ›Charrette‹ festgestellt werden. Aber die Einbeziehung der Handschrift a in die überlieferungskritische Untersuchung ermöglicht die Betrachtung der Ergebnisse aus einer differenzierteren Perspektive, so dass sie in mancher Hinsicht anders gedeutet werden müssen.

Die Schaffhausener Handschrift, die um 1530 im Benediktinerkloster Ochsenhausen verfertigt wurde, ist der einzige Textzeuge der mhd. Tradition, der außer dem Mittelteil von Cpg 147 (PII) den ›Agravain‹ überliefert. Obwohl s jünger als PII ist, handelt es sich bei dieser Handschrift auf keinen Fall um eine Abschrift von PII. Vielmehr scheinen beide Texte auf eine gemeinsame Vorlage zurückzugehen. Diskrepanzen zwischen beiden Textzeugen belegen, dass einer der jeweiligen Schreiber – vermutlich wie im Fall von a unter Heranziehung eines weiteren Textzeugen – Änderungen vorgenommen hat. Hier bietet sich als Erklärung eine ähnliche an, wie sie für die Pariser Handschrift angeführt werden konnte: Der Auftraggeber von s, Heinrich vom Stain zu Hürben – sein Name findet sich im Schaffhausener Kodex – stand durch Heirat in enger Verbindung mit dem Geschlecht der Frundsberg, deren Bibliothek zu den umfangreichsten Adelsbibliotheken des Mittelalters gehört.[15] Sie besaßen

---

[13] Vgl. dazu die Ausführungen von Unzeitig-Herzog [Anm. 8].

[14] Ebd. S. 158, Anm. 34.

[15] Friedrich Zoepfl, Die Bibliothek der Herren von Frundsberg, Zeitschrift des historischen Vereins für Schwaben und Neuburg 52 (1936), S. 61–84, hier S. 76.

nachweislich vier Artusromane, die sich nicht genau identifizieren lassen.[16] Doch zumindest drei davon dürften – davon gehe ich mit großer Wahrscheinlichkeit aus – Prosaromane gewesen sein, weshalb sich nur noch die Frage stellt, ob sie den ›Prosa-Lancelot‹ oder Fuetrers Prosakürzung enthielten. Cgm 573, ein Exemplar des ›Prosa-Lannzilet‹, das ein Allianzwappen der Familien Stain und Frundsberg enthält, war allerdings keines der vier Werke, da es schon vor der zweimaligen Inventarisierung der Frundsberg-Bestände in den Jahren 1589 und 1591 nicht mehr im Besitz der Frundsberg war, denn der Kodex gelangte zu Lebzeiten Herzog Albrechts V., der 1579 starb, in die Münchener Hofbibliothek. Hingegen liegt die Vermutung nahe, dass die Schaffhausener Handschrift zu diesen vier Werken gehört, da einer der im Inventar angegebenen Titel wie folgt lautet: *Ain geschriben Historj von Aggravant und Lancelot incerti authoris*. Die Schaffhausener Handschrift und PII, die den ›Agravain‹ überliefern, beginnen mit dem Satz: *Uns saget die abentúre, als Agravant von synen gesellen scheyden was als ir vor hant hören sagen, da reyt er zwen tag one eynich abenture zu finden; und an all die ende da er kam fragt er nach Lancelot.*[17] Die Übereinstimmung des Beginns der Handschrift und des im Inventar genannten Titels ist groß genug, um s mit gebotener Vorsicht zum ehemaligen Besitz der Frundsberg zählen zu können.

Die Kölner ›Lancelot‹-Handschrift, die lediglich einen Teil des Textes überliefert, der in der *P-Redaktion fehlt, also einen Großteil der ›Charrette‹ und der ›Charrette-Suite‹, wird nach Beckers als »Lückenbüßer« für diese älteste deutsche Übersetzung angesehen.[18] Beckers vermutete, dass k bzw. der von der Kölner Handschrift überlieferte Text das Ergebnis der Bemühungen des Heidelberger und eventuell auch des Rottenburger Literatenkreises um die Vervollständigung des ›Prosa-Lancelot‹ darstellt. Er belegt seine These durch Hinweis auf die Datierung, da aufgrund einer im rückwärtigen Spiegel der Kölner Handschrift eingeritzte Datumsangabe diese auf 1476 datiert werden kann, was in den Zeitraum fällt, in dem Cpg 147 entstanden ist. Darüber hinaus sprechen seiner Ansicht nach sowohl die Mundart der Handschrift für eine Entstehung in Heidelberg als auch die Tatsache, dass k an die Abbruchstelle anschließt.

Dialektgeographische Zuordnungen sind allerdings mit Vorsicht zu genießen – als Stütze für Beckers' These kann auch die genaueste sprachliche Analyse nicht ausreichen. Auch die Datierung könnte als Beleg nur im Zusammenhang mit weiteren Argumenten standhalten, da zum einen die Datierung von P nicht feststeht und zum anderen mit ziemlicher Sicherheit davon auszugehen ist, dass es sich bei dem in k repräsentierten Text selbst um eine Abschrift handelt. Sollte es sich bei der Kölner

---

16 Ferdinand Geldner, Die Bibliothek der Herren von Frundsberg auf der Mindelburg, Archiv für Geschichte des Buchwesens 9 (1969), Sp. 240–251, hier die Spp. 277, 279 und 282.

17 Kluge II, 135,1–3. – Ebenso auch s.

18 Hartmut Beckers, *Der püecher haubet, die von der Tafelrunde wunder sagen*: Wirich von Stein und die Verbreitung des ›Prosa-Lancelot‹ im 15. Jahrhundert, in: Werner Schröder (Hg.), Schweinfurter ›Lancelot‹-Kolloquium 1984, Berlin 1986 (Wolfram-Studien 9), S. 17–45, hier S. 18 und 37–41.

›Charrette‹ tatsächlich um die Abschrift eines »Lückenbüßers« handeln, müsste dieser noch um einige Jahre früher datiert werden; das Gleiche gilt dann auch für zumindest den ersten Teil der Heidelberger Handschrift. In diesem Zusammenhang drängt sich zudem eine weitere Frage auf: Wenn sich in k tatsächlich das Bemühen manifestiert, die mhd. Übersetzung des ›Lancelot en prose‹ zu ergänzen, warum wurde dieser Teil des Textes dann nicht in den Kodex aufgenommen? Schließlich war Cpg 147 im 15. Jh. noch kein zusammenhängender Band, sondern der Roman bestand aus drei Einzelbänden. Diese wurden erst im römischen Exil zusammengebunden. Es hätte durchaus die Möglichkeit bestanden, den Text entweder an PI anzuschließen oder ihn zumindest in einen weiteren Buchblock einzutragen, der sich in Format und Seiteneinrichtung Cpg 147 genau anpasst. Dies ist jedoch nicht geschehen.

Was spricht also noch für eine Entstehung im Umfeld des Heidelberger Hofes? Lediglich die gemeinsame Schnittstelle von PI und der Kölner Handschrift kann noch als einigermaßen sicherer Hinweis gelten. Doch auch hier möchte ich Bedenken anmelden, denn k schließt nicht nur unmittelbar an PI an, sondern auch an das Ende des zweiten Buches der Fuetrerschen Prosakürzung.

Da das dritte Buch des ›Prosa-Lannzilet‹ und der in der Kölner Handschrift überlieferte Text inhaltlich im Umfang übereinstimmen, ist – auch im Hinblick auf die These Beckers' – davon auszugehen, dass Fuetrer sich auch hier wieder am Heidelberger Hof orientierte und k die Quelle seines dritten Buches bildet. Dem ist jedoch zu widersprechen:[19] Differenzen zwischen dem Text der Prosakürzung und k zeigen, dass diese Handschrift Fuetrer nicht vorlag. Da k selbst – wie zuvor erwähnt – eine Abschrift ist, wäre es natürlich reizvoll anzunehmen, dass das dritte Buch des ›Prosa-Lannzilet‹ und die Kölner ›Charrette‹ auf derselben Quelle beruhen, die anschließend verloren ging. Dies würde in etwa auch Voss' These entsprechen, der die Vermutung aussprach, dass Fuetrer eine einzige Handschrift als Quelle benutzte, die im Gegensatz zu Cpg 147 den Text vollständig beinhaltete.[20] Diesen Gedanken halte ich allerdings schon allein aus dem Grund für eher unwahrscheinlich, da die Textgeschichte des ›Prosa-Lancelot‹ zeigt, dass vor der Pariser Handschrift keine vollständige – und einheitliche – Übersetzung des französischen Romans im deutschen Sprachraum vorlag. M.E. arbeitete Fuetrer ebenso wie andere vor ihm mit mehr als nur einer oder auch zwei Quellen, um seinen Roman nach Möglichkeit zu vervollständigen. Mit Sicherheit lag ihm eine Handschrift der *P-Redaktion vor, wahrscheinlich auch ein k entsprechender Text. Aber darüber hinaus muss Fuetrer über noch mindestens eine weitere Quelle verfügt haben. Dies fällt auf, wenn man die ersten Zeilen des vierten Buches seines ›Prosa-Lannzilet‹ betrachtet.[21] Diese fassen in groben Zügen die Geschehnisse zusammen, die Kluge unter dem Titel ›Das schwarze Kreuz‹ nach dem französischen Text in seine Edition aufgenommen hat (Kluge II, 119–132). Diese

---

[19] Vgl. dazu auch Rudolf Voss, Zur Quellenlage von Ulrich Füetrers Lancelot-Erzählungen, Prosaroman und strophischer ›Lannzilet‹, ZfdA 131 (2002), S. 195–212, hier S. 197, Anm. 7.

[20] Ebd. S. 212.

[21] Ulrich Füetrers Prosaroman von Lanzelot, nach der Donaueschinger Handschrift hrsg. v. Arthur Peter, Tübingen 1885, S. 147.

kurze Überbrückung der fehlenden Handlung greift zum einen den Inhalt des dritten Buches auf, zum anderen aber stimmt sie mit der *version courte* der französischen Tradition überein und zeigt so, dass Fuetrer in irgendeiner Form Kenntnis des sowohl P als auch k fehlenden Inhalts erlangte.

Zusammenfassend lässt sich sagen, dass Fuetrer sich im Auftrag des Münchener Hofes nachweislich bemühte, die Lücke, die die Heidelberger Handschrift Cpg 147 noch heute charakterisiert, zu schließen, und dass er dazu offensichtlich verschiedene Quellen, vielleicht auch verschiedensprachige Quellen benutzte. Auf der anderen Seite gibt es kein wirklich schlagkräftiges Indiz, das die Entstehung der ›Karrensuite‹ am Heidelberger Hof glaubhaft macht, da aus heutiger Sicht keine Spur dieser Passage des ›Prosa-Lancelot‹ in Heidelberg nachzuweisen ist.

Diese Bedenken erheben nicht den Anspruch, die Beteiligung der Heidelberger Literaturliebhaber am Zustandekommen der Kölner Handschrift, wie sie bisher in Anlehnung an Beckers vertreten wurde, grundlegend zu negieren. Sie sind lediglich als Versuch anzusehen, die zentrale Rolle, die Heidelberg generell in Bezug auf den ›Prosa-Lancelot‹ zugeschrieben wird, in Frage und andere Möglichkeiten zur Diskussion zu stellen.

So würde nach der obigen Darstellung die Bedeutung, die der Münchener Hof, der eigentlich eher mit der Bearbeitung des ›Prosa-Lancelot‹ durch Ulrich Fuetrer als mit dem Prosaroman selbst in Verbindung zu bringen ist, für die Bestrebungen um die Vervollständigung der *P-Redaktion hat, deutlich zunehmen, und auch andere Namen, wie der der Grafen von Manderscheid-Blankenheim oder der Grafen von Waldeck oder der mit diesen verschwägerten Grafen von Nassau, sind anders zu gewichten, wenn sie nicht mehr in Abhängigkeit vom Heidelberger Hof zu sehen sind.

Vor allem aber im 16. Jh. lässt sich die Liste der ›Lancelot‹-Liebhaber verlängern: Neben den oben schon erwähnten Bock, den nach wie vor engagierten Höfen der Münchener Herzöge und der Heidelberger Kurfürsten sowie den Grafen von Manderscheid-Blankenheim, deren Beständen sich auch der erste Band eines frz. ›Lancelot‹-Drucks von 1520 zuordnen lässt (AD+BL 274),[22] sind die mit den Heidelberger Kurfürsten verschwägerten Pfalzgrafen von Simmern zu nennen, die den eben erwähnten französischen Druck, der später im Besitz der Grafen von Manderscheid-Blankenheim war und heute in Köln aufbewahrt wird, nachweislich besaßen.[23] In diesem Druck finden sich außerdem Randbemerkungen von Reicharts Hand, die belegen, dass zumindest Pfalzgraf Reichart von Simmern über genaue Kenntnisse der ›Lancelot‹-Tradition verfügte.

---

22 Erwähnt wird der Druck bei Hartmut Beckers, Handschriften mittelalterlicher deutscher Literatur aus der ehemaligen Schlossbibliothek Blankenheim, in: Die Manderscheider. Eine Eifeler Adelsfamilie. Herrschaft – Wirtschaft – Kultur. Katalog zur Ausstellung Blankenheim, Gildehaus (4.5. – 29.6.1990) und Manderscheid, Kurhaus (16.8. – 11.11.1990), Köln 1990, S. 57–82, hier S. 60.

23 Das zeigt ein Eintrag auf der Titelseite, der einen Hans Peter von Simmern als Eigentümer des Bandes ausweist, der ihn laut eigenen Angaben 1586 von Pfalzgraf Reichart von Simmern (1521–1598) als Geschenk erhielt.

Schon erwähnt und in ihrer Bedeutung für den Mittelteil der älteren mhd. Übersetzung ausführlicher besprochen wurden Heinrich vom Stain und die Frundsberg. Zumindest erwähnen möchte ich Johann von Döring, dessen Name sich in Cpg 92 findet, einer Abschrift der ›Queste‹ und der ›Mort Artu‹, die ebenfalls aus dem 16. Jh. stammt (Kluge I, 34). Als vorübergehende Besitzer einer Handschrift, die den ›Prosa-Lannzilet‹ Fuetrers beinhaltet, lässt sich auch ein Mitglied der Familie von Degenfeld identifizieren.[24]

Besonders interessant jedoch ist die Feststellung, dass auch die literarisch vielseitig interessierten Freiherren von Zimmern, die bisher nicht im Zusammenhang mit dem ›Prosa-Lancelot‹ genannt wurden, auf der Liste der Rezipienten nicht fehlen dürfen, da eine Randnotiz in dem oben schon genannten französischen Druck, die zwischen 1530 und 1586 vorgenommen worden ist, darauf hinweist, dass die Zimmern ein Exemplar dieses Romans besaßen.[25] Sie lautet: *alhie erwirt das erst verdeutscht bůch vom lanzelot des von Zimmerns* (Hier beginnt/endet das erste Buch von Lancelot in deutscher Übersetzung des Freiherrn von Zimmern. – Die Entzifferung und damit die genaue Übersetzung der Randnotiz ist problematisch, da das Prädikat schwer lesbar ist.) Es ist eher unwahrscheinlich, dass sich diese Randnotiz auf das Werk Fuetrers oder den ›Lancelot en prose‹ bezieht, die sich beide nachweislich unter den Zimmernschen Beständen befanden, denn die Randnotiz bezieht sich – es wird durch eine Linie angedeutet – auf den zu Beginn des ›Prosa-Lancelot‹ befindlichen Bericht des Zwerges über die Auseinandersetzungen zwischen der Frau von Roestoc und Segurades (Kluge I, 318,13). Etwa an dieser Stelle setzt die heute in Karlsruhe bewahrte Donaueschinger Handschrift Ms. 142, bezeichnet mit der Sigle d, ein (Kluge I, 318,33). Allem Ermessen nach wird also auf diese Handschrift Bezug genommen, so dass ich die vorsichtige Vermutung äußern möchte, dass d einst im Besitz der Freiherren von Zimmern war.[26] Diese Annahme wird untermauert von der Feststellung, dass Laßberg in einem Brief an Jakob Grimm äußerte, es handele sich bei d um den mittleren von drei Teilen, deren erster und zweiter Teil verschollen seien.[27] Hier liegt die Annahme nahe, dass in der Zimmerischen Bibliothek ein im Umfang zumindest PI und Teilen von PII entsprechendes dreibändiges Exemplar des ›Prosa-Lancelot‹ existierte, dessen zweiten Teil die Handschrift d bildete. Des Weiteren ist zu bedenken, dass der etwa 1495 verstorbene Johann Werner d. Ä. von Zimmern die letzten Jahre seines Lebens am Hof Albrechts IV. von Bayern verbrachte. Hier dürfte er aller Wahrscheinlichkeit nach Bekanntschaft mit dem Werk Fuetrers gemacht haben. Da

---

[24] Arthur Peter, Die deutschen Prosaromane von Lanzelot, Germania 28 (1883), S. 129–185, hier S. 149f.

[25] Dieser Eintrag steht am Fuß von Fol. p, 5v.

[26] Über die Geschichte der Handschrift d, bevor sie in die Fürstlich Fürstenbergische Hofbibliothek zu Donaueschingen kam, ist nur wenig bekannt. 1828 gelangte die Handschrift in den Besitz Josef von Lassbergs, der am ›Prosa-Lancelot‹ allerdings nur geringes Interesse hatte.

[27] Briefe des Freiherrn Joseph von Lassberg an Jakob Grimm, mit Erläuterungen hrsg. v. Dr. Albert Leitzmann, Berlin 1931, S. 24.

die Donaueschinger Handschrift im Anschluss an den PI entsprechenden Text einen Teil des dritten Buchs der Prosakürzung nach Fuetrer überliefert, kann auch hier wieder eine Verbindung zwischen verschiedenen adeligen Häusern und Literaturliebhabern gezogen werden, die das Zustandekommen der spezifischen Gestalt eines Textzeugen erklärt.

Die Rezeption des ›Prosa-Lancelot‹ im deutschen Sprachraum bleibt punktuell, aber sie ist doch breiter als bisher angenommen und es zeigt sich, dass die Bemühungen, den Roman in möglichst vollständiger Form zu kennen und nach Möglichkeit auch zu besitzen, sich sogar in verschiedener Weise produktiv auf die mhd. ›Lancelot‹-Tradition ausgewirkt hat. Der Versuch der integrativen Verarbeitung einer erneuten Übersetzung aus dem Französischen und der schon bestehenden mhd. Tradition, wie er in a vorliegt, ist nur ein Beispiel. Ein anderes ist die Ergänzung der Lücke durch Fuetrers Prosafassung, die sich in der Donauschinger Handschrift d zeigt. Diese Bestrebungen der ›Lancelot‹-Tradition, die sich für das 15. und 16. Jh. relativ gut und lebendig darstellen lassen und die vor allem am Beispiel der in a repräsentierten frühnhd. Übersetzung nachvollzogen werden können, dürften auch das 13. und 14. Jahrhundert geprägt haben. Insofern bilden die Handschriften P und a Meilensteine in der Überlieferungsgeschichte des ›Prosa-Lancelot‹. Dass schließlich erst in a eine vollständige Übersetzung vorlag, in der sich noch dazu die charakteristischen Merkmale der Rezeptions- und der Textgeschichte manifestieren, macht diese Handschrift – wie man wohl zu Recht behaupten darf – nicht zum ‘Außenseiter’ der Überlieferung, sondern eher zu ihrem gelungenen Abschluss.

Anhänge

Andres Laubinger und Jens Schneider

Hans-Hugo Steinhoff († 1. April 2004)

Der vorliegende Beitrag ist der Versuch, die wissenschaftliche Arbeit und das hochschulpolitische Engagement einer außerordentlichen und dabei völlig unprätentiösen Persönlichkeit zu dokumentieren. Hans-Hugo Steinhoff wurde am 3. Oktober 1937 in Fulda geboren. Er studierte von 1957 bis 1963 an den Universitäten Marburg, München und Mainz Germanistik, Klassische Philologie und Philosophie. Im Dezember 1963 wurde er an der Philipps-Universität Marburg über »Die Darstellung gleichzeitiger Geschehnisse im mittelhochdeutschen Epos« promoviert, im Frühjahr 1964 legte er das Erste Staatsexamen für das Lehramt an Gymnasien ab. Anschließend war er wissenschaftlicher Assistent bei Werner Schröder (1964–69), später Akademischer (Ober-)Rat an der Universität Stuttgart (1969–74) und ab 1974 Professor an der neugegründeten Gesamthochschule in Paderborn. Von seinen Funktionen in der Wissenschaftsorganisation seien erwähnt der Unterausschuss für Literaturerschließung der DFG (1973–1979), der zweite Vorsitz der Wolfram-von-Eschenbach-Gesellschaft (1974–1984) und die Begleitkommission für die Edition der mittelniederländischen Lancelotromane der Königlich-Niederländischen Akademie der Wissenschaften (1978–1983).

Hans-Hugo Steinhoff war von Mai 1974 bis Februar 2003 Professor für Deutsche Sprache und Literatur des Mittelalters an der Universität Paderborn. Von 1976 bis 1983 gehörte er als Konrektor für Forschung dem erneuerten Gründungsrektorat der Gesamthochschule unter Friedrich Buttler an. Schon in Marburg und Stuttgart hatte er sich als Konvents- und Senatsmitglied in bildungspolitischen Diskussionen engagiert, wovon unter anderem seine Mitarbeit an der Marburger Universitätsverfassung von 1969 oder an den »Empfehlungen für das Studium des Lehrers der Sekundarstufe II im Fache Germanistik« des Landes Baden-Württemberg zeugen. Mit Blick auf seine Arbeit in den verschiedenen Gremien der Paderborner Hochschule kann man ihn geradezu als eine Institution der Paderborner Geisteswissenschaften bezeichnen.[1] Der Universitätsbibliothek war er als langjähriges Mitglied und stellvertretender Vorsitzender der Kommission für das Bibliothekswesen von 1983 bis 1991 in besonderem Maße verbunden. Seiner Initiative ist der Ankauf zweier größerer Bestände zu verdanken.[2]

---

1 Struktur- und Haushaltskommission (1975-76); Senat (WS 87/88–SoS 99); Kommission für Forschung und wissenschaftlichen Nachwuchs (WS 91/92–SoS 95); Kommission für Planung und Finanzen: 2. Vorsitzender (WS 95/96-SoS 99); Promotions- und Magister-Prüfungsausschuss des damaligen FB 3 (bis WS 02/03); Graduiertenförderungskommission: Vors. (1986–1988); Heinz Nixdorf Institut: im Gründungsvorstand (1987–1989); Beirat des Musikwissenschaftlichen Seminars Detmold/Paderborn (zuletzt 1999–2001).

2 1977 die nachgelassene Bibliothek des Marburger Philologen Ludwig Wolff (4371 Bde),

Steinhoffs eigene Arbeitsbibliothek konnte aus dem Nachlass für die Paderborner Hochschule erworben werden. Sie deckt die traditionellen Arbeitsgebiete der germanistischen Mediävistik ab, wobei ein Schwerpunkt auf dem hoch- und spätmittelalterlichen Roman liegt. Darüber hinaus spiegelt sie die Interessen H.-H. Steinhoffs für den Bereich der Mittelalterrezeption (Theater, Film, Oper) wie für die Theoriediskussion in der Literaturwissenschaft. Der angekaufte Kernbestand dieser Arbeitsbibliothek, umfasst 2820 Titel, einschließlich der abonnierten wissenschaftlichen Zeitschriften 3147 Bände.

Der wissenschaftliche Nachlass im engeren Sinne wird im »Institut zur interdisziplinären Erforschung des Mittelalters und seines Nachwirkens« (IEMAN) aufbewahrt, dem H.-H. Steinhoff seit der Gründung im Jahr 2000 angehörte. Er umfasst die Korrespondenz, eine Reihe von 17 langen Zettelkästen sowie ein umfangreiches Konvolut von Unterlagen und Materialien, die seine Forschungstätigkeit und seinen Einsatz in der universitären Lehre und Bildungspolitik dokumentieren, welche ihm stets ebenso wichtig waren wie seine wissenschaftliche Arbeit.

Im Zentrum der wissenschaftlichen Arbeit von H.-H. Steinhoff stand der Lancelotroman. Die neu edierte, kommentierte und erstmals zweisprachige Ausgabe dieses deutschen Prosaromans wurde von Joachim Heinzle als »philologische Großtat« bezeichnet (FAZ v. 2.2.2004 Nr. 27, S. 34). Besondere Beachtung verdient die eigenständige, zugleich präzise und ohne Vorkenntnisse lesbare Übersetzung des Textes, die eben nicht nur der Forschung, sondern vielen Lesern »Zugang zu einer großen europäischen Literaturtradition« ermöglicht (Klaus Speckenbach in Arbitrium 1/2005, S. 32–38).

Die folgende Zusammenstellung der Publikationen von H.-H. Steinhoff dokumentiert seine Arbeit in allen Bereichen der Lancelot-Textgeschichte und in der hoch- und spätmittelalterlichen Erzählliteratur. Darüber hinaus demonstriert das Schriftenverzeichnis aber ebenso wie Nachlass und Vorlesungsverzeichnisse auch H.-H. Steinhoffs Aufgeschlossenheit für interdisziplinäre, vor allem sozialgeschichtliche und mittellateinische Perspektiven. Dass sein Urteil bei Fachgenossen gefragt war, lassen seine Mitarbeit an den wichtigen Handbüchern der vergangenen drei Jahrzehnte und verschiedenen Literatur- und Sprachlexika sowie seine zahlreichen Rezensionen und Anzeigen erkennen, die hier nicht vollständig aufgeführt werden.

---

ohne die altgermanistische Forschungsarbeit in Paderborn kaum denkbar gewesen wäre. Die zugehörige umfangreiche Sonderdrucksammlung befindet sich nun im Nachlass Steinhoff. – 1989 die Bibliothek des Publizisten und Literaturkritikers Franz Schonauer aus Prezelle (9800 Bde). Die anteilige Finanzierung der Bibliothek Schonauer durch das Forschungsministerium (NRW) und die Stadtwerke Paderborn wurde von H.-H. Steinhoff ausgehandelt.

I. Editionen

Gottfried von Straßburg: ›Tristan‹. Ausgewählte Abbildungen zur Überlieferung. Hg. v. Hans-Hugo Steinhoff. Göppingen: Kümmerle 1974 (= Litterae 19).

Konrad von Würzburg: Ein schöne Historia von Engelhart auss Burgunt. Der ›Engelhard‹ Konrads von Würzburg in Abbildung des Frankfurter Drucks von 1573. Mit einer bibliographischen Notiz zu Kilian Han. Hg. v. Hans-Hugo Steinhoff. Göppingen: Kümmerle 1987 (= Litterae 107).

Lancelot. Nach der Kölner Papierhandschrift W. f° 46* Blankenheim und der Heidelberger Pergamenthandschrift Pal. Germ. 147. Hg. v. Reinhold Kluge. Bd. IV: Namen- und Figurenregister. Bearbeitet v. Hans-Hugo Steinhoff und Klaudia Wegge. Berlin: Akademie-Verlag 1997 (= DTM 80).

Frühe Nürnberger Fastnachtspiele. Hg. v. Klaus Ridder und Hans-Hugo Steinhoff. Paderborn u. a.: Schöningh 1998 (= Schöninghs mediävistische Editionen 4).

Prosalancelot. Bd. I, II: Lancelot und Ginover. Nach der Heidelberger Handschrift Cod. Pal. germ. 147, hg. v. Reinhold Kluge. Ergänzt durch die Handschrift Ms. allem. 8017–8020 der Bibliothèque de l'Arsenal Paris. Übers., kommentiert und hg. v. Hans-Hugo Steinhoff. Frankfurt a. M.: Deutscher Klassiker-Verlag 1995 (= Bibliothek des Mittelalters 14, 15; Bibliothek deutscher Klassiker 123).

Prosalancelot. Bd. III, IV: Lancelot und der Gral. Nach der Heidelberger Handschrift Cod. Pal. germ. 147, hg. v. Reinhold Kluge. Ergänzt durch die Handschrift Ms. allem. 8017–8020 der Bibliothèque de l'Arsenal Paris. Übers., kommentiert und hg. v. Hans-Hugo Steinhoff. Frankfurt a. M.: Deutscher Klassiker-Verlag 2003 (= Bibliothek des Mittelalters 16, 17; Bibliothek deutscher Klassiker 183).

Prosalancelot. Bd. V: Die Suche nach dem Gral. Der Tod des Königs Artus. Nach der Heidelberger Handschrift Cod. Pal. germ. 147, hg. v. Reinhold Kluge. Übers., kommentiert und hg. v. Hans-Hugo Steinhoff. Frankfurt a. M.: Deutscher Klassiker-Verlag 2004 (= Bibliothek des Mittelalters 18; Bibliothek deutscher Klassiker 190).

II. Herausgeberschaft

a. Reihen

Walter Haug, Werner Schröder und Hans-Hugo Steinhoff (Hgg.): Veröffentlichungen der Wolfram von Eschenbach-Gesellschaft. Wolfram Studien 4–8 (1977–1984).

b. Sammelbände

Hans-Georg Kemper, Hermann Müller-Solger und Hans-Hugo Steinhoff (Hgg.): Studienreform Germanistik. Empfehlungen für das Studium des Lehrers der Sekundarstufe II im Fache Germanistik. Tübingen: Niemeyer 1972.

Leslie Peter Johnson, Hans-Hugo Steinhoff und Roy A. Wisbey (Hgg.): Studien zur frühmittelhochdeutschen Literatur. Cambridger Colloquium 1971. Berlin: Schmidt 1974.

Klaus Grubmüller, Leslie Peter Johnson und Hans-Hugo Steinhoff (Hgg.): Kleinere Erzählformen im Mittelalter. Paderborner Colloquium 1987. Paderborn u. a.: Schöningh 1988 (= Schriften der Universität Gesamthochschule Paderborn, Reihe Sprach- und Literaturwissenschaft 10).

Detlef Altenburg, Jörg Jarnut und Hans-Hugo Steinhoff (Hgg.): Feste und Feiern im Mittelalter. Paderborner Symposion des Mediävistenverbandes. Sigmaringen: Thorbecke 1991.

III. Schriften

a. Selbstständige Schriften

Hans-Hugo Steinhoff: Die Darstellung gleichzeitiger Geschehnisse im mittelhochdeutschen Epos. Studien zur Entfaltung der poetischen Technik vom Rolandslied bis zum ›Willehalm‹. München: Eidos 1964 (= Medium Ævum 4) (= Diss. Marburg 1963).

Kurt Gärtner und Hans-Hugo Steinhoff: Minimalgrammatik zur Arbeit mit mittelhochdeutschen Texten. Übersicht über die wichtigsten Abweichungen vom Neuhochdeutschen. Göppingen: Kümmerle 1976; 7., verb. Aufl. Göppingen: Kümmerle 2001 (= GAG 183).

Ernst Bremer und Hans-Hugo Steinhoff: Feste und Feiern im Mittelalter. Eine Ausstellung von Handschriften und Frühdrucken in der Universitätsbibliothek. Katalog Paderborn 1989. Ms.druck.

b. Veröffentlichungen in Sammelbänden und Zeitschriften

Hans-Hugo Steinhoff: Gottfried von Straßburg in 'marxistischer' Sicht. Bemerkungen zu einer neuen Tristan-Interpretation. In: WW 17 (1967), S. 105–113.

Hans-Hugo Steinhoff: Zur Entstehungsgeschichte des deutschen Prosa-Lancelot. In: Peter F. Ganz und Werner Schröder (Hgg.): Probleme mittelalterlicher Überlieferung und Textkritik. Oxforder Colloquium 1966. Berlin: Schmidt 1968, S. 81–95. – Wieder in: F. P. van Oostrom (Hg.): Arturistiek in artikelen. Een bundel fotomechanisch herdrukte studies over Middelnederlandse Arturromans; met een bibliografie van de Middelnederlandse Arturistiek sinds 1945. Utrecht: HES 1978, S. 149–163.

Hans-Hugo Steinhoff: Zum Studium der Sprache und der Literatur des Mittelalters. In: Hans-Georg Kemper, Hermann Müller-Solger und Hans-Hugo Steinhoff (Hgg.): Studienreform Germanistik. Empfehlungen für das Studium des Lehrers der Sekundarstufe II im Fache Germanistik. Tübingen: Niemeyer 1972, S. 58–61.

Hans-Hugo Steinhoff: Zum Münchener Lancelot-Fragment (Cgm. 5250, Nr. 25). In: Wolfram-Studien 2 (1974), S. 254–258.

Hans-Hugo Steinhoff: Artusritter und Gralsheld: Zur Bewertung des höfischen Rittertums im Prosa-Lancelot. In: Harald Scholler (Hg.): The Epic in Medieval Society. Aesthetic and Moral Values. Tübingen: Niemeyer 1977, S. 271–289.

Hans-Hugo Steinhoff: Kein Albrecht von Eyb. Eine Grisardis-Handschrift aus Philadelphia. In: ZfdA 113 (1984), S. 132–135.

Hans-Hugo Steinhoff: Ein neues Fragment von ›Manuel und Amande‹ (Handschriftenfunde zur Literatur des Mittelalters, 87. Beitrag). In: ZfdA 113 (1984), S. 242–245.

Hartmut Broszinski und Hans-Hugo Steinhoff: Fuldaer ›Passional‹–Fragmente: Von Sante Georgio (Handschriftenfunde zur Literatur des Mittelalters, 146. Beitrag). In: ZfdA 129 (2000), S. 414–419.

Hans-Hugo Steinhoff: Lancelot in Germany. Übers. v. Carol Dover und Astrid Weigert. In: Carol Dover (Hg.): A Companion to the Lancelot-Grail Cycle. Cambridge, England: Brewer 2003 (= Arthurian Studies 54), S. 173–184.

Hans-Hugo Steinhoff: Epilog: Legenden um Kunigunde. In: Wemhoff, Matthias (Hg.): Kunigunde – empfange die Krone. Paderborn: Bonifatius 2002, S. 85–92.

IV. Lexikonartikel

im Verfasserlexikon, 2. Aufl., Bd. I (1978), Sp. 6, s. v. ›Abdinghofer Blutsegen Ad restringendum sanguinem‹; Sp. 27f., s. v. ›Ad catarrum dic‹; Sp. 28, s. v. ›Ad equum errehet‹; Sp. 29, s. v. ›Ad fluxum sanguinis narium‹; Sp. 577–579 mit Korrektur in Bd. XI (2004), Sp. 205, s. v. Meister Babiloth; Sp. 593 mit Korrektur in Bd. XI (2004), Sp. 208, s. v. ›Bamberger Blutsegen Crist unde iudas spiliten mit spieza‹; Sp. 628f., s. v. ›Basler Rezepte‹; Sp. 1290–1292 mit Korrektur in Bd. XI (2004), Sp. 334, s. v. ›Cleomades‹; Bd. II (1980), Sp. 8f., s. v. ›Contra caducum morbum‹; Sp. 9f. mit Korrektur in Bd. XI (2004), Sp. 336, s. v. ›Contra malum malannum‹; Sp. 10, s. v. ›Contra paralisin id est vergiht‹ / ›Contra paralysin theutonice‹; Sp. 11, s. v. ›Contra uberbein‹; Sp. 11, s. v. ›Contra vermem edentem‹ / ›Contra vermes pecus edentes‹; Sp. 470–473 mit Nachtrag in Bd. XI (2004), Sp. 403, s. v. Eleonore von Österreich; Bd. III (1981), Sp. 199–201 mit Nachtrag in Bd. XI (2004), Sp. 552, s. v. ›Göttweiger Trojanerkrieg‹; Sp. 273–278, s. v. Groß, Erhart; Sp. 335f., s. v. Gutevrunt, Heinrich; Sp. 723–730, s. v. Heinrich von Freiberg; Sp. 1027–1031, s. v. Heribort von Fritzlar; Sp. 1196f., s. v. Meister Hesse; Bd. IV (1983), Sp. 75f., s. v. ›De hoc quod spvriha[l]z dicvnt‹; Bd. V (1985), Sp. 911f., s. v. ›Lorscher Bienensegen‹; Sp. 1142–1148 mit Nachtrag in Bd. XI (2004), Sp. 953, s. v. ›Magelone‹; Sp. 1180–1183, s. v. Mair, Hans, von Nördlingen; Sp. 1225f., s. v. ›Manuel und Amande‹; Bd. VI (1987), Sp. 410-418, s. v. ›Merseburger Zaubersprüche‹; Sp. 531 mit Nachtrag in Bd. XI (2004), Sp. 1005, s. v. ›Millstätter Blutsegen‹; Sp. 752f., s. v. ›Münchner Augensegen‹; Sp. 761, s. v. ›Münchner Halssegen‹; Sp. 821–828, s. v. ›Muspilli‹; Sp. 994f., s. v. ›Niederfränkischer Tristan‹; Bd. VII (1989), Sp. 853 mit Nachtrag in Bd. XI (2004), Sp. 1270, s. v. ›Pro nessia‹; Bd. VIII (1992), Sp. 714f., s. v. ›Schlettstädter Blutsegen‹; Bd. IX (1995), Sp. 375–377 mit Nachtrag in Bd. XI (2004), Sp. 1461, s. v. ›Straßburger Blutsegen‹; Sp. 1055f., s. v. ›Trierer Pferdesegen‹; Sp. 1058f., s. v. ›Trierer Teufelssprüche‹; Sp. 1060f., s. v. ›Tristan‹; Sp. 1062–1065 mit Korrektur in Bd. XI (2004), Sp. 1559, s. v. ›Tristan als Mönch‹; Bd. X (1999), Sp. 184, s. v. ›Vatikanische Pferdesegen‹; Sp. 818f., s. v. ›Weingartner Reisesegen‹; Sp. 961–965, s. v. ›Wessobrunner Gebet‹; Sp. 1018, s. v. ›Wiener Hundesegen‹; Sp. 1603f., s. v. ›Zürcher Hausbesegnung‹; Bd. XI (2004), Sp. 336f., s. v. ›Craen‹.

Zahlreiche weitere Artikel im ›Handlexikon zur Literaturwissenschaft‹ (1), im ›Dizionario Critico della Letteratura Tedesca‹ (6), in ›Meyers Enzyklopädischem Lexikon‹, im ›Metzler Literatur Lexikon‹ (100), im ›Metzler Lexikon Sprache‹ (11), in der ›Enzyklopädie des Märchens‹ (1) und im von Walther Killy herausgegebenen ›Literaturlexikon‹ (1).

V. Bibliographien, Rezensionen

a. Bibliographien

Hans-Hugo Steinhoff: Bibliographie zu Gottfried von Straßburg. Berlin: Schmidt 1971 (= Bibliographien zur Deutschen Literatur des Mittelalters 5).

Heinz Bergner, Kurt Gärtner, Albert Gier, Karl Heinz Göller, Joachim Heinzle, Wilhelm Kellermann, Ernstpeter Ruhe und Hans-Hugo Steinhoff: Allemagne et Autriche / Deutschland und Österreich. Bibliographie für 1974–1981. In: BBSIA 27 (1975), S. 23–65; 28 (1976), S. 23–65; 29 (1977), S. 27–60, 30 (1978), S. 27–65; 31 (1979), S. 27–60, 32 (1980), S. 27–80; 33 (1981), S. 27–70; 34 (1982), S. 28–50.

Hans-Hugo Steinhoff: Bibliographie zu Gottfried von Straßburg. 2. Berichtszeitraum 1970-1983. Berlin: Schmidt 1986 (= Bibliographien zur Deutschen Literatur des Mittelalters 9).

b. Rezensionen

zu: Frank C. Maatje: Der Doppelroman. In: AfdA 76 (1965), S. 173–178.
zu: Uwe Ruberg: Raum und Zeit im Prosa-Lancelot. In: PBB 89 (1967), S. 100–105.
zu: Cola Minis: Handschrift, Form und Sprache des Muspilli. In: AfdA 79 (1968), S. 5–12.
zu: Leopold Peeters: Historische und literarische Studien zum dritten Teil des Kudrunepos. In: Leuvense Bijdragen 58 (1969) Bijblatt, S. 30–31.
zu: Reiner Dietz: Der ›Tristan‹ Gottfrieds von Straßburg. In: AfdA 88 (1977), S. 94–97.
zu: Gerhard Peter Knapp: Hector und Achill: Die Rezeption des Trojastoffes im deutschen Mittelalter. In: AfdA 90 (1979), S. 145–150.
zu: Christoph Cormeau und Wilhelm Störmer: Hartmann von Aue. In: PBB 109 (1987), S. 126-128.
zu: Elspeth Kennedy: Lancelot and the Grail. In: PBB 111 (1989), S. 477–481.
zu: Beate Ackermann-Arlt: Das Pferd und seine epische Funktion im mittelhochdeutschen ›Prosa-Lancelot‹. In: Arbitrium 1992, S. 43–45.
zu: Petra Fochler: Fiktion als Historie. In: PBB 115 (1993), S. 164–172.
zu: Horst Brunner (Hg.): Die deutsche Trojaliteratur des Mittelalters und der Frühen Neuzeit. In: PBB 115 (1993), S. 164–172.
zu: Jan-Dirk Müller (Hg.): ›Huge Scheppel‹. ›Königin Sibille‹. In: ZfdA 124 (1995), S. 360-365.
zu: Bart Besamusca und Ada Postma (Hgg.): Lanceloet. In: Nederlandse Letterkunde 3 (1998), S. 299f., und in: ZfdA 127 (1998), S. 349–353.
zu: Reinhard Hahn (Hg.): Eleonore von Österreich: Pontus und Sidonia. In: ZfdA 128 (1999), S. 469–472.
zu: Thordis Hennings: Altfranzösischer und mittelhochdeutscher Prosa-Lancelot. In: ZfdA 132 (2003), S. 517–523.
Zahlreiche Anzeigen in den Periodika Germanistik, BBSIA und Das Antiquariat.

Lancelot-Ausgaben und Siglen

Das Verzeichnis führt die in den Beiträgen zitierten Lancelot-Ausgaben auf.

1. Mittelhochdeutsche Texte

Kluge I–IV

Lancelot. Nach der Heidelberger Pergamenthandschrift Pal. Germ. 147 (und der Kölner Papierhandschrift W. f° 46* Blankenheim) hrsg. v. Reinhold Kluge, I–III, Berlin 1948–1997 (Deutsche Texte des Mittelalters 42, 47, 63). [Zitiert wird nach Band (römisch), Seite und Zeile, z. B. »Kluge III, 15,1–3)«]

Kluge I: ›Die schmerzenreiche Königin‹ bis ›Der Karrenritter‹

Kluge II: ›Karren-Suite‹ bis ›Parceval‹

Kluge III: ›Die Gral-Queste‹ und ›Der Tod des König Artus‹

Kluge IV: Namen- und Figurenregister, bearb. v. Hans-Hugo Steinhoff u. Klaudia Wegge (Deutsche Texte des Mittelalters 80).

Steinhoff I–V

Prosalancelot. Nach der Heidelberger Handschrift Cod. Pal. germ. 147, hrsg. v. Reinhold Kluge, ergänzt durch die Handschrift Ms. allem. 8017–8020 der Bibliothèque de l'Arsenal Paris, übers., komm. und hrsg. v. Hans-Hugo Steinhoff, Frankfurt a. M. 1995, 2003, 2004 (Bibliothek deutscher Klassiker 123, 183, 190; Bibliothek des Mittelalters 14–18).

Steinhoff I, II: ›Lancelot und Ginover‹, Bd. I, II (Prosa-Lancelot I, II)

Steinhoff III, IV: ›Lancelot und der Gral‹, Bd. I, II (Prosa-Lancelot III, IV)

Steinhoff V: ›Die Suche nach dem Gral‹ und ›Der Tod des Königs Artus‹ (Prosa-Lancelot V)

2. Altfranzösische Texte

Frappier

La Mort le Roi Artu. Roman du XIIIe siècle. Éd. par Jean Frappier, troisième édition, Genève 1964 (Textes Littéraires Français 58). [Studienausgabe mit verkürztem kritischen Apparat; zitiert nach Abschnitt und Zeile]

Jauss-Meyer

Chrestien de Troyes, Lancelot (Le Chevalier de la Charrette; Text nach W. Foerster). Übers. und eingel. v. Helga Jauss-Meyer, München 1974 (Klassische Texte des romanischen Mittelalters in zweisprachigen Ausgaben 13).

Kennedy
Lancelot do Lac. The Non-Cyclic Old French Prose Romance. Ed. by Elspeth Kennedy, 2 Vols., Oxford 1980.

Kennedy/Chênerie
Lancelot du Lac II. Roman français du XIIIe siècle. Tome II. Texte présenté, traduit et annoté par Marie-Luce Chênerie, d'après l'édition d'Elspeth Kennedy, Paris 1993 (Le livre de poche – Lettres gothiques).

Kennedy/Mosès
Lancelot du Lac. Roman français du XIIIe siècle. Texte présenté, traduit et annoté par François Mosès, d'après l'édition d'Elspeth Kennedy. Préface de Michel Zink, Paris 1991 (Le livre de poche – Lettres gothiques).

Lacy I–V
Lancelot-Grail. The Old French Arthurian Vulgate and Post-Vulgate in Translation. Ed. by Norris J. Lacy, I–V, New York 1993–1996 (Garland Reference Library of the Humanities).
Lacy I: enthält eine Einführung von E. Jane Burns, ›The History of the Holy Grail‹, transl. by Carol J. Chase, ›The Story of Merlin‹, transl. by Rupert T. Pickens
Lacy II: ›Lancelot‹ part 1, transl. by Samuel N. Rosenberg, ›Lancelot‹ part 2, transl. by Carleton W. Carroll, ›Lancelot‹ part 3, transl. by Samuel N. Rosenberg
Lacy III: ›Lancelot‹ part 4, transl. by Roberta L. Krueger, ›Lancelot‹ part 5, transl. by William W. Kibler, ›Lancelot‹ part 6, transl. by Carleton W. Carroll
Lacy IV: ›The Quest for the Holy Grail‹, transl. by E. Jane Burns, und ›The Death of Arthur‹, transl. by Norris J. Lacy
Lacy V: ›The Post-Vulgate‹, parts I-III, chapter summaries for the Vulgate and Post-Vulgate cycles, index of proper names

Lepage/Ollier I, II
Lepage/Ollier I: Lancelot du Lac IV. Le val des amants infidèles. Texte établi par Yvan G. Lepage, traduit et présenté par Marie-Louise Ollier, Paris 2002 (Le livre de poche – Lettres gothiques).
Lepage/Ollier II: Lancelot du Lac V. L'enlèvement de Guenièvre. Texte établi par Yvan G. Lepage, traduit et présenté par Marie-Louise Ollier, Paris 1999 (Le livre de poche – Lettres gothiques).

Méla
Chrétien de Troyes, Le chevalier de la charrette ou le roman de Lancelot. Édition critique d'après tous les manuscrits existants, traduction, présentation et notes de Charles Méla, Paris 1992.

Micha I–IX
Lancelot. Roman en prose du XIIIe siècle. Edition critique par Alexandre Micha, I–IX, Genève 1978–1983. [Zitiert wird nach Band, Kapitel (arabisch; im Original römisch) und Abschnitt, z. B. »Micha VI, 103,7«. Die *version courte* ist durch * gekennzeichnet, z. B. »Micha III, 56*,6«]

Micha (1983) I,II
Lancelot. Roman du XIIIe siècle. Texte choisi et présenté par Alexandre Micha. Paris 1983–1984. Tome I–II (10/18 Bibliothèque médiévale; 1583; 1618).

Mosès
Lancelot du Lac III. La fausse Guenièvre. Texte présenté, édité et traduit par François Mosès, avec, pour l'établissement du texte, la collaboration de Lætitia Le Guay, Paris 1998 (Le livre de poche – Lettres gothiques).

Pauphilet
La Queste del Saint Graal. Roman du XIIIe siècle. Éd. par Albert Pauphilet, Paris 1923, 2e tirage 1984 (Les Classiques Français du Moyen Âge 33). [Zitiert nach Seite und Zeile]

Roques
Chrétien de Troyes, Le chevalier de la charrete. Éd. par Mario Roques, Paris 1958 (Les Classiques Français du Moyen Âge 86).

Sommer I–VII
The Vulgate Version of the Arthurian Romances. Ed. by Heinrich Oskar Sommer, I–VII, Washington 1908–1916 (Repr. New York 1979).[Zitiert wird nach Band (römisch), Seite und Zeile, z. B. »Sommer VI, 172,14–16«]
Sommer I: ›Lestoire del Saint Graal‹
Sommer II: ›Lestoire de Merlin‹
Sommer III-V: ›Le Livre de Lancelot del Lac‹
Sommer VI: ›Les Aventures ou la Queste del Saint Graal‹. ›La Mort le Roi Artus‹
Sommer VII: ›Le Livre d'Artus‹. Index.

3. Mittelniederländische Texte

Besamusca
Lanceloet. De Middelnederlandse vertaling van de ›Lancelot en prose‹ overgeleverd in de ›Lancelotcompilatie‹. Pars 2 (vs. 5531–10740), uitgegeven door Bart Besamusca, Assen, Maastricht 1991 (Middelnederlandse Lancelotromans 5).

Besamusca/Postma
Lanceloet. De Middelnederlandse vertaling van de ›Lancelot en prose‹ overgeleverd in de ›Lancelotcompilatie‹. Pars 1 (vs. 1–5530), uitgegeven door Bart Besamusca en Ada Postma, Hilversum 1997 (Middelnederlandse Lancelotromans 4).

Brandsma
Lanceloet. De Middelnederlandse vertaling van de ›Lancelot en prose‹ overgeleverd in de ›Lancelotcompilatie‹. Pars 3 (vs. 10741–16263), uitgegeven door Frank Brandsma, Assen u. a. 1992 (Middelnederlandse Lancelotromans 6).

Gerritsen
Lantsloot vander Haghedochte. Fragmenten van een Middelnederlandse bewerking van de ›Lancelot en prose‹. Uitgegeven met inleiding en commentaar door Willem Pieter Gerritsen m. m. v. Amand Berteloot, Frits Pieter van Oostrom en Petrus Gijsbertus Jacobus van Sterkenburg, Amsterdam, Oxford, u. a. 1987 (Middelnederlandse Lancelotromans 2).

Jonckbloet
Roman van Lancelot (IIIe eeuw). Naar het (eenig-bekende) handschrift der Koninklijke Bibliotheek, op gezag van het gouvernement uitgegeven door Willem Jozef Andries Jonckbloet, 2 Bde., 's-Gravenhage 1846–1849.

Postma
Lanceloet. De Middelnederlandse vertaling van de ›Lancelot en prose‹ overgeleverd in de ›Lancelotcompilatie‹. Pars 4 (vs. 16264–26636), uitgegeven door Ada Postma, Hilversum 1998 (Middelnederlandse Lancelotromans 7).

Abbildungen

Abb. 1: Lancelot und Galahot reiten nach Sorelois (New York, The Pierpont Morgan Library, MS. M. 805, fol. 69r).

Abb. 2: Galahot vermittelt den ersten Kuss (New York, The Pierpont Morgan Library, MS. M. 805, fol. 67r).

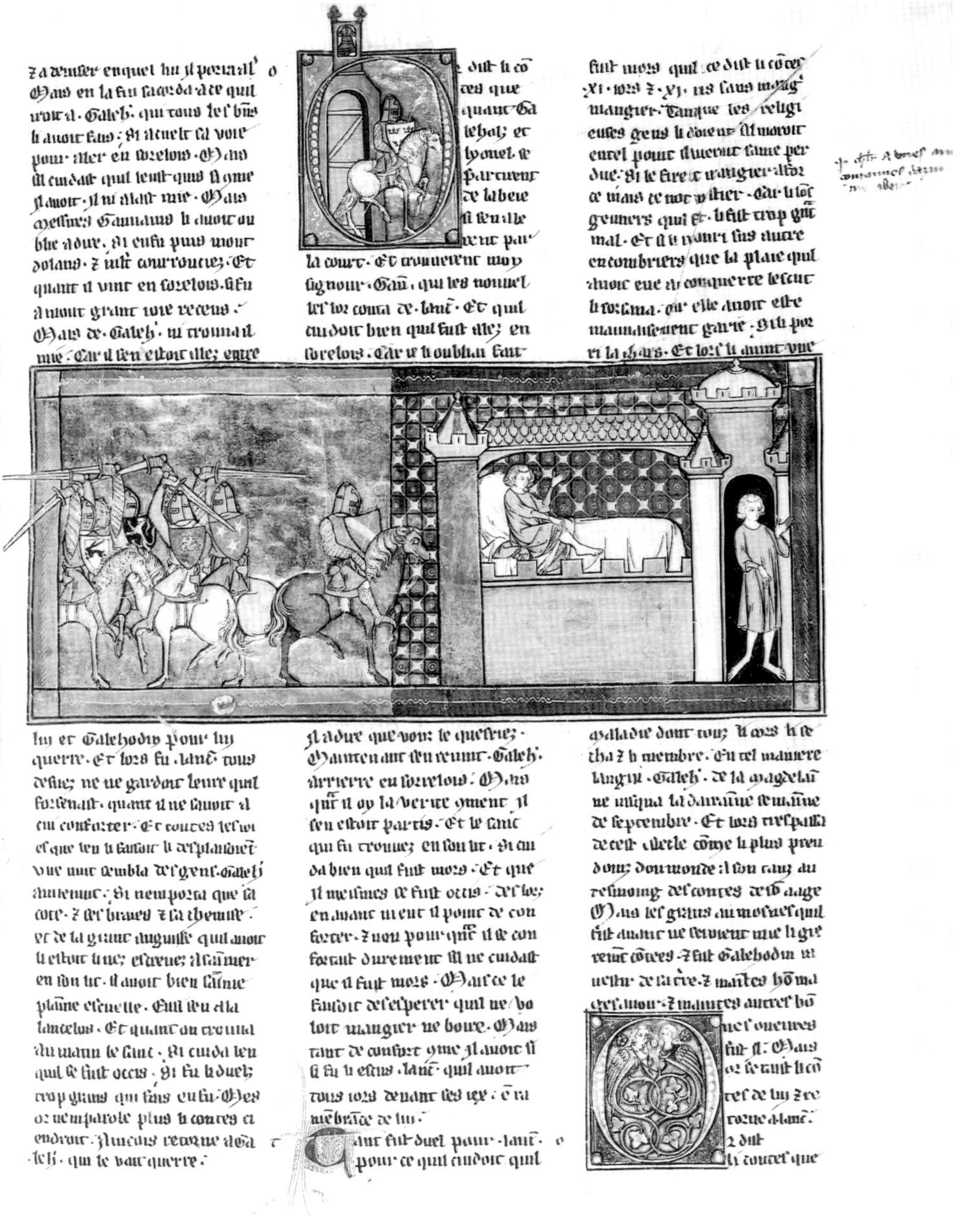

Abb. 3: Rendez-vous manqué: Lancelots Wahnsinn und Galahots Tod (New York, The Pierpont Morgan Library, MS. M. 806, fol. 155r).

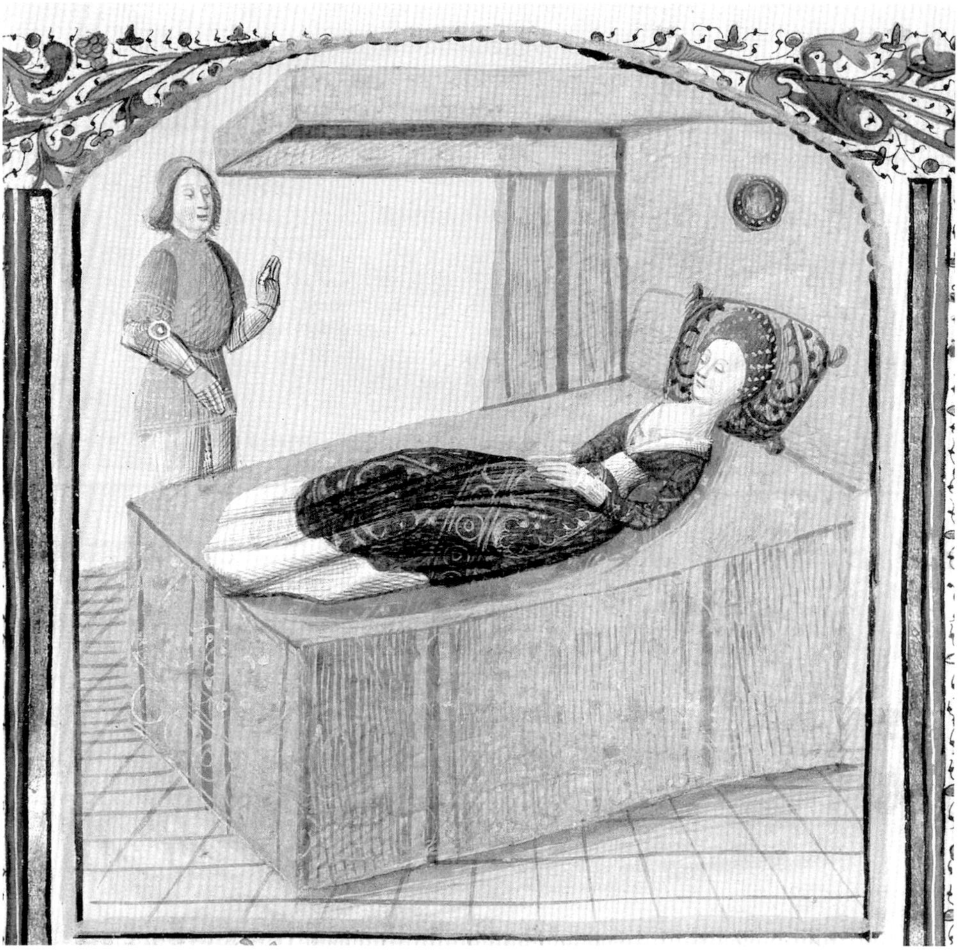

Abb. 4: Ginover träumt von Lancelot (Bibliothèque nationale de France, MS. Fr. 115, fol. 446r).

Abb. 5: Lancelot in Gefangenschaft Morganes (Bibliothèque nationale de France, MS. Fr. 112, fol. 226r).

Abb. 6: Artus träumt vor der Schlacht von Salebiers (Bibliothèque nationale de France, MS. Fr. 116, fol. 725v).

Abb. 7: Artus und Morgane vor Lancelots Fresken (Bibliothèque nationale de France, MS. Fr. 116, fol. 688v).

Abb. 8: Gawan und Hector träumen während der Gralssuche: Erscheinung der Fackelhand (Bibliothèque nationale de France, MS. Fr. 120, fol. 546r).

Abb. 9: Deutung der Träume Galahots: Erscheinung der Schwerthand (Bibliothèque nationale de France, MS. Fr. 118, fol. 270r).

Register der Personen und Werke